Bruxaria Solitária

PRÁTICAS DE WICCA PARA GUIAR SEU PRÓPRIO CAMINHO

FLÁVIO LOPES

Bruxaria Solitária

Práticas de Wicca para guiar seu próprio caminho

ALFABETO

Publicado em 2019 pela Editora Alfabeto

Direção Editorial: Edmilson Duran
Produção Editorial: Lindsay Viola
Ilustração da capa: Danny Mota
Diagramação e finalização: Décio Lopes
Revisão de Textos: Luciana Papale

DADOS INTERNACIONAIS DE CATALOGAÇÃO NA PUBLICAÇÃO (CIP)
Angélica Ilacqua CRB-8/7057

Lopes, Flávio
Bruxaria solitária: práticas de Wicca para guiar seu próprio caminho / Flávio Lopes
2ª edição. São Paulo: Alfabeto, 2021.

424 p.
    ISBN: 978-85-98307-76-3

1. Wicca 2. Ciências ocultas 3. Magia   I. Título

19-1159   CDD 299.94

Índices para catálogo sistemático:
1. Wicca 299.94

Todos os direitos reservados, proibida a reprodução total ou parcial por qualquer meio, inclusive internet, sem a expressa autorização por escrito da Editora.

EDITORA ALFABETO
Rua Protocolo, 394 | CEP: 04254-030 | São Paulo/SP
Tel: (11) 2351-4168 | editorial@editoraalfabeto.com.br
Loja Virtual: www.editoraalfabeto.com.br

Dedicatória

Dedico este livro a Claudiney Prieto, pioneiro da Wicca no Brasil e meu Alto Sacerdote, iniciador, professor e amigo, de quem recebi meu treinamento e com quem aprendi o real significado de transformar-se em um verdadeiro Iniciado. Esta obra é uma extensão do seu trabalho e de seu amor pela comunidade pagã brasileira; sem ele, nada disso seria possível. Nossos caminhos se encontraram quando eu ainda era uma criança dando meus primeiros passos pela Arte, mas quiseram os Deuses que nos reuníssemos no Círculo apenas muito tempo depois. Obrigado por ser minha luz após um período de trevas e por ser um pilar sólido para todos nós!

Para minha primeira iniciada, Ana, com quem aprendo diariamente o significado de tornar-me um Iniciador. Seu amor pela Arte traz um frescor que me lembra de meu próprio início, da primeira vez que vi a Deusa no luar e que ouvi seus nomes antigos sussurrados no vento. Não há nada mais precioso na Arte do que a busca sincera de um Neófito, e a vida me ensinou por vias tortuosas o quão delicado é o ofício de ser um Sacerdote para o caminho de outras pessoas. Obrigado por trilhar a senda dos mistérios ao meu lado e confiar em mim para orientar sua busca pelos Antigos!

É de nossa família que vem nossos valores fundamentais. E, por isso, essa obra também é dedicada aos meus pais, que sempre foram alicerce e porto seguro para todos os meus sonhos. Essas páginas também carregam um pouco de tudo o que me ensinaram sobre a vida.

Que a Bruxaria brasileira seja sempre envolvida em beleza!

Abençoados sejam os que dançam juntos, abençoados sejam os que dançam sós!

Lição 17 – Sabbats: Celebrando o Ciclo Solar 338
Lição 18 – Práticas Mágicas e Feitiçaria 372

Parte IV – Encerramento

Lição 19 – Buscando um Grupo.. 399
Palavras Finais 417
Bibliografia 419

Índice de Exercícios

Exercício 01: Identificando papéis 69
Exercício 02: A meditação do Eu Potencial 71
Exercício 03: Respiração diafragmática 77
Exercício 04: Respiração de quatro tempos 78
Exercício 05: Respiração em partes do corpo 78
Exercício 06: Respiração consciente – trabalhando a audição 80
Exercício 07: Focos externos de atenção – a visão 81
Exercício 08: Sensibilização do toque – o tato 81
Exercício 09: Visualizando as cores e as formas 85
Exercício 10: Criando imagens mentais 86
Exercício 11: Despertando mentalmente os sentidos 87
Exercício 12: Visualizando cenários 87
Exercício 13: Consciência ampliada do corpo 88
Exercício 14: A consciência da árvore 89
Exercício 15: O Poço dos Sonhos 89
Exercício 16: Raios de energia 91
Exercício 17: Esfera de energia 92
Exercício 18: Concentrando a respiração 92
Exercício 19: Energia dos luminares 93
Exercício 20: Energia da terra 94
Exercício 21: Explorando as relações com o pentáculo 158
Exercício 22: A vontade e os ideais com seu athame 159
Exercício 23: O movimento e a imaginação com seu bastão 160

Exercício 24: Esvaziando-se e preenchendo-se com seu cálice 162
Exercício 25: Conectando-se ao poder da criação com o caldeirão 163
Exercício 26: Abrindo-se para o Todo 180
Exercício 27: Lançamento simplificado do Círculo 181
Exercício 28: Contemplando o Elemento Terra ao Norte 182
Exercício 29: Meditando com o Elemento Ar no Leste 183
Exercício 30: Meditando com o Elemento Fogo no Sul 184
Exercício 31: Contemplando o Elemento Água a Oeste 185
Exercício 32: Meditando sobre o ciclo do dia e sobre o Deus 186
Exercício 33: Meditando sobre o ciclo da Lua e sobre a Deusa 188
Exercício 34: Contemplação das fases da vida 191
Exercício 35: Encerramento simplificado do Círculo 194
Exercício 36: Aprendendo a silenciar a mente 216
Exercício 37: Despertando o Terceiro Olho 217
Exercício 38: Contemplando Símbolos Sagrados 218
Exercício 39: Encontrando a Porta Astral 219
Exercício 40: Meditando com a Deusa 220
Exercício 41: Meditando com o Deus de Chifres 221
Exercício 42: Percebendo a própria aura 224
Exercício 43: Percebendo a aura de outras pessoas 224
Exercício 44: Leitura áurica 225
Exercício 45: Treinando a psicometria 226
Exercício 46: Abrindo-se para a energia de um ambiente 227
Exercício 47: Projeção mental 227
Exercício 48: Espelhando a aura 228
Exercício 49: Ocultando a aura 228
Exercício 50: Trazendo uma energia específica para a aura 229
Exercício 51: Abrindo os centros de energia 242
Exercício 52: Fechando os centros de energia 244
Exercício 53: Criando um amuleto pelo poder da rima 247
Exercício 54: Elevando o Poder com o canto 248

Exercício 55: Espiralando o Poder 248
Exercício 56: Elevando um Propósito 250
Exercício 57: Transmitindo uma imagem psíquica pela respiração 251
Exercício 58: Carregando a água 252
Exercício 59: Programando um cristal 252
Exercício 60: A moeda da prosperidade 253
Exercício 61: Atraindo energias planetárias 254
Exercício 62: Armazenando o Poder 255
Exercício 63: Consagrando o corpo antes de uma prática 267
Exercício 64: Treinando a Invocação 271
Exercício 65: Cântico de Invocação 272
Exercício 66: Harmonização com os elementos 328
Exercício 67: Perscrutação com o espelho 328
Exercício 68: Feitiço da lareira 329
Exercício 69: Materializando um desejo 329
Exercício 70: Coletando informações com o Espírito Familiar 336
Exercício 71: Enviando uma mensagem com o Familiar 336
Exercício 72: Enviando energia com o Familiar 336
Exercício 73: Projetando um desejo 373
Exercício 74: Projetando uma esfera de desejo 373
Exercício 75: Impregnando uma ideia 373
Exercício 76: Alterando o estado emocional 373
Exercício 77: Glamour 374

Prefácio

Há uma Tradição mágica que afirma que não é apenas suficiente um iniciado receber o conhecimento sobre a Arte e passá-lo adiante. É necessário expandi-lo e ir além daquilo que nos foi transmitido. Realizar essa tarefa pode ser o trabalho de toda uma vida; raros são aqueles que conseguem alcançar esse feito.

Considero-me um Sacerdote abençoado, pois eis aqui nesta obra a realização perfeita dessa antiga Tradição, por intermédio de um dos meus mais queridos iniciados! Flávio Lopes alcançou esse feito, tenho certeza de que *Bruxaria Solitária* é apenas o primeiro livro de muitos outros que ele escreverá e que se tornarão verdadeiros clássicos sobre a Wicca no Brasil.

A Wicca floresceu e criou raízes neste país basicamente por meio dos meus próprios livros e de outras obras de autores internacionais. Ao longo de mais de duas décadas criamos uma comunidade forte, grande e bela, mas misteriosamente desprovida de escritores brasileiros pagãos que fossem capazes de produzir um novo fenômeno como o livro *Wicca – a Religião da Deusa*, que influenciou toda uma geração de praticantes e criou um movimento que não parou de crescer até hoje.

Esses dias estão contados, pois posso afirmar, sem medo de errar, que o livro Bruxaria Solitária assinala um novo tempo para a Arte no Brasil, e que Flávio vai se tornar um dos mais importantes autores da época, influenciando de forma indelével a nova geração de *millennials* interessada em Wicca.

Tenho orgulho em dizer que Flávio foi iniciado por mim em diferentes ramos da Arte, e que, desde nossos contatos iniciais, sempre foi patente para mim não somente sua vocação ao Sacerdócio, mas também para ensinar, ritualizar e escrever.

Esta obra é a prova disso! Escrita em uma linguagem fácil e acessível, porém com um conteúdo teórico e prático de alto nível, como poucas vezes foi encontrado mesmo internacionalmente, é um verdadeiro guia para aqueles que desejam praticar a Wicca solitariamente ou que ainda não encontraram grupos capazes de recebê-los.

Nos dias atuais, em que existem mais pessoas desejando entrar em um Coven do que grupos disponíveis para acomodá-las, uma obra como esta se torna imprescindível para suprir a lacuna deixada pelos livros de baixa qualidade e informações deturpadas disponíveis no mercado. Ela vem para dar uma resposta à demanda crescente por um autotreinamento mágico responsável e verdadeiro que não deixa nada a desejar para os melhores Covens das mais conceituadas Tradições.

Ao ler este livro você estará tendo acesso a uma infinidade de informações, práticas, exercícios e rituais do mesmo nível que teria ao ingressar em um Coven regular. Acredito que a qualidade das informações compartilhadas e os detalhes a que o autor se ateve em cada capítulo superam de longe aquilo que você teria acesso em muitos Covens com encontros regulares, focados, geralmente, mais na prática do que na teoria.

Com uma dose de empenho e de disciplina será possível por meio do excelente programa de estudos apresentado neste livro alcançar o autoconhecimento profundo, a transformação do Eu e o encontro com a totalidade do seu ser que você tanto procura.

Tendo uma biblioteca média com aproximadamente mais de 3 mil livros, quase em sua totalidade sobre Paganismo, posso assegurar que a presente obra, agora em suas mãos, é uma das melhores sobre Wicca escrita em toda a sua história até o presente momento. Somos todos privilegiados por termos a oportunidade de ter acesso a este livro, pois uma obra desta envergadura não surge todos os dias.

Como religião baseada na terra, a Wicca toma emprestado da natureza a sabedoria necessária para nos ensinar que a vida é feita de ciclos. A Roda gira sucessivas vezes ao longo da vida, indo e vindo, como as marés do oceano que guarda um mundo de possibilidades nas profundezas do mar.

Neste livro, as palavras são como o vento na beira da praia. As linhas, como as ondas que tocam a areia. As páginas, o oceano profundo do saber esperando o seu mergulho para renascer. Mergulhar é opcional, mas tenha certeza de que, uma vez tendo feito isso, sua vida nunca mais será a mesma ao deixar-se levar pelo mar de amor que conduz à Grande Mãe. Este livro agora se torna o seu mestre por mares nunca antes desbravados. Navegar é preciso... Boa viagem!

Claudiney Prieto

Introdução

Quando os antigos Deuses chamam...

O chamado da Deusa é intenso. Para cada um de nós, ele chega de uma maneira inesperada e única. Pergunte a dez Bruxos como eles encontraram a Arte e cada um deles contará uma história diferente. Às vezes conhecemos a Arte por meio de um livro ou de um filme. Outras vezes, descobrir a Bruxaria é fruto de nossa busca por entender e nomear as verdades que sempre sentimos no nosso coração. Quando nos deparamos com os Deuses Antigos pela primeira vez, nosso coração acelera e sentimos que encontramos aquilo que há tanto tempo falava dentro de nós. Percebemos que, mesmo antes de saber de sua existência, os Deuses já estavam conosco, desde o princípio.

Para muitos, o encontro com a Arte se dá pelo encontro com a figura da Deusa. Em um mundo em que a voz da Mãe foi silenciada, nós, as crianças da Deusa, podemos ouvir sua canção ecoando no farfalhar das folhas movidas pela brisa, no brilho prateado da Lua, na beleza da terra e na natureza... E, então, seguimos sua voz. Procuramos. Ela insiste. Sua canção não para – mesmo quando tentamos nos afastar dela, percebemos que nos movemos para mais perto – o som da música fica cada vez mais alto. Finalmente, descobrimos o segredo: não precisamos procurar, basta que fechemos os olhos para senti-la. Sua presença é imponente. Gigantesca. Mas também plenamente amorosa. Ela nos abraça, nos envolve com seu amor, sorri e nos saúda. Afinal, encontramos o caminho de volta para Ela. Não estamos mais sós. Responder a esse chamado vai transformar a sua vida para sempre. Seja bem-vinda, criança da Deusa!

E é aí que perguntamos: "E agora? O que fazer?". Seguramente, o caminho da Wicca não é simples de ser trilhado. Por trás de sua beleza e de sua simplicidade está oculta uma riqueza e uma profundidade inimagináveis, infinitas. Há muito para estudar e para aprender. Muitos Neófitos, ao colocarem seus pés por essa estrada e darem seus primeiros passos, sentem uma necessidade intelectual muito grande. Em sua sede por aprofundar sua conexão com a Deusa, muitas vezes se debruçam em livros e buscam por conhecimento. Pode ser que este livro tenha chegado às suas mãos por isso. Mas entendam: enquanto que por um lado estudar e aprender o conhecimento racional é muito importante, apenas poderemos aprofundar nossa experiência na Bruxaria pela prática. É dessa premissa simples que nasceu esta obra, que se propõe a servir não apenas como alimento intelectual sobre as bases e os princípios da Wicca, mas também a trazer orientação sobre como a Bruxaria pode ser vivida na prática, experimentada no dia a dia.

A Wicca é conhecida como a "Arte dos Sábios" – ou apenas "a Arte", no sentido do ofício do artesão. Ela precisa ser manipulada, talhada, esculpida com muito esforço, persistência e dedicação. A religião da Deusa é melhor compreendida quando estamos cantando seus antigos nomes ao redor do altar enquanto a fumaça do incenso se eleva. O conhecimento formal transmitido pela Palavra, apesar de essencial, é um dom do Sagrado Masculino. Se desejamos nos aproximar do universo do Sagrado Feminino que a Deusa representa, precisamos fazer isso adentrando no campo dos sentimentos e das sensações. Nesse sentido, a Wicca não é simplesmente uma religião de fé. Ela não pede que apenas acreditemos em sua filosofia, mas nos convida a participar dela, a se encontrar diretamente com os Deuses. Quando esse encontro acontece, não precisamos acreditar. Nós sabemos. Não há mais intermediários. Se você não fizer o "trabalho sujo", ninguém vai fazê-lo por você. Por um lado, isso é muito belo, e responde a uma necessidade espiritual do nosso século: a remoção da figura do intermediário entre seres humanos e o Divino. Por outro, lança muitos desafios – precisamos nos desenvolver por nós mesmos e assumirmos responsabilidades por nosso caminho.

Esta obra é um convite para que você conheça os Deuses Antigos por meio da prática. Ela traz orientações sobre como construir uma prática pessoal de conexão e comunicação com os Deuses, bem como é um guia completo sobre como organizar seus rituais, desenvolver suas habilidades psíquicas e fazer magia. O livro está organizado como um programa de estudos teórico e prático, que possibilitará ao leitor vivenciar sua espiritualidade e se desenvolver como Bruxo e ser humano. Longe de querer ser um guia definitivo sobre o assunto, o livro propõe um caminho claro, objetivo e completo, no qual nem todas as respostas vão estar prontas, mas lhe ensinará a fazer mais perguntas e a caminhar em direção a uma melhor compreensão delas. Aqui, compartilho uma das mais valiosas lições que aprendi ao longo desse caminho: Bruxaria é a Arte dos Sábios, e a sabedoria não é encontrada nas respostas, mas nas perguntas certas.

Percebo, porém, que essa mensagem inicial não estaria completa sem antes dar um pequeno aviso. Você está colocando seus pés em um caminho de infinita beleza, que traz a promessa da plena saciedade de sua busca pelo Sagrado e o encontro com a totalidade da sua Alma imortal. Mas, para isso, vai precisar vencer seus próprios inimigos internos. Na religião da Deusa não há nenhuma figura que personifique o mal. Não há diabos, anjos negros ou demônios. Somos confrontados com um mal muito mais concreto e perigoso: nossas próprias limitações, nossas dores, nossos medos e até mesmo nossa mediocridade. O caminho da Wicca é um caminho de cura e de integração, por isso, prepare-se para também travar suas próprias batalhas internas ao longo desta jornada. Lembre-se de que somos parte da natureza e, assim como a Lua ou as estações do ano, precisamos estar abertos a mudanças. Precisamos estar dispostos a dançar. Quando houver momentos difíceis, lembre-se do seu chamado. Feche os olhos mais uma vez e escute a canção da Deusa. Você saberá o que fazer.

O chamado da Lua cheia na noite de Esbat

Espera-me
Nos portais do Leste, enquanto me elevo e lanço sobre o mundo meu manto estrelado.

Invoca-me
Enquanto caminho majestosa pelos céus, e por meio dos meus nomes antigos me chama para deitar sobre seu altar.

Percebe-me
No alvo brilho de meu abraço, quando derramo meus raios pelas sombras da noite para te envolver.

Recebe-me
Faz do teu coração um cálice para que eu te preencha do êxtase luminescente que só minhas crianças conhecem.

Escuta-me
Minha voz imortal ecoa através dos tempos e fala pelo silêncio de minha luz sobre teu corpo.

Conhece-me
Na Canção que gira a Roda, pois em cada forma de vida, Eu sou.

Contempla-me
Quando sou refletida nas águas tranquilas de um lago e toco seu rosto através do espelho.

Adora-me
Pois eu sou Mistério, o Espírito além do Espírito, Alma do Mundo, jamais desvelada por nenhum mortal.

Celebra-me
Pois todos os atos de amor e prazer são meus rituais.

Devora-me
Sou Rainha de Todos os Sábios, e nas delícias intoxicantes do Vinho sabático nos tornamos um.

Oferta-me
Com risos e lágrimas, prazeres e dores, se derrama por completo sobre o meu Altar.

Decifra-me
Atende os desejos mais profundos do seu coração.

Parte I

Tornando-se um Bruxo

~ LIÇÃO 1 ~

A Bruxaria Hoje

Bruxaria é uma palavra poderosa.

Ao longo dos séculos, essa palavra tem provocado uma grande variedade de reações em nossas mentes. Para alguns, é fonte de medo e de assombro, enquanto que para outros, é sedutora e encantadora. E por mais que possa nos despertar a tantas imagens e ideias diferentes, e até mesmo opostas, é praticamente impossível ouvi-la sem que um calafrio percorra nosso corpo. A palavra Bruxaria parece despertar algo adormecido dentro de nós, e nos convoca a uma jornada de descobertas em direção ao nosso poder pessoal.

Muitas pessoas sentem que não se tornam Bruxas, mas, sim, que se descobrem Bruxas – pois os ideais e os valores da Bruxaria já estavam plantados em seu interior antes mesmo de saberem sobre ela. Dizemos, portanto, que a Bruxaria não é um caminho de convertidos, não nos doutrinamos, não memorizamos regras e comportamentos de conduta, simplesmente encontramos um nome para aquilo que já fazia parte de nossa natureza.

A Bruxaria Moderna é uma religião, também conhecida como Wicca[1] e chamada carinhosamente por seus adeptos de "a Arte", que se estabeleceu oficialmente na década de 1950, devido ao trabalho de Gerald Brosseau Gardner, um inglês que saiu das brumas do esquecimento e afirmou que Bruxos existiam, e que eles não eram maus, que eram, na verdade, continuadores dos antigos cultos de fertilidade, adoradores do Sol e da Lua e que celebravam a mudança das estações do ano e se reuniam para fazer magia em grupos chamados de Covens.

---

1. Neste livro, as palavras *Bruxaria* e *Wicca* são usadas alternadamente como sinônimas.

Até aquele momento, a visão popular que havia sobre Bruxaria era negativa e associada à Inquisição: eram pessoas (principalmente mulheres) que haviam feito um pacto com o diabo em troca de poderes especiais e que prestavam a ele favores, profanando símbolos sagrados do cristianismo e espalhando o mal pelos vilarejos – arruinando plantações, matando bebês e tornando as mulheres inférteis. A Bruxaria Moderna é justamente uma inversão de tudo isso: ela é um culto de fertilidade que não visa à morte, mas que celebra a alegria da vida. Bruxos encaram toda forma de vida como sagrada, pois, para eles, os Velhos Deuses estão vivos na natureza e "todas as coisas estão repletas de Deuses".

Temos a tendência a olharmos para os povos antigos como selvagens e menos evoluídos, verdadeiros ignorantes sobre o conhecimento de como o universo realmente opera. As mitologias pré-cristãs, que são narrativas sagradas para os povos ancestrais e fontes de inspiração e de conexão com o Sagrado, foram reduzidas pelos pensadores modernos a meras tentativas infantis de explicar os fenômenos da natureza que não podiam ser compreendidos por esses povos.

Entretanto, enquanto o conhecimento científico se expande e a tecnologia chega a pontos que antes eram impossíveis de serem imaginados, olhamos ao nosso redor e percebemos que algo está claramente errado.

O ar que respiramos era visto, antigamente, como a poderosa força de ligação entre o Céu e a Terra, mas hoje está poluído e cheio de toxinas. As águas dos rios e dos mares, antes habitadas por espíritos naturais e dotadas de poderes curadores capazes de restabelecer a vida, estão completamente envenenadas e se tornaram fontes de doenças. A Terra, nossa morada sagrada e guardiã dos ossos de nossos ancestrais, é explorada e destruída a cada segundo. Os animais sofrem, as florestas queimam e as geleiras derretem. A natureza chora, enquanto a humanidade permanece incapaz de ouvir o seu lamento.

Não apenas a Terra, mas também a humanidade se encontra devastada. As chamadas doenças modernas, como a ansiedade, a síndrome do pânico e a depressão nos mostram que há algo muito errado na maneira em que estamos vivendo e construindo nossas relações. Em uma sociedade que preza pela individualidade, posse de bens materiais, competitividade e produtividade, cada vez mais pessoas forçam corpos e mentes além de seus limites em busca de uma felicidade que parecem nunca encontrar.

Além disso, o ritmo acelerado em que vivemos não nos permite ter tempo para percebermos o que há de errado e, então, buscarmos por mudanças. E quais são as origens de tudo isso?

Para essa pergunta, os Bruxos oferecem respostas claras e simples: quando deixamos de nos perceber como parte integrante da natureza, fomos tomados por um profundo sentimento de isolamento e de solidão. Quando nos esquecemos da sacralidade da Terra e passamos a tratá-la como um bem de consumo pronto para ser explorado e destruído, também passamos a estabelecer relações humanas de controle, de poder e de dominação. O antigo espírito tribal de comunidade foi substituído pela noção de competitividade e, por isso, estamos sempre amedrontados. Quando os símbolos sagrados do Feminino foram eliminados e apagados da consciência de nossas sociedades, banimos a Grande Mãe para as sombras e, com Ela, uma parte de nossa alma também se foi. Vivemos fragmentados, e o resultado disso é um mundo doente, uma sociedade doente, um planeta doente.

Seria possível impedir que todas essas catástrofes cheguem a um ponto irreversível? Estamos vivendo um momento decisivo para o futuro do nosso planeta, e isso exige mudanças extremas e radicais em nosso estilo de vida. Quando a razão não nos oferece solução, nós nos voltamos à magia. Em tempos tão difíceis, acreditar no poder da magia parece ser a única alternativa possível para vivenciarmos as transformações necessárias e mudarmos o nosso futuro. E acredite: ela é real.

A Arte dos Sábios tem sido um caminho genuíno de cura para a alma de muitas pessoas. A Deusa banida para o mundo do esquecimento entoou sua divina canção, que ecoou ao longo do tempo e fez com que seus filhos e suas filhas se lembrassem dela. Mais uma vez, acendemos o Fogo Sagrado, queimamos oferendas de incenso e cantamos seus nomes antigos, invocando-a em rituais de Bruxaria sob a luz da Lua cheia.

A magia despertou nossos olhos e, para além dos cálculos e dos teoremas que explicam o mundo, passamos a vê-lo também habitado pelos Espíritos dos Elementos mais uma vez. A natureza se tornou viva, lembramos dos nossos sonhos esquecidos e, ao bebermos do Cálice da Vida, nossa alma se fez inteira. Uma nova geração de Sacerdotisas e de Sacerdotes que escutam as vozes da Terra está despertando. A Canção da Deusa ecoa, e muitos de seus filhos e filhas despertam de um sono profundo. Se você está com este livro nas mãos, é muito provável que também tenha ouvido esse chamado. Venha dançar conosco a antiga canção dos bosques sagrados e deixe que o poder da magia desperte o seu espírito selvagem mais uma vez.

Do diabo para os Deuses pagãos

Ao estudarem o fenômeno histórico da Bruxaria, muitos historiadores concluem que nunca houve um culto satânico conspiratório organizado contra a Igreja, como se acreditava, e que, na verdade, o terror contra as Bruxas era fomentado por interesses políticos e econômicos da época. Outros, ao se debruçarem sobre os registros dos julgamentos e das investigações contra a Bruxaria, se depararam com diversos elementos folclóricos do velho paganismo, tanto mágicos quanto religiosos, que foram pervertidos pela Igreja como sendo satânicos. Afinal, como bem sabemos, "os deuses das religiões antigas se transformaram no diabo da nova".

Mas o que levou essa imagem completamente negativa da Bruxaria a se transformar em uma expressão religiosa tão popular?

Dentre as muitas hipóteses e teorias levantadas pelos pesquisadores, uma em especial merece destaque, pois foi fundamental para que acontecesse uma transição da Bruxaria medieval como um suposto movimento satânico, cuja existência concreta nunca foi comprovada, para o estabelecimento de uma nova religião, a Wicca.

Tal hipótese foi divulgada por uma mulher, chamada Margaret Alice Murray, uma arqueóloga, historiadora e folclorista que, em 1921, publicou um livro chamado *O Culto das Bruxas na Europa Ocidental*, no qual defendia a ideia de que a Bruxaria perseguida pela Igreja era, na verdade, a sobrevivência da Antiga Religião dos povos europeus, um culto agrário da fertilidade que reverenciava um casal sagrado: a Deusa pagã da Lua e o Deus de Chifres da caça. Para Murray, quando as Bruxas narravam em seus julgamentos que estiveram na presença do diabo, elas estavam se referindo ao Alto Sacerdote dessa religião, que se vestia com chifres e com peles de animais como um representante encarnado do Deus de Chifres.

Murray acreditava que a figura do Deus das Bruxas havia sido demonizada pela Igreja e usada para compor o personagem do diabo em uma tentativa de erradicar esse culto antigo. Ela dizia que de tanto ouvirem seu Deus sendo chamado de diabo pelos padres e pelos acusadores, as

Bruxas acataram a terminologia, apesar de nada de maligno estar presente nesse Deus de Chifres, muito pelo contrário – ele era fonte de grandes bênçãos e alegrias.

Para Murray, o objetivo central dos rituais das Bruxas e dos Bruxos era celebrar a vida e a fertilidade. Esses rituais foram descritos como muito festivos e cheios de prazer e de alegria, no qual se comia, bebia, cantava e dançava em círculo para reverenciar os poderes criadores da natureza. A prática da Bruxaria não era solitária, mas, sim, organizada em Covens.

A autora também interpretou o pacto satânico, uma característica essencial narrada unanimemente nos processos inquisitoriais como sendo, na verdade, um ritual de Iniciação, quando as mulheres eram admitidas como membros da religião pelo Alto Sacerdote que estaria vestido como o próprio Deus. Ou seja, tudo não passava de um grande mal-entendido!

Murray deu continuidade à sua tese em dois outros livros, *O Deus das Feiticeiras* (1933) e *The Divine King in England* (1954). Seu trabalho sofreu diversas críticas no meio acadêmico; sua metodologia de pesquisa foi amplamente criticada como falha e tendenciosa.

Hoje, mesmo entre praticantes da Bruxaria Moderna, o nome de Murray é tido como fraudulento e como motivo de piadas, repetindo mais uma vez o costume de difamação das mulheres no universo masculino. Muitas pessoas criticam Murray sem conhecer seu trabalho, sem, na verdade, sequer conhecer as críticas feitas a esse trabalho.

É importante nos lembrarmos de que Murray foi uma mulher inserida em um mundo acadêmico dominado por homens, propondo uma teoria revolucionária sobre a própria história da Europa. Apesar de constatarmos falhas em seu trabalho, suas hipóteses não podem ser completamente desconsideradas, pois a genialidade de sua obra não está na precisão historiográfica, mas, sim, nas imagens mentais e ideias que ela fomentou.

A tese de Murray pode ser imprecisa quando usada para compreender as perseguições da Inquisição do ponto de vista histórico, mas fundamental para entendermos o que seguiria: o renascimento da Bruxaria como uma religião estabelecida. Seu valor está naquilo que ela introduziu no imaginário popular. O trabalho de Murray foi recebido com entusiasmo pela comunidade ocultista da época, pois dialogava com muitos dos seus valores e ensinamentos, já que muitas das ordens mágicas e ocultistas bebiam das mesmas fontes do paganismo pré-cristão descritas pela historiadora.

As origens da Bruxaria como uma religião moderna são incertas, mas acredita-se que alguns desses grupos ocultistas dedicaram-se a reconstruir os rituais descritos por Murray, mesclando os conhecimentos e os impulsos mágicos de suas próprias tradições iniciáticas com o formato descrito por ela, dando origem a genuínos Covens de Bruxos.

Apesar de as teorias sobre a antiga religião dos Bruxos estarem circulando nessa época como meras hipóteses, o cenário mudou na década de 1950, quando Gerald Gardner foi a público e disse que a religião descrita por Murray era real e estava viva. Ele afirmava ter sido iniciado em um Coven no ano de 1939, mas apenas mais tarde foi autorizado a falar sobre a existência dessa religião, pois tais conhecimentos, segundo ele, estavam protegidos por juramentos de segredo feitos durante sua cerimônia de Iniciação.

Gardner transmitiu tais informações principalmente com a publicação de dois livros; o primeiro deles *A Bruxaria Hoje* (1954), com o prefácio da própria Margaret Murray, e mais tarde em *O Significado da Bruxaria* (1959). Seguramente podemos imaginar o quão ousado foi para ele e outros da época assumirem-se publicamente como Bruxos. Era impossível prever que, na realidade, eles estavam dando nascimento ao que talvez tenha sido o mais importante movimento religioso do século 20. Desse modo, o nome de Gardner foi eternizado como o pai da Bruxaria Moderna, que mais tarde passou a ser conhecida como Wicca.

Na religião apresentada por Gardner havia uma grande inovação: apesar de Murray descrever um sistema regido principalmente pelo homem como Alto Sacerdote e representante do princípio Divino masculino, o Deus de Chifres, a liderança dos Covens estava, na realidade, nas mãos da mulher, como Alta Sacerdotisa e representante da Deusa Lunar.

Isso acontece porque, sendo a Bruxaria uma religião que tem uma visão positiva a respeito do mundo material, da natureza e da vida, nada mais natural do que ser regida por uma mulher, a doadora da vida. A grande dádiva da Deusa para seus filhos era a promessa do renascimento entre as pessoas amadas, e como é a mulher quem traz a vida ao mundo, era ela, como representante da Deusa, que assumia a liderança, tendo ao seu lado o Alto Sacerdote como representante do Deus.

Aqui, a história fecha um ciclo: se no passado a mulher havia sido perseguida por seu poder criador, agora a Bruxaria via nela um dos mais importantes símbolos sagrados, devolvendo a ela seu posto como líder espiritual.

Diferentes Tradições de Bruxaria

Todos esses rituais e práticas mágicas eram transmitidos de Iniciador para Iniciado pelo Livro das Sombras – um conjunto de textos muito específicos que compunha um manual de prática de Bruxaria e que era copiado à mão pelo novo Iniciado que, por sua vez, o transmitia para aqueles que fossem iniciados por ele. Ou seja, todos os Covens partilhavam do mesmo *modus operandi* – seguiam a mesma estrutura básica predeterminada para seus rituais.

Ao longo do tempo, outros modos de praticar a Wicca foram sendo desenvolvidos no interior dos Covens, novos rituais foram escritos e diferentes maneiras de se operar dentro do ritual foram criadas, dando origem a Covens com práticas diferentes daquelas originalmente propostas por Gardner, apesar de todas ainda partilharem da mesma identidade básica inicial.

A prática original estabelecida por Gardner passou a ser conhecida como Wicca Gardneriana, a primeira das Tradições de Wicca. Todos aqueles que não tinham uma linhagem iniciática que levasse até Gardner ou que adotassem outras estruturas de trabalho que não aquelas estabelecidas pelo Livro das Sombras não eram reconhecidos como gardnerianos, ou seja, não estavam praticando aquele sistema específico de Bruxaria.

Muitas dessas transformações aconteceram quando a Wicca, originada na Inglaterra, chegou aos Estados Unidos pelas mãos de um iniciado gardneriano chamado Raymond Buckland. Lá, a Bruxaria encontrou dois importantes movimentos sociais que foram fundamentais para a sua disseminação: a segunda onda do feminismo e também o movimento hippie, que viram na Wicca uma base espiritual para suas propostas fundamentais. Além disso, a Bruxaria também se deparou com a cultura indígena norte-americana e os movimentos xamânicos, fazendo com que as práticas dos Bruxos americanos fossem muito mais extáticas, dinâmicas e espontâneas em comparação com o sistema mais formal, tradicional e cerimonial da Wicca Gardneriana.

Assim, diferentes Tradições de Wicca se estabeleceram com o tempo. Uma Tradição é formada por um conjunto de grupos que partilha de uma mesma estrutura básica, que tem a sua identidade estabelecida por um corpo de rituais e práticas que os caracterizam e são transmitidos por meio da iniciação de novos Bruxos. Apesar de todos celebrarem rituais sazonais e cultuarem os Deuses Antigos, cada Tradição tem uma compreensão própria desses rituais e um modo particular de executá-los.

Por exemplo, uma Tradição pode se concentrar mais no culto à Deusa do que no culto ao Deus, ou ainda pode se dedicar ao trabalho com base em uma mitologia antiga específica, podendo ser tanto celta, grega ou nórdica quanto qualquer outra. Os nomes usados para se referir à Deusa e ao Deus também variam de Tradição para Tradição. Existem também grupos dedicados exclusivamente ao culto da Deusa, que muitas vezes são compostos unicamente por mulheres. Por isso, não dizemos que alguém é simplesmente um iniciado na Wicca de maneira genérica, mas, sim, iniciado em uma Tradição específica da Wicca. É somente após a iniciação que o Bruxo tem acesso aos rituais e às práticas privativas do grupo.

Com o tempo, algumas Tradições optaram por incluir um treinamento pré-iniciático, no qual os aspirantes a Bruxos seriam preparados com conhecimentos teóricos e práticos antes de serem formalmente admitidos. Isso pode ser feito formando-se um Círculo Externo de estudos, ou de maneira mais formal. Quando isso acontece, esse período preparatório é chamado de Dedicação, e é marcado por um ritual. O candidato passa a ser considerado então um Bruxo em treinamento, ainda não um Iniciado, mas um *Dedicante*.

A prática solitária

Entender a origem da Bruxaria Moderna como nascida no seio do movimento ocultista do século 20 é fundamental para responder a uma pergunta que vem sendo feita nas últimas décadas: "se alguém se torna Bruxo por meio de um ritual de Iniciação, então, quem iniciou o primeiro Bruxo?".

A Bruxaria como um sistema iniciático moderno não surgiu de repente. Ela se estabeleceu a partir de outras ordens ocultistas e de escolas de mistério, ou seja, a partir de pessoas que haviam recebido iniciações em outros sistemas que compartilhavam de uma mesma base: a Tradição de Mistérios Ocidental.

Podemos considerar a Bruxaria Moderna como um cálice que recebeu e reuniu esses diferentes impulsos iniciáticos mais antigos para transmiti-los sob uma nova forma. O primeiro Bruxo ou a primeira Bruxa não foi um "autoiniciado"; reconhecer essas origens significa compreender que existem raízes mágicas para o sistema de Iniciações na Bruxaria, mesmo que em algum momento esse sistema de transmissão não tenha sido chamado de "Bruxaria".

Considerando que Covens são grupos de até treze pessoas, podemos imaginar que havia muito mais gente interessada em encontrar um grupo para se iniciar do que Covens suficientes para receber todos esses interessados e, ainda, iniciá-los e treiná-los na arte da Bruxaria. Para lidar com esse problema, algumas medidas precisaram ser tomadas pelos Sacerdotes e Sacerdotisas iniciados.

Diversos livros foram escritos por importantes nomes da Bruxaria Moderna, como Doreen Valiente, Patricia Crowther, o casal Farrar e Raymond Buckland, orientando aqueles que desejavam se tornar Bruxos, de que era possível estabelecer uma prática pessoal solitária até que pudessem encontrar um Coven apropriado e receber uma iniciação legítima. A prática, independente ou solitária, apresentou-se como alternativa para aqueles que não podiam receber treinamento em um Coven genuíno por algum motivo. A prática solitária (ou em Círculos de Prática criados por praticantes solitários que se reúnem) é, portanto, o que constitui a chamada *Wicca Eclética* – a prática de Wicca autônoma, fora de uma linhagem ou de uma Tradição.

Hoje, há pessoas que optam por se manterem em uma prática solitária ao invés de receberem treinamento em uma Tradição de Wicca. Essa escolha, como todas as outras, implica em vantagens e desvantagens ao praticante.

O praticante solitário vai desenvolver uma estrutura de prática fluida, sendo capaz de beber de diversas fontes do material público da Wicca e experimentar diferentes tipos de rituais, sem uma estrutura fixa ou rígida, de modo a encontrar aquilo que o serve melhor. E pode, também, desenvolver um relacionamento e um culto independente e extremamente pessoal aos Deuses fora de um grupo.

No entanto, levando em conta que Bruxaria não é apenas uma prática mágica ou devocional aos Deuses, mas, sim, um profundo trabalho de transformação interior, um praticante solitário muitas vezes tem dificuldade para encontrar parâmetros de desenvolvimento, e a falta de um treinamento consistente e completo pode levá-lo a buscar complementar seu desenvolvimento com o conhecimento e os métodos de outras religiões, fazendo com que ele acabe se afastando da Wicca e de suas características básicas.

A prática solitária tem se mostrado uma alternativa satisfatória para pessoas que não têm acesso a um treinamento dentro de uma Tradição ou que preferem uma vivência mais livre e pessoal da religião, permitindo que essas pessoas vivenciem sua espiritualidade de maneira particular e única, exercitando seu vínculo com os Deuses de sua própria maneira.

Para simplificar, talvez fosse mais fácil admitir que, ambos os caminhos, seja o da iniciação formal em uma Tradição, seja o da prática solitária, são formas válidas de se vivenciar a Bruxaria hoje em dia. O problema surge quando tentamos estabelecer paralelos entre os dois sistemas, o iniciático e o eclético, como se fossem exatamente a mesma coisa. Eles não são! E são as suas diferenças que os tornam únicos!

Hoje, ser Bruxo solitário, não é mais uma necessidade como há algumas décadas, mas uma opção. Enquanto que algumas pessoas se sentem chamadas para viver o caminho iniciático, outras preferem celebrar os Deuses e estabelecer um contato espiritual e uma prática mágica livre da estrutura e das obrigações de um grupo.

Não seria mais fácil e justo admitir que pessoas diferentes têm buscas diferentes, ao invés de tentarmos impor um único método para todos?

Tanto a Bruxaria Iniciática quanto a Bruxaria Eclética representam as raízes e os galhos da imensa árvore que a Bruxaria Moderna se tornou. Enquanto é importante preservarmos raízes fortes para permanecermos de pé e nutrir toda a planta, é com os galhos, que crescem em muitas direções, que podemos encontrar novos caminhos e novas possibilidades para que a árvore não se atrofie. Entretanto, seria um erro tremendo igualar raízes e galhos, já que cada um tem estruturas e funções específicas. Galhos são galhos, raízes são raízes, mas todos fazem parte de um organismo maior, que é a árvore.

Existem ainda outros aspectos da prática solitária que devem ser levados em consideração: até mesmo membros de Covens costumam manter algum tipo de prática pessoal que independe do seu grupo. Ainda, quando alguém conhece a Wicca e começa a buscar por uma Iniciação, recomenda-se que primeiro essa pessoa estude e pratique solitariamente para conhecer os fundamentos gerais da religião e a dinâmica básica de suas práticas, antes de assumir compromissos com um grupo. Essa é a razão de todo o interessado na Arte começar como Bruxo solitário!

É importante que as pessoas criem identidade pessoal e certa familiaridade com a Wicca antes de procurar por uma Iniciação formal, se assim desejarem. Também pode ser que não sintam o impulso em receber Iniciação e treinamento, mantendo-se como praticantes solitários por muito tempo.

Diferentes Práticas de Bruxaria

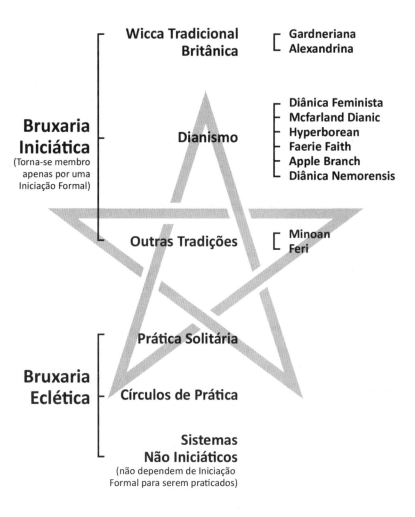

Bruxaria Iniciática
(Torna-se membro apenas por uma Iniciação Formal)

- Wicca Tradicional Britânica
  - Gardneriana
  - Alexandrina
- Dianismo
  - Diânica Feminista
  - Mcfarland Dianic
  - Hyperborean
  - Faerie Faith
  - Apple Branch
  - Diânica Nemorensis
- Outras Tradições
  - Minoan
  - Feri

Bruxaria Eclética

- Prática Solitária
- Círculos de Prática
- Sistemas Não Iniciáticos
  (não dependem de Iniciação Formal para serem praticados)

Este livro destina-se tanto a pessoas que estão dando os seus primeiros passos no caminho Wiccaniano quanto a solitários que já têm algum tempo de prática, e pode servir também de inspiração para as práticas pessoais daqueles que já são membros de grupos efetivos.

Só o tempo dirá se você deve ou não procurar por um Coven ou por uma Tradição e, acredite, é muito melhor manter uma prática solitária e coerente do que se unir ao grupo errado. Não permita que sua sede por aprender a antiga Arte dos Sábios faça com que tome decisões precipitadas. Não tenha pressa para se unir a um grupo. O último capítulo deste livro falará especificamente sobre como buscar e se aproximar de um grupo, se em algum momento da sua vida você sentir esse chamado.

Fundamentos da Bruxaria Moderna

De maneira geral, podemos dizer que todos os Bruxos, independentemente da Tradição na qual sejam iniciados, ou mesmo aqueles que praticam solitariamente, compartilham o seguinte conjunto de crenças e de princípios que definem a Bruxaria Moderna:

Uma Religião Neopagã

Neopaganismo é um termo guarda-chuva que abarca diferentes expressões religiosas, do mesmo modo que cristianismo diz respeito a um conjunto de religiões que partilham de princípios similares.

O termo "pagão" significa habitante do campo, e é usado hoje em dia para se referir às religiões e a um estilo de vida centrados na natureza. Neopaganismo é o conjunto de religiões surgidas ou desenvolvidas a partir da década de 1950, que se inspira nas bases das religiões indo-europeias pré-cristãs, mas também se valem de elementos modernos e contemporâneos para cultuar os Deuses Antigos.

Outros exemplos de religiões neopagãs são o Asatru, o Druidismo, o Odinismo e as religiões reconstrucionistas, que buscam restituir os antigos cultos politeístas da maneira mais fiel possível. Dentre elas, temos o Reconstrucionismo Helênico, Reconstrucionismo Romano e o Kemetismo (Reconstrucionismo Egípcio), por exemplo.

A Deusa e o Deus

A Bruxaria está centrada ao redor de duas figuras divinas principais: a fértil Deusa da Lua e o Deus de Chifres da Caça e da Vida Selvagem, personificações dos dois princípios criadores do Universo Feminino e Masculino que, juntos, dão vida ao mundo. Essas figuras divinas são um resgate mítico dos Velhos Deuses da Europa, de um tempo em que a humanidade vivia em perfeita comunhão e harmonia com a natureza.

Enquanto que a Deusa representa o poder feminino de gerar a vida, que é observado nas plantas, nos animais e nas mulheres, elemento vital para a sobrevivência de nossos antepassados, o Deus de Chifres nos transporta para um tempo primitivo, em que as consciências humana e animalesca ainda estavam demasiadamente misturadas, um tempo em que nós estávamos entre o humano e o animal. Quando cultuamos nossos Deuses e nos lembramos do próprio alvorecer da humanidade.

Enquanto a Deusa é vista como a força primordial, incriada e criadora de todas as coisas – imortal e plena em si mesma –, o Deus é percebido como mortal; todo ano, no auge do verão, ele experimenta sua morte para que renasça do ventre da Deusa no inverno e fertilize-a novamente na primavera. Por isso, ele é chamado de o Guardião do Portal e Senhor dos Mistérios da Morte.

Imanência e Transcendência

Na Wicca, o Sagrado é visto como imanente e transcendente ao mesmo tempo. O princípio da imanência nos diz que a realidade material é uma manifestação direta do Sagrado. A natureza não está distante dos Deuses e a realidade material não é impura ou profana. A Vida é Sagrada. Espírito e Matéria são diferentes manifestações do mesmo princípio. Os ciclos da natureza são vistos como os próprios Deuses em movimento.

A Divindade habita a matéria, ou melhor, a própria matéria é compreendida como uma parcela da Divindade. O Universo não é a criação de uma Divindade distante, mas ele nasce dos Deuses. Não há a necessidade de "evolução espiritual para se distanciar da matéria e se aproximar dos Deuses", pois já somos manifestação plena do Divino.

A evolução espiritual torna-se, nesse novo paradigma, uma busca pela expressão da nossa Verdade Interior; manifestar no mundo o Eu Superior que habita em nós. Por isso, a Wicca (assim como muitos outros sistemas iniciáticos) é um caminho de autoconhecimento que busca o refinamento da nossa consciência com os princípios divinos e as leis naturais.

Já a transcendência nos ensina que os Deuses não são apenas a realidade material. Existe muito mais do que aquilo que nossos sentidos podem apreender ou do que nossa mente pode compreender. Os Deuses estão além da nossa compreensão plena, e nosso caminho religioso se concentra na busca eterna por esse conhecimento, ao invés de se concentrar em fornecer respostas prontas.

Esses dois aspectos da natureza da Divindade estão expressos na noção da Deusa como a própria Terra viva que pode ser tocada e conhecida, mas também como senhora da Lua, das estrelas e do que há além, que pode apenas ser vislumbrada e contemplada. Esse princípio faz com que a Wicca seja uma religião que não entra em conflito com as descobertas da ciência, por exemplo. Acreditamos que a ciência pode explicar um aspecto da criação, mas não a sua totalidade.

A Roda do Ano

Chamamos de Roda do Ano ao conjunto de rituais celebrados pelos Bruxos ao longo de um ciclo solar. Há dois tipos básicos de rituais: os Sabbats, que celebram os ciclos do Sol e das estações, e os Esbats, ou celebrações das Luas cheias. Ao contrário do que se pensa, Sabbats não são rituais exclusivamente do Deus e Esbats não são rituais apenas da Deusa. Deus e Deusa são um casal sagrado, os dois pilares que sustentam toda a religião e, por isso, estão presentes em todos os rituais.

Os Esbats são celebrações de Lua cheia, apesar de, também, de modo opcional, ser possível celebrar outras fases da Lua. São noites de poder, quando reverenciamos a plenitude do poder da Deusa e fazemos magia.

Celebrar os ciclos sazonais da Terra nos permite resgatar nossa conexão e nossa consciência com a realidade natural ao nosso redor, podendo, assim, voltarmos a nos ver como parte integrante da natureza. É por essa reconexão com os ciclos da vida e da morte que nossa alma pode ser curada. Em um nível mais profundo, a celebração da Roda do Ano usa os processos naturais do ciclo de colheita como uma metáfora para os mistérios de transformação e despertar da Alma.

Justamente por propor uma reconexão com os ciclos da natureza, os praticantes celebram os rituais em datas determinadas pelo hemisfério em que se encontram, visto que, enquanto no Hemisfério Norte é verão, no Hemisfério Sul é inverno. Ao longo do ano, Bruxos celebram um total de oito Sabbats, que consistem basicamente de um ritual de boas-vindas e outro de despedida para cada uma das quatro estações. No Hemisfério Sul, os Sabbats são:

- **Yule** (Solstício de Inverno) – Marca o auge do inverno, quando o Deus renasce do ventre da Deusa como a Criança da Promessa, o Sol renascido que, a partir desse dia, crescerá para trazer o verão mais uma vez.
- **Imbolc** (1º de agosto) – Marca a transição entre o inverno e a primavera. É o Sabbat da purificação. Banimos da nossa vida o que não mais nos serve e nos preparamos para plantar as sementes dos nossos desejos.
- **Ostara** (Equinócio de Primavera) – É o auge da primavera, quando a vida retorna e dias e noites têm a mesma duração. Marca o tempo do plantio das sementes. É um Sabbat de alegria e de amor, que celebra a vida e a renovação da terra.
- **Beltane** (31 de outubro) – Transição da primavera e do verão. Beltane é o Casamento Sagrado, quando Deusa e Deus se unem em amor para fazer as sementes plantadas germinarem. Celebra-se a união do Sol e da Terra, que gera toda a vida.
- **Litha** (Solstício de Verão) – O auge do verão. Celebra-se o ápice do poder solar e as bênçãos da vida. É o dia mais longo e a noite mais curta do ano. O Deus é visto como o Rei Solar, e a Deusa é a terra fecunda que faz os brotos nascerem.
- **Lammas** (1º de fevereiro) – Transição entre verão e outono. É o Sabbat da primeira colheita, a festa do pão. O Sol começa a minguar e sua força é transferida para os grãos maduros que, comidos, trazem a força do Sol para dentro de nós.
- **Mabon** (Equinócio de Outono) – Auge do outono, a segunda colheita. Conhecido como a festa de Ação de Graças dos Bruxos, fazemos uma avaliação do ano, agradecemos pelas dádivas e pelas lições dessa Roda e festejamos ao lado das pessoas amadas.

- **Samhain** (30 de abril) – O Ano Novo dos Bruxos, a terceira e última colheita. Marca a transição do outono para o inverno e a morte do Deus, que viaja para o Outromundo e se torna o regente do Mundo dos Mortos. É um tempo de nos conectarmos aos nossos Ancestrais e meditarmos sobre os fins e recomeços da vida.

A Reencarnação

É da natureza que a Wicca tira seus ensinamentos. E a primeira coisa que percebemos ao observar a natureza são seus ciclos. Assim como o Sol nasce novamente após a noite, nós também devemos renascer no mundo. A grande maioria dos Wiccanianos é reencarnacionista, acreditando que vivemos muitas vidas na Terra.

Diferentemente do que ensina outras religiões, a reencarnação é vista por nós como uma dádiva: a vida é um presente dos Deuses, e não uma forma de sermos testados ou julgados. A vida é celebrada como uma bênção da Grande Mãe para que sejamos felizes e experimentemos a felicidade muitas e muitas vezes.

Outros Wiccanianos não são reencarnacionistas, mas acreditam que a consciência sobrevive à morte de algum modo e continua ao longo dos ciclos da vida, de muitas maneiras diferentes. Na verdade, praticantes de Wicca costumam estar mais preocupados com sua vida aqui e agora do que com o pós-vida. Quando chegar nossa hora, seremos apresentados a este Mistério.

Ética e Código de Conduta

Existem dois princípios básicos que orientam a conduta de um Bruxo, que são chamados de Dogma da Arte e de Lei Tríplice.

O Dogma da Arte nos orienta: "sem prejudicar a ninguém, faça a sua vontade". Isso significa que devemos viver de maneira a respeitar a liberdade das outras pessoas, sempre visando o bem comum. Já a Lei Tríplice nos explica que tudo aquilo que fazemos de bom ou de mau volta para nós de maneira triplicada. Isso nada tem a ver com um tipo de punição divina, mas é uma lei geral de funcionamento do Universo, assim como a Lei da Gravidade, ou a Lei de Ação e Reação. Reconhecer esses dois princípios implica em viver com responsabilidade sobre nossos atos e sobre nossas escolhas, ao invés de culpar terceiros.

A Wicca também é uma religião que enfatiza o melhoramento de nossa personalidade e incentiva valores universais da humanidade como o amor, a harmonia, a paz e o respeito à diversidade e a todas as formas de vida. Bruxos são pessoas que desejam se tornar melhores a cada dia, buscando um estilo de vida integrado com a natureza e o mundo ao seu redor.

Com base em todos esses princípios, cada Bruxo é convidado para pensar sobre seu código de conduta pessoal e avaliar seus próprios aspectos interiores que precisam ser melhorados e aperfeiçoados, sempre levando em conta a sua relação com a coletividade. Em conexão com os Deuses e com as forças da Natureza, encontramos o poder necessário para efetuar tais mudanças em nós mesmos e no mundo.

Não Proselitismo

Se podemos dizer que há um pecado na Wicca, este é o proselitismo! Bruxos verdadeiros não acreditam que seu caminho é o único correto ou mesmo melhor que o das outras religiões. A Bruxaria é apenas mais uma opção, e como dizemos na Arte, "todos os caminhos levam ao mesmo centro". Por esse motivo, Bruxos não tentam convencer outras pessoas a se unirem à Bruxaria. Não há conversão.

Entendemos que as pessoas decidem se tornar Bruxas por conta própria, respondendo a uma vocação pessoal de sua alma. Portanto, nunca tente fazer com que outra pessoa se torne Wiccaniana contra sua vontade.

Magia

Bruxos também acreditam na magia – um poder latente em seus corpos, suas mentes e seus espíritos que é capaz de ser elevado, moldado e direcionado para provocar mudanças concretas na realidade ao seu redor e em suas vidas.

Toda religião trabalha com o conceito de que magia é a arte de mudar a realidade mediante atos de vontade. Porém, a maioria das religiões trabalha a magia como uma forma de petição: a Divindade é chamada para atender a um pedido do suplicante.

Na Wicca, acreditamos que somos cocriadores da realidade, assim como os Deuses e, por isso, não apenas pedimos para que eles provoquem mudanças na nossa vida, como conhecemos métodos de elevar e moldar a energia para causar as transformações desejadas de acordo com a nossa Vontade. Fazemos magia com os Deuses, participamos dela. Não acreditamos em um destino fixo e predeterminado, mas na capacidade de cada ser humano em construir sua própria realidade.

Os primeiros passos

Quando começamos a praticar Bruxaria, mesmo que de maneira solitária, estamos nos inserindo em uma comunidade mundial que é regida por uma identidade específica. Por mais que possa haver diferentes formas de Bruxaria, de modo geral, todas elas seguem alguns parâmetros que mantêm uma integridade e um formato básico que pode ser reconhecido por qualquer um, em qualquer parte do Planeta.

Muitas pessoas se interessam pela Wicca por buscarem apenas uma prática mágica, uma solução rápida e fácil para os seus problemas ou mesmo só uma distração. Mas a Wicca não é nada disso. Ao perceberem que Bruxaria dá muito trabalho, essas pessoas se afastam da Arte.

Porém, aqueles que despertam genuinamente para a Bruxaria estão respondendo a um chamado muito profundo de suas almas. Dizemos que ouviram o Chamado da Deusa, e logo descobrirão que se o corpo Dela envolve todo o Universo, não há como calar sua voz.

Uma das possíveis etimologias para a palavra Wicca remete à ideia de moldar, dobrar e girar, e é justamente isso que acontece com a nossa vida. Trilhar o caminho da Wicca é uma jornada mágica rumo aos Deuses Antigos, os Poderes dos Elementos e a totalidade do nosso ser. No encontro com essas forças primitivas, somos transformados para sempre, mas, lembre-se: esse é o principal objetivo da magia.

Ao longo desse processo, encontraremos maravilhas, mas também seremos desafiados por nossos maiores medos, temores e dificuldades. Isso não acontece porque há algum tipo de mal na natureza, mas porque a proposta da Bruxaria é a de moldar nossa consciência para que o melhor aspecto de nós, aquele que também é Divino, possa florescer no mundo. E isso só é possível com muito trabalho. Nossos opositores e nossos desafiantes não são forças e agentes externos, mas partes de nossa própria personalidade que nos sabotam pelo lado de dentro.

Lembre-se sempre de que não há quem culpar por seus fracassos a não ser você mesmo. Bruxos assumem a responsabilidade por suas vidas.

Você acha que esse é verdadeiramente seu caminho? Acredita que ouviu a velha canção pagã dos Deuses Antigos ecoando nas florestas sob o luar? É forte o bastante para vencer os desafios que lhe serão apresentados? Só há um modo de descobrir: vamos começar a praticar.

~ LIÇÃO 2 ~

Estabelecendo Relações Mágicas

É importante que saiba que, apesar de ser um Bruxo solitário, nunca estará sozinho. Ao longo de seu caminho na Bruxaria certamente vai estabelecer uma relação íntima e profunda com diversos seres e forças mágicas que auxiliarão e conduzirão o seu trabalho. A Bruxaria é uma Arte de celebração da natureza e da vida, e ela nos lembra de que nunca estamos sós.

Dentre os seres e as forças que fazem parte do círculo de relações de um Bruxo, podemos citar:

Os Deuses Antigos

Nossos Deuses não são vistos como entidades espirituais que estão afastados da natureza, mas personificações dos ciclos sagrados que existem no Universo. Para nós, os Deuses são o potencial sagrado que existe em todas as coisas, e eles estão em tudo.

O contato com essas Divindades acontece de formas diferentes, como meditações, invocações, contemplações e celebrações de rituais com formato muito específico, que veremos mais adiante nesta obra.

A narrativa mitológica do casal sagrado da Wicca é feita por Gardner em seu livro *A Bruxaria Hoje*, contando que, no tempo das cavernas, surgiu o mito da Grande Mãe, tendo a mulher como sua Sacerdotisa, enquanto que dentre os homens emergiu a figura do Deus caçador que comanda os animais e rege os processos de morte, o senhor do Outromundo. Ou seja, de maneira simples, enquanto a Deusa é personificação da vida e do nascimento, o Deus representa as forças da morte. Olhemos para cada um deles.

A Deusa da Lua

A Deusa ocupa um lugar central na Bruxaria. Muitos dos que chegam neste caminho, o fazem por meio de sua imagem. Ela é uma figura apelativa para nós, pois há muito tempo a humanidade perdeu o contato com o Sagrado Feminino. A Deusa foi banida e, com Ela, suas dádivas também foram tiradas de nós.

O grande símbolo da Deusa nas culturas antigas é o cálice ou o caldeirão. Houve um tempo em que a cultura da Deusa prevalecia e nosso povo vivia sob a regência do cálice. Como um receptáculo, o cálice é aquele capaz de agregar, reunir, conter o que antes era disperso. Dentro dele, líquidos se misturam e tornam-se um. E é dele que sorvemos o líquido da vida e festejamos com nossos amados as dádivas e as bênçãos da abundância. Nossa sede é saciada quando aprendemos a compartilhar do cálice e o passamos ao redor do Círculo, até que chegue mais uma vez o momento de sorvemos de seu poder.

O cálice é o símbolo da integração, sendo assim, ele é a cultura da Deusa. Houve um tempo em que ele foi substituído pela espada, e nossa cultura acabou sendo baseada na separação, na dominação, no isolamento e na disputa. As bênçãos do cálice deixaram de estar disponíveis para a comunidade, e o poder da espada só poderia ser conseguido por meio da força e da dominação que subjuga os mais fracos em detrimento dos mais fortes. E, assim, a Deusa foi silenciada, esquecida por seus filhos, que se tornaram órfãos da Grande Mãe. Com a perda da Deusa, perdemos a nossa relação de sacralidade com a Terra, com os nossos corpos, com os ciclos da vida, da morte e do renascimento. A maldição da desconexão e da solidão caiu sobre nós.

Entender a figura da Deusa pode ser bastante difícil para aqueles que estão dando seus primeiros passos na Arte, e que trazem arraigados em si a imagem do Deus judaico-cristão além de as fracas representações do Sagrado Feminino que estão presentes no cristianismo. O primeiro atributo da Deusa é sua capacidade de dar vida. A Deusa, como a doadora da vida e da fertilidade universais é chamada de Grande Mãe. Enquanto o Deus é o senhor do mundo da morte, a Deusa é responsável pelo renascimento das almas que esperam no Outromundo e são preparadas para a reencarnação, que só pode ser obtida pela dádiva da Deusa. O (re)nascimento é seu grande presente para nós. Por esse motivo, Bruxos encaram a vida como uma experiência positiva, um presente sagrado. A experiência física não é má ou ruim, mas positiva.

A Deusa dos Bruxos não é passiva, submissa e inferior, mas a própria força da vida, indomada e impossível de ser contida e controlada. Poderia alguém controlar a natureza? Poderia alguém ordenar que a terra não brote mais, ou que os rebanhos não se reproduzam? Poderia alguém interromper o chocar dos ovos, o irromper das sementes, o amadurecimento dos frutos ou o nascer das águas de dentro da terra? A Deusa não é um "espírito", uma "entidade" ou uma "mulher" que habita um lugar distante e de lá olha para nós. Ela é a manifestação da existência, os ciclos ininterruptos de vida, morte e renascimento encarnados na própria natureza. Ela não é distante, mas, sim, tudo o que existe. O Universo é seu corpo sagrado.

Como uma manifestação dos ciclos da vida, a Deusa é compreendida de maneira tripla e, por isso, é conhecida como Deusa Tríplice, a Senhora da Lua. Enquanto cresce, no período que em nossos calendários vai da Lua nova até a Lua cheia, ela é a Donzela, a Caçadora, a Jovem ou a Virgem – seu poder é o de expansão, de liberdade e de desejo. Nos tempos antigos, "virgem" designava uma mulher não casada. Na noite de Lua cheia, ou Plenilúnio, ela torna-se a Mãe, a plenitude, o auge da vida e o poder do nascimento e da criação. A Deusa Mãe é aquela que sustenta toda a vida. Enquanto a Lua diminui nos céus, período que vai da noite seguinte à Lua cheia até a Lua nova, ela é a Anciã, Senhora da sabedoria e dos processos minguantes da morte.

Suas três fases se expressam em uma única mulher: após a sua menarca, ela se transforma na Donzela, cheia de vida e de força; já no auge da vida, torna-se a Mãe, e quando seu sangue permanece preservado em seu ventre, ela se torna a sábia Anciã. Desse modo, não apenas a Lua ou a Terra fértil, mas também a mulher é vista como um importante símbolo da Deusa manifestada; cada mulher tem em si o potencial para ser uma Sacerdotisa da Deusa. Para as mulheres, a figura da Deusa revela sua própria Divindade e seu poder criador; para os homens, ela é um símbolo do seu feminino interior, e uma lembrança de que todos nós, homens e mulheres, nascemos do corpo de uma mulher.

Mas a fertilidade da Deusa não é apenas vertida sobre os campos ou sobre a reprodução dos animais. Ela também nos oferece a fertilidade do espírito. Como a Lua, a Deusa é a regente dos nossos reinos interiores, e seu poder não atua apenas sobre o nosso corpo, mas sobre a nossa alma. Ela é a doadora do renascimento em vida, que é a verdadeira iniciação. A Deusa é a reguladora de nossas marés interiores, dos fluxos da energia psíquica dentro de nós. É a Senhora da Terra, mas como a Lua, ela também reina nos planos interiores, no mundo dos sonhos e da alma, despertando-nos para a magia e o poder latente que há em cada um.

A essência de quem é a Deusa e a natureza de seu culto estão eternizados por um dos mais importantes textos da Wicca, a *Carga da Deusa*, cuja compilação é atribuída à Doreen Valiente, uma das sacerdotisas iniciadas por Gardner e conhecida como a mãe da Bruxaria Moderna:

A Carga da Deusa[2]

Ouçam as palavras da Grande Mãe; Ela, que desde tempos antigos era também conhecida entre os homens como Ártemis, Astarte, Melusine, Afrodite, Cerridwen, Dana, Arianrhod, Ísis, Bride e por muitos outros nomes.

"Sempre que tiverdes a necessidade de qualquer coisa, uma vez por mês, e melhor ainda quando a Lua estiver cheia, deveis vos reunir em algum lugar secreto e adorares o meu espírito, eu que sou Rainha de todas as Bruxas. Lá vos reunireis, vós que estais desejosos em aprender toda Bruxaria, ainda que não tenhais conquistado seus segredos mais profundos; a estes eu ensinarei coisas que ainda são desconhecidas. E vós sereis libertos da escravidão; e como sinal de que sois realmente livres, estareis nus em vossos ritos; e dançareis, cantareis, festejareis, fareis música e amor, tudo em meu louvor. Pois meu é o êxtase do espírito e meu também é o prazer na Terra; pois minha lei é o amor sobre todos os seres. Mantenhais puro vosso mais alto ideal; esforçai-vos sempre nessa direção; não permitis que nada vos detenha ou desvie do caminho. Pois minha é a porta secreta que se abre para a Terra da Juventude, e meu é o Cálice do vinho da vida, que é o Santo Graal da imortalidade. Sou a Deusa graciosa,

---

2. Versão retirada de *A Bíblia das Bruxas*, de Janet e Stewart Farrar, publicada no Brasil pela Editora Alfabeto.

que concede a dádiva do prazer no coração do homem. Sobre a Terra, concedo o conhecimento do espírito eterno; e após a morte, eu concedo paz, e liberdade, e reunião com aqueles que partiram antes. Não exijo sacrifício; pois observai, eu sou a Mãe de todos os viventes, e meu amor é derramado por sobre a Terra."

Ouçam as palavras da Deusa Estrela; ela que na poeira dos pés traz todas as hostes do céu, e cujo corpo envolve o Universo.

"Eu que sou a beleza da terra verde e a Lua branca entre as estrelas, e o mistério das águas, e o desejo no coração do homem; chamo a tua alma. Apareceis e vinde a mim. Pois eu sou a alma da natureza que dá vida ao Universo. Todas as coisas se originam de mim, e para mim todas as coisas deverão retornar; e perante a minha face, amada pelos Deuses e pelos homens, deixai teu eu Divino mais íntimo ser abraçado no êxtase do infinito. Que minha adoração seja entre os corações que regozijam; pois, observai, todos os atos de amor e prazer são meus rituais. E, portanto, que haja beleza e força, poder e compaixão, honra e humildade, júbilo e reverência dentro de vós. E tu que pensastes em buscar por mim, sabei que vossa busca e anseio não lhe auxiliarão a menos que conheçais o mistério; que se aquilo que procuraste não encontraste dentro de ti, jamais encontrareis fora de ti. Pois observai, eu tenho estado contigo desde o começo; e eu sou aquilo que é alcançado ao fim do desejo".

O Deus de Chifres

O tema da morte está diretamente associado à imagem do Deus de Chifres. O homem primitivo tinha medo de renascer longe de sua tribo, por isso, rogava ao Deus, pedindo que pudesse renascer no mesmo tempo e no mesmo lugar que os seus seres amados, e para que pudessem se lembrar uns dos outros e se amarem novamente. Essa Divindade era vista como a própria Morte, e representada como um caçador que tinha chifres em sua cabeça.

O Outromundo, regido por esse Deus, é um local de descanso e de preparação para a outra vida, pois, como o Deus da Morte e do que está Além, ele também é o Deus do Renascimento.

Gardner nos diz que "O Deus dos portais da morte também é a Divindade fálica da fertilidade, Aquele que abre os portais da vida. Esta é a razão pela qual o Deus das Bruxas foi incorporado ao panteão romano como Janus, o Deus de duas faces que era o Guardião dos Portais".

No panteão romano, Janus é o Deus que personifica a Porta do Ano, com uma face velha olhando para o passado, e um segundo rosto, porém jovem, contemplando o ano novo. Isso faz do Deus de Chifres um habitante do limiar, um senhor dos espaços intermediários – ele não só está entre a vida e a morte, como também entre o humano e o animal.

Há uma relação entre uma lenda popular britânica e a imagem do Deus de Chifres: "A Caçada Selvagem". Essa crença folclórica narra a passagem de um cortejo de caçadores sobrenaturais, vistos como Elfos ou como espíritos dos mortos, conduzidos por uma Divindade que pode ter muitos nomes, mas "sempre será o antigo Deus da Caça e da Morte". Um de seus nomes é Gwyn ap Nudd, um Deus britânico dos mortos e das batalhas que tem a função de psicopompo: ele conduz as almas dos mortos para o Além, descrito não apenas como um caçador de gamos, mas como um caçador de almas. Sua função é recolher os espíritos dos mortos e levá-los ao Outromundo.

A origem do culto ao Deus de Chifres é atribuída aos rituais primitivos do homem caçador, que se vestia com as peles e os chifres do animal abatido e mediante um ritual de transe, provavelmente acompanhado de música, transfigurava-se na figura do Deus de Chifres. A imagem mais antiga que retrata esse rito é encontrada na Caverna de Les Trois-Frères, onde um homem vestido com a pele de um veado ou de um cervo usa seus chifres e, cercado de animais, parece executar uma dança. Esse mago ou xamã primitivo das tribos parece ser a origem da imagem mítica e do culto deste Deus, acessado quando a consciência humana se mesclava à natureza do animal.

A atividade do caçador primitivo também tinha em si a dualidade da vida e da morte, pois era preciso abater um animal para manter a vida da tribo. Ao passo que, na atividade da caçada, o homem poderia ser ferido e ele mesmo se tornar a caça, encontrando sua morte. Por isso, acredita-se que o homem primitivo se voltava ao Deus de Chifres em um tipo de ritual de magia simpática para que pudesse obter sucesso em sua caçada e permanecer vivo.

Enquanto a Deusa dos Bruxos está associada à noite e à Lua, nosso Deus de Chifres está associado ao Sol e à Luz. O livro *Aradia, o Evangelho das Bruxas*, de Charles Leland, refere-se aos Deus da Bruxaria como Lúcifer, o próprio Sol, o princípio da luz, enquanto que sua consorte, Diana, é o princípio da escuridão, a personificação da noite. A associação do Deus de Chifres dos antigos caçadores com o Sol denota um avanço no estágio civilizatório do ser humano, quando a agricultura é descoberta e passa a ser reconhecida, assinalando uma transição das comunidades nômades baseadas na caça e na coleta, para as sedentárias, baseadas no plantio e na colheita. É o Sol quem viaja para o reino da morte todas as noites e que precisa ser trazido de volta à vida durante o inverno. O Sol é visto como o viajante entre os mundos e o doador da vida da vegetação. Se o caçador era o doador de alimento na forma da carne, o Sol passou a ser o doador de alimentos no sistema da agricultura, e assim, o Deus de Chifres se transformou no próprio Sol personificado.

O Sol também é um símbolo do Fogo Prometeico, a consciência divina que desce sobre a Terra e é compartilhado com a humanidade. Algumas representações antigas do Deus de Chifres o retratam como um bode negro que traz entre os chifres uma chama, representando a iluminação espiritual e o conhecimento obtido pela prática da Bruxaria.

Como o regente do Sabbat, o Deus das Bruxas era aquele que concedia os deleites e as delícias sobre a Terra. Esse culto era descrito como alegre e festivo, o verdadeiro paraíso. A alegria dos Sabbat das Bruxas é comparada aos antigos ritos de Dionísio, que era visto como uma Divindade com chifres de touro, quando as bacantes se intoxicavam com vinho, música e dança, encontrando uma união extática com o Deus, de modo muito similar como descrito nos cultos totêmicos aos animais.

O viril Deus das Bruxas rege a materialidade, o corpo, o prazer e a sexualidade, e concede alegria e contentamento sobre a Terra. Nas descrições inquisitoriais do Sabbat das Bruxas, esses encontros são regados à bebida, a grandes banquetes, música, dança e orgias e, apesar de não refletirem o que acontece dentro das práticas da Bruxaria Moderna, evidenciam a natureza física dessa deidade, que pode elevar o espírito e chegar até seus adoradores pelo êxtase do corpo. Isso evidencia mais uma vez o caráter positivo dado ao corpo e ao mundo material pelos Bruxos – é por meio do nosso próprio corpo que podemos adorar e conhecer os Deuses Antigos.

Sendo assim, o Deus de Chifres é uma figura dual: ele é o regente do mundo da morte, mas também o Fertilizador, aquele que pode nos trazer à vida. Ele mesmo é o Sol que nasce no inverno, cresce na primavera, chega ao auge de sua força no verão, e então se transforma nos grãos e nas colheitas e é ceifado e sacrificado, descendo ao mundo dos mortos para renascer no inverno mais uma vez. Ele é o Senhor dos Portais e o Condutor da Dança Espiral do Êxtase – um símbolo do drama fundamental da própria humanidade: o nascimento e a morte. São esses rituais que celebram o ciclo do Sol e do Grão e pelas quais os Bruxos reverenciam seus Deuses.

O Deus de Chifres é nosso Pai e nosso Companheiro na jornada da Bruxaria. Nossa senda foi primeiro trilhada por ele que, como nós, persegue a Deusa em amor. O Amor é aquilo que movimenta a Roda das Estações, e é nosso amor pelos Deuses que faz com que nos movamos pelo caminho da Arte.

Aspectos dos Deuses

Os Quatro Elementos

Para os Bruxos, tudo é criado e manifestado a partir da força dos Quatro Elementos da Natureza: a Terra, o Ar, o Fogo e a Água. Eles não são vistos apenas como a matéria-prima do mundo físico, mas também como padrões específicos de energia por trás de tudo o que existe.

A TERRA é o Elemento da manifestação e da materialidade. É ela quem forma o mundo físico e sustenta todos os outros elementos, sendo o mais denso de todos eles. Terra é fertilidade, é fecundidade, é a concepção e a morte. Assim como uma semente precisa ser enterrada para germinar e dar vida, após a morte nós também voltamos ao interior da Terra para renascermos. É o Elemento que está associado ao inverno, ao tempo de morte e ao renascimento da natureza.

A Terra é o Elemento do corpo, da saúde, da prosperidade, da estabilidade e da segurança. Ela nos dá chão firme para caminharmos, abrigo nos momentos de dificuldade, alimento para saciar a nossa fome e descanso nos momentos de cansaço. A Terra nos acolhe e nos abraça, ela nos ensina a encontrar o nosso lugar no mundo. Também é o Elemento do trabalho, da realização, do lar e da família.

Montanhas, rochas, pedras, árvores, bosques, jardins, pomares, flores, frutos, cavernas e fendas são locais associados ao Elemento Terra. Você pode buscar por eles para ampliar a sua conexão e a sua relação com a Terra.

O AR é o Elemento da criatividade e da comunicação, das ideias e do pensamento. Para nos comunicarmos, primeiro pensamos dentro da nossa mente, depois projetamos a ideia para fora na forma de palavras que geram som – uma vibração no ar. Essa vibração é captada pelos ouvidos das outras pessoas e então é transformada em ideias mais uma vez. A palavra escrita também viaja pelo Ar, pois para ler, é preciso que a luz se propague por esse Elemento, carregando informações visuais. Por isso, a luz e a clareza mental também são associadas ao Ar.

Ar traz movimento, inspiração, sabedoria e aprendizado. É o Elemento da memória, das histórias, do conhecimento e dos estudos. Sua palavra-chave é *expressão*. Está intimamente ligado à nossa respiração, que é um símbolo universal da vida. Inspirar é a primeira coisa que fazemos ao nascermos e a última que faremos antes da morte. Sua estação é a primavera, o tempo dos nascimentos e dos começos, quando deixamos a estagnação do inverno e recomeçamos.

Os lugares altos onde o vento sopra são as paisagens associadas a esse Elemento. O topo de uma montanha é ideal para meditar com o Ar. Os locais associados ao estudo e ao conhecimento adquirido também concentram sua energia. Mas o modo mais simples de nos conectarmos ao Ar é respirando conscientemente. O Ar tem a capacidade de nos conectar ao Todo, pois ele liga o que está fora ao que está dentro. Todos partilhamos o mesmo Ar, e quando respiramos, ligamo-nos a todos os seres respirantes que partilham da mesma fonte de vida.

O Fogo é o Elemento da energia e do dinamismo. Está associado aos nossos instintos e aos nossos impulsos, mas também à nossa própria centelha divina. O Elemento Fogo nos traz paixão, dinamismo, força de vontade, sensualidade e sexualidade. É o desejo que arde dentro de nós. O calor do Sol, que dá vida à Terra e a própria energia vital que percorre o mundo.

Fogo traz calor, segurança, energia e transformação. Nada passa ileso ao Fogo – tudo se transforma ao seu toque. E assim como pode ser usado tanto para proteger quanto para ferir, o Fogo representa o potencial da nossa energia pessoal, que pode fazer com que conquistemos os nossos objetivos, mas também pode nos levar à ruína em decorrência das nossas paixões e de nossos vícios descontrolados. O Fogo é um Elemento que sempre intrigou a humanidade, e que sempre representou a própria presença divina. Todo santuário tem no Fogo um simbolismo muito importante, pois ele representa a Presença.

As paisagens quentes e ígneas são tipicamente associadas ao Fogo – vulcões, desertos e dias quentes ou com muita luz – nesses lugares, a energia do Fogo se encontra concentrada. O tempo associado ao Fogo é o verão, o auge do Sol e do calor.

A Água é o Elemento do sentimento, da emotividade, da compaixão, da doação e do altruísmo, bem como da adaptabilidade – pois a Água sempre toma a forma do seu recipiente. Esse elemento traz renovação e purificação, lavando o mal para longe de nós. Também é o Elemento das relações e da conexão – a Água se mistura, é indivisível. Água é amor, une, conecta, dissolve, quebra as barreiras e vence obstáculos. Ela nos ensina a persistência, pois sempre encontra um caminho para fluir.

Assim como a Água tem um ciclo na natureza, ela compartilha conosco as lições dos ciclos e a sabedoria que apenas o tempo pode ensinar. Também nos ensina que a forma é passageira, momentânea – por isso, é associada ao outono, quando as folhas caem e a natureza se prepara para sua morte anual. Ela é o fim dos ciclos, mas também a promessa do renascimento. Afinal, a vida só pode nascer na presença da Água.

É o Elemento da Deusa, o Elemento da Mãe. Todas as paisagens aquáticas concentram a energia desse Elemento – mares, oceanos, lagos, rios, nascentes e riachos – todos podem nos conectar à Água.

Perceber os Quatro Elementos ao seu redor, dentro e fora de você, é uma parte muito importante da sua jornada na Bruxaria. Em outro capítulo, veremos como os Elementos são usados nos rituais e na magia e como representam diferentes partes do nosso ser e nos conectam às forças da vida, da morte e do renascimento.

Um exercício muito bom para nos conectarmos ao poder dos elementos é um simples ato de atenção plena e de reverência. Feche os olhos e respire por alguns momentos; perceba como o Ar mantém a sua vida. Respire e agradeça; faça da sua respiração uma oferenda. Beba Água conscientemente, sabendo que aquele líquido ingerido já foi a nascente de um rio, já foi mar, já foi lágrima, já foi a água do parto que flui, permitindo que uma nova vida possa nascer. Coma conscientemente os frutos dos ciclos da Terra, do íntimo jogo entre a vida e a morte, e agradeça pelo manutenimento da sua própria vida. Sinta o calor do Fogo no seu corpo, o Sol acima de você, seus desejos, suas paixões, a vida que corre em suas veias, e deixe que essa força ligue você aos Deuses.

Os Ancestrais

A ancestralidade e o culto aos Ancestrais são duas partes fundamentais na prática da Bruxaria. Honramos e reconhecemos aqueles que vieram antes de nós e que permitiram que hoje estivéssemos aqui. Somos frutos dos esforços dos nossos Ancestrais. Somos herdeiros de seus legados, continuadores de suas histórias. Na Bruxaria, os Ancestrais são aqueles que nos levam em direção aos Deuses; é por nossa ancestralidade que podemos voltar em direção às origens, às forças da criação e, assim, nos ligarmos novamente aos poderes divinos. O próprio culto aos Deuses

Antigos só é possível porque nossos Ancestrais fizeram isso antes de nós, preservando seus nomes, suas histórias e seus rituais.

Pense por um momento como tudo em nossa vida e no mundo ao nosso redor é resultado dos esforços daqueles que vieram antes de nós. Pense na sua família biológica. O único motivo de estarmos vivos aqui e agora é porque centenas de pessoas antes de nós se encontraram, partilharam suas histórias e se reproduziram. Carregamos em cada célula do nosso corpo o DNA dos nossos Ancestrais, uma partícula daqueles que vieram antes de nós. Somos o depositário das histórias de nossa família. Corpo, aparência, etnia e todas as heranças que vem dessas coisas só existem por causa dos nossos Ancestrais. Esses são os nossos ANCESTRAIS DE SANGUE, e é fundamental que nos harmonizemos com sua força, pois eles estão sempre conosco.

Para nós, Bruxos, há também outro tipo de ancestralidade muito importante: os ANCESTRAIS DA ARTE. Bruxos e Bruxas que vieram antes de nós, praticaram a Arte e perpetuaram o seu conhecimento. Este livro de Bruxaria só pode ser lido porque eu o escrevi, e eu só pude escrevê-lo porque fui ensinado sobre isso, porque o conhecimento foi transmitido. As práticas, os rituais, as histórias e os mitos que o iniciante vai aprender ao longo da sua caminhada na Bruxaria também é um legado espiritual desses Ancestrais. Por isso, é importante que aprenda sobre a história da Bruxaria e as pessoas que foram importantes para que estivéssemos aqui hoje. Nos conectamos a essa força a cada ritual. Os Ancestrais da Arte é o espírito de comunidade que une a todos nós.

Alguns Bruxos também reconhecem os ANCESTRAIS DA TERRA – as forças ligadas ao lugar onde moramos, e que povoaram esses lugares antes de nós. Esses Ancestrais não são apenas pessoas ou povos, mas também a personificação do espírito de um lugar, que os romanos chamavam de *genius loci*. Os romanos diziam que "nenhum lugar é sem um Gênio" e, acredita-se, que a origem do culto ao espírito do lugar esteja justamente na noção do culto à ancestralidade. Resgatar a noção dos Ancestrais da Terra é essencial para nutrirmos uma visão de mundo centrada na natureza, pois isso nos ajuda a regatar o ar de sacralidade do mundo físico. Por isso, reverencie o lugar que lhe acolhe e que lhe dá abrigo, e que já deu abrigo a tantos outros antes de você. E quando estiver na natureza, reconheça o espírito do lugar e a sacralidade daquele ambiente. Saiba que todos os lugares são habitados por forças muito antigas, e que a terra guarda os ossos daqueles que vieram antes de nós. Pise sempre sobre a terra com reverência, pois caminhamos sobre aqueles que passaram por aqui antes de nós.

Há também pessoas que já se foram, mas que ainda são constantes fontes de inspiração para nós. Pense, por exemplo, na sua profissão ou nos seus hobbies. Pense em pessoas que fomentaram ideias e correntes de pensamento, ou naquelas que deixaram sua marca no mundo ou que contribuíram para a humanidade da qual todos se beneficiam de alguma forma. Pense nos escritores, cujas obras tiveram impacto transformador na sua vida, ou naqueles que inspiraram as pessoas que inspiraram você. Pense nas pessoas que amou, mas que não faziam parte da sua família de sangue. Todos aqueles que de uma forma ou de outra permanecem vivos por meio de seus atos, de seus pensamentos e de suas lembranças são seus Ancestrais do Espírito. É curioso pensar que, às vezes, nos sentimos muito mais conectados a alguém que viveu séculos antes de nós, do que a um parente que faleceu no ano passado. Ambos têm sua importância e sua reverência dentro das práticas da Bruxaria.

Para os gregos antigos, imortalidade não significava viver para sempre, adiando eternamente a morte do corpo físico. Imortalidade significava eternizar-se na lembrança, ser digno de ser lembrado por aqueles que vierem depois de nós. A vida é uma oportunidade de nos eternizarmos no legado que deixaremos para as futuras gerações, pois somos os Ancestrais de amanhã.

Por isso, honre aqueles que vieram antes de você, preserve suas histórias, suas lições e sua sabedoria. Volte-se aos ensinamentos dos Ancestrais e seja grato por aqueles que passam por sua vida e dividem um pouco de sua sabedoria. Devemos buscar o conselho dos Ancestrais quando não soubermos o que fazer. Quem preserva viva a chama dos Ancestrais em seu coração, nunca está só e sempre é inspirado e cuidado por sua presença. E é por isso que todos os rituais formais deste livro começarão com um momento de reverência aos Ancestrais.

Falar sobre os Ancestrais nos leva a meditar também sobre os propósitos da nossa vida. Pelo que você gostaria de ser lembrado? O que quer deixar para as futuras gerações? Nem todos nós realizaremos feitos históricos no mundo. Na verdade, é com as pequenas coisas que podemos contribuir: os valores e os ideais que nutrimos, o nosso modo de nos relacionarmos uns com os outros, as ideias e os pensamentos que transmitimos. Viver com a perspectiva de que nós nos tornaremos Ancestrais é muito inspirador e nos compromete com a humanidade. Deixe que a presença dos Antigos esteja com você, guiando seus passos e trazendo luz ao seu caminho. Não deixe que essa chama se apague! Transmita essa chama, e saiba que, quando você também se for, ela será mantida por aqueles que permanecerem aqui.

~ LIÇÃO 3 ~

Bruxaria como Estilo de Vida

Ao conhecerem a Wicca, muitas pessoas fazem perguntas sobre o posicionamento de nossa religião quanto ao consumo de carne, o hábito de fumar, a legalização do aborto, o uso de drogas, etc. É importante entendermos que a Wicca não é uma religião dogmática; ela não dita normas de comportamentos sociais a todos os seus membros. Cada pessoa é livre para decidir o seu caminho pessoal.

Entretanto, há alguns direcionamentos que são seguidos para fazermos nossas escolhas. Quais são os parâmetros que norteiam a vida de um Bruxo? O que usamos para tomarmos nossas decisões de vida e nossos posicionamentos pessoais? É por meio das reflexões deste capítulo e das respostas que fizerem mais sentido com o seu senso de verdade que você deve procurar viver.

Lembre-se de que a Bruxaria é uma religião que se propõe a nos permitir viver da maneira mais próxima possível de nossa essência divina. Por isso, raramente existem respostas prontas no que diz respeito às decisões sobre sua própria vida. Por mais conveniente que seja delegar a responsabilidade da escolha para um líder religioso ou para um livro sagrado, fugindo da responsabilidade de nossas próprias decisões, a Bruxaria enquanto um caminho de empoderamento pessoal devolve essa responsabilidade a você. E o poder de fazer suas próprias escolhas e de lidar com suas consequências é tanto uma bênção quanto uma maldição.

É importante entendermos que a Wicca não é algo que se vive apenas durante meditações, feitiços e rituais – assim como toda religião, ela é também um estilo de vida. E, por mais que cada Bruxo tenha como objetivo encontrar a sua própria forma de viver em comunicação com sua centelha divina pessoal, existem parâmetros gerais que são observados e respeitados por todos. É sobre eles que trataremos a seguir.

Sem prejudicar a ninguém, faça a sua vontade

Esse é o grande código de conduta da Bruxaria, conhecido como Dogma da Arte ou Rede Wiccaniana. É por essa simples frase que os Bruxos baseiam seu comportamento e tomam suas decisões, não apenas mágicas, mas em sua vida cotidiana fora do Círculo Mágico. Porém, assim como muitos outros aspectos da Bruxaria, o Dogma da Arte tem sido tema de diversas especulações e interpretações errôneas, então não basta que o axioma seja dado, é preciso que meditemos sobre o que ele significa.

Vamos começar analisando a segunda parte da frase, "faça a sua vontade". A sua interpretação tem sido quase como uma "autorização divina" para agirmos de maneira despreocupada e inconsequente, guiando-nos apenas por nossos impulsos imediatos e dando vazão a todo o tipo de ideias. Mais uma vez precisamos nos lembrar de que Bruxaria é a Arte dos Sábios, e simplesmente sair por aí fazendo tudo o que temos vontade não soa muito sábio – na verdade, soa bastante infantil. Substituir todos os nossos almoços por sorvete ou gastar todas as nossas economias de uma vez na viagem dos nossos sonhos podem parecer desejos genuínos, mas não são atitudes que atribuiríamos a pessoas sábias.

Aqui precisamos diferenciar as palavras *vontade* de *desejo*. Enquanto que desejo se refere a um querer imediato, muitas vezes ligado aos nossos instintos, a vontade remete a uma força interior que nos impulsiona para a realização de algo, e também a nossa capacidade para escolher como queremos nos comportar. Talvez essa palavra seja melhor compreendida pela expressão "força de vontade", ou seja, o nosso foco e a nossa determinação para cumprir objetivos na vida.

Desse modo, "faça a sua vontade" é um convite para descobrirmos aquilo que está além de nossos desejos imediatos e superficiais para mergulharmos profundamente em nosso ser, buscando quais as verdadeiras vocações de nossa alma. É preciso encontrar nosso chamado interior, aquilo que dá sentido para nossa existência e, então, caminhar nessa direção. Isso é esclarecido em um trecho da *Carga da Deusa*, que nos diz: "Mantenhais puro vosso mais alto ideal; esforçai-vos sempre nessa direção; não permitis que nada vos detenha ou desvie do caminho".

O que faz você despertar todas as manhãs? Qual o verdadeiro propósito e ideais que guiam sua vida? Essas são perguntas complexas, e que não precisam de uma resposta definitiva – ao contrário, se você tiver uma resposta fechada e pronta para isso, repense! O importante aqui não é dar uma resposta, mas sempre manter a pergunta em mente. Antes de qualquer decisão ou atitude, precisamos meditar e refletir: isso está de acordo com meus propósitos, meus valores e meus ideais? Isso condiz com a minha ética pessoal? Isso me torna mais próximo ou mais distante do mundo que eu gostaria de ver surgir? Quem mantiver essas perguntas sempre em mente, estará no caminho da verdadeira sabedoria, pois, como qualquer figura sábia nos ensina, o segredo não está nas respostas, mas, sim, nas perguntas certas.

Se a Bruxaria é a Arte de transformar o ser, essas reflexões são parte das ferramentas que usamos para moldar nossa personalidade. A Bruxaria implica necessariamente uma mudança do eu, e isso não é nada fácil, tampouco agradável o tempo todo. Nesse caminho, muitas vezes seremos confrontados com as verdades mais difíceis que existem: verdades sobre nós mesmos. Encaramos nossas falhas e identificamos os pontos que precisam ser melhorados, e então trabalhamos ativa e conscientemente para promover essas mudanças. Infelizmente, existem muitas pessoas que procuram a Bruxaria apenas pela fantasia e pela caricatura, pois desejam aparentar serem poderosos; o verdadeiro poder de um Bruxo é interior, pois a verdadeira magia é aquela que transforma o eu.

Muito antes de ser uma autorização a todo tipo de libertinagem e ação irresponsável, o Dogma da Arte é um desafio, pois precisamos não apenas responder a essas perguntas, mas viver de acordo com a direção das respostas que escolhemos dar a cada dia. Ao fazermos isso, permanecemos fiéis a nós mesmos e ao Caminho. Aproximamo-nos de nossa centelha divina.

Já a primeira parte do Dogma da Arte nos diz "sem prejudicar a ninguém". Mais uma vez, isso tem sido mal interpretado de diversas formas.

Se pensarmos de maneira literal, viver sem causar nenhum tipo de prejuízo ou dano é simplesmente impossível. Quando nos alimentamos, estamos fazendo isso a partir de outras formas de vida (mesmo sem o consumo de carne); quando respiramos, matamos inúmeros micro-organismos. Produzimos lixo e poluímos a Terra de inúmeras formas. Ocupamos espaços que antes eram destinados à fauna e a flora. O simples fato de ser aprovado em um processo seletivo profissional de algum modo "prejudica" o outro candidato que ganharia a vaga se você não estivesse concorrendo. Então, mais uma vez, notamos que uma interpretação literal torna nossa vida simplesmente inviável.

"Sem prejudicar a ninguém" nos lembra de que existimos em comunidade. Não estamos sozinhos, e a individualidade é uma grande ilusão. O ser humano é um ser essencialmente sociável, e nossa noção de identidade só pode ser construída com base na nossa interação com os outros – escolhemos se queremos ser iguais ou diferentes em determinados aspectos.

Em sua próxima refeição, olhe para a sua comida e pense em todo o processo para que esse alimento chegasse até você. Quantas etapas acha que ocorreram para que pudesse fazer essa refeição? Quantas pessoas estiveram envolvidas em cada parte do processo? A sua alimentação é uma consequência do trabalho de todas essas pessoas, mesmo que nunca tenha pensado sobre isso.

Este livro que está em suas mãos foi escrito por mim, mas para que ele pudesse chegar até você, precisou passar por diversas pessoas que colocaram nele seu empenho e sua energia para que isso fosse possível. E, de algum modo, quer concorde ou não com as ideias expostas aqui, essa leitura vai influenciar a sua compreensão do que é Bruxaria, e de como vivenciá-la e comunicá-la aos outros. Se refletirmos, nada do que fazemos é um ato isolado. Tudo reverbera e atinge outras pessoas.

Mesmo que opte por praticar Bruxaria solitariamente, fora de um grupo estabelecido, saiba que a Arte é uma religião de comunidades – e mesmo que não participe de uma comunidade mágica, é preciso perceber que a sua realidade pessoal nada mais é que uma profunda teia de relações e de interações. Por isso "sem prejudicar a ninguém" nos lembra de que nossos atos não estão isolados e não atingem apenas a nós – eles invariavelmente vão atingir outras pessoas. E, por isso, é preciso prezar pela comunidade e pela coletividade, tanto em termos mágicos quanto em termos práticos.

"Sem prejudicar a ninguém" também é uma fala sobre intencionalidade. Como vimos, às vezes fazemos coisas que prejudicam outras pessoas ou formas de vida, mas nunca devemos deliberadamente causar dano e mal. Isso também é algo que encontramos de maneira bastante distorcida nas discussões sobre Bruxaria, pois algumas pessoas entendem nessa fala que a Bruxaria deve ser cor-de-rosa e frágil de alguma maneira.

Mais uma vez devemos nos voltar para o ideal de sabedoria da Bruxaria para buscar entender o que esse ensinamento tem a nos transmitir. Não é preciso pensar muito para perceber que, quando alguém sofre, isso cria um mundo com mais sofrimento. Pessoas em sofrimento tendem a replicar essa dor e a fazer com que ela reverbere – então, quando agimos especificamente para criar dor e angústia, estamos colocando mais dessa energia no mundo. É esse tipo de realidade que desejamos fazer florescer?

Uma dúvida recorrente sobre esse tema diz respeito a ataques mágicos e maldições. E se estivermos sendo vítimas de energias nocivas voltadas contra nós? Será que devemos devolvê-las em um tipo de contra-ataque? Por mais tentador que isso seja, a experiência tem nos mostrado que não. Quando revidamos ataques psíquicos, acabamos criando um vínculo energético entre nós e o agressor quando, na verdade, o que queremos é paz e distanciamento, e não uma ligação ruim. Não se combate fogo com mais fogo. Isso não significa que devemos ser bonzinhos o tempo todo, cheios de compaixão e dar a outra face como bons cristãos. Mas é preciso que haja um meio-termo entre entrar na briga furiosamente e agir de forma completamente passiva às agressões. Na verdade, existe todo um espectro de opções de ação entre esses dois extremos, e a neutralização da energia, dando um fim a ela e encerrando o vínculo, parece ser a solução mais eficaz.

Há também casos em que precisaremos trabalhar magicamente pela coletividade, e isso pode significar causar prejuízo a alguém. Se um assassino em série é preso e tirado de circulação, estamos prejudicando-o a partir do seu próprio ponto de vista (afinal, ninguém acha positivo ser preso), mas estamos beneficiando a coletividade. Essa é a nossa motivação – o bem comum, e não simplesmente o sofrimento e a punição da pessoa em questão.

Um exemplo muito simples para explicar o uso inteligente de energia nessas situações é o seguinte: imagine que uma pessoa muito querida tenha acabado de sair de um relacionamento abusivo e lhe peça ajuda mágica. Cheia de ódio e se sentindo ferida, essa pessoa provavelmente deseja um tipo de magia ofensiva, para devolver o dano ao seu agressor. E você, que gosta muito dessa pessoa, que seu viu prejudicada, pode facilmente comprar essa ideia. Agora pense: simplesmente causar sofrimento na vida desse agressor vai ajudar a pessoa a se curar emocionalmente? Vai impedir que o agressor faça novas vítimas? Isso beneficia de algum modo a coletividade? Ou é apenas vingança que vai perpetuar e manter um ciclo de agressões?

A meu ver, é muito mais inteligente e eficaz voltar nossas energias para a cura da pessoa ferida, reequilibrando-a e garantindo que ela esteja protegida de entrar novamente nesse tipo de relacionamento abusivo e fazer uma contenção sobre o agressor para que ele não seja mais capaz de causar sofrimento a essa ou outras pessoas. Assim, estaremos contribuindo positivamente com os outros, e não apenas combatendo sofrimento com mais sofrimento.

O Dogma da Arte pede uma postura de respeito à coletividade e à nossa individualidade, simultaneamente, honrando nossas vocações pessoais e desejos interiores, mas também respeitando a comunidade na qual estamos inseridos e trabalhando para criar um mundo melhor e mais equilibrado. Não simplesmente porque somos bonzinhos, mas porque um modo melhor para os outros é benéfico também para nós!

A Lei Tríplice

Tudo o que fizer, de bom ou mal, voltará a você de maneira triplicada. É isso que postula a Lei Tríplice da Arte, que também tem sido alvo de muitas interpretações incorretas e deturpações ao longo do tempo.

A maioria das pessoas que se interessa por Bruxaria vem de um contexto de criação cristão e encontra na Bruxaria um sistema transgressor para muitos dos valores e dogmas que antes pareciam opressores. Um deles é o conceito de pecado – como vimos, para os Bruxos, pecado não existe, pois ele é substituído por uma noção natural de causa e consequência, no qual somos levados a nos responsabilizarmos por nossas escolhas ao invés de adotarmos um código de conduta pronto para agradar alguma Deidade. A Bruxaria nos presenteia com a dádiva da liberdade.

Por isso, algumas pessoas, ao se depararem com a Lei Tríplice, veem nela uma sombra do conceito de pecado e de punição divina – conceitos esses que estão presentes nos sistemas que muitas vezes essas pessoas querem transgredir. Isso faz com que a Lei Tríplice seja compreendida como um tipo de cabresto divino para controlar nossas escolhas e limitar nosso comportamento, quando, na verdade, ela não tem nada a ver com isso.

Ao pensarmos na Lei Tríplice, não devemos imaginar que há, em algum lugar, um "Olho Cósmico que Tudo Vê" que está constantemente nos vigiando, pronto para nos enviar punições ou agrados de acordo com o nosso comportamento bom ou mau. Quando fazemos isso, estamos igualando a nossa relação com o sagrado à relação de uma criança sendo educada por seus pais, que vão repreendê-la ou presenteá-la de acordo com comportamentos adequados ou não. A Lei Tríplice não tem nenhuma relação com a busca pela "aprovação divina", nem mesmo com uma moralidade preestabelecida. Ela é melhor compreendida à luz dos princípios herméticos e, para isso, é preciso que pensemos um pouco no significado da palavra Lei.

O grande erro de interpretação aqui é atribuir à "Lei" um significado jurídico, compreendendo-a como uma regra imposta por um poder superior, e que, se não for obedecida, ocasionará algum tipo de punição. Não é dessa forma que a palavra "Lei" deve ser compreendida, mas no sentido das leis naturais, que descrevem os processos pelos quais a natureza opera, como a Lei da Gravidade, por exemplo.

E assim como ninguém pode desobedecer à Lei da Gravidade, ninguém pode escolher se sujeitar ou não à Lei Tríplice, pois o que ela nos ensina, na verdade, é sobre como a energia se movimenta e reverbera pelo mundo. Ela não é uma lei aplicada exclusivamente aos Bruxos, e nem uma cláusula a qual alguém se submete durante uma Iniciação, mas, sim, um ensinamento que nos faz transformar a nossa forma de ver, compreender e interagir com o mundo ao nosso redor.

Nesse sentido, a Lei Tríplice é muito semelhante à Lei da Ação e Reação, com a diferença de que a reação obtida não tem a mesma proporção da ação, mas seu efeito é triplicado. E por que seria desse modo? A resposta para isso pode ser encontrada no princípio que vimos anteriormente: o Dogma da Arte.

O isolamento é uma ilusão. Uma ação gera uma reação de igual proporção quando pensamos em dois polos de maneira isolada, isso se compreendermos que a energia se movimenta em linhas retas, de um ponto ao outro. Na verdade, estamos sempre nos relacionando com o mundo ao nosso redor – tudo está conectado, ou seja, a energia nunca se movimenta apenas em linha reta: ela faz curvas e espirais, gira e reverbera. Nada do que fazemos tem impacto em um só alvo, pois esse alvo também se conecta à coletividade por meio de uma delicada teia de relações. Isso faz com que toda as nossas ações reverberem criando consequências que muitas vezes estão além daquilo que nós podemos prever. Algumas pessoas chamariam isso simplesmente de "efeito borboleta". Tudo o que fazemos, fazemos no mundo, e atuando sobre o mundo, transformamos a nossa própria realidade, que é compartilhada com outras pessoas.

Por isso, a Lei Tríplice não é um código moral que visa restringir nossas opções e o nosso comportamento. Ela é um ensinamento que nos chama a tomar responsabilidade por nossos atos, nos tornando conscientes de que as consequências das nossas escolhas podem estar muito além daquilo que somos capazes de prever. Mais uma vez, a Arte nos lembra da coletividade.

Resgatando a noção de prazer

Na Bruxaria, o prazer é um sacramento.

De maneira geral, podemos definir sacramento como uma experiência que afirma e proporciona um estado de sacralidade interior, não apenas de comunicação, mas de comunhão com o Divino – e para os Bruxos, o prazer é um desses momentos de profunda imersão na consciência do sagrado.

Na *Carga da Deusa*, Ela nos orienta sobre como seu culto deve ser mantido: "e dançareis, cantareis, festejareis, fareis música e amor, tudo em meu louvor. Pois meu é o êxtase do espírito e meu também é o prazer na Terra". Se a Deusa é a Doadora da Vida e, portanto, da materialidade e da experiência do corpo e do mundo físico, nossa experiência terrena não deve ser vista como suja ou negativa, mas como o próprio nascimento – uma oportunidade sagrada de comunhão com o poder da Deusa. Se o renascimento é a sua dádiva para a humanidade, o prazer é a afirmação de que a vida e a experiência corporal são positivas – "pois observai, todos os atos de amor e prazer são meus rituais".

O Deus Cornífero também é um grande exemplo disso. Ele não é uma figura celestial e distante da humanidade, mas uma figura que combina o corpo do homem com o corpo do animal. Ele é físico, terreno, telúrico e ctônico.

Como o Senhor da Morte, ele nos lembra que nossa forma é passageira e que, como matéria, experimentaremos o fim. Nosso corpo se dissolverá na natureza, e as muitas partes de nós se espalharão pela terra, passando a fazer parte de rios, árvores, plantas, gases no ar, alimento para micro-organismos e adubo para o solo. Ele é um Deus da materialidade, pois ele mesmo morre e renasce a cada ano. E assim como a morte do Deus espalha vida pelo mundo, nos fornecendo o grão e a carne como alimento, se o nosso corpo chegar à morte como um corpo sacralizado, quando ele se desmanchar e se espalhar pela natureza a sacralidade da nossa carne também se espalhará, e nós faremos do mundo um lugar mais sagrado. Essa é a última oferenda que faremos à natureza – o nosso próprio corpo, sacralizado por nossas ações em vida para alimentar a Terra.

A vida, entre muitas coisas, é uma oportunidade de ressacralização da matéria. A forma do nosso corpo passará com a morte, mas a energia impressa em nossa carne durante a vida, as nossas emoções, as lembranças, os pensamentos e as ações permanecerão, e também alimentarão o mundo quando a forma passar. E como Bruxos, precisamos meditar: o que estamos imprimindo em nosso corpo? O que vamos espalhar sobre a Terra quando nosso corpo também se transformar em alimento para a vida? E como podemos sacralizar a matéria para essa grande oferenda? O prazer é um desses instrumentos, sacralizado pela Arte da Bruxaria.

Mas as religiões dominantes, que percebem o corpo em oposição ao espírito, negaram o corpo como uma fonte de experiências divinas e, consequentemente, o prazer do corpo foi demonizado, banido e combatido. Hoje, prazer e culpa andam de mãos dadas, e eu duvido que haja uma única pessoa viva que não tenha experimentado algum tipo de culpa ao vivenciar alguma forma de prazer.

É fácil entender porque o Deus das Bruxas se transformou na figura do diabo cristão – afinal, ele é o Deus selvagem das matas e das florestas, o corpóreo Deus do prazer. No imaginário popular do antigo Sabbat das Bruxas, esse sempre foi um momento de grande alegria, êxtase e prazer – a inocente alegria de viver. Demonizar o Deus do Sabbat é acorrentar o corpo.

E a melhor forma de demonizar o corpo é atribuir seus prazeres ao mal, ao profano e ao distante do sagrado. Esse movimento extremista e negativo tem provocado nas pessoas uma resposta igualmente negativa e rígida do outro lado do pêndulo – a libertinagem, o prazer excessivo, descompromissado e descuidado – o que também é uma fonte de sofrimento e uma profanação da sacralidade da experiência do corpo. Quantas pessoas não sofrem por conta de seus excessos corporais, sejam eles alimentares, sexuais, químicos ou de outros tipos? Para muitos, a busca desenfreada por prazer e liberdade tornou-se uma forma de evitar o contato com a própria realidade, um tipo de fuga, que ao invés de reafirmar e resgatar o corpo como uma oportunidade de experiência mística, apenas provoca mais sofrimento. Esse é o Diabo do tarô – o potencial destrutivo do prazer desenfreado, o perigo da flauta de Pan.

Nossos corpos estão adoecidos, e o resgate do prazer como um instrumento de sacralização do corpo é uma das ferramentas mais poderosas que temos para a cura. Se magia é o ato de transformar a consciência por meio da vontade, mudar a forma como nos relacionamos com o corpo e o prazer, aliando a experiência física ao contato com o Divino, é um ato de magia.

O primeiro passo para experimentar o prazer como um sacramento e um momento de imersão na consciência divina é nos lembrarmos que o corpo é inocente. O corpo sente, o corpo deseja e, por sentir desejo, ele se sente desperto, vivo. Desejo é o espírito que anima a matéria inerte. O desejo altera nossa consciência, nos faz sedentos e o resultado da realização desse desejo é o prazer. Se o corpo desejoso é um carvão em brasa, o prazer é o delicioso perfume do incenso que se desprende dele e se eleva em direção aos Deuses. Quando o desejo é experimentado de forma sagrada, o prazer é uma oferenda.

Então, enquanto Bruxos, como podemos distinguir o prazer mágico do prazer destrutivo e, principalmente, como podemos transformar o prazer profano em sagrado? É simples: precisamos usar nossas ferramentas de transformação de consciência, e o ritual é um dos instrumentos mais poderosos para alcançar esse objetivo.

Se analisarmos os itens que compõem um ritual, perceberemos que todos são sensorialmente estimulantes – o aroma do incenso desperta nosso olfato, a cor das velas, as flores e outros itens sobre o altar despertam nossa visão, o paladar é estimulado pelo vinho e pelo pão, entoamos cânticos e palavras de poder para gerar energia e, por fim, usamos do próprio corpo para elevar Poder. A nudez ritualística, chamada na Arte de "vestir-se de céu", também é uma ênfase a esse aspecto corporal da Bruxaria, que vê no corpo de seus adeptos o principal instrumento mágico e o altar no qual os mistérios são celebrados. Cada adepto é um altar vivo de carne em que a promessa dos Deuses se cumpre e, a cada ritual, reafirmamos essa sacralidade do corpo ao envolvê-lo como parte das celebrações.

O prazer saudável é aquele que não prejudica nosso corpo, não nos compromete a nível mental, emocional ou espiritual, e nem fere o direito ou a liberdade das outras pessoas. É aquele que eleva nossa consciência. É isso que devemos almejar, pois o prazer é uma afirmação de nossa identidade, uma oferenda à nossa Divindade interior. Uma forma de fazer isso é justamente tornando os nossos rituais uma experiência prazerosa, quando nossos sentidos são estimulados positivamente e buscamos obter prazer de forma harmônica.

Libertarmo-nos da culpa e do medo também é uma parte importante do trabalho de qualquer Bruxo. Para isso, precisamos fortalecer nosso senso de identidade, sempre de maneira flexível, permitindo que estejamos em constante transformação. A Bruxaria sempre foi um caminho das minorias e, por isso, os oprimidos pela sociedade devem se tornar fonte de poder e reconhecimento entre nós. Mas para isso não podemos fugir do nosso trabalho de sombra – será preciso olhar para nossas dores e encarar nossas feridas e nossos traumas. Só assim poderemos resgatar as partes de nossa alma que foram feridas e mutiladas ao longo de nossas histórias de vida, para assim, podermos integrá-las à medida em que vamos construindo uma nova identidade por meio da magia. Vivenciamos um verdadeiro renascimento.

Encarar o prazer como uma dádiva sagrada também é uma oportunidade de sacralizar nossas experiências fora do Círculo Mágico, incorporando momentos de comunhão com o Divino em nosso dia a dia.

A liberdade e a diversidade

Na Wicca, liberdade e diversidade são vistas como expressões positivas do sagrado. Em um caminho monoteísta, em que há apenas uma Divindade, há também apenas uma verdade, porém, dentro do Neopaganismo, no qual não reconhecemos apenas diferentes deidades, mas também honramos o Divino que há dentro de cada um, as verdades universais tornam-se todas flexíveis, sendo substituídas por uma noção de verdade pessoal.

E é por isso que a diversidade é vista como uma dádiva dos Deuses. Não há apenas um caminho; o mundo não pode ser categorizado simplesmente em "certo" ou "errado". Como um caminho de perguntas, a Bruxaria vai nos colocar em contato com nossa verdade pessoal, e quando vivemos de acordo com ela, estamos expressando nossa essência divina no mundo.

Isso faz com que o respeito pela autonomia e pela liberdade seja uma máxima dentro da Arte. Não acreditamos que nossa religião é a única correta, e nem mesmo que haja apenas uma forma de se praticar Wicca – as muitas Tradições de Bruxaria são a prova viva de como a diversidade de caminhos é algo importante e valorizado por nós.

Nossa religião é viva, é vibrante e clama pela expressão de nosso próprio potencial criativo quando estamos em contato com o sagrado. A Wicca é uma religião que é vivida e moldada por cada um de seus praticantes.

A autonomia para tomar as próprias decisões é algo importante para a Arte. Tradições e Covens têm regras estritas de que a magia não pode ser feita para outras pessoas sem a autorização expressa de todos os envolvidos, mesmo que seja algo completamente benéfico, como um ritual de cura. Por melhor que sejam nossas intenções, alguém pode optar por não receber uma cura por meio de um ritual de Bruxaria – e por mais que isso pareça absurdo para nós, devemos respeitar a decisão do outro.

A beleza e a harmonia

A Bruxaria é uma religião de equilíbrio.

Equilíbrio significa harmonia, e harmonia produz beleza. Qual é a função da beleza na natureza? Aparentemente, nenhuma. A beleza não é um recurso utilitário que por si só pode ser usado para alguma coisa. Não entenda "beleza" como um padrão estético imposto por correntes sociais, mas, sim, como a visão da harmonia que nos permite contemplar um rastro de algo superior, uma presença divina.

Um lindo pôr do sol, o desabrochar de uma flor, uma música melodiosa e harmônica, uma obra de arte – tudo isso tem o poder de elevar nossa consciência e de nos colocar em contato com um padrão superior de existência. A beleza nos coloca em contato com a harmonia do cosmos, a música das esferas, e nos permite uma experiência de transcendência do eu cotidiano, do profano, do comum. Com a experiência da beleza, podemos vislumbrar um modo mais belo de ser – ela nos coloca na direção da transformação pessoal rumo ao sagrado, nos levando a um patamar superior e mais refinado.

Quando beleza e harmonia são produzidas, sabemos que estamos caminhando na direção certa. Do mesmo modo, estar em contato com o que é belo e harmônico tem o poder de criar perspectiva e nos lembrar de que sempre há algo em nós que pode ser melhorado ou aperfeiçoado.

Obviamente, estamos falando aqui de manifestar beleza interior – projetar no mundo a luz de nosso sol interno. Esse deveria ser um objetivo perseguido por qualquer Bruxo. Se buscamos harmonizar as diferentes partes de nós em nossa vivência dentro da Arte, a manifestação externa desse trabalho será um resultado natural, que produzirá beleza.

Busque incorporar a beleza como um valor pessoal, não apenas durante as suas práticas de Bruxaria, mas durante toda a sua vida. Desperte a sua percepção para a verdadeira beleza que existe na harmonia do mundo. Observe. Ouça. Acorde. A maioria das pessoas está dormente para isso – se comportam como seres automatizados. Surpreenda-se com a beleza que cruza o seu caminho todos os dias e faça desse um ato de reverência e, assim, a presença dos Deuses sempre estará com você.

Isso nos leva a outro tópico:

As Oito Virtudes da Arte

Somos ensinados que há oito princípios pelos quais um Bruxo deve viver: "beleza e força, poder e compaixão, honra e humildade, júbilo e reverência". O oito é um número importante na Arte, pois fala sobre a totalidade da vida. Assim, as oito virtudes devem ser buscadas como um modo de expressarmos, por meio delas, a totalidade de nosso ser. Note que as virtudes são colocadas em pares, o que nos revela que atuam como dois polos que se equilibram e se complementam.

O primeiro par é a beleza e a força. Já discutimos anteriormente o significado da beleza, que sem a força não é nada além de estética e aparência. A beleza deve estar sustentada pela força interior, como sua expressão natural no mundo, para que não seja frágil ou supérflua. Já a força sem beleza pode se transformar em rigidez, em teimosia e, em última instância, em caos e destruição. A força é o vigor e a energia, e deve sempre ser aplicada de modo a produzir a beleza como consequência. O primeiro eixo das Oito Virtudes nos ensina a equilibrar o interior e o exterior. Nos ensina também, que somos verdadeiramente fortes internamente quando isso se expressa no mundo pela beleza. Quando estamos certos de quem somos, de quais os nossos valores, nossa ética e nossa verdadeira vontade, agimos no mundo em harmonia com o nosso centro, e isso naturalmente produzirá tanto beleza quanto força.

Na sequência, temos o poder e a compaixão. Nossa sociedade adoecida nos ensina que o verdadeiro poder é expresso pela dominação – para que um seja poderoso, o outro deve ser oprimido. Poder sem compaixão é tirania, e pode transformar pessoas de bem em ditadores egoístas e sem coração. Já a compaixão desprovida de poder pode nos levar pelos caminhos do autossacrifício e da anulação pessoal, nos tornando cegos para nossas próprias necessidades, aniquilando nossos sentimentos. Esse eixo nos ensina sobre o equilíbrio entre o Eu e o outro e, na verdade, revela-nos que o verdadeiro poder é aquele compartilhado, que permite aos outros também expressar o seu poder. Perceba como mais uma vez isso enfatiza o caráter coletivo da Arte – a velha dicotomia entre nós e os outros cai por terra para que possamos perceber como vivemos em constante relação com os outros.

O terceiro eixo das Oito Virtudes nos traz a honra e a humildade. A honra é um compromisso pessoal que assumimos com nossa identidade. Quando sabemos quem somos e nos apropriamos de nossas histórias e dos princípios que escolhemos para nortear nossa vida, existe honra – estamos seguros de quem somos e de como escolhemos conduzir nossas ações. Na verdade, a honra poderia ser expressa por outro conceito muito importante na Bruxaria: o orgulho. É preciso nos orgulharmos de quem somos, sem medo de expressarmos no mundo nossa verdade interior. Entretanto, orgulho desequilibrado é vaidade e egocentrismo, tornando-nos rígidos e nos fazendo acreditar que somos detentores de verdades absolutas. Ele precisa ser equilibrado com a humildade de sabermos que somos eternos aprendizes, e que sempre há mais para saber. Se a honra é como a terra firme sobre a qual caminhamos, a humildade é como a água que umedece o solo e o impede de se tornar rígido e infértil. Ela é flexibilidade e abertura. Entretanto, a humildade sem a honra é a diminuição pessoal e a inferiorização, a não percepção de nossos valores e de nossa capacidade.

O último dos eixos das Oito Virtudes nos traz o júbilo e a reverência. Júbilo é uma grande alegria, uma ampla felicidade, que deve ser buscada não apenas como um estado momentâneo, mas, sim, como um estado de espírito, a própria alegria de viver. Já a reverência tem a ver com a experiência de maravilhamento diante de algo que é muito maior que nós mesmos, que produz uma postura de respeito e veneração. O júbilo sem a reverência pode se transformar em futilidade, enquanto que a reverência sem o júbilo pode se transformar em rotina e fanatismo. É do equilíbrio entre ambos que deve surgir a nossa experiência com o sagrado – não de maneira mecanizada, mas sempre com alegria e contentamento, sem que isso se transforme em fuga ou nos faça estacionar em uma busca rasa e superficial.

Juntas, as Oito Virtudes nos ensinam o caminho do meio, que nos leva àquilo que é o mais almejado para os praticantes da Arte da Bruxaria: a Sabedoria. Portanto, faça delas sua meta e seu ideal. Conduza seus caminhos por esses oito princípios e poderá se tornar verdadeiramente praticante da Arte dos Sábios.

Despertando a consciência mágica

Vimos que a etimologia da Wicca remete à ideia da Arte dos Sábios, um Ofício que exige ao mesmo tempo a beleza, a delicadeza e a sutileza do trabalho mental inspirado, mas também a energia, a força, a persistência e a disposição do trabalho físico intenso. Ao usar a mente e o corpo para esculpir a matéria bruta, o artesão tem o poder de transferir a beleza antes vista apenas com o olho da mente para a realidade material. Nós, como Bruxos, também somos artesãos, e nosso principal Instrumento Mágico e ritualístico é o athame, uma faca que representa o nosso próprio poder para modificar a realidade e, principalmente, a nós mesmos.

Um Bruxo é nada menos que um artesão da alma. Nossa Arte é um trabalho de refinamento de nossa própria personalidade, usada como matéria bruta que, quando esculpida, pode revelar a beleza de nossa essência oculta mais profunda; o brilho único de nossa centelha sagrada. Moldamos Terra, Ar, Fogo e Água, e então mudamos nosso corpo, nossa mente, nosso espírito e nosso coração. O trabalho de um Bruxo ao lado dos Deuses Antigos não é simplesmente cultuá-los e servi-los, mas também, pelo contato com eles, manifestar no mundo a essência divina que habita em seu interior. Isso não significa endeusar nossas características, como crianças mimadas que dizem: "eu sou assim e não preciso mudar, porque isso é sagrado", mas diz respeito a um árduo trabalho de cortar, esculpir, martelar, aparar, lixar e polir nossa personalidade.

Desse modo, moldamos nossa consciência, abrindo caminho para que o centro dela deixe de repousar simplesmente sobre quem pensamos que somos, para também se iluminar pela consciência da parte divina em nós. É por isso que como uma Religião de Mistérios, a Wicca implica a morte – precisamos morrer para quem acreditamos ser e, assim, deixar nosso eu mais profundo emergir. Esse é um trabalho de uma vida toda, cuja beleza não está no destino final, mas, sim, no processo. A Arte não é um caminho para os teimosos ou os que se pensam senhores da razão: é um Ofício para aqueles que estão dispostos a sofrer para passar por profundas transformações.

Esse é, na verdade, um dos perigos do Caminho: acreditar que essa consciência divina pode ser alcançada de maneira perpétua. Não somos uma religião de Verdades, mas de Mistérios. Esse estado de consciência Divino não deve ser visualizado como um trono sobre o qual podemos nos sentar e permanecer, nem mesmo como uma linha de chegada alcançada na Iniciação. É como uma lanterna que carregamos nas mãos e que nos possibilita lançar uma luz diferente sobre o mundo para que possamos perceber, de outro modo, o que acontece ao nosso redor, com um olhar integrado à noção de Sagrado. É justamente isso que ele é: um estado de consciência. E por isso, para nos aproximarmos gradativamente dele, a nossa religião tem a forma de um Culto de Mistérios e nos fornece Instrumentos Mágicos para que possamos alcançá-lo por meio da prática ritual. Os Elementos na natureza, os mitos, os altares, a meditação, a dança, os cânticos, os incensos e os rituais são nossas ferramentas, usadas "entre os mundos" dentro de nossos Círculos, e tem o poder de alterar nossa percepção, abrindo momentaneamente caminho para que o Mistério atue partindo de nós, lançando sua luz sobre nossa consciência alterada e nos permitindo um momento de iluminação.

Esse nível de consciência não pode ser alcançado pela análise racional de nossa personalidade embasada em teorias, mas, sim, por atos simbólicos ritualísticos, que nos coloca em estado de transcendência daquilo que acreditamos ser. A função de um ritual é, portanto, criar e sustentar um espaço de esvaziamento, que então será preenchido pelo Mistério. De forma mais poética, dizemos que os Véus que separam a realidade humana e divina se erguem brevemente. É por isso que um Bruxo é aquele que caminha entre os mundos: os mundos da consciência humana e da consciência divina. Pela Arte, experimentamos a natureza dos Deuses – não apenas de modo racional, acreditando na ideia de que somos seres divinos, mas pela experiência direta com os Deuses. E isso nunca poderá ser expresso em palavras, pois só pode ser vivenciado. Qualquer tentativa de racionalização desse acontecimento fará com que sua sacralidade desapareça.

É por isso que como uma religião, não podemos "seguir" a Wicca, mas praticá-la. Ela é uma Arte, um Ofício, um *modus operandi*, a Grande Obra, um trabalho sagrado que não pode ser vivido apenas a nível intelectual. Wicca não é uma religião para se acreditar. É uma religião para se viver.

A personalidade mágica

Esse é um conceito muito importante encontrado em diferentes caminhos da magia e do ocultismo, e postula que todo praticante das artes mágicas precisa desenvolver um tipo de identidade que será assumida em seus rituais e fortalecida ao longo do tempo.

Como vimos, o principal objetivo de um Bruxo é transformar-se e aproximar-se de sua centelha espiritual; a consciência divina. E esse não é um trabalho fácil. Para que nossa personalidade profana possa ser transformada, primeiro ela precisa ser flexibilizada, e o desenvolvimento da Personalidade Mágica serve justamente par auxiliar nesse processo.

Se alguém nos pergunta quem somos, quais são as primeiras respostas que vem à nossa mente? A maioria das pessoas responderá prontamente com o seu nome, e então dirá sua profissão, o que estuda, quantos anos tem e provavelmente fará uma referência à suas relações familiares. Perceba que tudo isso tem a ver com o que fazemos ou com quem nos relacionamos; tem a ver com nossa história de vida. Isso significa que nossos traços de personalidade e nossas características pessoais também foram desenvolvidas e influenciadas ao longo da nossa história pessoal, cujo núcleo da experiência está centrado em nosso nome, a noção mais básica de nossa identidade.

Entretanto, no caminho mágico, o que queremos fazer é paulatinamente transferir o centro da nossa consciência e da nossa percepção desse núcleo profano e comum de identidade para uma percepção integrada com o sagrado. Isso é o que foi chamado na psicologia junguiana de processo de individuação; o caminho rumo à totalidade do nosso ser. Ora, se desejamos transferir nossa consciência de um ponto para outro, precisamos de uma ponte que estabeleça uma ligação entre eles – um caminho sólido que possa ser trilhado ou, em termos práticos, um tipo de identidade intermediária entre o nosso estado atual de ser e aquele que almejamos. Isso é a Personalidade Mágica – o ponto que liga aquilo que hoje somos ao que pretendemos nos tornar.

Você pode pensar na Personalidade Mágica como um personagem que vai assumir e interpretar durante suas práticas de Bruxaria. Isso pode soar estranho em um primeiro momento, mas se pararmos para observar, é exatamente isso que todas as pessoas fazem diariamente: assumem determinados papéis.

Exercício 01: Identificando papéis

Escreva seu nome no centro de uma folha e, ao redor dele, coloque todos os papéis que você desempenha em sua vida, sejam eles familiares, profissionais ou sociais: a mãe de família, o advogado, o estudante de arquitetura, o chefe de departamento, o líder do grupo de amigos e assim por diante. Pense em todos os núcleos sociais dos quais participa e então dê um nome para o papel que você desempenha em cada um deles.

A próxima etapa é descrever as características que você assume em cada um desses espaços. De acordo com o tipo de relações que nutrir em cada um desses núcleos, vai perceber que haverá diferentes características da sua personalidade que serão enfatizadas. Provavelmente os seus amigos mais íntimos o descreveriam de maneira bastante diferente dos colegas de trabalho mais distantes, que só tem contato com a sua identidade profissional, por exemplo.

O objetivo desse exercício é perceber como assumimos diferentes subpersonalidades ao longo do nosso dia, muitas vezes de maneira automática, sem nos darmos conta disso. Como um Bruxo, você se compromete a romper com esse padrão automático para que possa verdadeiramente escolher de maneira consciente quem deseja ser.

***

Desenvolver uma Personalidade Mágica é acrescentar à lista escrita por você no exercício anterior mais um papel: o de Bruxo, que se relacionará com os Deuses, com os Ancestrais, com os Espíritos dos Elementos e, principalmente, com a sua própria centelha divina. Mas, diferentemente das subpersonalidades anteriores que são formadas sem nossa total consciência, a sua Personalidade Mágica deve conter os atributos que deseja atrair para sua vida, e também, aqueles que você é capaz de vislumbrar a partir do seu contato com os Deuses e das suas práticas mágicas.

Assim como o centro da sua história mundana é o seu nome civil, o centro da sua vida mágica será o seu Nome Mágico. Você precisa escolher um novo nome que será a âncora da sua Personalidade Mágica, um lembrete daquilo que vislumbra e de quem você pretende se tornar. É com esse nome que se apresentará aos Deuses, Ancestrais e Espíritos dos Elementos em sua prática, e o primeiro ritual formal que aprenderá neste livro é chamado de Ritual de Compromisso, quando o seu Nome Mágico será consagrado e assumido.

Para escolher o seu Nome Mágico, consulte listas de nomes vinculados a uma determinada cultura ou a um povo com o qual você tenha ligação. Caso sinta mais afinidade com a mitologia grega, por exemplo, muito provavelmente um nome grego lhe será mais impactante. Escolha uma cultura antiga que seja inspiradora e pesquise nomes que tenham essa origem, ou mesmo pesquise dentro da mitologia, adotando o nome de algum personagem mitológico cujos atributos quer desenvolver.

De maneira geral, não recomendo que escolha para si o nome de uma Deidade – deixe esses nomes para os Deuses! Entretanto, se sentir muita afinidade com uma Deidade específica, pode adotar um de seus epítetos como Nome Mágico, ou então pesquisar os nomes de antigos sacerdotes e cultuadores dessa Deidade, de modo a estabelecer uma ligação. O importante é que o nome seja forte e tenha um significado ligado às características que deseja atrair ou fortalecer na sua personalidade.

Nessa lição, foi falado sobre os valores que são estimados pelos praticantes de Bruxaria e os princípios pelos quais buscamos viver e nos relacionar. Use as informações das páginas anteriores para fazer uma lista das qualidades e dos traços de personalidade que você acha que precisa desenvolver para se tornar um Bruxo. Em especial, medite sobre as Oito Virtudes e pense como elas podem ser incorporadas ao seu dia a dia.

Devemos dar à nossa Personalidade Mágica tanto o que há de melhor e de mais virtuoso em nós quanto aquelas características que ainda são apenas potenciais. A meditação a seguir vai ajudá-lo a entrar em contato com essas qualidades.

Exercício 02: A meditação do Eu Potencial

Sente-se para essa meditação, se desejar, acenda um incenso e coloque uma música tranquila para ajudá-lo a induzir um estado de relaxamento. Respire profundamente algumas vezes e, então, imagine-se de pé, diante de um grande corredor de pedra. Há um caminho estreito à sua frente, iluminado por algumas tochas. Caminhe por esse corredor.

Enquanto caminha, permita-se sentir a textura do chão de pedra, toque as paredes e sinta o calor da chama de cada tocha à medida que avança. O corredor é imenso; parece interminável. Depois de um tempo, quando perder a noção do quanto caminhou, vislumbre que, ao longe, algo parece se movimentar e bloquear o caminho. Siga em frente.

Ao se aproximar, perceba que há, ao fim do corredor, um imenso espelho de moldura dourada que bloqueia toda a passagem à sua frente e reflete o seu corpo inteiro. Aproxime-se desse espelho e contemple o seu próprio reflexo. Ao ver sua própria imagem, que ideias vem à sua mente? Que sensações sua própria imagem desperta? Você gosta do que vê?

Quando conseguir responder a essas perguntas, toque o espelho e peça que ele lhe mostre o que você pode se tornar. Peça que lhe mostre uma versão melhorada de si mesmo. Observe que a imagem muda levemente e que seu reflexo parece alguns poucos anos mais velho. Contemple a imagem e veja o que ela lhe transmite. Que características essa pessoa tem? Que habilidades desenvolveu? O que agora ela passa a expressar no mundo?

Se desejar, converse com essa figura e, caso ela responda, preste atenção em suas palavras. Quando encerrar, veja essa imagem desaparecer, dando lugar ao seu próprio reflexo mais uma vez. Então vire-se e retorne pelo mesmo caminho e encerre a meditação.

Anote todas as suas impressões e sensações nessa meditação, repita-a ao longo dos próximos dias. Isso vai ajudá-lo a determinar as qualidades que deseja atribuir à sua Personalidade Mágica.

***

E, assim, uma lista de qualidades que deseja desenvolver vai se formando, comece a listar os aspectos da sua personalidade que precisam ser melhorados. Pense também nos valores admirados pelos Bruxos e como eles podem se expressar na sua vida.

Essas informações poderão ajudá-lo na escolha do seu Nome Mágico. Não se preocupe, você terá tempo para fazer uma escolha apropriada, pois há uma série de tarefas a cumprir antes de apresentá-lo aos Deuses. Mantenha um registro de todas essas características e deixe que os exercícios e as práticas dos capítulos seguintes o auxiliem nesse processo de descoberta e de transformação interior, e quando começar a prática dos seus rituais, repita para si mesmo o seu Nome Mágico e lembre-se do que ele representa, esforçando-se para, ao menos durante suas meditações e práticas de Bruxaria, assumir essa identidade mágica.

Esse também é o momento em que o praticante deve avaliar as suas expectativas com a Bruxaria. O que o trouxe até aqui e o que espera encontrar? Enquanto falamos sobre o desenvolvimento de uma consciência mágica, é importante que esteja alerta para os riscos que podem ser encontrados ao longo do caminho.

O Diário Mágico

Se quer desenvolver uma consciência mágica sobre si, o primeiro passo é criar uma rotina de constante observação das suas ações, dos seus pensamentos e de seus sentimentos. A melhor e mais comum ferramenta para isso é a criação de um Diário Mágico.

O Diário Mágico pode ser feito com uma agenda ou com um caderno, ou mesmo em um arquivo virtual no seu celular ou no computador, se preferir. O importante é manter esse registro em um local seguro, do qual tenha certeza de que não poderá ser encontrado ou lido por outras pessoas. Isso é fundamental para que se sinta livre para escrever e se expressar sem o medo do julgamento de outras pessoas. Seu diário mágico é um local para encontrar suas próprias vulnerabilidades.

Feito isso, é hora de começar a registrar. Habitue-se a escrever diariamente no fim do dia, todos os acontecimentos importantes desde a hora em que acordar. O objetivo disso não é listar as atividades mundanas e automáticas do seu dia, mas começar a criar consciência de como se sentiu e de como lidou com os problemas e os conflitos. Por isso, o registro diário é importante – se deixar para escrever no dia seguinte, talvez aquele detalhe que o tenha incomodado no trabalho continue passando despercebido, ou a sua frustração por não conseguir cumprir uma meta pessoal continue sendo ignorada.

Faça uma avaliação sincera de como se sentiu ao longo do dia sobre si mesmo, sobre suas atividades e sobre as outras pessoas. No final da semana, leia todas as anotações feitas nesse período como se fosse a narrativa de outra pessoa e veja que ideias surgem sobre si mesmo. Isso permitirá que comece a perceber seus padrões de comportamento, suas ideias e seus sentimentos que lhe passam despercebidos na maioria das vezes.

Com o tempo, vai perceber que ao longo do seu dia os seus hábitos vão mudar por conta das observações e das avaliações feitas em seu diário e, assim, vai ser possível começar a expandir a sua consciência, deixando lentamente um modelo automático de comportamento para começar a escolher como quer lidar com as situações da sua vida.

Antes de começar a escrever, coloque a data, a fase lunar e o signo em que ela se encontra. Com o tempo, isso vai ajudá-lo a perceber que seu estado de humor pode ter ligação com os movimentos lunares. Todos nós temos uma fase da Lua que nos é mais favorável, e outra onde as coisas tendem a dar errado. Com esses registros, vai perceber como a natureza ao seu redor influencia a sua personalidade.

Na verdade, isso também tem uma função mágica e, por mais que pareça apenas autoajuda barata, fará com que se abra uma fenda na sua personalidade, como a casca de um ovo se rachando, para deixar eclodir a semente potencial do seu Eu Mágico que habita dentro de cada ser. Falaremos mais sobre isso em outro momento do livro. Mas aqui fica minha ênfase: não subestime a importância desse trabalho.

Outro elemento importante de ser registrado em seu diário mágico são seus sonhos. Registre-os assim que acordar, pois por mais vívidos que possam parecer, em alguns minutos vai esquecê-los completamente.

Isso é importante porque nossa consciência racional e desperta é, na verdade, só um aspecto de quem realmente somos, a ponta do iceberg. Sonhos são portais que podem nos levar a conhecer outros aspectos do nosso ser, baseados em suas mensagens e em seus símbolos, por isso, registrá-los é muito importante para que comece a despertar a sua consciência para o trabalho mágico que aprenderá ao longo de sua vida como Bruxo.

Ao anotar os sonhos, estará enviando uma mensagem ao seu reino interior, dizendo que deseja estabelecer uma comunicação com as partes mais profundas de seu ser, as partes que verdadeiramente fazem magia e que se comunicam com os Deuses. Essa também é uma forma de começar a estimular algumas habilidades mágicas, como a clarividência.

Com o tempo, escreva também sobre os seus exercícios mágicos, suas meditações, seus feitiços e seus rituais, fazendo desse diário mágico um registro de sua evolução no caminho da Arte. Daqui há alguns anos, será muito gratificante retomar essas notas e verificar o seu desenvolvimento!

Não negligencie o trabalho com o diário mágico, comece-o imediatamente. Ele é fundamental para os Bruxos solitários, pois sem a instrução de um Sacerdote ou Sacerdotisa iniciados, você precisa começar a perceber-se melhor por si mesmo.

Diário da Sabedoria

Apesar de o diário mágico ser um requisito padrão em muitos caminhos mágicos distintos, há outro exercício desenvolvido por mim e que parece muito apropriado como um complemento do diário mágico: o que eu chamo de "diário da sabedoria". Seu objetivo é estimular o aspecto contemplativo e intuitivo da nossa consciência, e ele pode ser facilmente incorporado ao diário mágico, sem a necessidade de um registro separado (a menos que essa seja sua preferência pessoal!).

Nele, procure fazer registros simples de algo que aprendeu durante uma determinada vivência com os Deuses. Não precisa escrever grandes lições de vida ou desvendar os segredos do Universo. Basta registrar de maneira simples uma lição ou um momento de sabedoria que a experiência lhe proporcionou.

Pode ser que no começo grandes dificuldades se apresentem, e que isso pareça até meio bobo ou ingênuo. Porém, com a prática diária, você estará se abrindo para ouvir sua sabedoria interior e para receber a inspiração dos Deuses. E isso é algo muito importante no caminho de um Bruxo. Precisamos aprender a nos voltarmos para essa sabedoria interior.

Talvez esses momentos de pequenas sabedorias não venham apenas em suas meditações e exercícios mágicos. Pode ser que você queira escrever algo que aprendeu em uma situação do cotidiano, ou pode ser que uma ideia sábia tenha surgido em sua mente em um momento de ócio. Ou pode ser, ainda, que seja uma mensagem vinda em um sonho. Ou que você tenha testemunhado alguma situação entre outras pessoas e aprendido algo com ela. Ou lições que venham de erros que você cometeu. Anote e registre. Com o tempo vai ver que tem algo muito bonito em mãos.

Esse é um registro do seu diálogo pessoal com a deidade e com a sua sabedoria interior, é a sua parte divina. Ao manter esse registro, estará se abrindo para ouvir e para observar cada vez mais. O exercício do diário da sabedoria abre a nossa percepção para aprender as lições do mundo e aumenta o nosso repertório como conselheiros e agentes de cura. Também é um bom exercício de empatia.

Ao longo do tempo, leia o que escreveu e tente incorporar esses ensinamentos em sua vida. Tente aplicar essa sabedoria na prática. Ao fazer isso, pode ser que novas ideias surjam para serem escritas. Como dito no exercício do diário mágico, repito aqui, não subestime esse exercício, ele é extremamente poderoso. Tudo isso fará parte do desenvolvimento da sua Personalidade Mágica, que será paulatinamente integrada à sua vida cotidiana.

~ LIÇÃO 4 ~

As Habilidades Mágicas Básicas

Todas as práticas e ferramentas da Wicca servem para nos ajudar a alterar nosso estado de consciência e aprender a acessá-lo de acordo com a nossa própria vontade. As palavras e as ações de um ritual, os objetos sobre nosso altar, as velas, o incenso e as meditações são todos usados de modo a nos colocar em sintonia com as Forças que serão invocadas e celebradas. Alterar a consciência é a arte de fazer magia.

Alguém que começa a trilhar um caminho mágico costuma ter muitas preocupações a respeito do passo a passo das suas práticas, e não tanto com o seu próprio estado mental e emocional nesse processo. Na verdade, toda prática mágica precisa ocorrer em dois planos: não basta apenas saber as palavras que precisam ser ditas ou a ordem das etapas de um ritual; é preciso também que haja um movimento interior acompanhando todas as ações externas.

É fundamental, portanto, aprendermos a encontrar o estado de consciência apropriado para nossas práticas. Vejamos alguns deles:

Relaxamento e Respiração

Se desejamos desenvolver nossa mente, o primeiro passo é fazer isso por meio do nosso próprio corpo. Precisamos entender que mente e corpo não estão separados, e também não são contrários. Assim como nossos estados mentais criam reações fisiológicas em nosso corpo, a alteração do estado corpóreo provoca mudanças mentais.

Um dos grandes empecilhos para o desenvolvimento da mente é a inquietação e a agitação do corpo. Não conseguimos permanecer muito tempo parados em uma mesma posição para meditar. Nossos corpos agitados não estão muito acostumados com a quietude.

O estado mental apropriado para meditações e rituais pode ser estimulado pelo controle da respiração e do relaxamento físico. A respiração correta induz ao relaxamento do corpo que, por sua vez, muda o nosso padrão cerebral do seu estado de vigília, chamado de *beta*, para o estado de um leve torpor chamado *alfa*.

Em oposição ao estado de relaxamento está o estado de estresse, no qual o corpo se coloca em alerta e em estado de tensão, pronto para agir assim que necessário. Assim como o relaxamento tem implicações fisiológicas, o estado de estresse também modifica nosso corpo, liberando diversas substâncias em nossa corrente sanguínea que são prejudiciais a nós quando excessivamente expostos a elas. Acontece que o nosso ritmo de vida faz com que permaneçamos nesse estado de tensão constantemente, como um hábito. Por isso, aprender a cultivar um estado de relaxamento é fundamental para todos os exercícios e para as práticas mágicas que veremos a seguir.

Vejamos alguns dos exercícios que podem nos ajudar a alcançar esse estado de relaxamento:

Exercício 03: Respiração diafragmática

Existem diferentes níveis de respiração: a superficial, que enche de ar a parte superior do pulmão; a mediana, que preenche apenas metade dele; e a profunda, que leva oxigênio até o fundo de nossos pulmões, movendo o nosso diafragma. A respiração adequada é aquela que preenche as três partes do pulmão.

Preste atenção na sua respiração e perceba como temos a tendência a respirar a nível do peito. Isso faz com que apenas parte de nossa capacidade pulmonar seja utilizada, e que o ar não se renove completamente no nosso interior. A respiração diafragmática permite que mais oxigênio seja absorvido e distribuído em nossa corrente sanguínea alterando, assim, nossa condição fisiológica.

Experimente respirar preenchendo primeiro o fundo dos pulmões, na sequência, deixe que sua capacidade máxima seja atingida a cada inspiração. Expirando lentamente, sinta cada camada do pulmão se esvaziando.

Mantenha a boca fechada ao longo desse exercício – a respiração deve acontecer toda através do seu nariz.

Exercício 04: Respiração de quatro tempos

Continue praticando o exercício de respiração diafragmática, entretanto, faça uma contagem de quatro tempos: contando de quatro em quatro segundos, primeiro inspire e preencha seus pulmões com ar; depois, retenha a respiração; expire lentamente fazendo a contagem e então mantenha os pulmões vazios por mais quatro segundos, recomeçando o ciclo. Isso totaliza um ciclo completo de respiração em dezesseis segundos.

Enquanto faz esse exercício, preste atenção no ritmo da respiração – há um tempo para inspirar, um tempo para reter, outro para expirar e ainda outro para esperar. Esse ritmo muda tanto o seu estado físico como o seu padrão vibratório.

Comece com apenas quatro ciclos completos de respiração e veja como se sente. Perceba as mudanças em seu corpo. Se estiver confortável, amplie para oito ciclos completos. Anote em seu diário mágico a experiência com esse exercício.

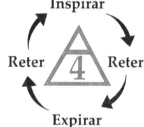

Exercício 05: Respiração em partes do corpo

Repita o exercício anterior, mas para cada ciclo de respiração, concentre-se em uma parte do corpo. Ao expirar, envie um comando mental para que aquela região específica relaxe mais. Use a respiração direcionada como uma forma de eliminar as tensões.

Comece mantendo o foco nos pés e vá subindo com ciclos completos de respiração de quatro tempos até chegar ao topo da cabeça. Ao final do exercício, perceba as mudanças no seu corpo e também em seu estado mental.

Atenção e Concentração

No dia a dia, raramente temos momentos em que estamos completamente concentrados em uma única coisa. Passamos a maior parte do dia com a consciência espalhada no que aconteceu no passado ou no que faremos no futuro e acabamos nos desconectando do que estamos fazendo no presente, aqui e agora.

Para aprender a desenvolver uma consciência mágica é preciso treinar a nossa habilidade de concentração, ou seja, voltarmos todos os nossos esforços para um único propósito. Isso não significa que devemos permanecer imóveis com a mente completamente vazia por horas, mas, sim, que devemos conseguir manter a mente focada e fixada. Devemos dominar nossos pensamentos ao invés de sermos dominados por eles.

Um antigo princípio mágico nos ensina que a energia flui para onde a atenção se direciona. Quanto mais concentrados estivermos, mais energia pode fluir para conseguirmos realizar nossos objetivos, e quanto menos controle mental tivermos, mais a nossa energia pessoal permanece espalhada em muitos focos diferentes.

Isso também significa que quanto mais dispersa for nossa atenção ao longo de nossa vida, menos energia colocamos em nossas atividades.

Treinamos a concentração em nosso dia a dia quando temos alguma tarefa difícil ou minuciosa para realizar, ou quando precisamos manter o foco em um mesmo estímulo, como ler as palavras deste livro, por exemplo. Muitas pessoas não conseguem criar o hábito de ler, simplesmente porque não conseguem permanecer concentradas por tempo suficiente. Por isso, podemos treinar nossa habilidade de concentração ao longo de nossas tarefas diárias, concentrando-nos no que estivermos fazendo no aqui e no agora.

Muitas pessoas não conseguem controlar os diálogos internos em sua consciência e se veem sempre levadas por uma corrente de associação livre de ideias e de pensamentos. Tudo isso faz com que a nossa mente fique poluída. Todos esses pensamentos automáticos que correm por nossa cabeça sem parar são como um intenso rio de águas turvas que arrastam a nossa consciência com eles. O primeiro passo para encontrar um estado de tranquilidade mental é perceber-se desassociado desse fluxo de ideias. Esse fluxo não é a sua consciência – ela está por trás dele.

Quando estiver comendo, trabalhando, lavando louça ou conversando com alguém, procure manter o foco completamente nessa atividade. Você tem facilidade para isso, ou sente que precisa treinar melhor essa habilidade? Vejamos alguns exercícios para treinar a nossa concentração:

Exercício 06: Respiração consciente – trabalhando a audição

Escolha uma música calma, de aproximadamente cinco minutos. É melhor se for uma música sem palavras. Sente-se de forma confortável e comece a respirar profundamente. Volte toda a sua atenção para o ato de respirar. Torne-se consciente dos movimentos do seu corpo à medida que respira. Mantenha o foco completo em inspirar e expirar, e quando outros pensamentos tentarem se intrometer, não lute contra eles e nem se frustre – aprenda e deixá-los ir e retome a consciência na sua respiração e na música. Mantenha um estado de relaxamento, não apenas físico, mas também mental.

O objetivo de usar a música é controlar o tempo do exercício e evitar que outros pensamentos se intrometam durante esse período. Quando a música terminar, vai saber que é tempo de encerrar. Lembre-se: não se frustre com a quantidade de ideias que aparecerão. Não se frustre ao se pegar pensando no que fez pela manhã ou no que precisará fazer ao acordar no dia seguinte. Quando perceber que perdeu o foco, simplesmente retome-o para a respiração e para a música.

Esse exercício vai lhe revelar como a nossa percepção de tempo é extremamente relativa. Inicialmente, esses cinco minutos parecerão uma eternidade! Repita o exercício diariamente, quando estiver se sentindo completamente confortável com a duração, troque para uma música um pouco mais longa.

Outro efeito desse exercício é provocar sensação de *presença*. Você se perceberá integrado ao seu corpo, ao aqui e agora, ao momento presente, que é o momento de poder. Quando essa sensação surgir, não tente pensar sobre ela, ou ela desaparecerá. Ao contrário, experimente a sensação e tente permanecer assim pelo tempo que conseguir.

Pratique todos os dias para ter melhores resultados, preferencialmente três vezes ao dia em momentos diferentes. Melhores resultados são obtidos com mais repetições, e não necessariamente com a duração de uma única tentativa. Quanto mais fizermos o caminho de nossa consciência mundana e dispersa para uma consciência meditativa unificada, mais fácil se tornará acessar esse estado mental. Tenha paciência e persistência, faça disso um hábito.

Exercício 07: Focos externos de atenção – a visão

Outra maneira importante para treinar a concentração é focar toda a nossa atenção em um estímulo externo. Isso será extremamente importante quando estiver fazendo alguma prática mágica como consagrar um amuleto, por exemplo, ou mesmo quando praticar técnicas de adivinhação. Repita o Exercício 6, mas ao invés de fechar os olhos e se concentrar na sua respiração, mantenha os olhos abertos e escolha um objeto sobre o qual manterá o foco durante o tempo do exercício.

Pode ser qualquer coisa, mas prefira algo que seja ligado ao oculto. Um cristal, uma carta de tarô ou mesmo um símbolo natural, como uma concha ou pena, servirão. Busque algo que não seja simplesmente um objeto, mas que também seja um *símbolo* – um representante de ideias e conceitos que não são expressos simplesmente pelo seu caráter físico.

Técnicas mais avançadas, como transferir a nossa consciência para um objeto ou um ser vivo, dependem do sucesso dessa prática mais básica, então, não a subestime. Aprenda a controlar o seu fluxo de pensamento e lentamente vá calando as muitas vozes que ecoam dentro da sua cabeça.

Exercício 08: Sensibilização do toque – o tato

Já vimos como é manter o foco na audição com o exercício da respiração consciente, e também na visão, com o exercício de focos externos de atenção. Agora é hora de experimentar o sentido do tato. Nossa pele é um importante órgão dos sentidos, cuja estimulação muitas vezes não está em nossa consciência. Entretanto, resgatar a consciência tátil da pele é fundamental para que possamos começar a perceber outros tipos de energia.

Temos a ilusão de que nossa pele é o limite de nosso corpo. Isso talvez seja verdade para o nível físico, mas em níveis mais sutis existem outras partes de nós que se estendem para além da pele e, por isso, voltar a nossa consciência para ela é o passo inicial para começarmos a nos conscientizar dessas outras partes de nós que ultrapassam os limites de nosso corpo físico.

Sente-se e faça novamente a sua rotina de respiração de quatro tempos. Perceba como a sua consciência habitualmente está na região da sua cabeça – é com ela que pensamos e produzimos imagens e palavras. O centro de nossa consciência é, na maior parte do tempo, na cabeça. O objetivo é temporariamente transferir a nossa atenção e a nossa percepção para outras áreas do corpo.

Enquanto respira, concentre-se em seus pés e imagine-se respirando através deles. A cada inspiração, imagine que o ar ao redor dos seus pés é absorvido por eles e, ao expirar, sinta que a pele dos seus pés projeta esse ar para fora. Faça isso sem pressa, por alguns ciclos de respiração, e perceberá que lentamente vai ganhando mais consciência dos seus pés. Preste atenção no que é possível captar com eles – a temperatura do chão, a sua textura, e então experimente sensações mais sutis, como o ar ao redor deles. Lentamente, aproxime os pés e faça contato. Sinta ao mesmo tempo como ambos se estimulam e provocam sensações um no outro. Mantenha toda a sua concentração aí.

Experimente também fazer o mesmo exercício com as mãos. Escolha de três a cinco objetos que possam ser segurados em sua mão, mas que sejam bem diferentes entre si: que tenham pesos, texturas e formatos bem distintos. Disponha todos à sua frente. Segure o primeiro e explore-o com as suas mãos. Concentre-se em todas as sensações que vem desse objeto, em todas as informações que pode receber pela sua pele. Depois de explorar o objeto por pelo menos três minutos, troque. Repita com todos os outros, percebendo suas diferenças.

Lembre-se de manter as anotações em seu diário mágico sobre essas diferenças de percepção. Receber informações de outras vias, que não apenas a visão e o pensamento nos ajuda a abrir nossa consciência para a percepção de energias e de forças mais sutis, que é uma habilidade básica de qualquer Bruxo. Veremos uma expansão desse exercício em breve, quando vamos voltar toda a nossa percepção para a pele como um todo.

Visualização

Esta é uma das habilidades fundamentais para qualquer tipo de operação mágica. Todos já ouvimos falar do poder e dos benefícios da criação de imagens mentais. Entretanto, é importante que saiba que visualização não é apenas a criação de representações visuais, mas o uso interior de todos os cinco sentidos, apesar de a formação das imagens ser a mais importante delas.

A percepção por meio de imagens e de sensações é anterior à palavra falada. Antes que o ser humano pudesse desenvolver um sistema linguístico de comunicação, sua maneira básica de interagir com o mundo era por meio dessas representações interiores que ele fazia do mundo ao seu redor. Processar informações a partir de uma expressão interior dos sentidos ativa regiões primitivas de nosso cérebro.

Com o desenvolvimento humano, a linguagem verbal se sobrepôs ao pensamento rústico das imagens, desenvolvendo outras áreas de nosso cérebro e nos afastando desse lugar antigo e animalesco que precisamos acessar durante o trabalho ritualístico. O treinamento de visualização consiste basicamente, então, no de resgatar essa função em nosso aparelho psíquico.

O uso da visualização nos leva diretamente à experiência, e não às ideias que são provocadas pela experiência. Assim, ela se torna muito mais sinestésica e viva. A imagem tem o poder de nos fazer mergulhar nas sensações e nos sentimentos.

Como a imagem é uma forma de comunicação primitiva, ela pode ser usada para "enviar mensagens" para o corpo e para provocar uma resposta biológica. Assim como a respiração tem o poder de afetar partes do nosso corpo que são chamadas de involuntárias, como o fluxo sanguíneo, por exemplo, o uso de imagens mentais também serve para atuar sobre partes do nosso corpo que não temos domínio consciente, como nossos estados emocionais. Desse modo, a visualização se torna uma linguagem capaz de intermediar a mente e o corpo, a ideia e o manifesto.

As técnicas de visualização não devem ser utilizadas apenas nos rituais, mas exercitadas constantemente ao longo do nosso dia. Quando fazemos isso, estabelecemos uma ponte de comunicação entre nossa mente consciente e as partes mais profundas da nossa alma; deixamos nossa criatividade se manifestar e, com ela, a inspiração que vem dos Deuses.

Você pode exercitar essa habilidade de diversas maneiras – quando fizer suas invocações aos Deuses e aos Elementos, por exemplo, use a capacidade de visualização para criar imagens mentais apropriadas àquilo que você está chamando. Quando estiver ouvindo uma música, tente imaginar as cenas, as paisagens, as cores e as pessoas descritas. Quando ler uma história, faça o mesmo: construa uma imagem mental daquilo que é lido. Tudo isso faz com que a capacidade de visualizar se torne cada vez mais presente e automática na sua vida.

Outro exercício de visualização surge quando estamos dominados por algum sentimento ou alguma sensação. Quando se ver assim, feche os olhos e entre em estado de receptividade. Deixe surgir uma imagem, um símbolo, uma representação visual daquilo que sente. O que isso revela sobre seu sentimento ou sensação? Se você deseja alterar esse estado emocional ou físico, respire profundamente e visualize que essa imagem se modifica. Concentre-se nela por alguns instantes e então deixe-a ir.

Um modo mais avançado de praticar magia é por meio de sonhos, que são exercícios diários e involuntários de visualização. Trabalhar com os sonhos é um modo de expandir nossa capacidade de criar imagens mentais e nos aprofundarmos em seus significados. As práticas oníricas estavam presentes em diversas culturas antigas: sabe-se que egípcios e gregos usavam a capacidade onírica para a solução de problemas por meio de imagens e também para a cura. Acreditava-se que se as imagens e as ideias que provocassem a doença não fossem removidas, de nada adiantaria tratar os sintomas e o corpo físico, pois essas formas mentais produziriam um novo adoecimento.

O trabalho com a visualização é uma das chaves mais importantes da magia, e tanto as técnicas mais básicas quanto as mais elaboradas e avançadas dependem do desenvolvimento pleno dessa habilidade. É por ela que cruzamos do mundo visível para o invisível. Perceba que a palavra imaginação tem semelhança com a palavra magia: criar formas e imagens mentais é o primeiro passo para a manifestação de nossos desejos.

Os exercícios anteriores serviram para mudar o nosso foco e concentrar a nossa atenção completamente em elementos do mundo físico, mas a visualização tem o poder de fazer a nossa consciência cruzar o mundo dos sentidos e das ideias racionais para nos levar aos domínios mais profundos de nosso ser. Pela visualização, podemos não apenas alterar as nossas condições fisiológicas, mas contemplar quem somos – avaliamos a nossa personalidade e modificamos nossa forma de estar no mundo.

Por exemplo, sabemos que a autoimagem é um elemento muito importante que regula a nossa autoestima, o nosso posicionamento no dia a dia, o modo como nos relacionamos com as outras pessoas, fazemos planos e tomamos decisões. O trabalho com a visualização criativa pode não só aumentar a percepção de quem somos, como também modificá-la. As imagens mentais que nutrimos a nosso respeito se transformam em ações concretas no mundo, por isso, mudar as imagens mentais significa mudar a realidade ao nosso redor.

A visualização também tem o poder de nos levar a reinos mais profundos, conduzindo-nos além da nossa consciência individual para buscarmos imagens e formas do reino coletivo dos arquétipos, as formas primordiais e, a partir daí, entrarmos em contato com nosso próprio Eu Divino e com os Deuses. Quando a nossa consciência encontra caminho para comunicação com essas forças, somos transformados, e essa é a verdadeira e mais poderosa magia – a mudança do centro de nossa consciência de uma personalidade profana para nossa essência divina.

Exercício 09: Visualizando as cores e as formas

Quanto mais nitidamente forem as imagens mentais geradas, mais eficazes seus trabalhos mágicos serão. Por isso, a primeira etapa do treinamento de visualização – uma prática que vai acompanha-lo por toda a sua vida mágica – é aperfeiçoar a imagem. Entretanto, antes de trabalhar sobre imagens, partiremos pelas cores do espectro.

Visualizar as cores é um exercício amplamente conhecido como um modo de indução a um leve transe. Vamos utilizá-lo aqui como forma de aumentar a sua percepção sobre cada uma das cores e a nitidez das imagens mentais.

Em um estado relaxado e concentrado, visualize a cor vermelha o mais vividamente possível. Veja-a em um tom vibrante e intenso. Caso sinta dificuldade para ver a cor, vai perceber que uma tensão mental será gerada, e você provavelmente vai franzir a testa e pressionar os olhos. Ao identificar essa tensão, respire e relaxe – deixe ir. Lembre-se, é importante manter o estado de relaxamento.

Quando a tonalidade vermelha estiver nítida, dê uma forma a ela, tentando visualizar algo que tenha a predominância dessa cor, como várias pimentas agrupadas, por exemplo. Isso acrescentará à ideia da cor forma e textura específicas, refinando a sua percepção sobre ela. Se a imagem se dissipar, concentre-se novamente na forma mais básica – a cor pura – e então tente dar os contornos a ela novamente.

Experimente fazer isso com a cor laranja; quando estiver bem nítida, dê a ela a forma da fruta com o mesmo nome. Prossiga com o amarelo, transformando-o no Sol. Siga para o verde, vendo um grande gramado. E para o azul claro, que se transforma no céu limpo e iluminado de um dia quente. O roxo se torna uma imensidão de flores. E, finalmente, o branco, que se torna brilhante para assumir a forma da Lua.

Treine a visualização também com outras cores, como o marrom, por exemplo, para ver troncos de árvore, ou o preto, que pode se tornar um animal. Use a sua criatividade.

Exercício 10: Criando imagens mentais

Sente-se e respire algumas vezes. Use a respiração diafragmática em quatro tempos para induzi-lo a um estado de relaxamento e de concentração. Comece com o exercício do foco externo de atenção, concentrando-se em um objeto. A seguir, feche os olhos e reproduza a imagem visual o mais nitidamente que conseguir. Tente explorar seus detalhes. Se precisar, abra os olhos novamente e observe mais atentamente, e então, feche-os novamente e repita o exercício.

Gire o objeto em sua tela mental e tente percebê-lo em três dimensões. Tenha uma visão total dele. Concentre-se na cor e na textura até que elas sejam bem claras. Experimente esse exercício com objetos diferentes.

Quando já estiver acostumado, tente trazer à mente a imagem de objetos maiores do seu cotidiano – um carro, a sua cama, um livro que está lendo no momento. Faça o mesmo processo de girá-lo na tela mental para observar o objeto de vários ângulos diferentes. Se perceber que a nitidez das suas imagens mentais não é muito boa, repita o exercício das cores e das formas, e então pratique novamente.

Exercício 11: Despertando mentalmente os sentidos

O próximo passo é criar imagens mentais e interagir com elas. Repita o exercício anterior, mas amplie a sua percepção para abranger a sensação de tato, paladar, olfato e audição. Interaja com os objetos e imagine-se tocando-os, comendo-os, cheirando-os e os ouvindo. Tente sentir sua textura, sua temperatura e sua consistência. Perceba quais desses sentidos chega mais facilmente a você e treine aqueles que forem mais difíceis.

Uma das formas de ampliar a percepção de um sentido que temos dificuldade em reproduzir a nível mental é justamente se expor a ele e depois tentar reproduzi-lo, como fizemos com o primeiro: observar um objeto e então fechar os olhos para depois criá-lo na mente.

Exercício 12: Visualizando cenários

Reproduza mentalmente a imagem do ambiente em que está praticando esse exercício, como se estivesse de olhos abertos. Então, em sua tela mental, levante-se e comece a caminhar, explorando o lugar com os cinco sentidos. Tente visualizar o cenário o mais precisamente possível, sempre lembrando de usar os cinco sentidos enquanto se movimenta. Deixe a sala em que está e explore os arredores. Quando concluir, retorne pelo mesmo caminho, visualize-se assumindo a postura da meditação e então encerre o exercício.

Repita com paisagens naturais – praia, floresta, campo. Veja a Lua, o Sol, as estrelas. Interaja com rios e lagos, com animais ou plantas.

Essa técnica tem muitos usos. Quando meditamos com os Deuses, costumamos nos visualizar em um lugar da natureza no qual suas forças estão concentradas para depois encontrá-los. Isso faz com que mentalmente nos sintonizemos com sua energia. Como uma técnica mágica, esse exercício poderá ser usado no futuro como forma de projeção mental, para viajarmos mentalmente a outros lugares do plano físico e interagirmos energeticamente com eles. Essas técnicas são exploradas no capítulo "Transe e Estados Alterados de Consciência".

Exercício 13: Consciência ampliada do corpo

Já fizemos um exercício para sensibilizar uma parte de nossa pele e para captar melhor suas percepções. Agora vamos tentar modificar a consciência habitual que normalmente está concentrada na cabeça, para tentar atingir uma consciência de todo o corpo. Essa técnica vai alinhar o princípio da visualização para alterar a sua percepção do corpo.

Perceba como o centro da consciência humana está na cabeça – é com ela que pensamos, falamos, ouvimos, cheiramos, saboreamos e escutamos. Quatro dos nossos cinco sentidos estão centrados em nossa cabeça, além de toda a nossa capacidade cognitiva.

Perceba como isso é diferente de uma árvore, por exemplo. Onde fica o centro de consciência de uma árvore? É difícil de definir. Suas raízes estão profundas no solo captando água e interagindo com todas as minúsculas formas de vida que estão ali; a seiva percorre todo o seu tronco; suas folhas crescem em direção ao Sol; seus galhos balançam com o vento. Não há um centro de processamento de informações na planta como acontece com os animais. Por isso, vamos usar a visualização da árvore para tentarmos mudar o foco de consciência do nosso corpo.

Como sempre, comece sentando e usando sua respiração diafragmática em quatro tempos para criar um estado alterado de consciência. Depois, deixe que a imagem de uma árvore qualquer surja em sua mente. Contemple cada uma de suas partes e veja como cada uma delas tem uma percepção diferente. Lentamente, deixe essa imagem se dissolver e, respirando, volte sua atenção para o seu próprio corpo.

Com a respiração, desloque a consciência da sua cabeça para toda a sua pele. Tente sentir – com o corpo todo – a sua ligação com o chão, a textura das suas roupas, a temperatura de todo o seu corpo. Como fizemos em outro exercício, respire, e dessa vez visualize toda a sua pele absorvendo o ar ao seu redor com a inspiração e o projetando para fora na expiração. Perceba como isso traz diversas sensações diferentes ao seu corpo. Permaneça nesse estado o quanto desejar, e então, anote suas impressões e as suas sensações. Pratique com frequência para aumentar a intensidade de sua experiência.

Esse exercício começa a lidar não só com a habilidade de sentir com o corpo, mas também a entrar no campo da percepção de energia.

Exercício 14: A consciência da árvore

Faça como no exercício anterior, mas ao invés de deixar a imagem da árvore se dissolver, visualize que a cada inspiração você traz essa imagem para mais perto do seu corpo, e que a cada expiração, você e a árvore se misturam, tornando-se um só. Lentamente, deixe que a sua consciência seja transferida para ela, e tente sentir e perceber o ambiente como a árvore faz.

Comece por partes: sinta as raízes no chão sorvendo a água, sinta a textura do solo, suba pelo tronco e perceba a seiva fluindo, sinta os galhos balançando ao vento e as suas folhas absorvendo a luz do Sol. Deixe que essas percepções diferentes se misturem e procure percebê-las todas ao mesmo tempo.

Permaneça assim por alguns minutos (é uma boa ideia usar a técnica da música para marcar a duração do exercício), e então, faça o processo inverso, visualizando que a cada respiração o seu ser se torna menos árvore para se tornar mais você. Movimente seu corpo e encerre o exercício. Se tiver dificuldade em reestabelecer a consciência normal, faça uma leve refeição.

Exercício 15: O Poço dos Sonhos

O objetivo dessa prática é fazer com que se lembre dos sonhos com maior facilidade. Manter um diário de sonhos é muito importante, pois não só nos permite entender as mensagens de nosso eu profundo, como também é uma forma de reforçar a ideia de que queremos nos lembrar dos sonhos e valorizarmos suas mensagens. Manter um diário de sonhos é uma forma de aumentar nossa experiência onírica e nos aprofundarmos em seu potencial. Lembre-se de anotar tudo assim que despertar, para registrar o máximo de memórias possível sobre os sonhos da noite anterior.

Se você tem dificuldade em se lembrar de seus sonhos, essa meditação feita todos os dias antes de dormir pode ajudar bastante.

Feche os olhos e respire profundamente algumas vezes. Deixe seu estado de consciência se modificar enquanto se concentra unicamente em sua respiração e no fluxo do ar que entra e sai de seus pulmões.

Lentamente, deixe que uma paisagem natural se forme. Veja a si mesmo caminhando por um bosque noturno. Está escuro, você pode ver a Lua e as estrelas no céu. Caminhe por esse bosque. Sinta seus pés tocando a terra. Toque os troncos de árvore e sinta sua textura; tente sentir seu cheiro. Abra seus ouvidos para o som dessa floresta. Não tenha pressa. Deixe que lentamente essa paisagem surja e se transporte para lá.

Caminhe por esse lugar, explorando-o. Seu objetivo é encontrar um antigo poço de pedra. Deixe sua intuição lhe guiar e lhe mostrar o caminho.

Quando encontrar o poço, contemple-o. Sinta sua textura, caminhe ao seu redor e olhe para dentro dele. Mesmo não vendo o fundo, tenha a sensação de que sua profundidade é imensa. Veja a Lua e as estrelas refletidas sobre as águas desse poço.

Note, então, que ao lado dele há um pergaminho, uma pena e um tinteiro. Tome-os em suas mãos e escreva: "desejo me lembrar de meus sonhos". Escreva lentamente e veja as palavras marcadas sobre o papel. Fortaleça essa visualização respirando profundamente. A seguir, encontre uma pedra e embrulhe-a com esse pergaminho. Vá até o poço e, segurando a pedra com ambas as mãos, posicione-a sobre as águas.

Lentamente, vá percebendo que essa pedra fica cada vez mais pesada. Que é preciso fazer um esforço cada vez maior para mantê-la nas mãos. Seu peso cresce, até que fica impossível de segurá-la, e então, ela cai. Veja essa pedra afundando nas águas escuras, até se perder de vista.

Beba um pouco das águas frias desse poço e faça o caminho de volta, ao ponto de partida. E então, respire profundamente e retorne à consciência habitual.

Faça esse exercício no momento exato antes de dormir, quando sentir que o sono está chegando. Registre suas impressões, suas sensações e os seus resultados no diário mágico.

Manipulação de Energia

Elevar, moldar e direcionar diferentes formas de energia é uma habilidade essencial para qualquer prática mágica. É importante que comece a se familiarizar com os movimentos sutis de energia no seu dia a dia e que aprenda a deixar que esse poder flua pelo seu corpo.

Diferentemente do que se costuma pensar, quando falamos de energia em termos mágicos não estamos nos referindo a algo sobrenatural ou algo que está apenas nos planos sutis, mas a uma força que pode ser sentida em seu corpo. Quando fazemos a energia se movimentar em uma direção específica com um objetivo claro, empregando-a para efetuar uma mudança, ela então é chamada de Poder. Existem diferentes técnicas para trabalhar com o poder mágico, mas antes de explorá-las, é preciso aprender a perceber o suave movimento da energia. Exploraremos mais profundamente o que é o poder e como ele pode ser usado nos rituais, no capítulo "Elevando o Poder", mas antes disso, é importante que pratique com esses exercícios mais simples:

Exercício 16: Raios de energia

Esse é um conjunto de exercícios básicos e universais realizados por todos aqueles que estão começando um caminho mágico para aprender a perceber a energia. Entre em estado de tranquilidade e centramento como já aprendeu nos exercícios anteriores e então una as palmas das mãos.

Direcione a consciência para essa parte do seu corpo e sinta o tato de ambas as mãos, percebendo como elas se estimulam. Comece a esfregá-las, lentamente, notando o calor que é gerado pelo atrito. Acelere o movimento gradativamente, aumentando o calor entre suas mãos até que ele se torne quase que insuportável. Quando chegar ao máximo, pare.

Com movimentos lentos, aproxime e afaste as palmas das mãos, sem deixar que elas se toquem. Um formigamento maior é percebido quando as palmas se aproximam.

Mantenha as mãos paralelas, e então, envie a energia da sua palma direita para a esquerda por meio da visualização e da vontade. Imagine que pequenos raios de energia saem de uma palma em direção a outra, e coloque toda a sua intenção nesse ato. Se desejar, alinhe a sua respiração a isso, visualizando que, ao inspirar, a energia se concentra e, ao expirar, ela é direcionada para a outra mão.

Repita o procedimento, fazendo com que a energia se movimente de uma mão para a outra. Quando terminar, toque o chão e deixe a energia fluir para lá.

Exercício 17: Esfera de energia

Comece do mesmo modo do exercício anterior, esfregando as palmas o máximo que puder e sentindo a vibração entre elas. Depois, coloque suas mãos em formato de concha, com os dedos unidos, e então, sobreponha-as, como se estivesse segurando uma pequena bola entre elas. Perceba a sensação e use a sua visualização e vontade para formar uma esfera luminosa brilhando entre as palmas.

Imagine que essa energia se condensa e que circula entre as suas mãos, sempre se movimentando. Alinhe essa imagem mental à sua respiração e perceba as sensações do seu corpo.

Depois que se familiarizar com essa técnica, repita-a fazendo com que a esfera de energia assuma uma cor diferente. Pratique até que possa ver com clareza em sua mente todas elas. Perceba se diferentes cores despertam em você diferentes sensações ou sentimentos.

Ao encerrar, coloque as mãos no chão para deixar que essa energia flua de seu corpo para a terra. Ou então, faça com que a esfera luminosa assuma uma brilhante tonalidade branca e absorva essa energia de volta ao seu corpo.

Exercício 18: Concentrando a respiração

Agora, vamos formar outra esfera de energia, mas dessa vez sem esfregar as mãos. O poder virá pela sua respiração. Una as mãos como se segurasse uma esfera entre elas e, então, concentre-se na sua respiração diafragmática de quatro tempos.

Enquanto respira, visualize que seu corpo todo absorve a energia vital do ambiente. Lembre-se de que respirar é um ato sagrado que nos mantém vivos, e sinta o poder se concentrar em você. Quando inspirar, visualize que a energia vital entra por todas as partes do seu corpo e que, ao expirar, ela não saia de dentro de você, mas se concentra em seus pulmões, formando ali uma esfera de energia luminosa. Faça inspirações profundas, buscando usar a máxima capacidade dos seus pulmões e, a cada expiração, faça com que essa esfera se torne mais brilhante.

Se fizer isso corretamente, perceberá que aos poucos alguma tensão vai sendo gerada em seu corpo. Quando achar que concentrou o máximo de energia possível, faça uma última inspiração profunda, retenha o ar visualizando a esfera e, ao expirar, aproxime as mãos da boca e envie o ar para dentro delas. Sua visualização acompanha o processo, e a esfera de energia é transferida para o centro de suas palmas.

Perceba suas sensações, como no exercício anterior, visualize essa esfera de energia girando entre suas mãos. Para terminar, eleve suas mãos para o alto e estenda-as para cima, arremessando a esfera para o alto e visualizando que ela sobe aos céus como uma oferenda pessoal do seu sopro para a natureza. Visualize-a subindo até perdê-la de vista.

Ancoramento

Os exercícios anteriores usaram a sua própria energia vital para que você pudesse começar a se sensibilizar com o seu movimento. Porém, durante suas práticas mágicas, não necessariamente a sua energia vital será usada sempre, o que geraria um esgotamento pessoal. Para evitar que isso aconteça, é preciso aprender a trazer energia de outras fontes e deixar que elas fluam por todo o seu ser.

O processo de estabelecer ligação com uma fonte maior de energia, seja ela o coração do Universo, seja ela o núcleo da Terra, é chamado de ancoramento. Essa prática equilibra a energia pessoal, traz vitalidade e restauração para o corpo e restabelece a ligação do ser com o Todo, permitindo que o indivíduo sorva da energia da Natureza para revigorar a sua energia pessoal. São práticas excelentes para quando sentir cansaço, indisposição ou qualquer distúrbio energético.

Exercício 19: Energia dos luminares

Pratique esse exercício pela manhã e pela noite, de preferência ao ar livre. Durante o dia, você absorverá a energia do Sol, e pela noite, a da Lua. Feche os olhos e respire profundamente. Se estiver ao ar livre e conseguir ver o luminar com o qual vai se conectar, contemple-o por alguns instantes. Se não puder, permaneça de olhos fechados e visualize-o acima da sua cabeça.

Enquanto mantém a respiração e a imagem, sinta o seu próprio corpo e harmonize-se. Conecte-se então com o dia ou com a noite e perceba as sensações que o ambiente lhe traz – calor, frio, vento, etc. Quando estiver pronto, concentre-se na imagem visualizada, sabendo que, apesar de estar imaginando, esse astro realmente está acima de você; a imagem é apenas um ponto focal.

Visualize que um raio de luz emana do luminar visualizado e chega ao topo da sua cabeça. Se estiver trabalhando com o Sol, veja-o na cor dourada. Se for a Lua, a cor é prateada. Mantenha o fluxo da sua respiração e perceba como a área externa da sua cabeça é banhada por essa luz. Note as sensações que isso desperta em você.

Lentamente, deixe que a luminosidade penetre o topo da sua cabeça, iluminando-a internamente. Enquanto respira, perceba que há um fluxo nessa luz, como ondas que descem em sua direção. Deixe que a luz preencha toda a sua cabeça; perceba-a brilhando cada vez mais. Quando chegar ao máximo de concentração, deixe que a energia desça pelo seu corpo. Veja cada parte se tornar completamente iluminada antes de conduzir a energia até a próxima região.

Finalmente, quando chegar à sola dos seus pés, que devem estar em contato direto com o chão, deixe que a energia flua de seu corpo para a terra. Não importa se você está no décimo andar de um prédio – visualize que a energia flui para dentro da terra; sinta o fluxo que vem do alto, passa por todo o seu corpo e então flui para baixo de você.

Perceba que uma vez que o fluxo esteja estabelecido, não mais precisará de grandes esforços – basta relaxar e manter a respiração para que a energia se movimente. Sinta seu corpo. Se houver áreas de tensão, relaxe. A tensão impede o fluxo de energia, por isso o relaxamento é tão importante.

Para encerrar, visualize o raio de luz que vai lentamente se desfazendo e deixe que a energia luminosa flua de você para a terra, mantendo apenas um suave brilho em seu próprio corpo. Visualize que o luminar ascende aos céus até se perder de vista e encerre.

Pratique diariamente ao acordar e antes de dormir. Registre em seu diário mágico suas sensações e suas percepções.

Exercício 20: Energia da terra

A proposta é fazer o inverso do exercício anterior: estabelecer uma conexão com a terra e então deixar que a energia flua a partir de você, preenchendo o seu corpo e indo em direção ao Universo.

Para formar essa conexão, visualize que um cordão vermelho surge na base da sua coluna e vai descendo em direção à terra. Acompanhe o seu movimento, vendo-o passar pelas camadas do solo, pela água subterrânea e pela rocha até chegar ao centro da Terra. Respirando conscientemente, traga essa energia quente para cima e preencha o seu corpo com ela, como no exercício anterior.

A cada inspiração, traga mais energia para cima e então deixe-a se espalhar pelo seu corpo. Quando chegar ao topo da cabeça, deixe que a energia jorre para o alto, espalhando-se entre as estrelas.

Encerre do mesmo modo, visualizando os excessos de energia sendo devolvidos para o centro da Terra e desfazendo a ligação.

Aterramento

Essa é uma habilidade fundamental que não pode ser negligenciada. Aterrar significa livrar-se dos excessos de energia em suas práticas mágicas. Quando retemos uma quantidade maior do que o necessário em nosso corpo, essa energia tende a se expressar de algum modo, gerando dores de cabeça, inquietação, irritabilidade ou outros sintomas.

Aterrar também faz com que nos desliguemos dos planos sutis, reestabelecendo completamente a ligação com o mundo físico e evitando que permaneçamos aéreos ou demasiadamente sensíveis para outras energias. Atividades terrenas facilitam o processo de aterramento, como comer, por exemplo. É interessante manter por perto algo para comer ao fim de suas práticas.

Uma técnica simples para aterrar consiste em colocar as palmas das mãos no chão e deixar que a energia flua para a terra. Algumas pessoas preferem colocar ambas as palmas e a testa no chão para sentir que toda a energia se dissipa. Caso esteja ao ar livre, poderá abraçar uma árvore, por exemplo, e deixar que ela absorva e distribua as energias excedentes de seu corpo.

Permanecer descalço ao fim dos rituais e das práticas mágicas também faz com que a nossa conexão com a terra dissipe naturalmente o poder acumulado. Na verdade, isso deveria ser um hábito – com nossos sapatos, nos isolamos completamente da terra e bloqueamos um fluxo de energia que poderia nos ser muito benéfico e renovador.

Lembre-se disto: sempre que gerar ou elevar energia, realize uma atividade de aterramento para que seu corpo possa se reequilibrar. Você deve ter notado que nos exercícios anteriores de elevação de energia, sempre finalizamos com um processo de desligamento.

Quando estiver fazendo exercícios mais complexos em outros capítulos deste livro ou mesmo nos rituais, o fechamento adequado deles é importante não apenas para si mesmo, mas também para garantir que a energia do ambiente ao seu redor permaneça harmônica.

O mesmo cuidado que se tem para começar um ritual deve estar presente no seu encerramento, de modo a evitar problemas futuros. Isso é especialmente importante se você pratica em sua própria casa ou em seu quarto, por exemplo. Se elevar demais a vibração de um ambiente e não tomar os cuidados necessários, isso poderá lhe causar algumas perturbações, como as de sono, por exemplo, provocando os mesmos efeitos da falta de aterramento da energia pessoal.

Se quando estamos lidando com o plano físico mantemos hábitos de higiene para preservar a saúde de nosso corpo físico, observar práticas de higiene energética é fundamental para garantir a integridade e o desenvolvimento de nossos corpos sutis.

∗∗∗

Todas essas habilidades são fundamentais para as práticas mágicas mais elaboradas que se seguirão. Muitas técnicas utilizadas em feitiços e em rituais são apenas alguns modos mais elaborados de praticar os mesmos exercícios vistos neste capítulo, por isso é importante a prática persistente de alguns deles e também muita disciplina, diariamente. Mantenha um registro simples em seu diário mágico para acompanhar o seu progresso e, ao fim de cada semana, examine-o.

Quando começamos a trilhar um caminho mágico, nós nos abrimos para outras partes do nosso ser, o que invariavelmente vai resultar em uma transformação do Eu. Por mais que desejemos tais transformações, existem forças de inércia dentro de cada um de nós que resistirão e rejeitarão profundamente tais mudanças. Por isso, prepare-se para lidar com a preguiça, com a indisposição, com coceiras no nariz ao meditar e outros empecilhos que serão colocados por partes em seu próprio ser.

Caso consiga dominar e vencer essas forças interiores opositoras, poderá desfrutar da expansão de consciência proporcionada pelo caminho mágico. Caso não consiga, o caos interior vai engolir suas esperanças e, muito em breve, vai abandonar as suas práticas.

O processo de transformação do ser e seu desenvolvimento mágico tem uma ressonância profunda com o simbolismo da criação do mundo, que surge a partir da ordenação do caos. Se nós somos pequenos universos, tornar-se um Bruxo significa atualizar a própria criação do cosmos a partir do caos dentro de nós, um desafio que não deve ser subestimado.

Como os Bruxos podem vencer tais desafios interiores? Estudaremos suas técnicas e suas ferramentas para esse processo nos próximos capítulos.

~ LIÇÃO 5 ~

A Roda das Estações

O pilar central da experiência religiosa dos Bruxos está nas celebrações da Lua cheia, chamadas de Esbats, e na Roda do Ano – um conjunto de oito rituais anuais chamados Sabbats, que marcam a passagem das estações. Diferentemente de outras religiões que têm datas universais de celebração, a Wicca, como um caminho pagão centrado na terra, tem um calendário com uma variável importante: as datas da Roda do Ano mudam de acordo com o hemisfério em que seus praticantes vivem para adequar-se às estações daquele lugar; enquanto é primavera no Hemisfério Norte, temos outono no Hemisfério Sul; enquanto um hemisfério vive o verão, o outro encontra-se no inverno.

Em uma religião de equilíbrio, onde reconhecemos as forças dos opostos, é muito belo pensar que enquanto uma parte do mundo vivencia e celebra os mistérios da morte, por exemplo, os Bruxos de outro hemisfério estão justamente celebrando e vivenciando o auge da energia da vida. Enquanto nós do Hemisfério Sul celebramos a primavera e o renascimento, sabemos que os Bruxos do Hemisfério Norte estarão, no mesmo momento, comemorando o outono e os processos de diminuição e morte da natureza. Essa é a promessa da Roda do Ano: ela sempre permanecerá girando. Essa diferença entre as celebrações nos lembra que se estamos vivenciando um período bom em nossas vidas, devemos aproveitá-los, pois a Roda girará e novos desafios e momentos difíceis virão. Se esses tempos sombrios já estão sobre nós, a Roda também nos dá a esperança e a certeza de que, em seu eterno giro, dias mais felizes chegarão. E assim nós dançamos a espiral do ano, nos irmanando às forças da terra e do Sol, da Lua e das sementes, como filhos dos Deuses Antigos.

Tudo isso revela algo muito importante sobre a natureza dessas celebrações: elas não são comemoradas em datas específicas, mas, sim, em oito épocas do ano em que as mudanças de luz e de escuridão, de calor e de frio podem ser observadas e celebradas. As datas de cada um dos Sabbats são marcos desses momentos, mas o que de fato estamos comemorando são os diferentes estágios dos ciclos anuais.

E por que celebrar a passagem das estações do ano? Existem duas razões pelas quais Bruxos observam essas mudanças na natureza.

A primeira delas é porque acreditamos que a humanidade adoeceu ao se distanciar da natureza, e a única forma de restabelecermos nosso estado de harmonia interior é voltando a observar os ciclos das estações. Tudo na natureza responde a esses ciclos: o plantio e a colheita, a procriação dos animais, os tempos de calor e de frio, a chuva e a seca, mais luz solar ou menos luz solar. Tudo na natureza vive regido por esses ciclos. Por que nós, humanos, seriamos diferentes? A humanidade se esqueceu de que também faz parte da natureza, e isso provocou um profundo estado de desconexão, apatia e isolamento. Ao observarmos as mudanças na natureza, identificamos como elas também acontecem dentro de nós e, assim, podemos viver de maneira mais equilibrada. Como uma religião que celebra a dádiva da vida, não voltamos nossos olhos aos céus para contemplar o sagrado, mas firmamos nossos pés na terra e nos maravilhamos com a dança da vida ao nosso redor.

A segunda razão para celebrarmos a Roda do Ano é mistérica. É nos Rituais de Sabbat que celebramos o ciclo dos grãos, que é uma metáfora para o nosso próprio processo de transformação interior. Ao celebrarmos os mitos da Deusa e do Deus ao longo do ano, não somos apenas observadores, mas participamos ativamente desses ciclos. Colocamo-nos no centro de suas histórias e, assim, vivenciamos cada Sabbat como personagens centrais do drama da Roda do Ano. Desse modo, nos tornamos a própria semente que desce às profundezas do solo para germinar, crescemos em direção ao Sol, encontramos nossa vitalidade interior, nos sacrificamos, morremos, aguardamos o renascimento e nos tornamos a própria vida a brotar mais uma vez na primavera. Assim, nós não apenas celebramos as histórias dos Deuses, mas as vivenciamos, unindo nossa essência à natureza divina. Passamos a conhecer a magia do nascimento, da morte e do renascimento ainda em vida, e assim, somos capazes de obter a verdadeira iniciação.

Sobre os Rituais dos Sabbats

A maioria dos livros básicos de Wicca propõe apenas rituais para a celebração da Roda do Ano. Neste capítulo, veremos de forma diferente. Os rituais dos Sabbats poderão ser encontrados na Lição Dezessete – "Sabbats: Celebrando o Ciclo Solar"; aqui, ofereço um mergulho no tema de cada Sabbat durante todo o período em que ele dura. Lembre-se: celebramos épocas, e não apenas datas. As meditações e as atividades práticas propostas aqui deverão dar ao leitor uma experiência de imersão na energia de cada uma das celebrações, para que possa vivenciar suas lições e colher aprendizados mais profundos. Quando nos engajamos na celebração da Roda do Ano, permitimos que os Deuses transformem nossas vidas.

Só para reforçar, quero deixar claro que, apesar de cada Sabbat ter uma data específica marcada, tenham em mente que não estamos celebrando um acontecimento histórico marcado pela data, mas, sim, uma época do ano. Por isso, os rituais não precisam ser executados exatamente nas noites que são atribuídas a eles. É claro que, se for possível manter a data, melhor, mas se não puder, faça o mais próximo dela possível, e aqui vai um conselho: o ideal, caso não possa celebrar na data proposta, é fazer o ritual alguns dias depois, e não antes.

Também não é interessante deixar as datas passarem muito. Por exemplo, Lammas é observado no dia 1º de fevereiro, se o seu ritual for feito no fim do mês, mesmo que o próximo Sabbat ainda não tenha chegado, o momento não mais será o de pico da energia de Lammas, mas um ponto intermediário entre esse Sabbat e o próximo. Assim, para aproveitar melhor a energia de cada um dos festivais, sugiro que o ritual seja realizado em um intervalo de até sete dias após as suas datas. Pense em cada Sabbat como uma onda que se eleva, chega a um pico, e então baixa novamente. As datas marcadas dos Sabbats indicam o momento do auge de cada uma dessas forças; no período entre um Sabbat e outro, é como se a onda do Sabbat anterior lentamente descesse, enquanto que a energia do próximo festival fosse lentamente crescendo.

É interessante também não deixar as datas dos Sabbats passarem em branco, mesmo que o seu ritual aconteça no dia seguinte ou no fim de semana mais próximo. Se for celebrar o ritual em outra data, tenha um momento para se conectar a energia do Sabbat na noite em que ele é tradicionalmente comemorado, para que você possa se unir à corrente de energia de todos aqueles que também estão observando aquela data.

As datas indicadas que veremos a seguir são correspondentes ao Hemisfério Sul.

Yule – o Solstício de Inverno (entre 21 e 23 de junho)

Sabbat que acontece na noite do Solstício de Inverno e tem data móvel, que precisa ser checada anualmente, mas que sempre acontece entre os dias 21 e 23 de junho no Hemisfério Sul.

Em Yule, celebra-se o renascimento do Deus de Chifres como o Sol Invicto, a Criança da Promessa, nascido do ventre da Grande Mãe. O tema desse Sabbat é o renascimento da luz dentro de nós. O Sol atingiu seu ponto mais baixo, e esse é o dia com menor duração de luz solar e maior tempo de escuridão. A partir dessa noite, o Sol lentamente começa a crescer, até que no Equinócio de Primavera, dias e noites tenham a mesma duração.

O inverno é a estação da morte. A terra não dá vida e o frio cortante faz com que fiquemos recolhidos em nosso interior. O nascimento do Sol nesse momento é apenas a esperança e a certeza de que teremos dias mais quentes e que o verão voltará – no futuro. Agora, o auge do período escuro da Roda está sobre nós. Por isso, esse é um Sabbat de renovação e de cuidado, no qual honramos o nascimento, que só pode acontecer em um momento de morte. Se a vida se transforma em morte, Yule nos ensina que a morte também deve se transformar em vida. Celebramos o renascimento do nosso Sol interior e cuidamos de sua luz, ainda fraca, para que volte a brilhar na primavera.

Um dos costumes dessa época era levar para dentro de casa uma árvore de pinheiro, pois ela era a única que permanecia verde e viva no tempo do inverno. Fazer isso simbolizava que a própria força da vida era trazida para dentro, e isso asseguraria a sobrevivência das famílias. A árvore era então decorada com símbolos solares para que o Sol também pudesse retornar. Esse costume deu origem à árvore de Natal. Outro item importante na decoração desse Sabbat é o chamado *Yule Log*, um pedaço de lenha decorado com as cores do Sol e sobre o qual se acendem três velas. Esse artefato era guardado até o ano seguinte e então queimado, e um novo *Yule Log* era feito.

Algumas pessoas optam por celebrar nos solstícios o mito do Rei do Carvalho e do Rei do Azevinho, que são nada mais que os dois aspectos do próprio Deus de Chifres. Em Yule, eles entram em combate e o Rei do Carvalho vence o Rei do Azevinho; isso representa que o período decrescente do ano representado pelo Rei do Azevinho termina, e que agora tem início o período de crescimento do Sol, representado pelo Rei do Carvalho.

Uma semana antes do ritual

Abrindo-se para o Inverno Pessoal

Apesar de celebrarmos o renascimento do Sol, esse Sabbat acontece no auge da escuridão, um período de morte para a natureza. A força do Sol renascido só poderá ser percebida na primavera – agora, ele é apenas um potencial. Por isso, sabendo da promessa do retorno da luz, podemos contemplar a escuridão sem medo. Assim como a terra está dormente, é o momento de voltarmos nossa consciência para o nosso eu mais íntimo e vislumbrarmos o potencial que se esconde embaixo da superfície. O que o inverno representa para você? Que áreas da sua vida parecem estar vivendo um período invernal? Como o seu corpo e os seus hábitos mudam durante essa época do ano? Que variações você percebe na sua energia pessoal e nas suas emoções? Observe as mudanças no seu próprio corpo durante a semana que antecede o seu ritual de Yule, de modo que essa percepção seja levada ao seu ritual.

Decoração de Yule

Para fazer um *Yule Log*, consiga um tronco ou uma tora de madeira e decore-o para compor a decoração do seu ritual. Você pode tanto fazer um *Yule Log* grande para posicionar aos pés do seu altar quanto uma versão menor para deixar sobre ele. Decore-o usando fitas nas cores do Sabbat e use ramos verdes. É costume também entalhar ou pirografar na madeira símbolos, nomes e outros elementos associados a esse Sabbat. Fixe sobre ele uma vela verde para honrar o espírito da natureza, uma vela branca para honrar o espírito do inverno e uma vela vermelha para o espírito do fogo.

Algumas pessoas também gostam de resgatar o velho hábito pagão de montar uma árvore nessa época do ano, que hoje é tão tradicionalmente associado ao Natal. Uma das vantagens de morarmos no Hemisfério Sul é que podemos definitivamente romper com as épocas e as festas do cristianismo (que descendem todas de antigos rituais pagãos, apesar de seu significado ser bem diferente), não por serem ruins, mas para que possamos criar a nossa própria identidade. Montar uma Árvore de Yule em junho pode parecer bem estranho aos olhos dos desinformados.

É interessante fazer isso com uma árvore viva, plantada em um vaso; se conseguir um pinheiro, será ainda melhor. Decore com símbolos solares nas cores do Sabbat e coloque no topo dela um pentagrama – o grande símbolo dos Bruxos. Diferentemente do *Log*, que pode fazer parte do ritual de Yule, aconselho que a sua árvore seja apenas para fins decorativos, sendo deixada de fora da cerimônia.

Contemplação do Sol que nascerá

Essa é uma meditação que pode ser feita todos os dias na semana que antecede o seu ritual de Yule, para sintonizá-lo com as energias desse Sabbat.

Em um estado meditativo, contemple a escuridão total. Sinta-a ao seu redor, evolvendo-lhe, misture-se a ela. E então, deixe que essa escuridão, que é como um vazio, se transforme lentamente em uma escuridão invernal – ouça o vento cortante soprando e sinta-o passando pelo seu rosto. Quando sentir que estabeleceu uma conexão forte com essa cena, deixe um pequeno ponto dourado se formar à sua frente, bem distante. Você não pode vê-lo com clareza, mas sabe que ele está lá; distante, mas presente. Não é nada maior que um pequeno ponto, uma semente dourada pairando na escuridão. Contemple-a por alguns instantes e abra-se para qualquer ideia que possa surgir no momento. Registre-as em seu diário mágico.

Durante o tempo de Yule

Veja o nascer do Sol na manhã do Solstício de Inverno

Essa é uma linda experiência, que pode ser vivida individualmente ou em grupo. Ela é extremamente simples, mas pode ser igualmente poderosa, principalmente se o ritual de Yule for celebrado na madrugada do Solstício, e essa atividade for feita logo após o encerramento da cerimônia.

Vá para um lugar na qual não possa ser perturbado e onde tenha uma vista adequada, ou seja, quanto mais puder fugir de prédios e de construções que bloqueiem sua visão do leste, melhor. Se não puder fugir da selva de pedra da cidade, talvez uma janela bem alta seja suficiente para melhorar essa experiência.

Tudo o que deve fazer é assistir, em silêncio, em estado de meditação. Permita-se contemplar a beleza que é o nascimento do Sol, sabendo que o espírito solar também renasce e se renova dentro de si mesmo nesse momento. Observe como as cores do céu se modificam lentamente enquanto o Sol se eleva. Sinta essa energia no seu corpo e abra-se para receber as bênçãos do Sol renovado.

Para encerrar, rompa o silêncio com uma invocação, uma poesia ou uma saudação ao Sol. Se desejar, acenda um incenso como oferenda.

O *Giveaway*

Trocar presentes também é um costume nessa data. Para fugir das marés consumistas de nossa sociedade, os Bruxos fazem isso de outro modo: o *Giveaway* consiste em selecionar um objeto pessoal que tenha um valor simbólico (e, por favor, alguma utilidade prática!) – mas que já tenha desempenhado um papel importante na sua vida – e dá-lo a alguém. Pode ser um antigo tarô, um bastão confeccionado por você há alguns anos, a estátua de uma Divindade que tenha passado por sua vida, um livro que tenha sido importante para o seu caminho... Escolha algo que sinta já ter cumprido sua função, e que agora é hora de passar adiante. Ao fazer isso, estamos magicamente compartilhando as bênçãos obtidas por meio desse item e, simultaneamente, começando a abrir espaço para o novo em nossa vida, reconhecendo o movimento da Roda e seus ciclos – porque, ao passo que o ciclo desse item pessoal termina para você, ele começará para outra pessoa.

Trabalho com o Diário Mágico

Medite sobre os seguintes temas ao longo da época do Sabbat e escreva sobre ele em seu diário mágico:

- Yule é tempo de renovar as nossas esperanças. Quais são as suas esperanças para o ano que começa? Para a realidade ao seu redor? Para o mundo?
- O inverno é um tempo de morte. O que começou a sair de sua vida em Samhain? Que partes de você precisam ser deixadas para trás? Quais são as cascas secas da sua personalidade que precisam ser eliminadas para que o seu Sol Interior possa brilhar?
- Como anda sua criança interior? E o seu sábio interior?
- Você consegue colher lições dos momentos difíceis da sua vida? Que ensinamentos tem aprendido em seus invernos pessoais? Como isso torna você uma pessoa mais sábia?

Imbolc – a Festa das Velas
(1º de agosto)

Imbolc é a festa de fortalecimento da luz. O Sol, nascido no Yule, vai se tornando mais forte a cada dia e, lentamente, as horas, assim como a luz, vão aumentando a cada dia, apesar de as noites ainda terem maior duração. Esse é o ponto intermediário entre a morte do inverno e a vida da primavera. Por mais que os dias ainda sejam frios, a luz interior começa a se movimentar.

A palavra-chave desse Sabbat é purificação. É um momento para expulsarmos as trevas do inverno e do passado, abrindo espaço para que o novo possa entrar. O Deus é o Jovem Sol que se fortalece, e a Deusa é a Donzela do Fogo, a Guardiã da Lareira e Senhora da Iluminação. Esse é o tempo de transformar a escuridão em luz e a ignorância em sabedoria.

Imbolc significa "no leite", pois coincide com a época de lactação das ovelhas. O leite é um poderoso símbolo desse Sabbat, pois representa não apenas a nutrição física, mas, principalmente, a nutrição espiritual que buscamos nesse momento do ano. É o tempo da renovação interior.

Esse ritual é chamado por alguns de Sabbat da Varredura, pois um dos seus costumes é o de usar a Vassoura como instrumento de purificação.

O Círculo é simbolicamente varrido em sentido anti-horário com uma Vassoura Mágica, como forma de eliminarmos de nossas próprias vidas aquilo que não nos serve mais. Esse é um festival do fogo, quando simbolicamente nos livramos de nossas impurezas para que possamos estar cada vez mais perto de nossa própria centelha espiritual – o verdadeiro Fogo que é honrado e celebrado nesse Sabbat. Por isso, o Fogo e as velas são símbolos muito importantes para o Imbolc.

Uma semana antes do ritual

Confeccionar uma vassoura

Você pode tanto confeccionar uma vassoura desde o início quanto conseguir uma vassoura de palha e decorá-la com símbolos mágicos, ramos verdes, etc., como preferir. O ato de personalizar um instrumento adquirido faz com que nossa energia pessoal se misture a ele, além de começar a carregá-lo com nossas intenções para seu uso mágico.

As árvores tradicionais associadas a uma vassoura mágica são o freixo para o cabo, bétula para as cerdas e um ramo de salgueiro para amarrar os dois. Como freixo e bétula não são árvores acessíveis no Brasil, isso não precisa ser observado, entretanto, se você conseguir um pouco dessas ervas, pode queimá-las e passar sua vassoura pela fumaça para que ela esteja magicamente carregada com essa energia.

Consagre sua vassoura em seu Ritual de Imbolc e use-a sempre que precisar purificar um espaço sagrado. Quando varremos com a Vassoura Mágica, fazemos isso sem tocar as cerdas no chão, simbolizando que estamos varrendo não a sujeira física (aliás, se você vai fazer um ritual, a sujeira física já deve ter sido limpada!), mas, sim, os miasmas energéticos dos planos sutis. Isso é feito percorrendo o espaço em sentido anti-horário, levando a energia desarmônica para fora do espaço em questão.

Meditar sobre a purificação

Medite sobre o significado de purificação para você. Perceba os excessos em todas as áreas da sua vida e busque equilibrá-los. Esse é um tempo de abrir espaço interior, por isso, silencie sua mente e tenha uma semana contemplativa. Prepare banhos de ervas para purificação e reflita sobre o significado do Sabbat.

O que o fortalecimento do Sol representa em sua vida? Do que o seu Sol Interior precisa para ser fortalecido?

Limpar a casa

Como Imbolc é um tempo de purificação, muitos Bruxos gostam de usar essa época do ano para reorganizarem sua vida mágica, limpando sua casa, separando antigos amuletos, velas usadas e outros feitiços que foram acumulados ao longo do ano anterior para queimar, livrando-se assim, dos objetos pessoais que não fazem mais sentido, preparando-se para a chegada do novo, para o início da primavera.

Miticamente, Imbolc é o momento da ordenação do caos. À medida que o inverno se vai, lentamente os dias começam a se fortalecer e começamos um processo de voltar nossa energia e atenção dos planos interiores para o exterior. Ordenando o externo, também mobilizamos o interno.

Confeccionar uma *Corn Maiden*

Um dos costumes desse Sabbat é a confecção de uma boneca de trigo, chamada de *Corn Maiden*, a Donzela dos Grãos, que representa o tempo do plantio e a renovação da terra. A boneca pode ser feita usando trigo ou palha de milho, e existem muitas formas variadas de compô-la, desde modos mais artísticos até de maneira mais simples e rústica.

Para fazer a boneca da maneira mais simples possível, separe trigo suficiente para fazer três pequenos feixes: um deles, um pouco mais cheio, para compor o corpo e a cabeça da boneca, e os outros dois com menos trigo para compor os braços da sua *Corn Maiden*. Pegue uma fita ou linha e prenda os dois feixes que compõem os braços da boneca, sobrepondo a palha e formando uma linha reta com trigo em ambas as extremidades. Se desejar, corte um pouco da palha antes de amarrar, para diminuir a extensão dos braços. Prenda perpendicularmente ao corpo logo abaixo do trigo que representará a cabeça da boneca, em formato de cruz, e você terá sua *Corn Maiden*. Decore como desejar.

No Ritual de Imbolc, a *Corn Maiden* tem uma cama de palha para se deitar e um Bastão Fálico para ser colocado sobre ela. Esse bastão é de madeira e tem mais ou menos o tamanho da boneca, e é decorado com símbolos solares para representar o poder fertilizador do Sol e do Deus.

Durante o tempo de Imbolc

Confeccionar velas para o ano

O fogo é um dos principais símbolos desse Sabbat, e as velas são de extrema importância em sua celebração. Além de simbolizar a nossa própria chama interior, a vela também é um símbolo de vigília, pois permanece acesa como um ponto focal sobre nossas intenções, mesmo quando estamos em outras atividades.

Caso você não saiba confeccionar velas, a época do Imbolc é bastante propícia para aprender. Quando confeccionamos nossas próprias velas, elas ficam imbuídas de energia desde o seu preparo, fazendo desse um trabalho mágico que acrescenta força em nossas intenções. Você também pode confeccionar velas temáticas para saúde, para o amor ou para prosperidade, por exemplo, e presentear outras pessoas.

Meditar sobre o seu chamado espiritual

Nesse período, medite sobre as suas expectativas no caminho da Arte e naquilo que tem feito para caminhar em direção a esses objetivos. Avalie como pode responsabilizar a si mesmo por seu desenvolvimento e como pode nutrir sua própria espiritualidade. Medite sobre a sua Personalidade Mágica e o quanto tem conseguido integrar esses valores em sua vida cotidiana.

Trabalho com o Diário Mágico

Medite sobre os seguintes temas ao longo da época do Sabbat e escreva sobre ele em seu Diário Mágico:

- Quais são os vícios e os padrões de comportamento que fazem mal a você?
- Qual a origem deles? Que função eles têm na sua vida? Por que é difícil livrar-se deles?
- Lembre-se do seu chamado. Por que você começou a trilhar esse Caminho? Quais eram as suas expectativas sobre a Bruxaria? Como isso tem se expressado na sua vida?
- O que a luz do Imbolc representa para você? O que você aprendeu nessa época do ano?

- Quais são os valores dentro de você que precisam ser fortalecidos?
- Escolha as sementes que serão plantadas no próximo Sabbat. Quais são seus planos nos níveis físico, mental, emocional e espiritual?

Ostara – o Equinócio de Primavera (entre 21 e 23 de setembro)

Sabbat que acontece na noite do Equinócio de Primavera e tem data móvel que precisa ser checada anualmente, mas que sempre acontece entre os dias 21 e 23 de setembro no Hemisfério Sul.

É o Sabbat da renovação da vida e do amor. O inverno chegou ao fim e a terra começou a brotar novamente, tornando-se verde mais uma vez. O céu fica claro e as flores desabrocham: a vida retornou e seu pulsar está ao nosso redor. Os tempos de escuridão retrocederam, a duração da luz solar cresceu, e agora, dia e noite tem igual duração. Por isso, esse também é um tempo de busca por equilíbrio.

Outra característica importante desse Sabbat é que ele simbolicamente marca o tempo do plantio das sementes. Isso significa que é hora de lançarmos no solo da nossa vida, nossos projetos e desejos para o ano, levando em conta as meditações e preparações feitas nos Sabbats anteriores. E, por meio do simbolismo do plantio, somos lembrados que apenas poderemos alcançar nossos objetivos se dedicarmos a eles tempo, esforço e energia, nutrindo-os como um broto que precisa de calor, de água e de terra firme.

Em um nível pessoal, Ostara também é o tempo em que começamos a projetar no mundo as imagens da nossa centelha divina, que foi vislumbrada nos Sabbats anteriores. É época de nos orgulharmos do nosso senso de identidade, reafirmando-a no mundo. Assim como a beleza da natureza se expressa nessa época do ano pela multiplicidade de flores diferentes, também é a riqueza da diversidade humana que torna nossa comunidade bela. Por isso, esse é um tempo para meditarmos sobre nossas qualidades e nossa capacidade interior, descobrindo como esse potencial – que é como uma semente – pode contribuir para dar nascimento ao mundo em que desejamos viver. Ostara é tempo de celebrarmos a alegria de viver, e de reafirmarmos o nosso poder pessoal como moldadores e cocriadores de nossa realidade com os Deuses.

A festividade cristã da Páscoa tem origem nas antigas celebrações do Equinócio de Primavera, que marcam o reavivamento da natureza. Ovos e coelhos, típicos dessa comemoração, não têm relações com o significado religioso da Páscoa, mas são antigos símbolos pagãos que representam a nova vida e a fertilidade. A própria data da Páscoa ainda é calculada com base no Equinócio de Primavera do Hemisfério Norte: ela é comemorada pelo cristianismo no domingo depois da primeira Lua cheia que acontece após o Equinócio de Primavera (ou de outono, no Hemisfério Sul). Isso significa que os mesmos símbolos do coelho e do ovo podem ser incorporados nas comemorações pagãs de Ostara, mesmo que aqui no Hemisfério Sul ele seja celebrado por volta de seis meses após a Páscoa cristã, em setembro.

Uma semana antes do ritual

Abrindo-se para a primavera pessoal

Os Sabbats anteriores falavam do retorno da luz como um potencial ainda interior, que apenas podia ser contemplado, porém, com a chegada do Equinócio de Primavera, é tempo de celebrar a expressão dessas potencialidades no mundo. A energia vital da terra está em rápida ascensão e, por isso, atividades na natureza são muito bem-vindas nessa época do ano para que possamos absorver essa força e nos nutrirmos dela.

Faça caminhadas em um local natural e abra-se para a energia da primavera, procurando por sinais de nascimento e de renovação na natureza – flores desabrochando, pequenos animais se alimentando, a grama e as folhas verdes que crescem em direção ao Sol. Encontre essas representações e nutra-se de sua energia, saudando-as e trazendo a energia da estação para dentro de você. Deixe que essa experiência traga inspiração para o seu ritual.

Pintando ovos de desejos

Como esse é um Sabbat ligado à energia da vida, uma antiga prática adotada por muitos Bruxos nessa época do ano é a confecção de ovos coloridos decorados com símbolos que expressam o nosso desejo; uma boa opção para confeccionar ovos decorativos para o seu Sabbat. Para fazê-los, fure a base de alguns ovos e deixe todo o conteúdo do interior vazar, até que a casca fique oca, e então decore os ovos como quiser.

Outras pessoas preferem decorar ovos cozidos, que são levados para o Círculo Mágico no ritual de Ostara e energizados, para que, posteriormente, sejam entregues à natureza como uma forma de oferenda, liberando a energia de nossos desejos para que se realizem. Caso opte por adotar essa prática, você pode pintar ovos que expressem não apenas desejos pessoais, mas também confeccioná-los e abençoá-los no ritual para presentear alguém especial. Pode, ainda, confeccionar ovos que expressem seus desejos para a coletividade, colocando neles as intenções daquilo que quer ver florescer no mundo, e então enterrá-los após o ritual, como se plantasse essa imagem mágica no solo.

Coletar água da chuva

Nas regiões do Hemisfério Norte em que a terra fica congelada durante o inverno, Ostara é o tempo do degelo, quando as águas fluem para dentro do solo e despertam a vida das sementes adormecidas. Porém, em muitas regiões do Brasil, esse Sabbat também coincide com o retorno do período de chuvas, e algo que você pode fazer para honrar o espírito da terra e trazer uma conexão mais profunda com esse momento da Roda do Ano é coletar água da chuva para que ela seja usada em seu ritual.

Caso isso não seja possível, essa prática pode ser adaptada, bastando que procure um rio ou um lago da cidade e colete um pouco da água, trazendo a energia desse local da natureza para o seu Círculo. Preferencialmente, procure uma nascente, que trará o simbolismo da renovação da vida, mas caso isso não seja uma opção viável, qualquer fonte natural que possa fornecer um pouco de água servirá.

Durante o tempo de Ostara

Medite sobre o equilíbrio entre o dia e a noite

Nos equinócios, dia e noite tem igual duração, motivo pela qual esses são tempos para meditarmos e buscarmos equilíbrio interior, em todos os sentidos. Procure descobrir as áreas da sua vida que estão desequilibradas e medite sobre o que esse desequilíbrio representa. Use o período desse

Sabbat para buscar mudanças por meio de algumas ações concretas, tomando iniciativa para transformar essa situação.

Apesar de o ano novo dos Bruxos ser comemorado em Samhain, esse ainda é um começo nos planos interiores; é Ostara que marca os novos inícios concretos e pede que coloquemos a mão na massa para realizar verdadeiramente o trabalho de transformação na nossa vida. Assim, nesse período, ao longo dos dias, traga a energia do Sol e da Lua para si, pedindo que o equilíbrio interior possa ser alcançado, e para que tenha forças para atingir seus objetivos ao longo desse ciclo solar.

Faça oferendas aos Espíritos da Natureza

Procure estar em contato com os espíritos da natureza durante essa época do ano e leve pequenas oferendas, como água, mel, grãos e frutos para serem deixados como alimento à terra nos lugares onde vai se conectar com essas forças. Isso fará com que se harmonize com esses poderes e atraia suas bênçãos.

Procure um lugar ao ar livre para fazer suas meditações e exercícios mágicos, ou para realizar pequenos rituais de conexão com a força dos Quatro Elementos. Caminhe pela terra de pés descalços e deixe que o poder da terra e do Sol nutram o seu espírito durante todo o período da primavera.

Plante sementes

Caso nunca tenha tido a experiência de plantar e de nutrir uma semente, o tempo de Ostara pode ser uma excelente oportunidade para que faça isso de maneira que esteja ligado à sua espiritualidade. Lembre-se de que nossos ritos se inspiram em um tempo em que a humanidade mantinha laços muito próximos com os processos do cultivo, o que não é mais uma realidade para a imensa maioria de nós. Assim, plantar uma pequena semente e tentar cuidar dela, fazendo com que germine e cresça, pode ser uma valiosa fonte de lições mágicas, capaz de restaurar o seu sentido de ligação com o espírito da terra.

Em especial, sugiro que tente plantar algo que possa ser consumido – pode ser tanto na forma de chá, ou talvez uma erva que possa ser usada como tempero culinário, ou ainda algum tipo de legume que possa colher para consumo próprio. Isso definitivamente será uma experiência muito poderosa, caso não tenha tido qualquer contato com o cultivo do verde.

Trabalho com o Diário Mágico

Medite sobre os seguintes temas ao longo da época do Sabbat e escreva sobre ele em seu Diário Mágico:

- Reavalie a sua lista de intenções para o ano elaborada nos Sabbats anteriores e faça quaisquer modificações que forem necessárias. Então, escreva um planejamento pessoal para alcançar cada uma delas até o fim desta Roda do Ano.
- Medite sobre o seu senso de identidade pessoal e observe se há algum elemento da sua personalidade que lhe cause vergonha ou incômodo. Procure identificar a origem do seu desconforto: pode ser que ele seja ocasionado apenas por padrões opressores dos grupos sociais nos quais vive, que costumam ditar padrões profissionais, sexuais ou religiosos, por exemplo. Ou pode ser que você eleja características que realmente são pontos de fraqueza e que precisam ser aprimorados. Isso será um trabalho para ser desenvolvido ao longo da Roda, mas, agora, é momento de aprender a se orgulhar de quem é, das escolhas que faz e daquilo que lhe traz senso de identidade. Orgulhe-se e celebre sua própria vida como uma dádiva dos Deuses.
- Descreva a sociedade que gostaria de ver nascer, o tipo de mundo que gostaria de habitar. Reflita sobre pequenas atitudes concretas que possa tomar para ajudar a trazer essa realidade à tona.
- Que significados espirituais o tema do equilíbrio entre dia e noite suscitam em você? Como essa imagem mágica mobiliza seus processos interiores? Que áreas da sua vida precisam ser equilibradas, e como isso pode acontecer?

Beltane – o Casamento Sagrado
(31 de outubro)

Ao passo que Ostara é um Sabbat que nos abre para o amor a nível pessoal, nos levando a contemplar nossa própria beleza e identidade expressas no mundo, Beltane é o Sabbat do encontro, no qual o amor se consuma pela união da Deusa e do Deus. Esse Sabbat é conhecido como o Casamento Sagrado, quando o Sol se une à Terra e as sementes plantadas em Ostara germinam como fruto desse amor.

Um dos costumes dessa celebração é a dança do Mastro de Beltane – um mastro fincado no solo, que representa o Pilar do Mundo e a conexão entre o Céu e a Terra. Cada participante tem uma fita atada no alto do mastro e, enquanto dançam em roda, eles entrelaçam suas fitas em um padrão colorido que envolve o mastro de cima para baixo – representando a descida da potência solar para dentro do ventre da Terra. Outro costume de Beltane são as fogueiras acesas com ervas e madeiras sagradas, representando o próprio Sol manifestado sobre a Terra.

As lendas antigas dizem que casais passavam a noite de Beltane nos campos, e que, com a prática de relações sexuais, a fertilidade da Terra despertava e as plantações eram abençoadas. Por isso, Beltane também é tida como uma festa ligada ao prazer e à sexualidade, temas muito distorcidos em nossos tempos. Na verdade, por trás do simbolismo sexual do festival há outro sentido mais profundo: a sexualidade física é símbolo da união em níveis sutis, no qual, pela magia, dois se tornam temporariamente um. Se afirmamos que a sexualidade é sagrada, ela não deve servir simplesmente aos propósitos dos prazeres imediatos, mas principalmente aos propósitos mágicos da união com o Divino. Quando duas pessoas apaixonadas se unem em um ato sexual, experimentam mais uma vez a dissolução do outro e a ilusão da separatividade é desfeita. Assim, se tornam Um mais uma vez. Esse é o verdadeiro significado do simbolismo sexual do Beltane – um meio para a experiência de unidade com o Divino, e não um fim em si mesmo.

Não apenas a união sexual, mas também a união das comunidades é um tema para essa festa. Beltane nos ensina que, juntos, somos capazes de atos de criação que seriam impossíveis de serem realizados individualmente, por isso é uma festa de celebração da coletividade. Todas as nossas boas relações devem ser abençoadas e presenteadas nessa época do ano.

Uma semana antes do ritual

Medite sobre as suas relações

Pense em todas as suas relações e perceba como elas expressam criatividade em algum nível – suas amizades, seus relacionamentos amorosos, familiares, profissionais e religiosos, e assim por diante. Perceba como outras pessoas criam com você espaços nos quais é possível manifestar um potencial criativo em todos os níveis – físico, emocional mental e espiritual.

Também medite sobre como você nutre outras pessoas e colabora com sua comunidade. Perceba se há equilíbrio entre dar e receber nas suas relações, e como isso pode ser nutrido.

Conecte-se ao seu corpo

Beltane é um ritual que celebra o potencial criativo do nosso ser expresso pela corporeidade, por isso, essa é uma época excelente para melhorarmos nossa relação com nosso próprio corpo. Muitas pessoas que têm dificuldade para lidar com sua imagem corporal acabam se afastando do próprio corpo, tornando-se extremamente intelectualizadas e espiritualizadas ou permanecendo desligadas de algum modo do plano físico, o que pode resultar em pessoas muito desastradas e com pouca consciência corporal.

Existem muitas formas de ampliar sua consciência corporal e começar a curar quaisquer problemas que tenha com a sua própria autoimagem – seja por meio de algum tipo de atividade física que o coloque em contato direto com o potencial do seu corpo, com novos hábitos de autocuidado, seja com um pouco mais de vaidade. Nosso corpo é a expressão física do nosso ser, por isso ele não deve ser negado ou repreendido, mas integrado, só assim podemos nos apropriar verdadeiramente do nosso poder pessoal e do nosso potencial criativo.

Faça uma coroa de folhas ou flores

É um costume que nesse Sabbat, homens usem coroas de folhas e mulheres usem coroas de flores. Por isso, use a semana que antecederá o seu ritual para planejar e elaborar sua coroa. Explore áreas da sua cidade para colher flores que serão usadas na coroa, procure por ramos de uma planta trepadeira para entrelaçá-los e fazer uma coroa de folhas, seja criativo. Lembre-se sempre de levar uma oferenda aos Espíritos da natureza para agradecer por tudo aquilo que é retirado dela.

Durante o tempo de Beltane

Celebre o seu potencial criativo

Como você cria nos planos físico, mental, emocional e espiritual? Esse é o momento de usar esse poder interior para manifestar os seus desejos. Crie e faça com que as coisas aconteçam. Caso sinta conexão com alguma forma específica de arte, ela poderá ser usada para que você entre em contato com esse potencial latente.

Sacralize momentos de prazer

Para os Bruxos, o prazer físico não é oposto à união com o Divino – na verdade, estes são dois lados da mesma moeda. Mas quando o prazer é adoecido, nossa conexão com nosso centro e com os próprios Deuses também adoece, nos distanciamos do mundo e a vida parece perder sua cor. Por isso, ao longo desse período, permita-se viver atos de prazer positivos, que não firam a sua integridade ou a de outras pessoas, faça desses momentos atos de comunhão com o sagrado, como uma oferenda e um ato de celebração da vida.

O prazer tem sido tolhido e controlado em nossa sociedade, principalmente devido ao sentimento de culpa. Por isso, essa também é uma época apropriada para nos livrarmos da culpa e nos permitirmos buscar e sentir prazer.

Abra-se para o amor

A energia do amor naturalmente busca a união. Se as emoções são representadas pelo Elemento Água, então o Amor é o solvente universal, capaz de unir as almas e banir o sentimento de isolamento e de solidão. Abra-se para o amor nas muitas áreas da sua vida, e saiba que ele é uma ponte sublime capaz de lhe mostrar mistérios únicos.

Esse também é um tempo apropriado para buscarmos a cura das nossas relações e o aprofundamento dos nossos relacionamentos, que devem ser facilitadores para expressarmos no mundo o nosso potencial interior que foi contemplado nos Sabbats interiores. O verdadeiro amor é aquele que nos faz crescer e que nos aproxima de nossas verdades interiores, e não aquele que nos faz negar quem somos. É importante, portanto, que você se questione sobre as suas relações e realmente perceba se de fato se tratam de relações permeadas por amor ou não.

Abra-se para a beleza

Medite profundamente sobre o significado de beleza nos quatro níveis do ser, e pense como você manifesta a beleza em cada um desses planos. Procure trazer momentos de beleza para cada um deles, fazendo com que as suas partes se integrem e que você tenha uma experiência de unidade.

Quando estiver ao ar livre, contemple a beleza na natureza, ou tire um dia para observar a beleza nas pessoas – não de maneira puramente estética, mas busque também a beleza nas ações, nos gestos, nas palavras e nos pensamentos dos outros. Sempre que encontrar um sinal de beleza, eleve seu pensamento aos Deuses por alguns instantes e sacralize essa experiência.

Trabalho com o Diário Mágico

Medite sobre os seguintes temas ao longo da época do Sabbat e escreva sobre ele em seu Diário Mágico:

- Avalie todas as suas relações e perceba se nelas há reciprocidade.
- Como o amor se expressa na sua vida de diferentes formas?
- Você é uma pessoa aberta a construir relações e laços com outras pessoas? O que você espera delas?
- Escreva sobre sua relação com seu próprio corpo, com sua sexualidade, com sua culpa e com seu prazer.
- Faça uma lista dos elementos simbólicos desse Sabbat e medite sobre o significado pessoal de cada um deles.
- Como você pode fazer das experiências de prazer atos de conexão com seu próprio potencial criativo e com o sagrado? Avalie se você tem algum tipo de prazer autodestrutivo e esforce-se para mudar esses hábitos.

Litha – o Solstício de Verão (entre 21 e 23 de dezembro)

Sabbat que acontece na noite do Solstício de Verão, e tem data móvel que precisa ser checada anualmente, mas que sempre acontece entre os dias 21 e 23 de dezembro no Hemisfério Sul.

Litha marca o auge do poder solar e o dia mais longo do ano, com o menor tempo de escuridão. Esse também é um Sabbat celebrado com fogueiras, pois nessa época do ano trazemos a potência solar para dentro de nós. A energia vital na natureza é abundante e se expressa pelo crescimento das plantações, que logo estarão maduras e prontas para serem colhidas.

Nesse período, os Deuses alcançam sua plenitude e sua maturidade. O Deus é visto como o Rei Solar, Senhor da luz e doador da vida, enquanto que a Deusa é a Grande Mãe, a Senhora da fertilidade e da abundância. Litha é a consumação do amor, quando os frutos da união sagrada dos Deuses começam a ser observados na natureza. Assim como no Solstício de Inverno, que é a noite mais longa e traz em si a promessa da luz, Litha traz a promessa da escuridão, pois por mais que ainda haja luz abundante nessa época no ano, lentamente ela começa a declinar, e o tempo das noites começa a crescer. Essa data era chamada pelos druidas de Festival da Porta do Ano, quando o Ano Crescente dava lugar ao Ano Decrescente, e o Sol começava o seu período de recolhimento, apesar de ainda estar no auge do seu poder.

Para aqueles que celebram o mito do Rei do Carvalho e do Rei do Azevinho, essa é a época do ano onde eles se encontram mais uma vez e se confrontam, como no Yule, mas dessa vez, o Rei do Azevinho é vitorioso e assume a regência do ano, o que simboliza o início do período decrescente e a promessa do inverno.

O simbolismo do Rei é muito importante para esse festival. Os povos celtas acreditavam que um homem poderia se tornar digno de assumir esse posto apenas se obtivesse a soberania pelas mãos de uma Sacerdotisa que, como representante da própria Deusa e da Terra, poderia coroá-lo. Assim, o simbolismo da união das forças para gerar o Poder é outro tema importante nesse festival.

Litha é visto como uma noite mágica, na qual todos os nossos desejos são capazes de se tornarem realidade, pois o mundo concreto e o mundo dos sonhos se tornam um. Uma das tradições populares associadas a esse festival consiste em dormir com erva-de-são-joão sob o travesseiro para sonhar com seu futuro amor. Oferendas também podem ser feitas aos espíritos da natureza e, acredita-se, que as ervas colhidas no dia de Litha preservam todo o poder mágico do Sol.

Uma semana antes do ritual

Abrindo-se para o verão pessoal

O verão é o tempo da maturidade, da vida adulta e, consequentemente, do nosso poder de manifestação. Representa o nosso senso de responsabilidade e de controle sobre nossa própria vida. Por isso, faça desse um tema de meditação para prepará-lo para esse ritual.

Visite locais naturais e procure encontrar na natureza indícios do verão; traga a força desses símbolos para você. Exponha-se ao Sol e deixe que sua aura e seus corpos sutis sejam nutridos e alimentados por esse poder vivificante. Faça isso enquanto medita sobre o seu poder pessoal e como ele tem se expressado no mundo.

Faça um travesseiro dos sonhos

Costure um pequeno travesseiro de tecido e recheie com erva-de-são-joão (também conhecida como hipericão), e abençoe para que possa ter sonhos proféticos. Use o travesseiro pela primeira vez na noite de Litha e durma com ele ao longo do ano. Quando chegar o Solstício de Verão mais uma vez, queime o travesseiro e confeccione um novo.

Confeccione uma cruz solar

Um dos símbolos desse Sabbat é uma cruz de braços iguais que representa os quatro pontos pelos quais o Sol viaja ao longo do ano – os solstícios e os equinócios – dentro de um círculo, que representa a totalidade.

Para confeccionar a sua cruz solar, use dois galhos de tamanho igual e amarre-os no centro, formando uma cruz, e então use ramos flexíveis para unir as quatro pontas em um círculo verde. Use em seu ritual de Litha e, depois disso, pendure sobre a porta de sua casa para atrair as bênçãos do Sol.

Durante o tempo de Litha

Faça água solarizada

O dia mais longo do ano é ideal para que possa capturar o poder solar dentro de um frasco com água. Consiga uma garrafa de vidro, preferencialmente que tenha uma cor solar, preencha-a de água e deixe à luz solar durante todo o dia do solstício, visualizando que o próprio Sol é absorvido pela água.

Ela pode ser usada para trazer a força do Sol a você em momentos de necessidade ao longo do ano, e para potencializar qualquer tipo de trabalho mágico que use do poder solar.

Coletar ervas

Essa é uma época apropriada para colher ervas mágicas, pois acredita-se que seu poder é potencializado pela magia do Sabbat. Assim, essa é uma excelente época do ano para que renove o seu estoque pessoal de ervas mágicas. Lembre-se sempre de fazer uma oferenda aos Espíritos da natureza quando colher uma erva mágica, e deixe-as secar ao Sol antes de guardar, de modo que elas não mofem.

Essa também é uma época apropriada para confeccionar amuletos e fazer outros tipos de magia com ervas, imbuindo-as com o poder do Sol para que todos os atos mágicos sejam potencializados.

Medite sobre o seu poder pessoal

Como você tem usado e expressado o seu poder pessoal no mundo? Essa é uma época do ano muito apropriada para resgatarmos a autoridade sobre nossa vida e sobre o nosso controle pessoal. Caso esteja adiando alguma decisão ou ação concreta, esse é o momento de romper a inércia e colocar isso em prática. A palavra-chave é *autoridade*. Deixe que essa força flua por todo o seu ser.

Trabalho com o Diário Mágico

Medite sobre os seguintes temas ao longo da época do Sabbat e escreva sobre ele em seu diário mágico:

- Medite sobre os diferentes significados de Poder para você.
- Faça uma avaliação geral de como você exerce seu poder pessoal nos diferentes campos de sua vida, e perceba se faz isso de maneira equilibrada, levando em consideração seu próprio poder pessoal e o das outras pessoas.
- Em que áreas da sua vida você se sente aprisionado e precisa se libertar?
- Escreva livremente sobre o que significa soberania para você, e reflita: por que o Rei só pode governar se obtiver a soberania da Terra? O que isso lhe ensina sobre o Poder?
- Quais os propósitos da sua vida pelos quais está disposto a dar sua energia e empenho? Em nome de que você se sacrificaria?

Lammas – a Festa do Pão
(1º de fevereiro)

Lammas marca a primeira colheita da Roda do Ano. Chamado também de Lughnasadh, é a Festa do Pão, uma festa agrícola que celebra o sacrifício do Deus Sol para que a terra possa ser alimentada. Enquanto o Sol morre lentamente, preparando-se para partir para o Outromundo em Samhain, sua energia é derramada sobre os grãos maduros e absorvida por eles. Nesse momento, as plantações amadurecem e os grãos são ceifados como símbolos do próprio Sol. A Deusa é a Mãe dos Grãos, a Senhora da Abundância que verte sobre a terra suas bênçãos.

O pão que é assado na festa de Lammas representa o Deus e contém a essência da energia solar, por isso, comer do pão significa sorver da própria energia do Sol. Nesse momento, o Rei Solar se torna o Senhor das Sombras, que nos conduz ao longo da parte escura da Roda do Ano, nos levando em direção ao nosso próprio interior.

Como é um Sabbat que traz o mistério do sacrifício, esse é um momento adequado para refletirmos como nosso empenho e pequenos sacrifícios pessoais garantem a abundância nas colheitas de nossa vida. Muitas vezes precisamos deixar algumas coisas de lado para voltar nossa energia aos nossos propósitos e assim garantir nosso sucesso. De tal modo, como a semente precisa apodrecer para germinar no solo, é devido aos processos de mudanças em nossa vida que nós amadurecemos e podemos nos aproximar daquilo que desejamos ser.

Seu Sabbat oposto é o Imbolc, que é a festa do leite e fala sobre a nutrição espiritual que precisamos para caminhar da parte escura da Roda do Ano até a parte clara. Em Lammas, encontramos o tema da nutrição mais uma vez, agora como um símbolo concreto e coletivo – afinal, as colheitas não alimentam uma só pessoa. Assim, esse é um tempo de festejarmos os frutos de nossos esforços dentro de nossas comunidades, e de nos alegrarmos pelos resultados das sementes plantadas.

Uma semana antes do ritual

Os frutos da sua terra

Descubra os grãos e frutos que amadurecem na sua região nessa época do ano e tente incorporá-los de alguma forma em suas celebrações de Lammas. Dessa forma você se vincula à terra e agradece pelos frutos que realmente estão sendo colhidos durante essa estação.

Se possível, visite uma plantação e faça uma colheita simbólica, oferecendo esse fruto aos Deuses e aos Espíritos da terra como um agradecimento pela estação e as bênçãos recebidas.

Faça um pão

O ato de preparar um pão é muito sagrado. O pão contém em si os Quatro Elementos da Natureza – a farinha da TERRA, o leite ou ÁGUA, o AR liberado pela fermentação e o calor do FOGO para que seja preparado. Por isso, ele é um símbolo da vida. Experimente preparar um pão com especiarias e use-o em seu Ritual de Sabbat como uma oferenda não apenas dos ingredientes usados em seu preparo, mas também de seus esforços.

Como esse Sabbat está ligado ao tema da alimentação e da nutrição, é interessante cozinhar algo especial, ligado ao tema da estação, para que possa abençoar e se alimentar de forma mágica. Lembre-se sempre de separar um pouco do seu alimento abençoado para partilhar com a terra como uma forma de oferenda.

Durante o período de Lammas

Compartilhe uma refeição mágica

Reúna-se com amigos e cozinhem juntos, abençoando e consagrando a comida com a força da estação. Caso não tenha outros amigos Bruxos com quem cozinhar, prepare um jantar e ofereça-o a seus amigos ou aos seus familiares. Faça do ato de cozinhar algo mágico enquanto você carrega cada ingrediente com desejos de abundância e de prosperidade.

Faça um pote de grãos

Um modo de atrair prosperidade e abundância para a sua casa é preencher um pote de vidro com grãos variados. Amarre uma fita laranja ao redor dele e abençoe com a força do Sol. Deixe o pote na sua dispensa para que sempre haja fartura para todos os que moram em sua casa. Esses potes também podem ser feitos para presentear pessoas especiais ou colocados em locais de trabalho para sempre atrair sucesso e realização.

Faça um trabalho voluntário

Como esse é um tempo de trabalho pela comunidade, você pode se envolver em algum tipo de voluntariado. Faça isso como uma experiência espiritual que vai lhe ensinar que a prosperidade não está apenas em acumular – na verdade, prosperidade é um fluxo de energia, e se quisermos receber, antes precisamos compartilhar. Por isso, fazer algum tipo de trabalho voluntário e partilhar um pouco da sua energia pessoal com os outros pode lhe ensinar sobre a energia da prosperidade, além de ser um ato mágico para trazer fluxo e movimento para a sua vida.

Trabalho com o Diário Mágico

Medite sobre os seguintes temas ao longo da época do Sabbat e escreva sobre ele em seu diário mágico:

- Medite sobre o que sacrifício significa para você. Que tipo de sacrifícios você fez em sua vida? E ao longo desse ano? Pense sobre aquilo que tem se manifestado em sua vida, e como seus próprios esforços tem colaborado para que isso acontecesse.

- Medite sobre a sua capacidade de compartilhar e de se integrar a uma comunidade. Como os seus esforços tem nutrido outras pessoas? O que você tem compartilhado com os outros? Você tem sido um fator de soma para aqueles ao seu redor? Ajudou que suas colheitas crescessem, ou foi algum tipo de erva daninha nos planos e nos projetos de outras pessoas?
- Avalie como você distribui energia pelas diferentes áreas da sua vida, e observe se isso tem acontecido de forma equilibrada. Perceba as áreas que precisam de atenção e avalie o que pode fazer para cuidar melhor de cada uma delas por meio de ações concretas, e então se esforce para alcançar tudo isso antes de Samhain.
- O que nutre você física, emocional, mental e espiritualmente?
- Avalie a sua relação com o sagrado e como você abre espaço para ser transformado nessa relação.
- O que você coloca sobre o altar dos Deuses na festa da colheita?

Mabon – o Equinócio de Outono (entre 21 e 23 de março)

Sabbat que acontece na noite do Equinócio de Outono e tem data móvel que precisa ser checada anualmente, mas que sempre acontece entre os dias 21 e 23 de março no Hemisfério Sul.

Assim como em Ostara, o Equinócio de Outono marca um momento em que dia e noite tem igual duração, ou seja, é um momento de equilíbrio entre a luz e a escuridão. Lentamente, enquanto o Sol caminha para sua morte, o tempo de luz vai diminuindo e os dias serão mais curtos do que as noites. Por isso, Mabon é um Sabbat de preparação para os tempos escuros, que não são vistos por nós como ruins ou maus, mas como uma parte natural dos ciclos de vida, morte e renascimento.

Mabon é a segunda colheita, é o Sabbat do agradecimento, chamado de "ação de graças dos Bruxos". À medida que nos aproximamos do fim da Roda no próximo Sabbat, esse é o momento no qual fazemos uma avaliação do nosso ano e também quando agradecemos por tudo o que obtivemos. Um símbolo tradicional desse ritual é a taça cheia de vinho, que é erguida para fazermos nossos agradecimentos sendo depois vertida sobre a terra como uma oferenda à natureza. Assim como o pão de Lammas, o vinho também representa o poder da Divindade recebido pela colheita e transformado pelas mãos dos seres humanos para ser consumido. Ao bebermos um gole do vinho nesse ritual, sorvemos da essência sagrada dos Deuses.

Com aquilo que colhemos, nos nutrimos do poder do Deus Sol para atravessarmos o período escuro da Roda até que a primavera chegue novamente. É um momento de introspecção, quando mergulhamos no interior de nossas próprias sombras para avaliar aquilo que há dentro de nós.

Mabon é uma festa da abundância e de partilha, é quando celebramos o espírito da nossa comunidade. É o momento de compartilhar as lições que foram aprendidas e de absorver a sabedoria daqueles que vieram antes de nós, honrando o conhecimento que vem com a experiência. Enquanto que no Samhain honramos nossos Ancestrais falecidos, Mabon é tempo de reverenciar a sabedoria dos mais velhos de nossas comunidades, aprendendo com suas histórias e ouvindo suas experiências. A Bruxaria é um caminho que presa pelo respeito e pela reverência àqueles que vieram antes de nós, e este é o tempo apropriado para aprendermos com a sabedoria daqueles que ainda estão neste mundo para transmiti-la.

Uma semana antes do ritual

Abrir-se para o outono pessoal

O outono corresponde à fase da velhice, e mesmo que ainda não tenhamos chegado lá, esse é um tempo para começarmos a nos voltar para o nosso Sábio interior. Temos dentro de nós uma voz que nos inspira sabedoria e, à medida que o espírito do ano adentra a parte escura da Roda, voltamo-nos para dentro de nós mesmos e buscamos nos conectar com essa energia.

Caminhe pela natureza e busque sinais do outono – frutos maduros, folhas secas e a grama amarelada. Deixe que esses símbolos despertem o seu espírito para o poder dessa estação e medite sobre sua própria vida enquanto internaliza a força desse tempo.

Faça uma avaliação do ano

Como esse é um tempo de agradecimentos, avalie a sua Roda. Pense nas sementes que foram plantadas no Equinócio de Primavera e veja quais delas renderam frutos. Celebre suas conquistas e medite sobre aquilo que não foi conquistado. O que você pode aprender com seus erros? De algum modo, isso também é uma dádiva, pois ao nos tornarmos conscientes de um erro, podemos evitá-lo novamente. Pense também sobre aquilo que ainda não se concretizou, mas que pode ser obtido antes da chegada de Samhain – afinal, Mabon não é um final.

Leve essa reflexão e essa sabedoria ao seu Círculo Mágico e agradeça por tudo. Caso haja alguma situação da qual não foi possível colher nenhum tipo de ensinamento, peça aos Deuses que tragam esclarecimento e mostrem-lhe o que suas lições tentam revelar.

Durante a época de Mabon

Registro de memórias

Converse com os membros mais velhos da sua família ou de outras comunidades a que pertença e colha suas histórias e seus ensinamentos. Reveja seu próprio diário mágico e seu diário de sabedoria, avalie quais foram as lições e quais situações que se repetiram ao longo do ano, faça um resumo das principais lições que recebeu ao longo dessa Roda. Se possível, se reúna com outros Bruxos para trocar experiências e compartilhar conhecimento.

Compartilhe e retribua

O simbolismo da abundância da segunda colheita e do tempo de equilíbrio entre luz e escuridão desse Sabbat nos lembram que devemos retribuir de forma equilibrada a quem de algum modo nos auxiliou ao longo do ano. Assim, compartilhe um pouco das suas conquistas da Roda do Ano com essas pessoas, presenteie-as ou encontre outro modo de retribuir àqueles que foram especiais ao longo do seu ano.

Assim como no tempo de Lammas, Mabon nos ensina que a prosperidade está em nossa capacidade de doar e de compartilhar. Por isso, exercite sua generosidade nessa época e colha as bênçãos que ela pode lhe trazer.

Faça um amuleto de preservação

Um amuleto muito apropriado para essa época do ano pode ser feito com uma maçã e cravos-da-índia. Como esse é um Sabbat em que começamos a nos preparar para o inverno, precisamos pensar naquilo que precisa ser preservado durante a época de morte da natureza. Assim, enquanto pensa naquilo que quer que sobreviva de um ano para o outro, cubra a superfície da maçã com os cravos da índia enquanto visualiza que tudo isso é preenchido de energia. Deixe tudo sobre o seu altar, quando a maçã secar, enterre-a.

Contemple o pôr do sol

No dia do Equinócio de Outono, contemple o pôr do sol. Veja como ele tinge o céu com as cores do outono, e abençoe-se com essa luz. Traga a força solar para o seu interior, despedindo-se do Deus enquanto ele viaja rumo ao Outromundo. Peça-lhe que compartilhe sua sabedoria e sua força, enquanto traz a luz do céu para o seu terceiro olho.

Trabalho com o Diário Mágico

Medite sobre os seguintes temas ao longo da época do Sabbat e escreva sobre ele em seu diário mágico:

- Faça um balanço geral do seu ano e avalie as suas conquistas e os seus fracassos.
- Tente entender o que você fez de certo e de errado para obter cada um desses resultados como forma de fazer melhor na próxima Roda do Ano.
- Abra-se para ouvir a sabedoria que lhe é mostrada pela vida todos os dias. Enquanto começamos a entrar em um período de introspecção no outono, escute sua voz interior para colher suas lições. Esse é um tempo de calar e observar.
- Medite mais uma vez sobre o equilíbrio entre luz e escuridão e veja o que esse simbolismo pode lhe ensinar. Quais áreas da sua vida precisam ser equilibradas? Onde você conseguiu manifestar equilíbrio desde o último equinócio? Como você pode trazer mais equilíbrio para si mesmo?

- Faça uma lista de agradecimentos.
- Medite sobre o significado do envelhecimento. A cada Equinócio de Outono estamos caminhando em direção à nossa morte, assim como o Sol. O que essa ideia provoca em você?
- Pense à longo prazo naquilo que deseja colher no outono de sua própria vida. Como você se vê na velhice? Caso já esteja nela, como você percebe esse momento de sua vida?

Samhain – a Noite dos Ancestrais (30 de abril)

Samhain é o festival que marca a transição entre o outono e o inverno. No Hemisfério Sul é celebrado na véspera de maio. Este é o Ano Novo dos Bruxos, e marca tanto o fim de uma Roda quanto o início de uma nova. Na Bruxaria, final e começo são uma só coisa, e essa é a temática desse Sabbat.

Na mitologia da Roda do Ano, Samhain marca a morte do Sol, símbolo do Deus de Chifres, que viaja para o Outromundo e torna-se o Temível das Sombras, o Senhor do Reino dos Mortos, o Confortador e o Consolador. Lá, ele aguarda seu renascimento no Solstício de Inverno. A Deusa é a Ceifeira, a Mãe Negra da morte, aquela que nos ensina que a terra é tanto o ventre quanto a tumba – se é dela que a vida se levanta, é para o interior dela que toda a vida retorna. Na Bruxaria, a Deusa é imortal e perene, enquanto o Deus anualmente morre e renasce pelo poder dela.

Isso é bem representado na natureza, pois nesta época do ano as noites são mais longas que o dia e, a cada dia que passa, temos menos horas de luz e mais horas de escuridão. A diminuição da luz solar e a aproximação do inverno fazem com que nossa energia se volte para dentro de nós, o que nos leva a nos tornar mais introspectivos.

Essa é a terceira e última colheita do ano – o que não era colhido na época, era deixado nos campos para apodrecer e alimentar o solo. Também eram abatidos animais que não sobreviveriam ao inverno para que as famílias tivessem um estoque de comida garantido para os tempos escuros que viriam.

Samhain também é a noite dos Ancestrais, quando os espíritos dos mortos podem retornar à Terra mais uma vez. Nós, que somos crianças do Deus de Chifres, temos a oportunidade de desfrutar da presença de nossos mortos amados nessa época do ano, porque o véu que separa os mundos é mais fino. Já discutimos a importância dos Ancestrais para a Bruxaria e, apesar de eles serem sempre honrados em nossos rituais, essa é a época do ano na qual podemos acessar mais facilmente sua sabedoria e seu poder. Voltamo-nos aos nossos Ancestrais para buscar seu amor e sua experiência, para que nós também possamos nos tornar mais sábios.

Como um tempo de morte, Samhain nos convida a meditarmos sobre as mortes simbólicas pelas quais passamos e sobre tudo aquilo que precisa morrer em nossa vida. É um tempo no qual reconhecemos o fim dos ciclos e honramos os finais como aquilo que torna possível que o novo nasça. A morte é uma etapa essencial para que a vida possa retornar. Samhain é um tempo de desapego, quando aprendemos que tudo o que começa, um dia termina. Também temos a chance de enfrentarmos a ideia de nossa própria morte e de nos prepararmos para esse momento. Quando o Deus da Morte coloca sua mão fria sobre nossos ombros, como nos sentimos?

Ao contrário do que possa parecer, essa não é uma época triste – é apenas uma época mais introspectiva. Não é o momento para fazermos pedidos, mas um tempo para deixarmos morrer aquilo que não faz mais sentido. De certo modo, todos nós morremos a cada Samhain, para que possamos renascer para mais um ano em nosso caminho pela Arte. Pode parecer estranho que o ano dos Bruxos comece justamente na Festa da Morte – mas isso nos diz muito sobre a verdadeira natureza da Bruxaria. As atividades propostas para o tempo de Samhain são todas voltadas para essa temática.

Uma semana antes do ritual

Para nós que moramos no Hemisfério Sul, o Ritual de Samhain acontece tipicamente em 30 de abril, na noite que antecede o 1º de maio. Apesar de os Sabbats não precisarem ser celebrados especificamente nas datas marcadas, talvez você queira fazer um esforço para manter o Ritual de Samhain na data correta, afinal, é o nosso Ano Novo! Mas se não for possível, faça dentro da data que for mais conveniente. As atividades propostas aqui servem para prepará-lo para a experiência do ritual.

Lembrando-se dos Ancestrais

Na semana que antecede a noite de Samhain é tempo de pegar os antigos álbuns de fotos da família, procurar as relíquias dos seus avôs e lembrar das histórias dos seus antepassados. É hora de começar a se lembrar. Não que nós nos esqueçamos deles – se você já perdeu alguém especial, sabe que nós nunca os esquecemos, seja qual for a estação do ano.

É tempo de começarmos a preparar o coração para receber em nosso ritual, não apenas os Ancestrais de Sangue da nossa família, mas também os Ancestrais da Arte, do Espírito e da Terra. Todos os Mortos amados que de algum modo tenham ligação e sejam especiais para nós. Se nunca pensou sobre isso, essa é uma ótima oportunidade para começar a fazê-lo! Faça uma lista das pessoas importantes que já morreram e que você deseja honrar em seu Ritual de Samhain. Pesquise sobre elas, consiga fotos, data de nascimento e de óbito, descubra o que puder. Estude a história dos Ancestrais da Arte e os nomes que foram importantes para o movimento da Bruxaria. Mesmo que você não tenha um vínculo iniciático com eles, é por causa de seus esforços no passado que podemos celebrar hoje, então honre a memória e a história daqueles que vieram antes de nós. Descubra o que puder sobre os povos que habitaram a região onde você mora e resgate com os mais velhos do bairro as histórias desse lugar.

Escreva uma carta aos Ancestrais

Escreva diversas mensagens para honrar os mortos e use-as em seu Ritual de Samhain, queimando-as para que sejam transmitidas a eles pela fumaça. Você pode saudar e agradecer os seus Ancestrais, mostrar sua admiração por alguém do passado ou expressar seu amor pelos Deuses que é compartilhado com algum Bruxo importante que não está mais entre nós. Também pode fazer as pazes com algum Ancestral com quem não pôde se entender em vida.

Sente-se diante do seu altar aceso e abra seu coração para escrever as mensagens que deseja compartilhar com seus mortos queridos, tendo eles falecido durante o último ano ou vivido séculos antes de você, aqui, ou do outro lado do mundo – com a força do seu coração e de sua mente, vocês estarão conectados.

Quando terminar, dobre essas mensagens e guarde-as para serem usadas em sua cerimônia na noite de Samhain.

Preparando o altar de Samhain

Durante a semana que antecede o Sabbat, comece a decorar seu altar pessoal e a prepará-lo para o ritual que será celebrado. Símbolos de Samhain envolvem folhas secas, maçãs (o fruto do renascimento), *Jack O'Lantern* esculpidos em abóboras, que serão acesos apenas no ritual (para que os Ancestrais encontrem o caminho até você), ossos, caveiras e foices. As cores típicas desse Sabbat são o preto, o roxo e o laranja.

Acrescente nomes, fotos e objetos dos seus Ancestrais para que comecem a se aproximar de você. Para honrar os Espíritos da Terra, busque pela árvore mais velha do seu bairro, faça uma oferenda de água ou leite para ela e então retire um pouco da terra de suas raízes, acrescentando a ela um pouco da casca da árvore, ou mesmo algumas folhas. Coloque esse pote sobre a parte norte do seu altar para honrar aqueles que viviam aqui antes de você.

Fazendo uma vela de sangue para os Ancestrais

Para honrar meus Ancestrais de Sangue eu costumo preparar uma vela de parafina tingida de vermelho, a cor dos Ancestrais, e acrescento a ela enquanto esfria uma única gota do meu sangue, tirada com um pequeno alfinete (e não com nenhum objeto consagrado, e nunca dentro de um Círculo Mágico!).

Na noite de Samhain, essa vela pode ser acesa para honrar sua ligação com os Ancestrais e então apagada ao fim da sua meditação para ser acesa a qualquer outro momento do ano quando você precisar se comunicar com esses antepassados. Quando o Samhain do próximo ano chegar, derreta a cera dessa vela e acrescente parafina e corante vermelho para produzir uma nova vela, que também será consagrada e usada ao longo daquele ano. Não é necessário acrescentar uma nova gota de sangue ao fazer novas velas, uma vez que a energia da primeira vela sempre contagiará magicamente as outras.

A Ceia dos Mortos

Na noite do Sabbat, prepare uma ceia com receitas dos seus Ancestrais (ou pratos que são característicos da sua família) e, ao comer, acrescente mais um prato na mesa e uma taça de vinho diante de uma cadeira vazia para os mortos amados.

Ilumine a mesa da ceia com luz de velas e, antes de começar a comer, chame pelo nome de seus mortos amados. Lembre-se deles. Deixe que venham até você. Caso faça a Ceia dos Mortos com outros membros de sua família, compartilhem lembranças dos Ancestrais.

No outro dia, ao amanhecer, ofereça a comida e a bebida à natureza.

Durante o tempo de Samhain

Livro de Memórias

Comece um Livro de Memórias dos seus Ancestrais amados, anotando tudo o que puder sobre eles e, principalmente, aquilo que influenciou você. O Livro de Memórias também pode ser feito especificamente para os seus Ancestrais de Sangue, registrando as histórias da sua família, receitas, ditados populares, superstições e outras tradições familiares que foram sendo transmitidas.

Converse com outros membros da sua família, principalmente os mais velhos, e registre seus costumes e suas lembranças. Essa é uma ótima atividade para ser feita coletivamente com outros membros da família, se você sentir que há abertura para tal, mesmo que não sejam Bruxos.

Construindo sua árvore genealógica

Monte uma árvore genealógica com os Ancestrais que você conhece, e descubra tudo o que puder com outros membros da sua família. Consiga nomes, datas de aniversário e de óbito, e tente traçar sua árvore voltando pelo menos quatro gerações. Descubra a origem de sua família, tanto de outros estados quanto de que país eles vieram.

Consiga fotos e objetos pessoais desses Ancestrais. Mesmo que alguns deles você nem ao menos tenha tido oportunidade de conhecer. De alguma forma sua estada aqui é por conta dos esforços de seus Ancestrais, então eles merecem ser lembrados! Dependendo das suas habilidades artísticas, use fotos e nomes dos seus Ancestrais para compor uma árvore genealógica.

Observe a natureza

Quando possível, contemple a natureza do bairro ou da cidade em que mora ao pôr do sol e busque por indícios de Samhain na natureza. Diferentemente do que acontece em algumas regiões do Hemisfério Norte, a nossa vegetação não morre completamente no inverno, sempre temos verde; mas isso não quer dizer que o Sol não tenha diminuído, ou que não haja processos de morte acontecendo na natureza. Abra-se para ver, e você verá. Uma folha em decomposição, um fruto caído do pé, uma árvore morta com o tronco apodrecendo... Saia para caminhar com o propósito de confrontar-se com a morte e abra seus olhos para ver – você verá.

Faça desse um ato de contemplação e de meditação. Use as técnicas mágicas que aprendeu para tirar as lições que a natureza tem para lhe mostrar.

Crie um altar para os seus Ancestrais

A direção tradicionalmente associada aos Ancestrais é o Oeste, onde o Sol morre. Erija um altar para seus Ancestrais com fotos, itens pessoais e representações dos locais por onde a sua família passou. Você pode reunir folhas secas e escrever em cada uma delas o nome de um Ancestral.

Acrescente velas brancas ou vermelhas (talvez a sua Vela de Sangue!), tenha um incensário exclusivamente para esse altar, para que possa fazer oferendas de incenso, e um pote de libação para quando quiser partilhar algum alimento com seus Ancestrais. Você pode fazer libações de vinho ou de leite e mel.

Se desejar, também acrescente a esse altar um oráculo que será usado exclusivamente para o contato com os Ancestrais, como um tarô, um jogo de runas ou um ogham. Use quando precisar pedir mensagens ou conselhos para eles.

Também pode acrescentar folhas de louro em seu Altar dos Ancestrais, e quando precisar de seu conselho ou de suas bênçãos, escreva na folha e queime-a. O louro é tradicionalmente uma planta oracular, usada para se comunicar com o Outromundo.

Trabalho oracular

Caso você os tenha, esse é o momento para olhar em seus oráculos – espelhos mágicos, bolas de cristal ou cartas de tarô –, e fazer previsões para o ano que se inicia. Isso lhe fará entender as energias que regerão o novo ciclo. Os oráculos também podem ser usados para entender lições e questões do ano que ainda não tenham ficado claras ou não tenham se resolvido.

Trabalho com o Diário Mágico

Medite sobre os seguintes temas ao longo da época do Sabbat e escreva sobre ele em seu diário mágico:

- Quais são seus sentimentos e seus pensamentos sobre a morte?
- Você tem questões não resolvidas com alguém que morreu?
- O que em sua vida está em processo de encerramento neste momento?
- Do que você precisa se desapegar e deixar ir?
- Quais as partes da sua personalidade que você gostaria que morressem?
- Qual a importância da sua Ancestralidade e como você honra os Ancestrais?
- Que mudanças você pode fazer em seus hábitos seguindo a sabedoria dos seus Ancestrais?
- E se você fosse um Ancestral, que lições e sabedoria adquiridas nesse último ano poderiam ser compartilhadas com as futuras gerações?

Parte II

Praticando a Arte

~ LIÇÃO 6 ~

O Altar e os Instrumentos de Trabalho

O Altar

Como um praticante solitário da Arte, suas atividades estarão concentradas principalmente ao redor de seu altar pessoal de trabalho. O altar de um Bruxo é seu local de conexão com os Deuses e as forças da Natureza, no qual você fará seus rituais, devoções, exercícios psíquicos e práticas mágicas.

Nosso altar é um reflexo de nosso Eu Divino e, à medida que vamos sendo transformados pela prática da Wicca, nosso altar também vai sofrendo diversas modificações. O altar é um local de poder que, ao mesmo tempo que funciona como um espelho de seus reinos interiores, funciona também como um lembrete de seu propósito e compromisso em aprender a Arte.

Por isso, é preferível que mantenha um altar fixo que não precise ser montado e desmontado para cada uma de suas práticas. Além de absorver a energia enquanto for utilizado, ele também se torna uma forma de ancorar a presença do sagrado em sua vida. Com o tempo, o altar ganha uma vibração única, capaz de alterar a sua própria energia e também a energia de tudo ao seu redor. Estabelecer um altar em casa é um modo de sacralizar o espaço e trazer bênçãos.

Os altares Wiccanianos costumam estar voltados para o Norte, de modo que quando você estiver diante dele, fique de frente para essa direção. Isso acontece porque o Norte é a direção associada ao Elemento Terra e à nossa consciência noturna, ou seja, simbólica e mágica. Como uma religião que tem os seus princípios centrados na terra – a natureza manifestada – e na Grande Mãe, buscamos nos alinhar a esse ponto de poder. Se não for possível manter o altar alinhado com o Norte, você pode montá-lo em outro ponto cardeal, mas reconheça onde fica o Norte naquele lugar e lembre-se sempre de saudá-lo no início e no fim de suas práticas pessoais.

No próximo capítulo, estudaremos o Círculo da Arte e o compreenderemos como uma representação microcósmica do Universo. Já o altar contém sobre si os símbolos dos poderes criadores e ordenadores do Todo – o eixo ao redor do qual gira o mundo. E contém, basicamente, representações dos poderes fundamentais da vida: a Deusa, o Deus, os Quatro Elementos e as ferramentas de trabalho de um Bruxo: o athame, o bastão, o cálice, o pentáculo e o caldeirão. Além desses instrumentos, ele deve ter:

- Uma vela preta para a Deusa;
- Uma vela branca para o Deus;
- Uma vela vermelha para a Arte e os Ancestrais;
- Estátuas ou outra representação dos Deuses (opcional);
- Um pote com sal para a Terra;
- Um incensário com incenso para o Ar;
- Uma vela vermelha mais baixa para o Fogo;
- Um pote com água para a Água;
- Itens naturais para cada um dos Elementos;
- Um óleo de bênçãos.

A Deusa é representada por uma vela preta porque está ligada à noite, à escuridão primordial, às profundezas da Terra e ao escuro do útero no qual fomos gerados, todos símbolos da eternidade. O Deus é representado por uma vela branca, simbolizando a luz do dia e a nossa consciência lógica, mas também a mortalidade, pois para os povos antigos a terra se cobria com um manto branco de neve na época do inverno, ou seja, o branco é a cor que representa a própria morte. O vermelho é a cor do sangue e da vida, por isso representa tanto a Arte, que é uma religião da vida, quanto os Ancestrais, aqueles que viveram antes de nós.

Essas velas são diferentes daquela que vai representar o Elemento Fogo. São chamadas de Velas Pilar, ou seja, são acesas após a invocação dos Deuses para simbolizar a sua presença na prática que sucederá. Elas são os pilares que sustentarão o altar e suas práticas pessoais. Por serem representantes das forças divinas, essas velas costumam ficar mais altas que o restante do altar. Utilize velas maiores ou castiçais mais altos para mantê-las elevadas. Para a vela vermelha do Fogo, utilize uma menor, como uma vela flutuante ou de *réchaud*. Se desejar ou achar melhor, coloque-a dentro de uma lamparina vermelha.

As velas podem ser apagadas ao fim das suas práticas e reutilizadas futuramente até que acabem. É bastante simbólico acender uma nova vela na chama da anterior antes que ela termine, representando a passagem do Fogo e da energia da vela antiga para a nova.

Também é interessante que as velas sejam "vestidas" – ungidas com óleo sagrado perfumado, na direção do pavio para a base, para consagrá-las e remover qualquer energia incompatível. As instruções para confecção do óleo de bênção serão dadas adiante.

O lado esquerdo do altar é considerado receptivo, enquanto que o direito é projetivo. Por isso, a vela da Deusa e sua estátua ficam à esquerda, enquanto que a vela e imagem do Deus ficam à direita. A vela da Arte fica entre elas, no centro.

Em frente às representações dos Deuses disponha os itens que simbolizam os Quatro Elementos de acordo com o quadrante associado a cada um deles: no Norte, a Terra; no Leste, o Ar, no Sul, o Fogo; e no Oeste, a Água.

O altar é um ponto focal de energia, um lugar de conexão entre você e essas forças. No ritual a seguir, você vai aprender a estabelecê-lo e a consagrá-lo. É importante que o altar esteja sempre limpo e organizado, pois ele representa a sua vida. Também é importante que ele seja alimentado com frequência. Isso quer dizer que o altar precisa ser usado para as suas meditações, invocações e conexões com os Deuses. Assim, ele vai ganhando energia e você vai obtendo melhores resultados.

É importante buscar os Elementos dentro e fora de você, reconhecer-se como parte da natureza e também perceber como seu próprio corpo é uma pequena representação de tudo aquilo que compõe o Universo. À medida que vamos trabalhando com os Elementos, nos conscientizamos de que também somos sagrados, e nosso corpo se torna um altar vivo de adoração e de celebração aos Deuses.

Óleo de bênção

Tenha um pequeno frasco de vidro e preencha-o até a metade com algum óleo-base, como óleo mineral, óleo de semente de uva ou mesmo azeite de oliva. Acrescente um pouco de pétalas de rosa branca trituradas para honrar a Lua, um pequeno pedaço de canela para o Sol, um ramo de alecrim, e pingue algumas gotas de essência ou óleo essencial de jasmim para perfumar. Tampe, movimente o frasco suavemente para misturar e deixe descansar em um local escuro por uma semana.

Consagração do Altar

Estabeleça o seu altar apenas com as representações dos Deuses e os símbolos dos Elementos. Quando conseguir os cinco Instrumentos da Arte, use o ritual de consagração que será dado posteriormente. Esse altar com os Quatro Elementos já será suficiente para você realizar algumas das meditações e práticas propostas.

Limpe bem a mesa, visualizando que você apaga as energias de uso anteriores a ela. Se possível, use algum produto com amônia para apagar a sua memória energética. Tenha os itens e as representações dos Elementos fora do altar.

Respire profundamente, feche os olhos, pense na razão de estar montando esse altar e no que espera conseguir com ele. Medite por um algum tempo no significado desse momento. Sinta a sua vontade de aprender, o seu amor pelos Deuses, a sua conexão com a natureza. Pense nessas coisas e deixe os sentimentos surgirem. Respire sem pressa. Então, com seu óleo de bênção, unja seu coração, sua testa e suas mãos. Quando estiver pronto, continue.

Eleve suas mãos para o alto, dizendo em alto e bom som:

> Nesse momento sagrado, invoco os Antigos Poderes criadores de toda a vida para que prestem atenção. Um novo altar em honra aos Velhos Deuses e às forças da Natureza será estabelecido nessa noite. Estejam comigo neste ato de Poder!

Coloque as duas mãos sobre o altar e diga:

> Bênçãos sobre este objeto de madeira (ou outro material), para que ele se torne um centro de poder, um espaço sagrado para a minha conexão com a Deusa, com o Deus e com os Quatro Elementos, que são os princípios criadores da vida. Que diante dele eu esteja entre o mundo dos humanos e o reino dos Deuses, e que ele possa se tornar morada para suas bênçãos e lições.

Unja o centro do altar e seus quatro cantos. Isso representa a demarcação de um espaço sagrado.

Eleve o pote de sal em apresentação, salpique um pouco sobre o altar e diga:

> Trago a você a fundação que sustenta os mundos, o poder da manifestação. Que o Elemento Terra faça morada aqui.

Coloque o pote de sal sobre o altar, no Norte. Acenda o incenso (use um aroma apropriado para consagrar, como olíbano, mirra, patchouli ou alecrim), eleve-o diante do altar em apresentação e passe a fumaça com movimentos circulares em sentido horário pelo altar e diga:

> Eu trago a você o sopro do mundo, a sagacidade da mente. Que o Elemento Ar faça morada aqui.

Coloque o incenso no incensário e deposite-os sobre o lado Leste do altar. Acenda a vela do Fogo, eleve em apresentação e diga:

> Eu trago a fagulha da vida, a chama do espírito. Que o Elemento Fogo faça morada aqui.

Coloque a vela do Fogo sobre o altar no Sul. Eleve o pote com água em apresentação e aspirja gotas sobre o altar e diga:

> Eu trago a você a pureza da chuva, o fluir da emoção. Que o Elemento Água faça morada aqui.

Coloque a água sobre o altar no lado Oeste. Posicione então as velas da Deusa e do Deus no canto superior do altar à esquerda e à direita, e a vela da Arte entre elas. Se tiver estátuas ou imagens, coloque ao lado de cada uma das respectivas velas. Abra seu coração para os Deuses. Respire. Unja a vela da Deusa com seu óleo de bênção, do pavio para a base, e acenda-a na chama do Fogo, dizendo:

> Graciosa Deusa da Lua, doadora de vida e magia, lance sobre mim sua luz prateada nesse momento e envolva-me em seu gentil abraço. Teu poder faz com que todas as flores desabrochem e os frutos amadureçam. Tua canção faz com que estrelas e planetas dancem nos céus. Que essa chama sagrada acesa em sua homenagem seja sua divina presença neste altar, e que ao me dirigir a ele, eu possa beber de sua infinita sabedoria. Seja bem-vinda!

Contemple a chama por alguns instantes, sentindo a presença da Deusa. Repita o procedimento com a vela do Deus, mas dessa vez acenda-a a partir da vela da Deusa e diga:

> Antigo e indomado Deus de Chifres, pai de toda Bruxaria, ouça o chamado desta criança da noite que clama por tua presença agora! Vejo as faíscas que saem de seus cascos e escuto o som da sua caçada selvagem no coração das florestas. Atenda ao meu chamado e venha a mim! Sol luminoso que se levanta em esplendor todas as manhãs, que sua luz possa habitar esse altar, e que a chama que agora arde sobre ele seja a sua divina presença. Seja bem-vindo!

Medite brevemente com o Deus. Então, acenda a vela da Arte, e diga:

> Da união sagrada do Feminino e do Masculino, tudo o que existe é criado e nutrido. Com esta chama, eu honro os meus Ancestrais e aqueles que trilharam o caminho da Arte antes de mim. Que sua luz seja minha inspiração, e que sua presença seja sentida diante do Altar dos Sábios.

Nesse momento, faça uma contemplação do seu altar, medite com os Elementos, recite poemas e invocações sobre os Deuses ou faça qualquer outra atividade devocional que ligue você a essas forças.

Ao concluir, faça seus agradecimentos e então encerre, elevando cada um dos símbolos dos elementos por um momento e dizendo:

> Io! Evoé! Eu agradeço à Terra, ao Ar, ao Fogo e à Água!

Quando terminar de agradecer aos Quatro Elementos, apague as velas dos Deuses e a dos Ancestrais dizendo:

> Despeço-me da Deusa, do Deus e dos Ancestrais neste momento, sabendo que a cada vez que voltar a este lugar, poderei me colocar

novamente em sua divina presença. Os Deuses habitam dentro de mim. Que assim seja!

Coloque as mãos sobre seu coração e respire por alguns momentos. Está feito. Faça todas as anotações dessa experiência em seu Diário Mágico.

***

Agora você pode usar seu altar pessoal para fazer meditações, contemplações e pequenos atos de magia. Basta acender as velas dos Deuses e a dos Ancestrais, chamando brevemente por sua presença com uma invocação espontânea e reconhecendo cada um dos Quatro Elementos, provando uma pitada do sal, acendendo o incenso e sentindo seu perfume, contemplando a luz da vela do Fogo por alguns instantes e então tocando a água. Termine do mesmo modo, agradecendo e encerrando.

Instrumentos de trabalho

Para praticar rituais, feitiços, consagrações e outros aspectos mais formais da Bruxaria, acrescente ao seu altar os instrumentos de trabalho do Bruxo.

A essa altura você já deve ter se familiarizado com o estado alterado de consciência necessário para a prática mágica, aprendeu a fazer pequenas meditações e também despertou sua sensibilidade para perceber, moldar e direcionar energia. É importante que mantenha uma prática constante dos exercícios dos capítulos anteriores, pois sem essas habilidades, o trabalho com as ferramentas será inútil.

Isso acontece porque o poder de cada um dos instrumentos mágicos – que serão apresentados a seguir – fluem de dentro de você, da sua própria natureza divina e dos poderes dos Elementos. Como o próprio nome diz, são apenas *instrumentos*, itens que podem facilitar o trabalho e direcionar a sua energia de modo mais eficaz. Mas atenção: usar esses instrumentos sem a força interior necessária faz com que os atos mágicos não passem de teatro sem sentido.

Instrumentos mágicos são extensões de funções interiores, usadas para ativar determinados processos dentro de nós e para estabelecer uma conexão simbólica com as forças invocadas pelo Bruxo. Também são usadas para gerar, conter, moldar e direcionar energia. Os atos ritualísticos são como um tipo de linguagem – cada ação é como uma frase dita entre os mundos, que reverbera para alcançar os Poderes com os quais desejamos nos comunicar.

Isso torna os instrumentos de trabalho objetos sagrados para o Bruxo, pois é por seu uso que seu ritual e sua magia acontecem, apesar de não serem essenciais – lembre-se de que o verdadeiro poder mágico flui de dentro de nós, temos os Quatro Elementos e a centelha divina que fazem a verdadeira magia. Ferramentas de trabalho são apenas catalisadoras desses processos.

A Bruxaria é uma arte ritualística por natureza. Velas, incensos, facas e ervas sobre nosso altar nos ajudam a alcançar aquele nível de consciência primitivo e animalesco que faz o Poder Mágico fluir. Alguns Bruxos são mais cerimoniosos que outros; alguns preferem rituais mais espontâneos, concentrando-se, principalmente, no transe e na elevação de energia que flui do próprio corpo, e nem tanto no uso constante das ferramentas de trabalho.

Diferentes Tradições de Wicca ensinarão a seus Iniciados a usar um conjunto próprio de ferramentas, que variam de caminho para caminho. Entretanto, cinco delas são consideradas universais e fazem parte daquilo que chamamos de Tradição de Mistérios Ocidental, do qual a Bruxaria Moderna é uma herdeira. São ferramentas que estão presentes no folclore, na mitologia e no pensamento mágico dos velhos povos europeus, de onde derivam nossas práticas.

São elas: o BASTÃO de madeira, a faca de duplo gume chamada de ATHAME, o CÁLICE de vinho e um disco com o símbolo do pentagrama gravado sobre ele, chamado de PENTÁCULO. A esses quatro instrumentos, acrescentamos o CALDEIRÃO, símbolo do ventre da Deusa de onde tudo se origina e para onde tudo vai retornar, que traz a energia do quinto elemento, a essência de todos os outros.

Os quatro instrumentos de trabalho associados aos Elementos, também conhecidos como armas elementais, podem ser encontrados nos naipes do tarô e do baralho convencional, por exemplo. Também estão presentes na mitologia celta, sendo chamadas de Os Quatro Tesouros dos Tuatha Dé Danann, cada um deles vindo de uma das cidades sagradas: a Pedra do Destino, a Lança da Vitória, a Espada Resplandecente e o Caldeirão da Abundância.

O Athame e o Bastão

Existe uma grande confusão a respeito das associações elementais para o athame e o bastão. Enquanto que alguns dizem que eles pertencem respectivamente ao Fogo e ao Ar, outros preferem inverter as correspondências, associando o athame ao Ar e o bastão ao Fogo.

Aqueles que defendem a associação do athame com o Ar alegam que, como uma arma descendente da espada, ela exige destreza mental e habilidade para ser manipulada, além de ser um símbolo da justiça e da ordem estabelecidas pelo rei ao governar com a espada em punho – tudo isso ligado ao reino da mente regido pelo Ar. Ao passo que o bastão, feito de madeira, representa uma das maneiras mais antigas de se fazer fogo: a fricção de dois gravetos. É dito que os povos antigos acreditavam que o Fogo habitava o interior da madeira e poderia ser despertado pela fricção, se manifestando como chama.

Porém, outros dirão que, como o bastão queima, ele não pode ser um instrumento apropriado para controlar o Fogo; assim como o oxigênio precisa ser consumido pelas chamas para que o fogo permaneça aceso, o mesmo acontece com a madeira do bastão, que no alto das árvores, cresce em direção aos céus e balança ao vento. Nesse sentido, quando o bastão é cortado da árvore, estaríamos retirando-o diretamente do Elemento ao qual habita: o Ar. Ele também seria descendente da imagem da Flecha ou da Lança, que são arremessadas no ar em direção ao seu alvo. A madeira tradicional para confeccionar o bastão é a aveleira, regida pelo planeta Mercúrio, o que reforçaria suas associações com o Ar.

O athame, por sua vez, é forjado no fogo, e sua lâmina de ferro ou aço é regida pelo planeta Marte, associado a esse mesmo Elemento. É a única das ferramentas que depende do uso do fogo para ser confeccionada, forjar uma lâmina depende de alguém que tenha aprendido a controlar o fogo, ou seja, é um símbolo de seu domínio.

É verdade que originalmente os instrumentos da Bruxaria não tinham associações diretas com um Elemento específico, e que pela quantidade de pessoas que operam usando ambas as correspondências, sabemos que na verdade o que realmente importa é escolhermos a associação com a qual nos sintamos mais confortáveis, aquela que faz mais sentido para nós. Seja qual for a correspondência que queira utilizar, isso terá pouca influência prática no trabalho com o instrumento, sendo uma decisão de ordem mais filosófica do que prática.

O que é importante sabermos é que ambos são instrumentos masculinos e representam o poder fálico e fertilizador do Deus, então, use a associação que funcionar melhor para você.

O athame foi chamado por Gerald Gardner de "a verdadeira arma dos Bruxos", ou seja, o instrumento de trabalho mais importante. Ele ensinava que o athame era como uma faca de caça, com duplo gume e um cabo preto, usado apenas para fins mágicos. O instrumento complementar ao athame seria o boline, uma faca de cabo branco usada para cortar objetos físicos como ervas, por exemplo, ou para inscrever símbolos em uma vela, ao passo que o athame seria usado apenas para o direcionamento de energia.

Hoje em dia, existem muitas pessoas que fundiram esses dois instrumentos em um único, o athame, acreditando que quanto mais usam a ferramenta, mais poder ela tem. Outros preferem manter o costume de terem duas facas diferentes, cada uma destinada a um uso específico. O cabo preto do athame, apesar de um costume tradicional, não é mais observado por todos os Bruxos. As únicas características comuns aos athames é seu duplo gume (que não precisa necessariamente ser afiado), o fato de ter a lâmina feita de aço ou de ferro (e nunca de madeira ou de cristal), e a regra de que o athame nunca deve tocar sangue.

A Bruxaria é uma religião de respeito e de valorização à vida, sendo assim, sacrifícios de sangue não são realizados em hipótese alguma. Não existe nenhum tipo de sacrifício animal na Bruxaria Moderna. Isso acontece porque, como descendente de um culto da fertilidade, a Bruxaria enfatiza o poder que é gerado pela vida, a energia vital, e não aquele que é criado pelo ato do sacrifício de sangue. Para os Bruxos, derramar o sangue de um animal é um ato de profanação da vida.

Entretanto, a regra também se aplica ao nosso próprio sangue. Ao contrário do que mostram os filmes, Bruxos nunca usam o athame para se cortar e verter o próprio sangue com finalidades mágicas em todo tipo de feitiço, e mesmo que aconteça um corte acidental e a lâmina seja tocada pelo sangue, ela se torna automaticamente inutilizável e precisa ser purificada e reconsagrada.

Essa importante regra observada pelos Bruxos tem sido mal compreendida, principalmente por aqueles que chegam até a Antiga Religião vindo de outras manifestações religiosas em que o sacrifício animal ainda é feito. Aqueles que tendem a pensar na Bruxaria apenas do seu ponto de vista operacional, ou seja, preocupam-se apenas com seus aspectos mágicos e energéticos, pensam que é um desperdício não usar tal fonte de poder, visto que o sangue é o símbolo máximo da vida e do poder vital.

Mas a explicação para essa regra não tem a ver com processos energéticos, nem mesmo políticos. A Bruxaria é uma religião, e a explicação para a total proibição do contato entre athame e sangue está em seus aspectos teológicos: como uma arma, o athame representa aquilo de mais primitivo e selvagem que há em nós, sendo usado, portanto, para atos de criação, e não de destruição. O athame é um símbolo do direcionamento dos nossos impulsos e de nossas energias mais intensas para atos a favor da vida, que é sagrada. Um símbolo da caça e da morte é transformado pelos Bruxos em um instrumento de respeito e de valorização da vida. Ele simboliza o domínio sobre os nossos instintos. A energia vital que flui pelo athame não é a do sangue derramado, mas aquela que é gerada a partir do nosso próprio corpo, sem que isso implique em perdas ou danos. Como "a verdadeira arma dos Bruxos", manter o athame longe de sangue é um lembrete de nossa ética e do nosso compromisso: "sem prejudicar a ninguém, faça a sua vontade". Isso não significa que negamos a morte como parte do ciclo natural da vida, mas ao contrário, que não deveríamos deliberadamente provocá-la.

O duplo gume do athame representa a dualidade do Deus de Chifres como Senhor do Dia e da Noite. De um ponto de vista prático, o athame faz de sua ponta um eixo de poder, permitindo que a energia flua de nossas mãos e de ambos os lados da lâmina para ser direcionado. Como é usado para lançar o Círculo Mágico, o duplo gume também é um símbolo da nossa capacidade em caminhar em ambos os mundos e de acessar aquele lugar intermediário que o Círculo representa. Como uma arma, o duplo gume permite que nos defendamos do mal vindo de qualquer direção.

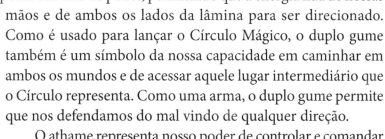

O athame representa nosso poder de controlar e comandar pela nossa Vontade, sendo, por isso, um símbolo de nossa responsabilidade. Ele é usado para invocar os poderes elementais, abrir portais e comandar as forças criadas pelo próprio Bruxo, mas nunca usado para invocar os Deuses. O athame é a nossa capacidade de projetar nossa intenção e de provocar mudanças efetivas na realidade, ou seja, a nossa habilidade de mudar o mundo.

Em um aspecto mistérico, o athame é a chave dos Bruxos, que permite a eles abrir caminhos para viajar entre os mundos. O athame é apresentado a cada um dos quadrantes no lançamento do Círculo para que os Vigias de cada uma das direções prestem atenção, nos reconheçam e permitam a nossa passagem. Por isso é um instrumento tão importante na Bruxaria – é pelo athame que somos reconhecidos no Outromundo, ele é a nossa "credencial mágica" para que possamos acessar os poderes da Bruxaria. Zelar e cuidar de seu athame é essencial.

Já o bastão é um instrumento de direcionamento. Como a batuta nas mãos de um maestro, ele nos permite "reger a harmonia do ritual", integrando as energias invocadas e movendo-as em direção a um lugar comum. Diferentemente do athame, o bastão é um símbolo de imposição e de domínio; um símbolo de controle, mas que remete a sua própria individualidade. Usado para cortar e separar, o bastão representa as nossas funções integradoras e a nossa harmonia com as forças da natureza, e pode ser usado para chamar os Deuses e atrair seu poder, bem como para trazer energias do Sol, da Lua, dos astros e das estrelas para dentro do Círculo.

Alguns Bruxos usam tubos de metal para confeccionarem bastões, por serem bons condutores de energia. Esses tubos costumam ser ocos e preenchidos com ervas, cristais e outros itens de poder. Mas o bastão tradicional ainda é feito de madeira, cortado de maneira ritualística e confeccionado pelo próprio Bruxo. Na verdade, a confecção de todos os instrumentos de trabalho é idealmente feita por aquele que os usará, de modo a criar uma conexão energética entre eles; mas, na prática, o bastão é um dos poucos itens rituais que podemos fazer por nós mesmos.

A medida tradicional do bastão é aquela que vai do cotovelo à ponta do dedo médio de seu portador. Isso faz dele uma extensão do braço de quem o utiliza, um tipo de "braço mágico" que pode alcançar as realidades além do plano físico e trazer delas as energias necessárias para os atos de magia. Com o bastão em mãos, podemos tocar o invisível.

O uso da madeira faz com que o bastão seja também uma extensão do espírito da árvore, e assim, ele se torna um símbolo dos poderes da natureza que nos são concedidos no trabalho da magia. Isso significa que a árvore escolhida para a confecção do bastão é muito importante. Existem dois modos básicos para se fazer essa escolha: por meio de um estudo das correspondências mágicas de cada árvore, ou escolhendo uma que tenha um significado especial com você. Enquanto que o athame representa a sua ligação com os Deuses e as forças do Outromundo, o bastão representa o seu vínculo aos poderes naturais.

A madeira mais tradicional para o bastão é a aveleira, uma árvore regida pelo planeta Mercúrio que representa a sabedoria e o conhecimento – um lembrete de que devemos empregar as forças naturais de maneira sensata e responsável. O caráter mercurial do bastão está ligado ao seu uso ritual, tanto para atrair quanto para direcionar a energia – na mitologia romana, Mercúrio era o mensageiro dos Deuses, aquele que viajava entre os mundos para estabelecer a comunicação entre eles. Em seus aspectos mais primordiais, ele também é um Deus psicopompo, condutor da alma dos mortos ao Submundo. Mercúrio carregava um cajado conhecido como Caduceu – um bastão com duas serpentes entrelaçadas –, mais uma vez um símbolo da integração dos opostos e do fluir das energias.

Tudo isso enfatiza o poder dinâmico da vitalidade presente no bastão, fazendo dele um instrumento muito apropriado para elevar e direcionar energias de cura, por exemplo. Enquanto o athame pode ser usado para subjugar e banir a doença com seus poderes marcianos de agressividade e força, o bastão, como um instrumento mercurial mais sutil, pode fortalecer e elevar a energia da boa saúde em nós, bem como ser usado para dar bênçãos a outras pessoas, a amuletos e a objetos mágicos. Tudo isso enfatiza o aspecto fálico desse instrumento que, como um raio de Sol, tem o poder de despertar para a vida.

Espero que com essas comparações, uma luz tenha sido lançada sobre as diferenças no uso desses dois instrumentos mágicos, um tema que muitas vezes é confuso para os Bruxos iniciantes.

O Pentáculo

Como símbolo da realidade física e da manifestação, o pentáculo é o instrumento que oferece a sustentação e o suporte que mantém a forma, um ponto de apoio sobre o qual podemos trabalhar magicamente.

Representante de toda a natureza manifestada, esse é um instrumento feminino, ligado ao elemento Terra e à capacidade de criar e realizar. Assim como o chão sob nossos pés nos sustenta, nos dá abrigo e alimento, o pentáculo nos oferece fundação e fundamentos para operar.

Seu disco representa a totalidade do Universo, de toda a criação. O pentagrama inscrito sobre ele representa o plano físico, a natureza manifestada ao nosso redor, e também o Plano das Forças, as energias dos Elementos, que molda e cria essa realidade, bem como a comunicação desse mundo com os planos sutis.

O pentagrama é um símbolo dos poderes venusianos da Deusa, da fertilidade terrena e da abundância material. É uma representação rústica da própria Deusa de braços e pernas abertas, pronta para dar vida. Está ligado ao nosso corpo físico e nos ensina sobre as energias que dão forma e vida a ele. Cada ponta do pentagrama está associada a um dos quatro Elementos, tendo no topo a quintessência sagrada, o Espírito, a própria energia divina como criadora.

Esse símbolo representa o equilíbrio criativo entre todas essas forças, e também o surgimento da vida a partir do encontro desses poderes. O pentagrama é a nossa meta enquanto Bruxos – a totalidade e o equilíbrio das forças da vida dentro e fora de nós, e por isso é colocado em nosso Pentáculo, como um lembrete de nosso objetivo.

Desse modo, usamos o Pentáculo para trazer à manifestação aquilo que desejamos. Sobre ele, colocamos amuletos, talismãs, ervas, instrumentos mágicos e feitiços para que sejam consagrados, preenchidos de poder e para que nossas intenções sejam trazidas ao plano físico. Também colocamos pães e bolos, para que sejam consagrados com a fertilidade da terra, dotados de energia vital, para serem consumidos ao fim de nossos rituais.

Outra função do pentáculo é servir como um reservatório mágico de poder. À medida que ele é usado nos rituais, toda a energia elevada e não direcionada é absorvida por ele, tornando-se disponível mais tarde. Assim como vamos amadurecendo a cada ritual, o pentáculo também vai se tornando mais poderoso e, desse modo, vai contribuindo para o bom andamento de nossas práticas; é como a terra fértil sobre nós que, quando bem cuidada, nos dá vida e alimento, nos permitindo ter fundações e bases mais sólidas.

A antiga tradição da magia cerimonial tem usado um item similar, chamado de pantáculo, que consiste em um disco com diversos símbolos inscritos nele. Talvez o conjunto de pantáculos mais famoso que conhecemos pertença à Clavícula de Salomão, que ensina a usá-los para se obter poder sobre espíritos menores, anjos e demônios que são invocados pelo magista. Esses pantáculos contêm em si inscrições de símbolos e de nomes do Deus judaico-cristão, que teriam o poder de subjugar esses seres para que cumprissem a vontade do magista.

Bruxos não estabelecem relação de controle e de dominação sobre os espíritos da natureza, e nem se relacionam com as forças identificadas em outros caminhos como anjos e demônios – isso não faz parte de nosso universo. Tampouco os Bruxos esperam dominar e controlar os espíritos dos Elementos, chamados elementais, para obrigá-los a trabalhar em seu favor. O que fazemos é estabelecer uma relação de parceria e amizade com essas forças, nos reconhecendo como irmanados a elas, tendo todos a mesma origem: os poderes divinos e os Quatro Elementos. Somos todos feitos da mesma "matéria-prima" sagrada.

Esse uso antigo dos pantáculos nas tradições de alta magia é transformado sob a perspectiva dos Bruxos como um símbolo de nossa ligação com os poderes divinos e as energias invocadas para o interior de nossos Círculos. Também simboliza que é sobre esses poderes que nós nos apoiamos para vivermos e agirmos magicamente.

O Cálice

O cálice, ou taça, é um dos instrumentos e símbolos mais importantes na Religião da Deusa. Representa o próprio ventre fecundo da Grande Mãe, de onde tudo nasceu e para onde tudo retornará. Esse é o instrumento que pode conter e dar forma. É o poder do cálice que, assim como o ventre feminino, recebe e contém a energia.

Seu uso ritual é muito antigo e associado aos mistérios agrários. Ele representa o espírito da comunidade e da alegria que é compartilhado entre todos para brindar e fazer libações aos Deuses, um símbolo da união e da fraternidade, lembrando-nos que todos temos a mesma origem – a Deusa.

Também é um símbolo da receptividade e de nossa nutrição espiritual. Enquanto que o pentáculo representa a Terra, o cálice representa a Lua. É o princípio doador e animador da vida e, ao bebermos dele, somos transformados, pois ele não é simplesmente um símbolo da fertilidade física, como é o pentáculo, mas um símbolo da fertilidade da alma. Essa é uma das temáticas do cálice. A força animadora da matéria, o que realmente dá a vida, a presença da alma, que vem de nós a partir da Alma do Mundo, a *Anima Mundi*.

Seu é o poder de saciar a nossa sede profunda, a nossa busca pelo Mistério. Muitos são os mitos onde o herói parte em busca de um cálice sagrado ou de um caldeirão, fonte de grande poder e bênçãos de renovação, cura e transformação. Ao bebermos do cálice, estamos bebendo de nossos potenciais ocultos, tornando-nos receptivos para recebermos os impulsos criativos que vem da Deusa. O cálice foi um símbolo antigo tão poderoso que nem mesmo o cristianismo foi capaz de bani-lo, mantendo-o vivo com a lenda do santo graal; o cálice que conteve o sangue do Cristo.

O vinho dentro do cálice utilizado nos rituais de Bruxaria não é uma paródia dos ritos cristãos, como costumava-se pensar, mas uma reminiscência dos antigos cultos da fertilidade. O vinho representa a essência vital do Sol derramada sobre a vinha e absorvida pelos frutos, e tem um uso religioso muito antigo. Os cultos dionisíacos reverenciavam o espírito do vinho, ele era visto como um facilitador de processos sagrados, algo que poderia nos aproximar dos Deuses. Por isso, beber do cálice também é beber da essência divina para que ela faça morada em nós. Isso faz do cálice um instrumento do êxtase divino e de nossa imersão na consciência do sagrado e de nossa própria transformação nesse processo.

Tudo isso está profundamente ligado ao simbolismo do Elemento Água. Com o poder do cálice, nossa ilusão de separação é superada e aprendemos a nos dissolver, seja no espírito de nossa comunidade, seja na própria presença da Deusa, e então, no Todo Universal. O cálice também é o doador do amor, da compaixão e aquele que pode curar as feridas mais profundas do nosso espírito, pois ele é uma ferramenta de integração. Tudo aquilo que foi separado, cortado e mutilado dentro de nós pode ser reunido mais uma vez pelo cálice sagrado.

Existe ainda outro aspecto do cálice que é profundamente importante de ser observado por todos aqueles que aspiram ao caminho dos Deuses Antigos – o seu princípio fundamental é o de doação. O cálice verte a vida e dá de si para nutrir e alimentar aos outros. É com esse ato que ele realiza a sua função. Se não soubermos vencer as barreiras do egoísmo e da individualidade para servirmos a esses Poderes, todo o nosso trabalho será em vão. O cálice pergunta a nós como temos nutrido o mundo e compartilhado as bênçãos recebidas com os outros ao nosso redor.

O Caldeirão

O caldeirão tem a mesma origem mítica do cálice. Representa o útero da Deusa de onde tudo nasceu, com a diferença que usamos o caldeirão para nos conectarmos a ela como a Criadora. Sempre feito de ferro, sua cor negra representa a escuridão primordial, a Primeira Noite, o interior da Terra e do ventre feminino. Tudo o que nasce, surge da escuridão da Deusa.

É um instrumento de regeneração e de alquimia. Representa a nossa transformação interior, o mergulho nas profundezas de nosso próprio ser, da qual saímos transformados. Simboliza o processo de morte e de renascimento que vivenciamos com a prática da Arte.

Ao estudarmos a mitologia celta, encontraremos muitas referências ao caldeirão e descobriremos que a ele muitas dádivas eram atribuídas. O Deus Dagda era o detentor do Caldeirão da Abundância, fonte inesgotável de alimento para seu povo, sempre transbordando. A Deusa Cerridwen cozinhou durante um ano e um dia uma poção da sabedoria para seu filho que, bebida indevidamente por seu ajudante, deu a ele o conhecimento de todas as coisas. No conto da Deusa Branwen encontramos o Caldeirão do Renascimento, que trazia de volta à vida os guerreiros mortos em batalha.

Todas essas são dádivas do Caldeirão dos Bruxos – ele é o ventre que cria a vida e a toma de volta para nos fazer renascer. Os Bruxos, porém, aprendem a acessar esse poder ainda em vida, e ao mergulharem simbolicamente no caldeirão, recebem os dons da abundância, do renascimento e da sabedoria. Isso faz do caldeirão o nosso ponto de conexão com o Outromundo, de onde podemos trazer as dádivas ocultas do espírito.

Outro uso comum do caldeirão que mantém essa mesma conexão é para uma prática oracular, típica da Bruxaria, chamada de perscrutação – a adivinhação por meio da contemplação de uma superfície, como um espelho ou uma bola de cristal. Os Bruxos enchem o caldeirão com água e colocam dentro dela uma moeda de prata, que representa a Lua. Ao olhar fixamente para o ponto prateado em meio à escuridão do caldeirão, é possível alcançar um transe e enxergar imagens ou ter percepções sobre o futuro.

O caldeirão com água também pode ser usado para rituais de purificação para lavar, simbolicamente, as nossas mãos ou objetos que queremos fazer renascer magicamente. As águas também podem representar o ventre fecundo da Grande Mãe, um poderoso símbolo de fertilidade e da vida.

No imaginário comum, o caldeirão é usado para cozinhar poções mágicas. Na vida real, ele é mais comumente usado para acender um fogo ritualístico, que simboliza os aspectos transformadores no útero da Deusa. Em rituais em que o caldeirão é aceso, podemos queimar nossos pedidos para que eles sejam fertilizados, ou destruir símbolos daquilo que queremos eliminar das nossas vidas. Tudo isso reforça o uso do caldeirão como um portal entre os mundos; do não manifestado para a realidade concreta ou para qualquer uma das direções.

O simbolismo da água e do fogo dentro do caldeirão também evidencia o seu aspecto alquímico. Nada permanece o mesmo ao passar por ele, seja quando preenchido pelas águas da vida ou pelo fogo da transformação. Por isso, seu Elemento é o Espírito, a essência divina de onde tudo nasce e que dá forma a tudo. Todos os outros Elementos saem e retornam de sua misteriosa escuridão.

Confeccionando e adquirindo seus instrumentos

Tradicionalmente, o magista deveria confeccionar todos os seus instrumentos com as suas próprias mãos. Mas quantos de nós poderíamos forjar o próprio athame ou fazer um cálice? A imensa maioria dos Bruxos adquire seus instrumentos prontos, e substituem o ato tradicional de fazê-los do zero por algum tipo de personalização, como a pintura de símbolos, por exemplo.

Prefira instrumentos feitos a partir de materiais naturais. Evite o plástico e lembre-se das especificações que já foram dadas. O seu athame deve ter uma lâmina de ferro ou de aço, e se quiser manter a simbologia original, um cabo preto. Procure uma faca de caça ou um punhal de duplo gume, com ou sem fio, e que, preferencialmente, nunca tenha sido usada antes. Se for usar uma faca antiga, é interessante fazer uma purificação mais profunda, cravando sua lâmina na terra e deixando ali por um dia ou uma noite para que sua carga energética seja neutralizada.

O cálice pode ser de metal, vidro, pedra, madeira ou outro material natural. Depois de adquiri-lo, você pode pintar símbolos sobre ele, como um crescente lunar ou outros símbolos femininos.

O pentáculo é um disco, geralmente de madeira ou de metal, com um pentagrama em seu centro. Você pode adquirir o disco e então pintar, gravar ou pirografar o símbolo. Outra opção é confeccioná-lo com argila, misturando a ela ervas em pó e pequenos cristais. Dê à argila a forma de um disco e deixe secar. Depois pinte e faça o pentagrama.

É interessante que o seu bastão tenha a medida que vai do seu cotovelo até a ponta do dedo médio, feito a partir de uma árvore escolhida por suas propriedades mágicas ou que seja simbólica para você. Antes de cortar o galho, faça uma oferenda para a árvore. Muita gente tem um costume de dar um fio do próprio cabelo para uma árvore antes de tirar o bastão, como uma forma de dar um pouco de sua própria energia vital para a árvore. Eu prefiro oferendas que sejam mais úteis, como água, mel ou outros elementos naturais que possam alimentar a terra e não sejam agressivos para o meio ambiente. Peça que parte da energia vital da árvore seja preservada pelo galho que será levado com você.

Depois disso, você pode descascar, lixar o bastão e entalhá-lo, acrescentando símbolos ou mesmo um cristal na ponta, se desejar. Tudo isso vai depender do seu gosto pessoal e de suas habilidades artísticas. Alguns preferem um bastão mais rústico, outros preferem enfeitá-lo mais.

Após adquirir seus cinco instrumentos e personalizá-los de acordo com suas preferências, é hora de consagrá-los.

Ritual de consagração dos instrumentos

Deve ser feito em uma noite de Lua cheia. Tenha os instrumentos posicionados perto do seu altar, mas ainda não os coloque sobre ele. Você também vai precisar de pão e de vinho ou de alguma outra bebida.

Para começar, respire profundamente algumas vezes com seu altar ainda apagado, mentalizando seu objetivo e pedindo a presença dos Deuses. Consagre-se com seu óleo de bênção, ungindo os mesmos pontos: coração, testa e mãos. Eleve as mãos e chame pelos poderes do Sol e da Lua.

Em seguida, visualize uma grande esfera prateada de luz envolvendo-o e a toda área onde seu ritual se realiza. Respire profundamente algumas vezes e sinta essa esfera de luz se formando ao seu redor.

Acenda a vela dos Ancestrais, dizendo:

> Eu chamo por aqueles que vieram antes de mim, para testemunharem este ato de magia. Compartilhem comigo o conhecimento da Bruxaria.

Acenda a vela da Deusa, dizendo:

> Amada Deusa da Roda de Prata, Poderosa Senhora da Lua. Acendo esta chama eu tua homenagem e invoco tua presença e teu poder. Por teu ventre sagrado que dá vida ao mundo, vinde! Pois nesta noite, dedicarei meus instrumentos de trabalho ao teu ofício. Seja bem-vinda!

Acenda a vela do Deus, dizendo:

> Poderoso Cornífero, Deus de Chifres, Senhor do Sol e dos Grãos. Fertilizador e Guardião do Portal, Regente deste e do outro mundo, vem através dos véus e envia tua força para esta consagração. Por casco e chifre, convoco teu poder para que se faça presente. Seja bem-vindo!

Então leve uma pequena pitada de sal à boca, acenda seu incenso e sinta seu perfume, acenda a vela do Elemento Fogo e por fim toque a água, saudando cada um dos Quatro Elementos da Natureza.

Tome o primeiro dos instrumentos em mãos, eleve-o aos céus, abaixe-o em direção à terra e segure-o diante dos seus olhos por alguns instantes. Passe-o pela fumaça do incenso, pela chama da vela, aspirja com um pouco de água e então toque o sal. Eleve mais uma vez e diga:

> Eu dedico este instrumento ao ofício da Arte dos Sábios. Que ele receba as bênçãos dos Elementos, Deuses e Ancestrais, para que possa servir a mim enquanto trilho a senda dos Mistérios.

Visualize o instrumento brilhando em suas mãos por alguns instantes, e use sua respiração para direcionar energia a ele. Traga-o ao seu coração e sinta que sua energia pessoal é compartilhada com o instrumento. Respire profundamente e sopre três vezes sobre ele, bem lentamente, para estabelecer uma ligação. Então faça uma unção com o óleo de bênção sobre instrumento e coloque-o no altar, no quadrante apropriado.

Repita o procedimento com todos os outros instrumentos.

Depois de ter todos os instrumentos consagrados, pegue seu bastão e eleve-o aos céus. Visualize que ele é capaz de atrair a luz do luar no céu acima de você e veja o brilho prateado descendo até seu altar. Lentamente, abaixe o bastão, tocando o solo e dizendo:

> Que a luz da Lua cheia desça para abençoar e testemunhar este ato de poder.

Devolva o bastão ao altar. Preencha o cálice com vinho, eleve-o em apresentação e coloque-o sobre o pentáculo. Trace um pentagrama de Invocação com seu athame sobre ele e diga:

> Vinho sagrado, que através de ti eu possa partilhar da essência dos Velhos Deuses. Que meu espírito se lembre do tempo em que nosso povo reverenciava os espíritos da terra e dançava de acordo com seus ritmos. Por broto, botão e fruto, desperta em mim a memória sagrada e conceda-me a dádiva da visão. Que assim seja.

Troque o cálice pelo pão sobre o pentáculo e eleve-o em apresentação aos Deuses. Devolva-o ao altar e toque o pão com o athame, dizendo:

> Nascido pela força dos espíritos da terra, o trigo colhido é transformado pelas mãos humanas para se tornar pão. Que sua essência divina desperte e seja nutrição para o corpo e também nutrição para a alma. Permita que eu partilhe do espírito do grão que desce às profundezas da Terra para então elevar-se vitorioso em direção aos céus. Que assim seja.

Devolva o athame ao altar e eleve o cálice, brindando:

> Aos Antigos!

Verta um pouco de vinho dentro do caldeirão e beba um gole. Parta um pedaço do pão e também o coloque no interior do caldeirão, em oferenda. Então coma e beba, meditando sobre o significado deste ritual e partilhando da presença dos Velhos Deuses.

Ao concluir, faça uma prece de agradecimento aos poderes dos Elementos, aos Deuses e aos Ancestrais, e encerre.

Se sobrar vinho ou pão, coloque também dentro do caldeirão e faça uma oferenda aos pés de uma árvore. Se houver muito vinho, dilua com água para não prejudicar a vegetação.

* * *

Os exercícios a seguir podem ser feitos em seu altar, devidamente aceso, com as invocações à Deusa, ao Deus, uma reverência aos Ancestrais e uma saudação aos Quatro Elementos da Natureza.

Exercício 21: Explorando as relações com o pentáculo

Sente-se para meditar com seu pentáculo. Tenha ao seu lado algum alimento simples que possa ser colocado sobre ele no fim do exercício, como um pedaço de pão, de bolo ou de fruta. Respire profundamente algumas vezes e altere sua consciência. Contemple o instrumento por alguns instantes.

Concentre-se em sua forma circular. Passe seus dedos ao redor da circunferência do pentáculo e lembre-se de que o círculo é o símbolo da totalidade, do mundo que há ao nosso redor. Feche os olhos e mantenha esse movimento circular. Eleve seus pensamentos ao macrocosmo: assim como há um ritmo em seu movimento circular ao redor do pentáculo, há também um ritmo natural na natureza que é obedecido por tudo. Pense na Terra girando ao redor de si mesma, na Lua girando ao redor da Terra e ambas revolvendo ao redor do Sol, junto a outros planetas. O Elemento Terra é associado à estabilidade, nós tendemos a pensar nela como rigidez, mas perceba que o plano físico é dinâmico – tudo está em movimento. Pense na passagem do dia, das estações e das fases lunares – tudo o que você já vivenciou com o símbolo arquetípico do Círculo. Perceba como há um ritmo no mundo, um padrão harmônico de movimento, quase que musical, e que é esse padrão de movimentos que mantém o Universo.

Seu pentáculo é uma base sólida que pode apoiar e conter outros objetos, mas tem a forma circular que representa os ciclos da natureza, os ciclos da Terra. Medite sobre a harmonia do mundo e o princípio da Ordem, que permite a manifestação. Se há algum aspecto da sua vida que precisa ser ordenado ou harmonizado, traga-o à mente enquanto faz o movimento circular e respira ritmicamente, emanando a energia da ordem e da harmonia para a situação.

Então, cesse o movimento e contemple por alguns instantes o pentagrama no centro do instrumento. Coloque seu dedo indicador na ponta superior da estrela e siga seu traço, descendo para a ponta inferior esquerda, subindo para a ponta superior direita e assim por diante. Perceba como aqui também há um ritmo. Perceba as ligações. Medite agora sobre a Teia da Vida, a interconectividade que há na natureza – nada está sozinho e isolado, tudo está, o tempo todo, estabelecendo relações entre si. Pense nas suas relações enquanto faz esse movimento – nas relações familiares, nas amizades, nas relações de trabalho... tudo isso faz parte do seu mundo, de quem você é.

Deixe o seu movimento cessar, e então, coloque o seu alimento sobre o pentáculo. Pense de onde ele veio, e por quantas pessoas passou até que pudesse chegar até você. Quantas pessoas colocaram seu tempo e sua energia para que você pudesse ter esse alimento? Perceba que nada está isolado – tudo é múltiplo e reverbera através da Teia. É assim que a magia funciona: ela flui e reverbera em muitas direções. Sinta-se misturado a essa corrente de vida que flui, coloque suas mãos sobre o alimento e abençoe-o. Coma ritualisticamente, absorvendo da sua energia vital. Separe um pedaço para fazer uma oferenda na natureza ou partilhar com alguém querido.

Ao terminar de comer a sua parte, traga suas mãos ao seu coração. Você é uma pequena representação da totalidade, por onde todas as energias podem fluir. Sinta seu corpo e abençoe-se. Coloque as mãos sobre o instrumento e deixe que todas as imagens e percepções fluam para ele.

Exercício 22: A vontade e os ideais com seu athame

Sente-se para meditar com o athame em mãos. Comece explorando-o pelo tato. Sinta sua textura, sua temperatura, explore seus contornos (se a lâmina for afiada, cuidado para não se cortar!), sinta sua ponta. Perceba como ele é uma arma capaz de ferir ou de proteger, um agente de transformação. Pense no athame como um símbolo de Poder. Pense na responsabilidade que é carregá-lo. Seu uso pode ser bom ou mau – isso não depende do objeto, mas das suas intenções.

Movimente o athame pelo ar e sinta seu peso, sinta seus movimentos. Explore-o. Pense em seu poder de corte (mesmo que apenas simbólico, caso você tenha optado por uma faca sem fio). Pense em seu poder de separar, dividir, rasgar, subjugar e dominar. Então, traga-o para o seu plexo solar, um palmo acima de seu umbigo, e visualize que a lâmina do seu athame se envolve em chamas que saem de dentro de você. Esse é o poder da sua Vontade, o seu poder do Querer. De nada adianta portar uma arma se não há uma Vontade clara por trás dela. Lentamente, eleve o athame com ambas as mãos acima de sua cabeça, com a lâmina apontando para cima, e pergunte-se: "qual é a verdadeira Vontade da minha Alma? Quais são os valores e os princípios que regem minhas ações no mundo?". Pense não apenas para onde você direciona a sua energia na vida, mas nas suas motivações, nas suas crenças e nos seus princípios por trás delas.

Lembre-se de que o athame é um símbolo da alma do Bruxo, e que ele deve ser portado como uma representação dos altos valores da alma. Sinta sua própria centelha espiritual, que está ligada aos Deuses. É deles que flui o poder em você. Misture-se ao espírito do Todo Universal e sinta a energia fluindo do seu interior para o athame. Pense em todos os aspectos da sua personalidade que precisam ser refinados, trabalhados e aperfeiçoados e deixe que essa energia cósmica flua para você, em direção ao athame. Faça dele um símbolo dos seus ideais mais elevados, daquilo que você espera um dia se tornar.

Ao encerrar, traga o athame para baixo e coloque-o sobre o peito. Deixe as imagens, as ideias e as sensações fluírem para ele. Lentamente, vá aterrando a energia em excesso e encerre a meditação.

Exercício 23: O movimento e a imaginação com seu bastão

Faça esse exercício em pé, com o bastão em mãos. Essa prática se torna mais divertida se tiver alguma música de fundo para acompanhar a experiência. Escolha algo suave e tranquilo, que dure tempo suficiente para sua meditação – algo em torno de sete ou oito minutos – esse exercício imaginativo pode se estender por bastante tempo, e o encerramento da música ajudará a trazer você de volta.

Respire e deixe sua consciência se alterar enquanto vai explorando o instrumento com ambas as mãos, concentrando-se nas sensações e nas ideias que a forma do objeto desperta em você. Então, lentamente, brinque com o bastão, girando-o por entre os dedos. Enquanto o gira suavemente, movimente as mãos de um lado para o outro com delicadeza (não deixe o bastão cair!), e lembre-se, antes de ser seu instrumento mágico, o bastão foi o galho de uma árvore e era soprado pelo vento. Deixe que o ritmo da música guie seus movimentos e, naturalmente, deixe que eles se expandam, como se você estivesse dançando.

Após experimentar os movimentos, segure gentilmente o bastão em sua mão e movimente-o pelo ar ao som da música, como se você estivesse regendo uma orquestra. Tente expressar o que ouve com o ritmo do movimento. Gire ao redor de si mesmo e não tenha medo de se divertir – esse exercício evoca o poder da imaginação e é melhor feito com a atitude leve e divertida de uma criança.

Traga a mão para perto do corpo e inspire. Ao expirar, projete a mão para frente, apontando com o bastão, como se fosse arremessá-lo para frente. Ao fazer isso, imagine uma rajada de energia saindo de você e indo para a direção em que o bastão aponta. Repita a ação para as quatro direções. Depois, gire-o e o manipule como se pudesse movimentar o ar ao seu redor; como se o ar fosse conduzido e direcionado pelo movimento do seu bastão.

A próxima etapa consiste em traçar símbolos e desenhos no ar. Explore diversos movimentos e, a cada símbolo traçado, visualize que o bastão deixa um rastro luminoso formando um símbolo diante de você – como uma varinha mágica de contos de fada. Trace espirais, pentagramas, runas e outros símbolos no ar. Escreva seu nome e veja-o brilhando à sua frente. Use sua capacidade de imaginação, mas não perca sua leveza. Tudo bem se as imagens não estiverem completamente nítidas – com a prática, você aperfeiçoará suas habilidades.

Mantenha uma ideia fixa em sua mente, como alegria, confiança, saúde ou amor. Preencha-se dessa ideia e deixe-a se expressar no ritmo do movimento do bastão, como se pudesse projetá-la ao seu redor e impregná-la no ambiente. Visualize essa ideia como uma energia luminosa que é emitida pela ponta do bastão e preenche o espaço a sua volta.

Aponte o bastão para o alto e imagine que ele atrai um jorro de luz do Sol ou da Lua (dependendo do horário em que faz o exercício), e que ao movimento do seu instrumento, essa energia circula e se movimenta ao seu redor. Imagine-se trazendo para perto de si as ondas do mar, o sopro do vento, as folhas que se desprendem das árvores – seu bastão não apenas projeta, como também convoca os poderes naturais para que venham até você, como uma antena de rádio que se sintoniza a determinadas frequências sonoras.

Dê asas à sua imaginação e explore o exercício da maneira como se sentir inspirado. Ao encerrar, faça movimentos com o bastão pelo ar imaginando que todas as luzes, as cores e as figuras desaparecem. Use o bastão para direcionar essas energias para o chão, aterrando-as. Encerre e tome notas no seu Diário Mágico.

Exercício 24: Esvaziando-se e preenchendo-se com seu cálice

Tenha uma jarra com água suficiente para encher seu cálice ao menos duas vezes, e um recipiente no qual você possa verter essa água. Se estiver fazendo a prática ao ar livre, poderá derramar a água na própria terra quando o exercício indicar.

Encha seu cálice pela primeira vez com água e segure-o em ambas as mãos para essa meditação. Respire e altere a sua consciência, conectando-se ao Elemento Água. Deixe que diversas expressões físicas desse Elemento surjam em sua mente: rios, lagos, chuva, cachoeiras. Pense em como a água muda sua forma e se adapta ao lugar em que está. E em como a própria água cria forma – as ondas do mar quebrando-se contra as rochas ou os leitos dos rios sendo esculpidos pela correnteza. Eleve seu cálice e perceba-o como um receptáculo que pode conter e dar forma à água.

Visualize que todas essas cenas de paisagens aquáticas fluem para dentro do seu cálice – ele contém a força das chuvas, dos rios e dos oceanos. Concentre-se no vazio do cálice – se ele não tivesse um espaço vazio para ser preenchido, não poderia conter a bebida. O sentido do cálice está em sua capacidade de criar um espaço vazio, que tem o potencial para ser preenchido. Para conhecer o poder desse instrumento, primeiro é preciso experimentar o seu esvaziamento. Pense em tudo o que há dentro de si mesmo que precisa ser abandonado – todas as emoções, ideias e padrões limitantes que atrapalham e poluem sua vida. Visualize que tudo isso flui para dentro do cálice, concentrando-se na água de seu interior. Se achar necessário, sopre diversas vezes sobre a água, enviando essa energia para ela.

Quando achar que basta, eleve o cálice e então derrame seu conteúdo na terra ou no recipiente separado para isso, visualizando que tudo o que foi projetado para a água nesse momento se esvazia de você. Deixe ir. Experimente a sensação de esvaziamento enquanto contempla o seu cálice vazio. Observe se consegue criar um espaço receptivo dentro de você. Segure o cálice vazio e encontre dentro de si um espaço de receptividade.

Em seguida, pense em tudo o que quer colocar no lugar daquilo que foi banido e esvaziado. Quais ideias, sentimentos e ações devem tomar o lugar daquilo que se foi? Então, encha o seu cálice mais uma vez e, novamente, projete tudo isso para a água. Eleve-o para os céus e imagine a luz da Lua ou do Sol (dependendo do horário em que você fizer o exercício) brilhando sobre ele e misturando-se ao líquido. Dessa vez, você vai beber visualizando que todas essas energias são internalizadas para dentro do seu espaço receptivo interior. Sinta tudo isso se espalhando pelo seu corpo e se misturando ao seu sangue, percorrendo cada parte do seu ser. Seu cálice pode estar aparentemente vazio agora, mas você se sente preenchido por seu conteúdo.

Se a primeira água foi despejada em um recipiente, leve-a para a natureza e peça que a terra transmute e transforme essas energias.

Exercício 25: Conectando-se ao poder da criação com o caldeirão

Tenha seu caldeirão em suas mãos ou no centro do seu altar à sua frente. De olhos fechados, sinta sua temperatura fria e explore-o com os dedos. Sinta a circunferência de sua abertura, circular, como o útero criador. Então, lance sua consciência dentro das águas e tente imaginar-se ali. Qual a sensação?

Medite sobre o útero da Deusa, criador de todas as coisas, e para onde tudo deve retornar. Estar de volta a ele é tanto a morte quanto a espera para o renascimento. Que aspectos seus precisam ser abandonados? E o que dentro de você precisa germinar? Acesse seu próprio potencial criativo. Sonhe uma nova realidade. Permita-se mudar, morrer e renascer. Transforme-se pela força do contato com o seu caldeirão.

Projete a imagem de um desejo para dentro dele, como uma pequena semente, e peça que o caldeirão nutra esse desejo, fazendo com que ele germine e se concretize.

Respire profundamente. Agradeça pela vida e pelo poder da transformação. Encerre.

Outros instrumentos

Há também instrumentos adicionais que podem ser usados em seus rituais, entretanto, eles são opcionais. Esses instrumentos poderão ser consagrados posteriormente, usando o ritual apropriado que será aprendido em outro momento. Caso decida trocar um destes cinco Instrumentos principais de trabalho, poderá usar o mesmo ritual dado posteriormente para consagrá-los.

O Boline

Também chamado de Faca de Cabo Branco, o boline é uma pequena lâmina, geralmente curvada como uma foice, usada para cortar e colher ervas e fazer inscrições em velas ou talismãs. Alguns Bruxos optam por usar o athame apenas para direcionar energia, enquanto que todos os cortes físicos são feitos com o boline. Assim, se desejar trabalhar dessa maneira, reserve outra faca com corte para exercer essa função. Bons bolines costumam ter a lâmina curta, facilitando alguns trabalhos manuais como o de entalhar as velas.

A Vassoura

Este é um clássico instrumento associado à Bruxaria, e que representa os poderes de fertilidade da natureza. O cabo da vassoura representa o princípio masculino, ao passo que as cerdas representam o princípio feminino; unidos, são um símbolo da união sagrada que cria toda a vida.

Há uma antiga tradição que narra que os casais que pulassem sobre uma vassoura estariam automaticamente casados. Dizem que a lenda de as Bruxas voarem sobre uma vassoura originou-se da antiga prática de montar sobre ela e pular nas plantações, pois como ela é um símbolo da fertilidade, esse ato mágico mostraria às sementes o quão altas elas deveriam crescer. Mas ao contrário da imagem popular da Bruxa voando na vassoura, isso era feito com as cerdas apontando para cima, e não o contrário.

Há outro simbolismo importante sobre vassoura e seu voo místico, que representa a ligação do Bruxo com o plano astral e sua capacidade de viajar entre os mundos. Algumas lendas antigas dizem que as Bruxas passavam determinados unguentos alucinógenos sobre o cabo da vassoura e, ao montarem sobre elas, a substância entraria em contato com sua mucosa e seria absorvida, fazendo com que o espírito da Bruxa se desprendesse do corpo e viajasse para o Sabbat.

De maneira prática, a vassoura é usada por Bruxos modernos para purificação energética. Isso é feito varrendo o ambiente que precisa ser purificado em sentido anti-horário, sem que as cerdas toquem o chão. O que representa que a limpeza realizada não é física, mas astral, em um nível de realidade acima do plano físico.

Use a sua vassoura para fazer a limpeza energética do ambiente onde seus rituais são celebrados, e também nos Sabbats de Imbolc e de Beltane.

A Estaca Bifurcada

Esse Instrumento também é conhecido como forquilha, porque tem uma bifurcação em V em seu topo, que representa os chifres do Deus Cornífero. Tradicionalmente, ela é um cajado que tem pelo menos a altura de seu portador e é calçada com um prego de ferro na sua base. É muito comum que se coloque uma vela sobre sua bifurcação, representando tanto a luz solar da face diurna do Deus como a luz do Conhecimento portada por Ele à noite – a luz dos Mistérios que Ele guarda e revela para nós em nossas celebrações.

A estaca costuma ser decorada para cada Sabbat com símbolos apropriados: flores na época da primavera, trigo na época das colheitas e assim por diante. Desse modo, ela nos lembra constantemente dos ciclos aos quais nós também estamos sujeitos.

Esse instrumento pode ser feito de qualquer madeira, mas muitos praticantes enfatizam que seja feito de Freixo. Apesar de não ser uma árvore acessível para nós no Brasil, entender o simbolismo do freixo pode nos ajudar a compreender melhor o que esse instrumento representa. Para os povos germânicos, o freixo é a Árvore do Mundo, o *Axis Mundi* que sustenta todas as realidades. Como Árvore do Mundo, a estaca expressa a conexão dos três reinos – Céus, Terra e Submundo; o reino do Sol, do grão maduro e do grão enterrado esperando o renascimento, revelando-nos diferentes aspectos do Deus de Chifres. Assim, ela representa todos os ciclos da vida e as transformações do Deus ao longo da Roda.

Como árvore, ela também é um símbolo do Deus Sacrificado, lembrando-nos do mito de Odin que se pendura na Árvore do Mundo para acessar os mistérios das runas. Portanto, a estaca também é um símbolo da nossa busca por sabedoria e, como um lembrete do sacrifício do Deus, ela nos recorda que muitas vezes a sabedoria é obtida pelo renascimento.

Assim como o athame e o cálice são instrumentos complementares, a estaca poderia ser pareada ao caldeirão, como representantes dos poderes do Deus e da Deusa. Caso você opte por usar uma estaca em seus rituais, ela deve ficar posicionada no limite Norte do seu Círculo (ou no quadrante relacionado ao Sabbat que será celebrado), e o caldeirão poderá ser colocado diante dela, representando a união dos Deuses. Caso o caldeirão esteja preenchido com água, a luz da vela na estaca será refletida, gerando um belo efeito e um poderoso símbolo para meditação e trabalhos de adivinhação.

O Sino

O sino não é um Instrumento Mágico propriamente dito, mas um item que pode ser usado para marcar momentos importantes dentro dos rituais. O soar do sino também projeta vibração sobre o ambiente, harmonizando a energia e nos preparando para trabalhar magia. Por isso, o som do sino também pode ser usado para fazer purificações.

~ LIÇÃO 7 ~

O Círculo da Arte

A Bruxaria é uma religião que é melhor compreendida quando praticada, e o coração da prática Wiccaniana está no trabalho com o Círculo Mágico. O Círculo é fundamental não apenas para a realização de rituais e de feitiços, mas também por conter em si toda a estrutura filosófica e mística da Arte. Por meio de estudos e da compreensão, da vivência e da meditação constante sobre o Círculo Mágico e seus muitos significados, nosso conhecimento acerca da Wicca poderá sempre se aprofundar cada vez mais.

Fisicamente falando, o Círculo é um templo. Enquanto outras religiões dependem de espaços físicos, cuja construção é destinada exclusivamente para a celebração de suas cerimônias, na Wicca, compreendemos que todo o Universo é sagrado, e por isso aprendemos a preparar um determinado espaço de modo que temporariamente sirva como um templo para seus praticantes. Para os Bruxos, o conceito de "espaço sagrado" não é o de um lugar físico que está geograficamente separado do mundo comum, mas um espaço mágico que pode ser ancorado em qualquer lugar onde um ritual precise ser celebrado. Ao lançar um Círculo Mágico, projetamos para fora de nós um espaço sagrado interior, arquetípico, e quando nos movimentamos fisicamente por ele, estamos na verdade nos movendo pelos reinos interiores.

Enquanto que em outras religiões os adeptos precisam se deslocar até seus templos, como em uma peregrinação, os Bruxos fazem uma "peregrinação mágica" para o Círculo da Arte, por meio dos atos simbólicos do ritual, construindo energeticamente seu próprio lugar sagrado no início de cada uma de suas práticas. Essa construção mágica é feita por meio de técnicas básicas de respiração, de visualização e de projeção de energia que foram apresentadas no capítulo anterior, por isso a prática constante dos exercícios é fundamental.

Ao longo de toda a sua vida mágica, o trabalho com o Círculo se aprofundará. Ao terminar de estudar esse capítulo, não se engane – você não terá aprendido tudo o que há para saber sobre o Círculo da Arte. Essas são apenas as informações básicas para que possa começar a sua jornada. Após compreender a estrutura e o significado de cada aspecto do Círculo, ele vai se tornar um local de infinitas possibilidades para ser explorado. Lembre-se: essa é a base do trabalho da Bruxaria.

Formas e estrutura do Círculo

Assim como todos os templos construídos fisicamente têm uma arquitetura sagrada, o mesmo acontece com o Círculo da Arte. Ele é chamado de "círculo" porque em seu processo de criação caminhamos ao redor da área na qual o ritual vai acontecer. Nesse processo, projetamos energia, visualizando a formação de uma circunferência ao nosso redor, delimitando um espaço sagrado e criando fronteiras entre a realidade habitual e o mundo mágico dos Deuses. Mas, na verdade, o Círculo Mágico é melhor compreendido como uma esfera ou um ovo que se fecha acima e abaixo de nós.

É no interior desse espaço selado e magicamente recortado que as práticas dos Bruxos acontecem. Com o tempo, você vai perceber que a energia e a atmosfera que se formam no interior de um Círculo Mágico devidamente lançado são muito diferentes de seu exterior. Isso acontece porque ele tem a função mágica de preservar e concentrar as energias que serão invocadas e trabalhadas, potencializando-as. Por isso, depois de lançado, seus limites não podem ser atravessados, o que significaria "quebrar o Círculo", acarretando em perdas de energia. Se isso acontece, ele precisa ser lançado novamente, ou ao menos reforçado.

Por que um círculo? Dentre tantas formas geométricas possíveis, por que os Bruxos não trabalham em uma pirâmide ou em um cubo mágico, por exemplo? Existem muitos simbolismos e significados para que a forma escolhida para o templo da Arte seja um círculo, e não qualquer outra. A mais simples delas é que o círculo representa a totalidade do espaço.

Imagine-se em uma montanha muito alta, de onde fosse possível contemplar a distante linha do horizonte, o aparente final do mundo. Agora, erga seu indicador imaginário e aponte para essa linha, esse limite onde a Terra se transforma em céu, e percorra-a com a ponta de seu dedo. Você terá que girar ao redor de si mesmo para fazer uma volta completa e retornar ao ponto onde começou – de um modo simbólico, a totalidade do espaço sempre foi compreendida como circular, por isso essa forma é tão importante em tantos caminhos mágicos e religiosos. Outro aspecto importante é que você sempre estará no centro dessa circunferência traçada pela linha do horizonte – a sua consciência é o Centro, o ponto de encontro de todas as direções e de toda força, para onde tudo e o Todo convergem e a partir do qual tudo se origina. Você é simbolicamente o eixo de seu próprio mundo.

Essa forma circular contém em si a totalidade do mundo e, assim, quando desenhamos o Círculo Mágico ao nosso redor, estamos construindo uma versão microcósmica do macrocosmo. Nosso pequeno Círculo contém em si a possibilidade do imenso Todo. É uma miniatura de todo o Universo. Explorando o Círculo, podemos conhecer tudo o que existe.

Nossa percepção geográfica do espaço também é dividida em direções – percebemos aquilo que está à nossa frente, atrás de nós, à nossa esquerda e à nossa direita. Para os povos antigos, essa percepção quaternária do espaço não era algo simplesmente humano, mas uma percepção do próprio mundo natural. O Sol e a Lua sempre nasciam em uma determinada direção, se elevavam e tornavam a voltar para baixo da Terra, também desenhando um movimento circular nos céus. Assim foram percebidos Leste e Oeste. Os povos antigos do Hemisfério Norte também notaram que, quanto mais ao Norte, mais frio ficava, e quanto mais ao Sul, mais quentes eram os lugares onde chegavam. O que havia para além dessas quatro direções era um mistério, e o mundo estava delimitado por esses quatro pontos cardeais.

Do mesmo modo, em nosso Círculo Mágico também reconhecemos essas quatro direções que organizam o espaço sagrado. Bruxos percebem o mundo não como um lugar aleatoriamente criado, mas como um todo coeso e ordenado que tem ordem e harmonia inerentes, que vem dos próprios Deuses. Em outras palavras, um Cosmos. A divisão do Círculo em quatro quadrantes cria diferentes áreas na circunferência, que têm características e um conjunto de correspondências diferentes, sendo que a principal delas é a presença simbólica de cada um dos Quatro Elementos, as quatro forças básicas que criam e sustentam a vida.

O conhecimento sobre os Quatro Elementos é uma das mais antigas heranças do pensamento mágico ocidental e está presente em diversas Escolas de Mistério e práticas ocultas desenvolvidas ao longo dos séculos. Sua formulação é atribuída a Empédocles, um filosofo grego do século 5 AEC[3] que registrou esse sistema filosófico em um poema intitulado *Sobre a Natureza*.

Ele postulava que todo o universo é composto por quatro princípios básicos que se combinam e se separam para criar o mundo, os quais ele chamou de "as quatro raízes". Para Empédocles, duas forças do Universo contrárias e em movimento atuam sobre esses princípios básicos para que eles se unam ou se afastem, as quais ele chamou de Amor e Ódio. Seriam essas forças polarizadas que criariam a atração e repulsão entre os Elementos, dando origem a tudo o que existe.

É importante entender que, ao falarmos dos Quatro Elementos, não estamos nos referindo às suas contrapartes físicas, mas a substâncias etéreas primordiais que criam todas as coisas, em todos os planos de existência. Do mesmo modo, como hoje compreendemos que toda a matéria é composta por um aglomerado de moléculas, que por sua vez são formadas por átomos que surgem a partir de pequenas partículas de carga elétrica diferentes, do ponto de vista mágico compreendemos que por trás de tudo o que existe estão esses quatro princípios energéticos básicos. Um modelo muito mais simples para compreender a realidade e modificá-la! Mas não se engane: a compreensão dos Quatro Elementos é muito profunda, e sua sabedoria se estende para além daquilo que poderíamos aprender completamente em uma única vida.

Essa visão quaternária de tudo o que há é utilizada até hoje por Bruxos, magistas e ocultistas para se relacionar com os princípios fundamentais do mundo em seus atos de magia, pois oferece um modelo igualmente simples e profundo para compreender e interagir com o Cosmos. Ao longo do tempo, cada Elemento recebeu suas próprias atribuições e descrições. Vamos explorá-las de maneira prática mais adiante.

---

3. Antes da Era Comum" e "da Era Comum", respectivamente, em substituição dos obsoletos "antes de Cristo" e "depois de Cristo".

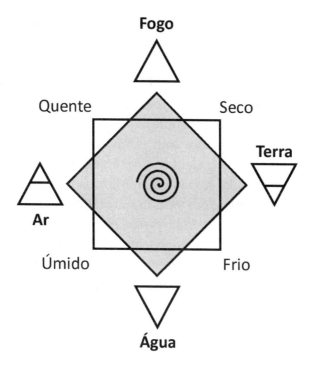

Uma dessas atribuições deu origem à nossa compreensão dos estados da matéria. A Terra representa a solidez, enquanto que a Água diz respeito ao estado líquido, o Ar ao gasoso e, finalmente, o Fogo, que se relaciona ao princípio dinâmico da energia.

Aristóteles atribuiu a cada um deles qualidades próprias: a Terra é fria e seca, enquanto a Água é fria e úmida; já o Ar é quente e úmido enquanto o Fogo é quente e seco. Os Elementos frios, Água e Terra, são considerados femininos, enquanto os quentes, Fogo e Ar, são masculinos.

Os quatro quadrantes

Voltemos então ao Círculo. Se a circunferência do Círculo Mágico representa a criação do espaço, a viagem por seus quatro quadrantes representa simbolicamente também a criação do tempo, pois cada um deles está relacionado a determinados momentos de todos os ciclos naturais.

O Norte é a morada do Elemento Terra e está associado à meia-noite, à Lua nova, ao inverno e tanto à fecundação da vida quanto à própria morte. Esse é o ponto do Círculo no qual o velho se torna novo e podemos contemplar o começo e o fim de tudo; é o ponto em que acontecem a renovação e a eternidade. É a direção da escuridão do interior da Terra, que é tanto o ventre no qual as sementes são plantadas para germinar quanto a tumba que abraça e recebe os ossos de nossos ancestrais – por isso, o lançamento do Círculo Mágico sempre começa e termina no Norte. É nessa direção que meditamos sobre as sementes que desejamos plantar, mas também nos confrontamos com as forças da Morte.

Já o Leste, associado ao Elemento Ar, é a direção da luz, pois é nesse ponto que o Sol nasce todas as manhãs, transformando a escuridão da noite e permitindo que contemplemos todas as coisas ao nosso redor. Também é a partir do Leste que a Lua se levanta, ou seja, essa é a direção do nascimento. Assim, o Leste também é associado ao tempo da Lua crescente, à primavera, ao nosso próprio nascimento e à juventude. Todos esses tempos podem ser contemplados quando estamos no quadrante Leste de nosso Círculo. É aqui que buscamos por inspiração e por renovação, quando damos impulsos aos nossos projetos e aos nossos sonhos para que possam nascer e se tornarem realidade. É aqui também que buscamos por luz, clareza mental e conhecimento, pois é o Sol nascente que dissipa as trevas da noite e nos permite enxergar com clareza o mundo ao nosso redor, e é a Lua que nos convida para a celebração dos rituais e a prática da magia.

Continuando nosso caminho em sentido horário, alcançamos o quadrante Sul, onde está o fogo do Sol quente do meio-dia, do verão, da Lua cheia e da fase adulta da nossa vida. O Fogo é o Elemento da potência e, por isso, é associado a todos os períodos nos quais a energia vital está em alta e em plena atividade. É no Sul que potencializamos e encontramos nossa capacidade de ação e de transformação. Aqui, encontramos a energia dinâmica para todas as nossas intenções, encontrando, também, o nosso próprio poder de criar, de manifestar e de frutificar. Os poderes da fertilização, da transformação e da vitalidade estão no Sul.

Chegamos então ao Oeste, a direção da Água, para onde o Sol viaja sempre que o dia termina. No aspecto temporal do mundo, essa é a direção associada aos declínios nos ciclos naturais: ao poente, à Lua minguante, ao outono e a nossa própria velhice. Assim como as águas sempre retornam para dentro da Terra, no Oeste aprendemos que tudo um dia encontrará seu declínio. É nessa direção que contemplamos os processos de decadência e de finalização, quando deixamos ir o que não nos serve mais e também reverenciamos aqueles que já partiram para o Outromundo, como faz o Sol.

Ao retornar ao Norte, tudo se transforma, e pelo poder regenerador da Deusa, a vida pode surgir novamente. Por isso esse é para nós um ponto sagrado de profunda reverência – é aqui que a promessa do renascimento se cumpre, é quando recebemos a maior das dádivas da Grande Mãe. Enquanto que em práticas de magia cerimonial os praticantes voltam-se para o Leste, a direção da mente consciente e da razão, os Bruxos permanecem ligados ao Norte como a direção feminina que tudo cria e para onde tudo retorna.

O centro do Círculo é o ponto no qual todas as direções, Elementos e tempos se encontram, tornando-se um. É o lugar da unidade e da expressão máxima da totalidade. Aqui está o quinto Elemento, o Éter ou Espírito, a própria presença divina dos Deuses, a força da qual tudo se origina e que a tudo contém. A própria circunferência do Círculo é uma projeção de seu centro, o que nos revela que a presença divina permeia a tudo, estendendo-se do centro ao entorno de nosso espaço sagrado.

O Espírito é ao mesmo tempo o Elemento original, do qual todos os outros são manifestações, e também a força que se encontra com a reunião dos outros quatro elementos. Pense na típica imagem do raio de luz branca atravessando um prisma e se dividindo em feixes coloridos – assim é com os elementos. O Espírito é o feixe original, e os Quatro Elementos são tonalidades que ele pode assumir para criar a manifestação. Ao reunir todos os Elementos, assim como ao reunir todos os feixes de luz, retornamos ao princípio original. Como Bruxo, esse é seu objetivo – integrar os aspectos da sua consciência para retornar à Unidade com a consciência divina.

Note que, ao caminhar dentro do Círculo, você não apenas está cruzando o espaço, mas também viajando por períodos do tempo, e que ambos fluem a partir da força original que cria e sustenta todo o cosmos – o centro. O Círculo Mágico, enquanto templo dos Bruxos, representa a própria estrutura do mundo de forma dinâmica e não estática. Ele nos lembra que tudo está sempre em movimento, e que nós, enquanto parte integrada da natureza, devemos nos conectar mais uma vez a esses movimentos cíclicos e percebê-los em nosso dia a dia.

Por isso os rituais de Bruxaria acontecem sempre em movimentos ao redor do Círculo, sempre no sentido horário, o que representa os processos criativos da natureza e a própria passagem do tempo. O movimento anti-horário é feito apenas em ocasiões muito específicas, pois representa o desfazimento e o banimento. Por isso, mesmo que ache que o movimento é muito mais longo, o correto a se fazer é sempre se mover em sentido horário. Quando os Bruxos dançam ao redor do Círculo, suas almas viajam pelo tempo e pelo espaço, transcendendo aquilo que é conhecido apenas na individualidade de sua própria existência para unirem-se ao Todo e aprenderem os próprios mistérios da natureza. É no Círculo Mágico que tudo pode ser alcançado e transformado.

Em cada quadrante encontraremos o poder de um dos Elementos, que não criam apenas o mundo ao nosso redor, mas também o nosso próprio ser. Diferentes partes de nós são associadas a diferentes consciências elementais, e esse é um dos segredos da magia: estabelecer uma comunicação entre o poder elemental que há dentro de cada ser, com aquele que existe fora, pois surgem do mesmo princípio e compartilham da mesma natureza. É devido a essa interconectividade que permeia a tudo que podemos fazer magia. Em cada quadrante, aquele nosso Elemento interior pode encontrar e interagir com esse mesmo Elemento manifestado no plano físico. Os quatro princípios da vida estão em nós e, por isso, temos em nosso corpo tudo o que é necessário para transformar a realidade.

Nesse encontro mágico onde dentro e fora tornam-se um, somos transformados e encontramos poder para mudar o mundo, e tudo isso tem início em um processo de mudança de consciência. Falemos então sobre ele.

O Círculo como mapa da alma

Já vimos como o Círculo Mágico é uma representação da universalidade do tempo e do espaço, onde todos os lugares e épocas podem ser encontrados. Ele não é um reflexo apenas da realidade exterior, mas também dos planos interiores. Na verdade, o Círculo Mágico é o lugar sagrado onde nossa alma se mistura ao mundo físico ao nosso redor, e onde descobrimos que a nossa própria alma é participante dos fluxos e dos refluxos das forças e dos ciclos naturais. O microcosmo é como o macrocosmo. Ao observarmos o que está fora, contemplamos o que está dentro. Ao nos harmonizarmos com os ciclos e ritmos da natureza, integramos e equilibramos nosso próprio ser. O que a Bruxaria propõe é nada menos que isso – uma jornada mística rumo à totalidade do ser.

O simples fato de estar em um Círculo Mágico consciente do que cada parte dele representa já é um ato mágico por si só – dentro dessa mandala harmônica por onde toda a vida flui, encontramos um modelo arquetípico que nos fornece símbolos e padrões para a modificação de nossa própria consciência, de modo que possamos viver mais integrados. Assim como o Círculo representa a harmonia e a unidade entre tudo, as muitas partes de nosso ser também podem se harmonizar, nos oferecendo maior organização interior.

O Círculo também é um mapa dos muitos aspectos de nós, que pode ser compreendido de maneira quadripartida, nos levando ao centro:

DIREÇÃO	ELEMENTO	CORPO FÍSICO	SER TOTAL
Norte	Terra	Ossos e músculos	Corpo Físico
Leste	Ar	Respiração	Corpo Mental
Sul	Fogo	Metabolismo	Corpo Espiritual
Oeste	Água	Sangue e fluidos	Corpo Emocional
Centro	Espírito	Vida	Unidade com o Todo

A Terra está associada ao plano material, ao nosso corpo físico, à saúde, à prosperidade e à vitalidade, e também aos nossos recursos. O corpo físico é o que usamos para descobrir e interagir com o mundo ao nosso redor. Ele processa informações de maneira sinestésica – por meio dos nossos órgãos e de nossos sentidos. E está ligado também às noções básicas de interação com o meio, como o equilíbrio, com a inteligência espacial e com a realização de atividades práticas, que envolvem destreza e consciência corporal. Sua função psíquica é a da sensação; pessoas que têm essa consciência elemental desenvolvida costumam ser bons esportistas, dançarinos, artesãos, desenhistas e outras tarefas do tipo. Se você tem dificuldades em todos esses tipos de atividades, pode ser um sinal de que precisa desenvolver sua consciência do Elemento Terra e aumentar sua conexão com o corpo físico.

O Elemento Ar está ligado ao plano mental, é o mundo das ideias, sua função psíquica é o pensamento. Ele está tão presente em nosso dia a dia quanto o corpo físico, pois processa as informações que são absorvidas pelos sentidos e atribui qualidades às nossas sensações e aos nossos sentimentos. O corpo mental pode ser pensado como dois: o mental inferior, mais próximo da Terra, que é associado aos pensamentos e as ideias mais concretas; e o corpo mental superior, mais associado às ideias abstratas e conceituais que não estão no plano físico. Naturalmente, está ligado ao conhecimento, à compreensão, à expressão por meio de palavras, ao raciocínio lógico e à razão. O Ar e o corpo mental são aqueles que pensam e explicam o mundo. É uma forma masculina de consciência (presente em ambos, homens e mulheres), altamente valorizada em nossa sociedade atual.

Fogo está associado à centelha espiritual, é a fagulha divina que há dentro de nós. Sua função psíquica é a intuição – diferentemente do corpo físico, que compreende a realidade por meio de estímulos concretos, a consciência do Fogo nos faz perceber os padrões por trás da manifestação, e assim, notamos aquilo que não é visível ao olhar mundano. Todos os impulsos de vida fluem a partir desse corpo e desse Elemento que, à primeira vista, pode ser bastante controverso. Ao mesmo tempo que nos aproxima do sagrado, o Fogo é a parte mais animalesca em nós. É daqui que fluem nossos instintos, nossos desejos e pulsões mais básicos, é a energia vital fluindo e buscando se manifestar. Para que possamos chegar ao nível mais elevado de consciência do Fogo, cabe a nós controlarmos essa força primitiva, canalizando-a segundo a nossa própria vontade. Muitas pessoas vivem escravizadas aos seus instintos e a suas paixões. Trabalhar com o Fogo é libertar-se disso para que a centelha espiritual seja equilibrada e ressoe com a Divindade. Assim como o Fogo descontrolado, que pode causar incêndios e devastações terríveis, mas que quando bem utilizado, gera vida, calor, segurança e alimento; precisamos direcionar bem o nosso Fogo interior para não cairmos em autodestruição.

No reino da Água está nosso corpo emocional, cuja função psíquica é a emoção. Assim como as águas escorregarão por entre os dedos se tentarmos segurá-la por muito tempo, as emoções também são forças que nos atravessam, seguindo seu próprio fluxo. Aqui encontramos a consciência feminina, simbólica e criativa, que não se comunica com palavras. Os nossos sonhos pertencem ao Elemento Água, onde não há lógica nem razão e tudo é possível. Aqueles que têm um corpo emocional bem desenvolvido são ótimos conselheiros e ouvintes, pois uma das dádivas desse Elemento é a empatia. Assim como a água mistura, dissolve e faz ligações, é nesse plano que podemos verdadeiramente nos conectar aos outros, rompendo as barreiras da individualidade para compreender o mundo de um ponto de vista integrado. Todas as nossas emoções estão direcionadas a algo ou a alguém – no plano da emoção não existe individualidade. Aprendemos que estamos sempre misturados, e aqueles que tem dificuldade com a água tenderão a uma postura de isolamento e autossuficiência. Assim como águas poluídas são fontes de apodrecimento, quando nossas emoções não estão purificadas, resultam em doenças em nosso corpo físico. Por isso é importante que nos esforcemos para que as águas de nosso coração sejam límpidas e puras.

Tudo isso nos leva ao centro, onde as quatro consciências elementais se encontram e nos fundimos com o Todo. No centro, os opostos são reconciliados e o casamento alquímico é celebrado. É no centro que nos transformamos.

Quando distribuímos essas quatro consciências pelos quadrantes do Círculo, podemos meditar sobre o nosso próprio equilíbrio em cada uma delas:

Os quadrantes opostos revelam funções psíquicas que se opõem. Sensação e intuição são formas polarizadas de percepção, diferentes modos de receber uma informação – enquanto que com o corpo nos conectamos ao mundo manifestado e àquilo que pode ser percebido pelos sentidos, pela intuição percebemos o padrão por trás do que se manifesta, e assim conseguimos prever, antecipar e perceber a natureza das coisas. Por isso, cada um de nós costuma ter uma dessas funções em predominância, enquanto há, naturalmente, uma deficiência na outra.

Pessoas que são muito concretas (Terra) tem a tendência a perceber tudo como muito particular e individualizado, enquanto que pessoas mais intuitivas (Fogo) percebem aspectos compartilhados e coletivos do que se manifesta, tendo dificuldade em ver aquilo que está diante de seus olhos. Enquanto que a sensação nos conecta ao presente, a intuição nos mostra o que já foi ou pode vir a ser.

Sentimento e pensamento são polaridades do processamento de informação da interpretação. Eles dizem respeito à qualidade das coisas, nossa compreensão delas.

A função do sentimento, de forma muito básica, pode nos dizer se algo é agradável ou desagradável, fonte de prazer ou de dor, de alegria ou de sofrimento. Entre esses dois extremos, encontramos toda a gama de possibilidades emocionais do ser humano. Como já dito, a função do sentimento é integradora, mostra que sempre estamos em relação com o mundo, sempre conectados. Pessoas com a predominância da função de sentimento muitas vezes têm dificuldades em colocar suas ideias e suas percepções em palavras, porque isso pertence à função do pensamento; costumam descrever que sentem "algo difícil de explicar", que "não sabem exatamente como dizer", e quando conseguem, talvez acrescentem que "não é bem dessa forma". A linguagem da função sentimento é simbólica, se expressando por imagens, cores, formas e emoções.

Já a função do Ar, que é pensamento, analisa e interpreta, qualifica e quantifica. Ela discrimina, diferencia, não de forma integradora como o sentimento, mas revelando as particularidades de cada coisa. O Ar nos diz como um é diferente do outro, ao invés de mostrar as semelhanças que têm. Pessoas com a função pensamento natural muito desenvolvidas têm dificuldades em perceber as coisas do ponto de vista emocional e costumam ser muito práticas para situações efetivas, enquanto que em situações teóricas ou conceituais têm a tendência a se perder em seus devaneios, criando *loopings* mentais dos quais é difícil de sair.

O ideal, naturalmente, é que alcancemos o centro, o equilíbrio entre todas as funções. Isso não quer dizer que todos temos que nos tornar pessoas idênticas. Na verdade, o equilíbrio perfeito entre essas funções é impossível – cada um de nós tem, de forma predominante, tendências e conceitos particulares de compreender o mundo. Mas a ideia é que possamos perceber nossas deficiências e buscar uma compreensão mais equilibrada de nossa realidade.

Quando trabalhamos em Coven, encontramos pessoas que têm diferentes funções desenvolvidas, o que pode ser uma fonte de conflitos, mas também um modo de que todos caminhem juntos em direção à integração. No trabalho solitário, a responsabilidade está toda sobre os seus ombros – cabe aí, a sua autopercepção para que possa buscar o equilíbrio. O trabalho com o Círculo Mágico será de grande ajuda para isso.

Começando o trabalho mágico com o Círculo

Todo ritual de Bruxaria começa com o lançamento do Círculo, a criação desse templo sagrado no coração da existência onde podemos nos encontrar com os Deuses Antigos e transformar nossa realidade. O lançamento formal do Círculo é feito por meio das ferramentas de trabalho consagradas do Bruxo e tem uma estrutura cerimonial.

Mas antes de começar a fazer rituais completos, é importante que explore as áreas do Círculo e se familiarize com sua criação. Por isso, seguem aqui alguns exercícios meditativos e contemplativos da natureza do Círculo, que nesse momento deve ser explorado como uma mandala meditativa sobre a natureza de todas as coisas – inclusive da sua própria. Todas as invocações, gestos cerimoniais e palavras de poder ficarão para depois, pois servirão para potencializar a experiência do Círculo e para fortalecer a sua criação no plano astral. Cada aspecto do Círculo também será explorado ao longo da Roda do Ano, com cada um dos festivais solares e lunares que você celebrará. Nesse momento, apenas familiarize-se com a forma geral desse Templo dos Bruxos.

Antes de cada sessão de treinamento com os exercícios seguintes, faça uma preparação simples. É importante que se sinta limpo e purificado, por isso, considere tomar um banho relaxante antes de iniciar. Você também vai precisar de um local seguro, onde possa caminhar e meditar sem interrupções – ao redor do seu altar é a melhor opção. Recomendo que primeiro experimente esses exercícios em um ambiente fechado, seguro, mais fácil de controlar. Depois disso, experimente fazê-los ao ar livre, com os pés na terra, sentindo as forças naturais ao seu redor. Sua experiência será bem diferente.

O Círculo deverá ser lançado com o seu athame. Caso ainda não tenha um, poderá usar os dedos indicador e médio da sua Mão de Poder (a mão dominante, com a qual você escreve) para direcionar a energia. Vai precisar, também, de símbolos para cada um dos Elementos: se estiver praticando diante do seu altar, eles já estarão lá.

Exercício 26: Abrindo-se para o Todo

O primeiro passo antes do lançamento do Círculo Mágico é a conexão com a totalidade da vida. Lembre-se de que o Círculo é uma representação em miniatura da imensidão e da vastidão do Todo. Por isso, a energia que é usada para formá-lo não vem simplesmente de você, mas é trazida do centro do coração do mundo. Se desejar, comece com um exercício de respiração ou relaxamento visto anteriormente.

Coloque as mãos sobre seu coração e respire. De frente para o Norte, sinta a terra firme sob seus pés, os Elementos em você e ao seu redor, e então abra-se para a imensidão dos céus. Lembre-se de que quando traçamos o Círculo, estamos no centro de toda a existência. Deixe sua consciência levantar voo e visualize a imensidão do Universo que se estende para cada uma das quatro direções ao seu redor. Sonhe por um momento com a imensidão do mundo, pense o quão pouco sabemos sobre o Universo. Abra-se para o Mistério e reverencie a sacralidade da vida. Conectando-se ao aqui e agora, você se liga ao Todo.

Então, perceba-se como o ponto central de tudo, onde todas essas forças se encontram, para onde os quatro pontos convergem. Seu corpo é um eixo vertical, um pilar no centro de tudo, fazendo a ligação entre a Terra e o Céu. Sinta-se conectado ao centro do Universo, à fonte original de todas as coisas. Sua respiração move as estrelas.

Permita-se entrar em estado de receptividade e visualize uma energia branco-azulada entrando pelo topo da sua cabeça e fluindo por todo o seu corpo. Se ajudar, use a sua respiração para sentir esse fluxo de energia. Não tenha pressa. Deixe a luz se espalhar por todo o seu corpo. Preencha-se e veja a luz brilhando no olho que sai da mente.

Permaneça por um momento nessa consciência centrada. Se desejar encerrar, erga os braços e deixe que essa energia flua para o Todo. Se decidir prosseguir, siga para o próximo exercício.

Exercício 27: Lançamento simplificado do Círculo

Após estar preenchido da energia criativa do Todo pelo exercício anterior, vá até o limite Norte do seu Círculo. Com o athame ou com os dedos indicador e médio da sua mão dominante, aponte para o chão, para os limites do Círculo no quadrante Norte. Lentamente, caminhe ao redor da circunferência, visualizando que a energia absorvida no exercício anterior é projetada a partir do seu braço e pelo athame para o chão, criando os limites do Círculo. Mantenha a visualização, de modo que, ao voltar ao Norte, você consiga ver toda a circunferência brilhando com a energia branco-azulada.

Caminhe com serenidade e tranquilidade, mantenha um ritmo. Enquanto caminha e visualiza, diga o seguinte:

> Pela Terra que a tudo sustenta (Norte)
> Pelo Ar, que tudo movimenta (Leste)
> Pelo Fogo, que traz força e calor (Sul)
> E pela Água pura que traz vida e amor (Oeste)
> O Círculo entre os mundos está lançado (Norte)
> Que assim seja! (Traga as mãos ao coração)

Permaneça por alguns momentos no Norte, visualizando uma esfera de luz ao seu redor e sabendo que, agora, você caminha entre os mundos. A partir desse momento, movimente-se apenas em sentido horário pelo Círculo. Explore cada um dos quadrantes e cada um dos Elementos.

***

Os quatro exercícios a seguir são contemplações dos Elementos em cada um dos seus quadrantes. Suas instruções são apenas uma estrutura geral para a sua conexão. Explore as possibilidades de cada um usando sua criatividade. É importante que pratique essa criação do Círculo e as meditações dos Elementos nos quadrantes regularmente, pois todas as sensações e imagens mentais que vão sendo experimentadas poderão ser evocadas mais tarde durante o trabalho ritual.

Temas gerais para que você medite em cada um dos próximos exercícios:
- Sinta o Elemento no seu próprio corpo, como se fosse feito completamente daquela energia.
- Visualize as manifestações físicas do Elemento no mundo e procure experimentá-las, como se estivesse fisicamente nesses lugares.
- Medite sobre as propriedades de cada um dos Elementos e perceba se estão equilibradas em você.
- Abra-se para lições e aprendizados que cada Elemento pode trazer.
- Explore o nível de consciência de cada Elemento, trabalhando com as funções de sensação, intuição, pensamento e sentimento.
- Ao fim do exercício, se necessário, aterre a energia e lembre-se de manter um registro das experiências em seu Diário Mágico.

Exercício 28: Contemplando o Elemento Terra ao Norte

Vá até o quadrante Norte do seu Círculo levando o item que representa o Elemento Terra ou o pentáculo. Eleve-o em apresentação para esse quadrante e então coloque-o no chão, diante de você. Sinta o Elemento Terra dentro de você. Eleve seu athame, traçando diante de si um Pentagrama de Invocação. Veja suas linhas se formando a partir do movimento da lâmina, deixando um rastro de energia verde brilhante. Ao terminar o traçado do símbolo, contemple o pentagrama verde-esmeralda brilhando diante de você e invoque:

> Salve, Poderes do Norte,
> Poderes da Terra!
> Força que sustenta o mundo!
> Sejam bem-vindos!

Sente-se para meditar. Feche os olhos e sinta a energia da terra dentro de você. Concentre-se na estrutura do seu corpo, em sua firmeza, em sua solidez. Então, visualize paisagens de terra: florestas, montanhas, imensas plantações, pedras e rochas. Pense em tudo aquilo que a terra representa: sustentação, firmeza, fertilidade, renascimento da vida, estrutura. O que o Elemento Terra tem a compartilhar sobre sua natureza? Abra-se para a conexão com essa força.

Se desejar explorar a função de sensação, estimule seus cinco sentidos e veja que tipo de informação consegue captar do meio. Não se concentre nas ideias ou nos pensamentos que possam surgir, mas mantenha o foco nas experiências do corpo. Quente, frio, doce, azedo, barulhento, melodioso, azul, verde, perfumado... São características desse tipo que seu corpo apreende pelos sentidos. Trabalhe com um sentido por vez, e então misture-os.

Ao terminar, agradeça e trace um Pentagrama de Banimento à sua frente, visualizando que ele desaparece no ar ao fim do traçado, dizendo:

Poderes do Norte,
Poderes da Terra,
Agradeço sua presença e suas lições.
Sigam em paz!

Exercício 29: Meditando com o Elemento Ar no Leste

Vá até o quadrante Leste do seu Círculo com um incenso. Eleve-o em apresentação para esse quadrante e então coloque-o no chão, diante de você. Inspire profundamente e perceba como o ar preenche seu corpo, conectando-o com a vida ao seu redor. Eleve seu athame e trace diante de si um Pentagrama de Invocação na cor amarela, brilhante como o Sol da manhã. Contemple o pentagrama brilhando e invoque:

Salve, Poderes do Leste,
Poderes do Ar,
Luz que ilumina o mundo!
Sejam bem-vindos!

Sente-se para meditar com esse Elemento. Concentre-se em sua respiração, nos movimentos para dentro e para fora. Sinta seu corpo se tornar cada vez mais leve, como se pudesse voar. Então, perceba-se se elevando pelos ares, viajando em direção aos céus. Voe. Misture-se ao ar e compartilhe de sua natureza. Nesse estado, contemple o nascer do Sol. Traga à sua mente os atributos do Elemento Ar: leveza, criatividade, inspiração, conhecimento e comunicação. O que esse Elemento tem a compartilhar sobre sua natureza? Abra-se para a conexão com essa força.

Para explorar a função do pensamento, concentre-se em uma ideia. Por exemplo: "desejo ser mais organizado". Mantenha a concentração nesse pensamento pelo tempo que conseguir, e, então, quando perceber que já não pode mais manter o foco, deixe que uma associação livre de ideias surja. Esse pensamento levará você a outro, e depois a outro, e depois a outro. Quando terminar o exercício, perceba se as ideias encadeadas foram dispersas ou se permaneceram ligadas ao núcleo original.

Ao terminar, agradeça e trace um Pentagrama de Banimento à sua frente, visualizando que ele desaparece no ar ao fim do traçado, dizendo:

> Poderes do Leste,
> Poderes do Ar,
> Agradeço sua presença e suas lições.
> Sigam em paz!

Exercício 30: Meditando com o Elemento Fogo no Sul

Pegue o objeto que representa o Elemento Fogo e volte-se para o quadrante Sul. Eleve-o em apresentação, e então coloque-o no chão diante de si. Sinta o Elemento Fogo dentro de você, aquecendo-o a cada respiração. Como feito anteriormente, trace um Pentagrama de Invocação, dessa vez vendo que suas linhas são vermelhas. Se desejar, visualize que ele é feito de chamas. Ao terminar o traçado do símbolo, contemple o pentagrama brilhando à sua frente e invoque:

> Salve, Poderes do Sul,
> Poderes do Fogo!
> Vitalidade que anima o mundo!
> Sejam bem-vindos!

Sente-se para meditar. Feche os olhos e sinta o fogo pulsando dentro de você. Sinta seu corpo aquecer, como se o seu ser fosse feito de fogo. Traga à mente as paisagens do fogo: o Sol incandescente do meio-dia, um vulcão cheio de lava, o calor do deserto. Pense em tudo aquilo que o fogo representa: a paixão, o desejo, a força de vontade, a capacidade de fertilizar e de transformar, de animar e dar vida. O que o Elemento Fogo tem a compartilhar sobre sua natureza? Abra-se para a conexão com essa força.

Para explorar a função da intuição, concentre-se na centelha divina que há dentro do seu ser. Deixe que ela brilhe intensamente, e então, abra-se para o seu conhecimento. Visualize uma luz brilhante que se derrama do alto sobre você. Veja que percepções surgem a partir dessa experiência. Deixe que imagens e ideias surjam a partir dessa conexão.

Ao terminar, agradeça e trace um Pentagrama de Banimento à sua frente, visualizando que ele desaparece no ar ao fim do traçado, dizendo:

> Poderes do Sul,
> Poderes do Fogo,
> Agradeço sua presença e suas lições.
> Sigam em paz!

Exercício 31: Contemplando o Elemento Água a Oeste

Leve o item que representa a Água até o quadrante Oeste de seu Círculo e apresente-o para essa direção. Coloque-o no chão. Perceba toda a água que existe em você, seja pelos líquidos e fluidos do seu corpo, seja pelas suas emoções. Visualize um imenso oceano. Trace diante de si um Pentagrama de Invocação. Visualize cada uma de suas linhas se formando a partir do movimento de seus dedos ou do seu athame, formando uma estrela azul, fluida como a água. Contemple o pentagrama azulado diante de você e invoque:

> Salve, Poderes do Oeste,
> Poderes da Água!
> Força que purifica o mundo!
> Sejam bem-vindos!

Sente-se para meditar. Feche os olhos e sinta a energia da água dentro de você. Perceba o seu corpo fluindo como rios, lagos, chuva – como as águas que fluem sobre o mundo. Pense nos atributos desse Elemento: o sentimento, o amor, a compaixão, a união, a pureza, a fluidez e a mudança. Visualize as paisagens de água: o fundo do oceano, as nuvens de chuva, os lagos cheios de peixes. Misture-se a essas imagens e torne-se a própria água. O que o Elemento Água tem a compartilhar sobre sua natureza? Abra-se para a conexão com essa força.

Para conectar-se à função do sentimento, perceba seu estado emocional no momento. Ele é de conforto ou desconforto? O que o levou a esse estado? Alguma lembrança vem à tona? Procure mergulhar na emoção e fazê-la crescer de dentro do seu ser. Abra-se para o seu coração e sinta. O que há dentro de você esperando para se manifestar? Que emoções talvez você não esteja percebendo ou ouvindo? Sinta.

Ao terminar, agradeça e trace um Pentagrama de Banimento à sua frente, visualizando que ele desaparece no ar ao fim do traçado, dizendo:

> Poderes do Oeste,
> Poderes da Água,
> Agradeço sua presença e suas lições.
> Sigam em paz!

Exercício 32: Meditando sobre o ciclo do dia e sobre o Deus

Um aspecto importante da meditação sobre o Círculo é a contemplação da passagem do tempo. Vamos alinhá-la para meditar e chamar pelo Deus de Chifres. Para esse exercício, lance o Círculo Mágico e então se direcione ao quadrante Norte.

Ali, respire profundamente e mergulhe em estado alterado de consciência. Visualize-se envolto pela escuridão da meia-noite. Invoque a presença do Deus Cornífero das Bruxas. O vento frio sopra sobre você e, no céu, apenas as estrelas distantes são visíveis. Construa essa imagem mental e tente experimentá-la. Esse é o Ventre Original de onde toda a vida surgiu. Você não pode ver o Sol, mas sabe que sua semente está ali, esperando pelo seu nascimento. Conecte-se ao Sol Oculto que descansa no mundo dos mortos, esperando para nascer. Eleve as suas mãos ao lado da cabeça em sinal de *Mano Cornuta* (fazendo chifres com os dedos indicador e anelar enquanto segura os dedos médio e mindinho, sinal de proteção contra o mal) com o polegar e diga:

> Saudações, Chifrudo Confortador e Consolador
> Você é o Sol da Meia-Noite que guarda os portais
> Que eu possa aprender em sua dança a viajar entre os mundos!

Depois disso, comece lentamente a caminhar em direção ao Leste, mantendo o gesto de *Mano Cornuta*. À medida que se aproxima dele, vagarosamente, veja que o escuro do céu começa a se transformar, anunciando a chegada do Sol, e quando alcançar o ponto Leste do seu Círculo, pare diante dele e contemple o nascer do dia. Aponte suas mãos em chifres para o Leste. Veja o Sol majestoso se levantar, tingindo o céu de variadas cores. Lentamente, ele se levanta. Sinta a brisa da manhã e veja seu corpo banhado por luz e por calor.

Quando o Sol tiver se levantado completamente no horizonte de sua mente e você puder visualizá-lo por inteiro, diga:

> Saudações, Sol Renascido com Chifres na Cabeça
> Iluminando o mundo e despertando um novo dia
> Que a vida dentro de mim seja renovada por seu poder!

Traga a luz do Leste para dentro de si e abaixe os braços, mantendo o sinal das mãos. Siga caminhando vagarosamente em direção ao quadrante Sul, mantendo a imagem mental e vendo que o Sol se eleva pelos céus. Quando chegar ao Sul, o Sol estará no ponto mais alto dos céus, bem acima de sua cabeça. Forme com os braços e as mãos um triângulo ao redor de sua cabeça, unindo os dedos indicadores no gesto de *Mano Cornuta* acima da sua testa. Sinta o calor e a força solar pulsando sobre você e despertando a terra ao seu redor. Veja-se em um grande campo verde. Todas as plantas parecem brilhar com a luz dourada e com o calor solar, bebendo de sua energia, absorvendo-a. Faça o mesmo e deixe que esse poder invada seu corpo e preencha seu ser. Diga:

> Saudações, Cornífero Fertilizador dos Campos,
> Sua semente jorra sobre a terra.
> Que sua virilidade me fortaleça sempre!

Abaixe os braços mais uma vez, sem desfazer o gesto de *Mano Cornuta*. Lentamente, continue a sua jornada pelo Círculo, dessa vez visualizando que o Sol vai baixando. Ao chegar ao Oeste, contemple o pôr do sol mais uma vez tingindo o céu de variadas cores e tons. Cruze os braços sobre o peito, descansando as mãos sobre os ombros. À medida que o Sol afunda e desaparece além do horizonte, deixe ir com ele tudo aquilo que não lhe serve mais – os maus hábitos, os padrões negativos, qualquer tipo de mal-estar. Peça que o Sol leve isso embora com ele. Diga:

> Saudações, Cornífero Sacrificado que navega para o Outromundo
> Conhecedor dos Mistérios da Morte
> Conduza minha alma em direção ao Mistério.

Quando o Sol desaparecer à Oeste, o céu ainda não está completamente negro. Enquanto você caminha em direção ao Norte mais uma vez, vê escurecer cada vez mais, e o brilho das estrelas se tornar mais e mais intenso. Permaneça em contemplação por alguns instantes e abra-se para a presença do Deus. Agradeça ao Deus de Chifres e sinta sua presença dentro do seu ser. Encerre e anote as impressões em seu Diário Mágico.

Exercício 33: Meditando sobre o ciclo da Lua e sobre a Deusa

Assim como no exercício anterior, dirija-se ao quadrante Norte e veja-se envolvido pelo céu noturno cheio de estrelas. Não há Lua no céu.

No quadrante Norte, nos conectamos à fase escura do ciclo lunar, quando ela não é visível no céu – a Lua Negra. Esse é o momento equivalente ao tempo intermediário entre todos os ciclos, quando vida e morte se tornam um. Sinta a presença da Lua no céu, mesmo sabendo que ela não está lá. Ela é a Mãe Escura, a Deusa Oculta, a terra escura que é a tumba dos nossos ancestrais, onde descansam aquelas sementes que nunca germinarão. Sinta a presença da Deusa como a Escuridão primordial, a Criadora de Tudo, mas também como a Devoradora da Vida. Se a vida é um presente divino, a morte é o preço que devemos pagar para que o ciclo se perpetue. Mas ela não é má – é apenas por causa da morte que a vida pode renascer. Contemple o silêncio desse quadrante.

Para a Bruxaria, escuridão não é sinônimo do mal ou de forças negativas. Escuridão é simplesmente aquilo que não está iluminado, o que está escondido, oculto e misterioso. Concentre-se no intervalo das suas respirações, aquele breve momento em que não está nem inspirando nem expirando. É a partir desse ponto intermediário, quando as marés se transformam, que você pode encontrar esse aspecto da Deusa – o tempo antes do tempo e o movimento antes do movimento. Sinta todos os seus potenciais ocultos, os seus dons não manifestados, o potencial de se tornar o que você deseja ser. Para que esse novo Eu possa vir à tona, é preciso deixar para trás aspectos do seu velho Eu. Respire e deixe ir. E, ao ligar-se a todo o seu potencial criativo, diga:

> Saudações, Lua Oculta,
> Criadora de Todas as Coisas e Devoradora da Vida,
> Você é o Mistério Original, início e fim de tudo.
> Abençoa-me com a dádiva do renascimento!

Sinta essa energia preenchendo todo o seu ser. E então, caminhe vagarosamente para o Leste, mantendo em sua mente a imagem do céu noturno.

À medida que você caminha, veja um pequeno brilho prateado surgir no céu. É o Arco de Diana, o primeiro sinal da Lua crescente. Caminhe lentamente enquanto contempla a luz lunar crescendo no céu, de modo que, quando você alcançar o Leste, metade da Lua esteja completamente iluminada – você se vê diante do Quarto crescente.

Aqui, a Deusa é a Donzela, a Caçadora, livre e indomada. A Senhora das Feras e da nossa própria natureza selvagem. Ela é o potencial de crescimento, de manifestação e de expansão. Essa é a força dinâmica que movimenta o mundo e dá vida à terra. Respire, sinta a energia vital percorrendo o seu corpo. Se você tiver um chocalho ou um tambor, pode desejar começar a tocá-lo nesse ponto da meditação, ou então movimente o seu corpo de um lado para o outro, usando a dança como forma de honrar a Donzela. Diga:

> Saudações à Lua crescente
> Donzela indomada que corre livre pelas matas
> Preencha-me com a força da vida!

Deixe a energia vital da Lua crescente se derramar pelo topo da sua cabeça e, dançando, siga em direção ao Sul do seu Círculo enquanto visualiza que a luz da Lua continua crescendo, até que, ao alcançar o quadrante, ela esteja completamente cheia.

Essa é a Deusa Mãe, o cálice que transborda de si mesmo para criar uma nova vida, para dar vida ao mundo. Contemple aqui o poder da totalidade, da fertilidade, da abundância, da nutrição e da realização de todos os desejos e seus potenciais. Deixe a sua dança crescer e veja seu corpo brilhando como a própria Lua cheia. Sinta essa energia se expandir ao seu redor, medite sobre o seu próprio potencial criativo. O que você faz nascer no mundo? O que a sua energia vital tem criado? O que você quer ver florescer? Respire profundamente três vezes e, a cada expiração lenta e profunda, sopre para o alto e projete essa energia e essa luz para seus objetivos, ou para pessoas queridas com quem deseja compartilhar essa energia. Diga:

> Saudações à Lua cheia
> Mãe Fértil e Abundante que derrama luz sobre a Terra
> Nutra-me com todo o seu amor!

Lentamente, deixe essa energia ir diminuindo e fluindo de você para a terra. Diminua seus movimentos, mas não pare a sua dança. Movimente-se para o Oeste, visualizando que a luz da Lua cheia começa a minguar, de modo que ao alcançar o quadrante, você contemple o Quarto minguante. Nesse ponto, sua dança é apenas um movimento ondulado, de um lado para o outro, como as ondas do mar. Sinta a Lua sobre você e conecte-se a ela.

Aqui, saudamos a Deusa Anciã, aquela que volta sua luz para si mesma, para o seu interior. Lentamente, deixe a sua consciência mergulhar para dentro do seu próprio ser e busque aquela parte de você que é sempre sábia, sempre tranquila, sempre serena. Nesse ponto do Círculo, você reconhece suas lições e a sabedoria que adquiriu com a experiência de sua vida. A Anciã é a sábia conselheira, aquela que pode prever o futuro tanto pela Magia quanto por suas vivências anteriores. Existe algum aspecto da sua vida que precisa de esclarecimento? Tem algo que você busca compreender melhor? Abra-se para esse conhecimento no Oeste do seu Círculo e diga:

> Saudações à Lua minguante
> Sábia Anciã que guarda as histórias do mundo
> Sussurre a mim a sua sabedoria!

Quando estiver pronto, deixe o seu movimento diminuir até que pare. Retome a imagem da Lua no céu e, vagarosamente, caminhe de volta para o Norte do seu Círculo, encontrando aquele ponto intermediário entre a vida e a morte mais uma vez. Em seus passos vagarosos, visualize a luz da Lua diminuir cada vez mais, até que desapareça completamente quando você alcançar o Norte mais uma vez.

Mesmo oculta no céu, você sabe que a Lua continua ali, invisível aos olhos, mas perceptível ao espírito. Que sempre possamos perceber aquilo que está oculto.

Agradeça e encerre a sua meditação.

Exercício 34: Contemplação das fases da vida

Essa meditação é uma prática um pouco mais avançada, que propõe um transe em movimento, no qual você se conectará com as fases da sua própria vida, o seu mito pessoal. Para isso, vamos dividir o Círculo não apenas em quatro quadrantes, mas em oito, reconhecendo os pontos intermediários entre cada um deles, como na Roda do Ano dos Bruxos.

Antes de começar, lance o Círculo como aprendido anteriormente, e então identifique qual dos pontos da imagem anterior representa o seu momento presente. Coloque ali um objeto pessoal para representar você. Não precisa ser exatamente um dos pontos mostrados na imagem; a passagem do tempo não é uma sucessão de eventos ou momentos isolados, mas, sim, uma tessitura delicada, um constante transformar. Você pode posicionar o objeto que o represente entre um dos oito raios, em qualquer outra parte do Círculo que acreditar estar vivendo nesse momento de sua vida.

Posicione-se no limite do seu Círculo, de frente para a direção escolhida. Invoque a presença da Deusa e do Deus e peça que eles estejam com você nessa jornada. Contemple por alguns instantes o objeto que escolheu e respire profundamente. Sinta sua conexão com o aqui e o agora, com esse momento da sua vida. Feche os olhos e continue respirando. Visualize o seu primeiro nome brilhando em sua mente. Respire profundamente e veja-o brilhar cada vez mais. Deixe a sua consciência se alterar. E então, relaxe e deixe a imagem mental se dissolver. Afirme mentalmente o seu propósito: "eu desejo meditar sobre cada uma das fases de minha vida".

Quando se sentir preparado, comece a caminhar lentamente pelo Círculo, fazendo uma espiral em sentido anti-horário, dando algumas voltas por toda a circunferência até chegar ao centro dele. A espiral é um símbolo sagrado nas religiões da Deusa que representa a constante passagem dos ciclos eternos de tempo. Ao caminhar lentamente em sentido anti-horário, em direção ao centro, estará simbolicamente retornando ao ponto inicial. Por isso, enquanto caminha pausadamente, visualize-se como se voltasse no tempo e começasse a rejuvenescer.

Sinta que está voltando pelas fases da vida que já vivenciou. Deixe que as cenas importantes passem em sua mente em retrospecto, enquanto você se torna cada vez mais jovem. Veja sua infância. Quando não mais puder se lembrar, deixe que as imagens e as sensações do início de sua vida apareçam em sua mente. Talvez não sejam lembranças visuais, mas sensações; abra-se para sentir, de modo que ao chegar ao centro do Círculo, você se volte para o quadrante Norte, que representa a fase entre as vidas e também a sua gestação.

Lentamente, caminhe para frente até o limite Norte do seu Círculo. Veja-se envolto pelas águas escuras do ventre materno, antes do seu nascimento. Tudo é tranquilo e silencioso. Você se percebe imerso no oceano primordial, o início da vida, envolto pelo corpo da Mãe. Reverencie esse momento sagrado e agradeça pela sua vida. Perceba quais sensações e ideias lhe vem à mente nesse momento, e quando sentir que é a hora, caminhe vagarosamente até o ponto Nordeste, o ponto do seu nascimento.

Sinta as águas se agitarem enquanto você caminha, ao chegar lá, contemple o seu próprio nascimento. Flua para fora junto das águas e visualize a chegada da luz, quando seus olhos se abrem pela primeira vez e você pode contemplar o mundo. Medite sobre a fragilidade da vida.

Caminhando até o Leste, contemple a sua infância. Nesse ponto, vislumbre suas primeiras lembranças. Aprecie essa fase de sua vida e conecte-se mais uma vez com a alegria e com a inocência.

Siga então por cada um dos outros cinco pontos, fazendo uma pausa quando chegar à frente do objeto que representa o seu momento presente no Círculo. Veja se algum tipo de percepção interior surge. Quais sentimentos e ideias têm predominado em sua vida? Para onde você vai?

Ao continuar a caminhada ao redor do Círculo a partir desse ponto, você não terá mais lembranças, apenas expectativas. Procure não criar deliberadamente imagens de como deseja que o seu futuro seja, relaxe e deixe que as imagens venham até você. Enquanto que a primeira parte desse exercício requer um uso ativo da mente para as lembranças e a criação de imagens e de sensações, agora deixe que o seu futuro seja mostrado a você. Relaxe e entre em estado de receptividade.

Em um determinado momento, você confrontará sua própria decadência e a sua morte. Isso pode ser bastante desconfortável. Procure não se concentrar em ver *o que* acontecerá, mas em perceber *como* vai passar por esse processo. Há medo? Angustia? Arrependimento? Dor? Realização? Um sentimento de dever cumprido?

Ao terminar a sua jornada e alcançar o Norte mais uma vez, respire profundamente e deixe que quaisquer sensações ou imagens negativas sejam liberadas nesse ponto. Faça uma nova espiral em sentido horário até o ponto central do Círculo e, girando ao redor de si mesmo, comece uma espiral em sentido anti-horário, parando ao alcançar o seu objeto pessoal nos limites do Círculo. Agradeça aos Deuses. Respire profundamente e encerre o transe.

Se for necessário, coma ou beba algo para ajudar a aterrar a energia e retornar completamente. Faça anotações sobre sua percepção em cada uma das fases do Círculo.

Se em algum momento da meditação você experimentar lembranças ou sentimentos muito ruins, tente respirar profundamente e visualizar-se cercado de uma amorosa luz cor-de-rosa o envolvendo e dissolvendo a negatividade. Se a qualquer momento desejar interromper a experiência, pule para a parte final, para o momento que você faz a espiral anti-horária até o centro e de lá caminha em sentido horário ao redor do Círculo, até chegar ao seu objeto pessoal. Isso vai garantir que qualquer tipo de aflição seja deixado para trás e não o acompanhe de volta.

Esse exercício é muito valioso e pode ser feito repetidas vezes para que possamos meditar sobre nosso mito pessoal, nossa história, os marcos importantes de nossa existência e, principalmente, para percebermos o futuro que estamos criando para nós mesmos. Faça-o periodicamente, caso não consiga ir até o fim na primeira vez, tente novamente quando se sentir mais preparado.

Exercício 35: Encerramento simplificado do Círculo

Ao fim de cada sessão de exercícios no interior do seu Círculo, é importante que o finalize. Para isso, vá até o quadrante Norte novamente e sinta a sua ligação com o Todo Universal. Conscientize-se do Círculo luminoso ao seu redor. Agradeça pela presença dos Deuses e dos Elementos, e então aponte seu athame para os limites do Círculo.

Visualize que a lâmina absorve de volta a energia que criou o Círculo enquanto você caminha ao redor dele em sentido anti-horário e diz:

> Desse Círculo eu me despeço (Norte)
> Pela Água que me renovou (Oeste)
> Pelo Fogo que me protegeu (Sul)
> Pelo Ar que me inspirou (Leste)
> E pela Terra que me acolheu (Norte)
> O Círculo Mágico está aberto, mas não rompido! (Eleve as mãos para os céus, apontando o athame para o alto.)

Toque a terra, deixando a energia fluir para ela. Tenha algo para comer e beber ao fim dos exercícios e permaneça descalço por algum tempo para deixar que os excessos de energia se estabilizem em seu corpo, de modo a não gerar nenhum tipo de desconforto.

O estabelecimento formal do Círculo

Todo ritual de Bruxaria começa com o lançamento formal do Círculo usando instrumentos de trabalho do Bruxo e com a invocação dos Elementos e dos Deuses, e termina com a despedida aos poderes invocados; o encerramento do Círculo.

Nos exercícios anteriores, você trabalhou com um Círculo informal e simplificado para que aprendesse sobre cada quadrante e as energias que fazem parte de sua construção. É importante que pratique constantemente para que possa se familiarizar com as imagens e as sensações, e também para que internalize o significado e a energia de cada Elemento e de cada quadrante. Tudo isso será necessário para que possa começar a estabelecer Círculos para rituais e práticas mais elaboradas. Com o tempo, você desenvolverá o seu próprio modo de lançar o Círculo.

A construção formal do Círculo antes dos rituais é muito importante, porque ela movimenta as realidades além do plano físico para que aquilo que é apenas uma imagem em sua mente, torne-se realidade nos planos sutis.

Por isso, é importante que tome muito cuidado com o que fala, com o que pensa e com o que faz dentro de um Círculo Mágico, pois está trabalhando diretamente para a manifestação daquilo no que se concentra. É por essa razão que antes de lançar formalmente qualquer Círculo, passamos primeiro por um processo de purificação pessoal, para que energias, pensamentos e sentimentos desarmônicos não sejam levados para o interior do Círculo.

Quando lançamos um Círculo Mágico formalmente para nossos rituais, estamos, na verdade, nos movendo através dos planos interiores para criar um ambiente adequado para a realização de magia – e estou incluindo aqui a comunicação com os Deuses Antigos, porque, para nós, isso também é magia. É com a magia que nosso culto acontece.

Assim, você nunca deve subestimar o lançamento do Círculo, como se ele não fosse importante. Também deve tomar cuidado com o encerramento do Círculo, de modo que as energias do ambiente se harmonizem de novo. Um Círculo que não tenha sido corretamente encerrado vai se desfazer com o tempo, mas poderá deixar miasmas energéticos que vão provocar alterações energéticas no ambiente e, com o tempo, podem ter resultados danosos.

~ LIÇÃO 8 ~

Os Princípios da Magia

Bruxaria, Magia e Feitiçaria

Há hoje uma grande confusão sobre o significado desses termos, e por isso, antes de chegarmos à parte divertida da prática mágica, precisamos esclarecê-los:

O PENSAMENTO MÁGICO é um tipo de visão de mundo que compreende todas as coisas como interconectadas e podem ser influenciadas por um poder latente em todos nós. O pensamento mágico é universal ao redor da Terra, e foi a partir dele que todas as religiões se originaram. Ninguém pode clamar o domínio ou a origem da prática mágica, pois ela é uma parte intrínseca da história de toda a humanidade, um legado coletivo observado em todos os povos e em todas as culturas.

Todo ato simbólico realizado com o objetivo de provocar alguma mudança é, na realidade considerado MAGIA, e nem todos eles estão associados aos Bruxos, pois são práticas que estiveram e estão presentes na humanidade como um todo. Quando alguém faz uma oração, usa uma determinada cor de roupa para atrair algo, bate na madeira, medita, visualiza símbolos ou desejos, está fazendo magia, pois busca uma modificação concreta em sua vida por meio dessas representações.

Alta magia, baixa magia, magia do caos, magia enoquiana, magia goetia, magia dos anjos, magia natural, magia folclórica, simpatias – são todos exemplos de sistemas mágicos que não tem necessariamente uma relação com a prática de Bruxaria.

Existem dois tipos básicos de magia. O primeiro deles é chamado de Alta Magia, ou TEURGIA, e corresponde à magia usada para nos ligar aos Deuses. Essa é a magia que transforma o ser e permite que nos aproximemos das forças divinas para receber sua energia e integrá-las em nossa vida. O segundo tipo é chamado de Baixa Magia, ou TAUMATURGIA, que é o uso da magia para finalidades práticas em nossa vida, como conseguir amor, cura ou prosperidade.

Isso nos faz perceber que não existe algo como "um Bruxo devocional" em oposição a "um Bruxo mágico". Nossos atos de devoção, de invocação e de sintonização com as forças divinas também são magia, apesar de não serem atos de feitiçaria. Toda ação ritual é mágica.

FEITIÇARIA é um modo específico de taumaturgia, que envolve a manipulação de elementos da natureza para provocar determinados efeitos mágicos. O uso de ervas, cristais, óleos, incensos, velas, bonecos de cera, cordas e espelhos, por exemplo, é o que caracteriza a feitiçaria.

A feitiçaria é uma prática primitiva, tão universal quanto a magia, pois é uma de suas expressões! Ela está presente em todos os povos e em diferentes religiões, mas muitas vezes foi chamada erroneamente de "Bruxaria", causando uma série de confusões. Todas as pessoas que estudam e praticam algum tipo de magia são chamadas de MAGISTAS e, dentre as suas muitas formas está a feitiçaria, na qual aqueles que a praticam são chamados de feiticeiros. Qualquer um que pratica feitiços é um feiticeiro, mas nem todo feiticeiro é necessariamente um Bruxo.

Grande parte da confusão relativa a esses termos tem origem no cristianismo, que chamava genericamente tudo o que desejava combater de "Bruxaria". Assim, qualquer um que mantivesse algum tipo de prática mágica ou religiosa incompatível com a Igreja, era chamado de Bruxo. Isso é muito perceptível na Itália, onde as práticas de magia popular e benzimentos ficaram conhecidos como *Stregoneria* (uma palavra em italiano que simplesmente significa Bruxaria ou *Witchcraft* em inglês), e que, na verdade, diz respeito a elementos culturais bastante cristãos, inclusive.

Por isso é errado chamar de Bruxa, a uma benzedeira, ou de Bruxo, a um praticante de uma religião de matriz africana, por exemplo. Primeiro, porque eles mesmos acham esses termos pejorativos. Segundo, porque Bruxaria passou a designar um sistema de crenças e práticas muito específico, com características próprias.

Esse erro também se perpetua nas chamadas "Bruxarias Hereditárias" – conhecimento mágico do uso de ervas ou de simpatias que é transmitido dentro de determinadas famílias. Como vimos, isso não pode ser chamado de Bruxaria, mas se enquadra melhor na noção geral de Feitiçaria.

Princípios mágicos

Tendo esclarecido esse ponto, falemos um pouco de alguns conceitos mágicos básicos:

Magia Simpática

Também conhecida como magia imitativa, a magia simpática é um princípio que afirma que "semelhante gera semelhante", ou seja, podemos provocar um efeito mágico desejado com a imitação do resultado esperado.

Assim, usamos atos simbólicos que representem o efeito desejado para fazer magia. Queimar o nome de uma doença significa eliminá-la; enterrar algo pode significar esconder ou ocultar; soprar ao vento significa enviar; lavar um símbolo em água corrente é um ato de limpeza e de purificação; amarrar algo em um cordão significa prender, atar; congelar um símbolo significa imobilizar aquilo que ele representa, e assim por diante.

Uma das aplicações mais comuns desse princípio mágico está no uso de efígies (representação de uma pessoa pela imagem de um boneco) para curar doenças e para enviar energia a áreas específicas do corpo do paciente – acredita-se que trabalhando magicamente em um boneco que represente o doente, é possível enviar a ele a energia de cura.

Há uma hipótese de que as pinturas rupestres na verdade eram atos de magia simpática – ao representar uma caça bem-sucedida, os caçadores acreditavam facilitar a obtenção desse resultado quando saíssem para caçar.

Princípio do Contágio

Compreendido como uma manifestação da magia simpática, o princípio do contágio nos ensina que dois objetos que estiveram em contato no passado permanecem conectados em um nível mágico, e tendo contato com um, é possível afetar o outro.

Dessa forma, fios de cabelo, unhas ou uma peça de roupa usada permanecem ligados à pessoa a qual pertencem, e podem ser usados para provocar efeitos mágicos sobre ela. Quando um item é usado para estabelecer uma conexão mágica com alguém, ele é chamado de TESTEMUNHO.

Esse princípio do pensamento mágico é encontrado universalmente ao redor do mundo em muitas crenças e práticas diferentes. Quando, por exemplo, alguém acredita que obterá uma dádiva divina ao ter contato com um objeto sagrado, é o princípio do contágio que está em atuação. Quando usamos um óleo consagrado para abençoar uma pessoa ou um instrumento mágico, também acreditamos que a consagração do óleo será transmitida pela unção.

O princípio do contágio está em atuação quando fazemos banhos mágicos, trabalhamos com ervas ou com cristais, aspergimos água consagrada ou acendemos um incenso – em todos esses casos, espera-se que um elemento determinado atue sobre o ambiente ou sobre outras pessoas, impregnando-os com sua vibração e com energias específicas.

O Triângulo da Manifestação

O que garante o sucesso de uma operação mágica? Três ingredientes são de vital importância para que qualquer feitiço possa ser bem-sucedido. São eles: Visualização Criativa, Desejo e Determinação. Se pensarmos no feitiço como um veículo capaz de nos levar de um lugar ao outro, a visualização seria como a estrutura do carro, o desejo seria o seu combustível enquanto que a confiança seria o seu motor.

Para fazer um feitiço, primeiro devemos conseguir visualizar claramente qual é o resultado desejado. Não a forma como o resultado chegará até nós, mas o resultado em si. Muitas vezes, a falha na magia acontece justamente nessa fase: as pessoas se concentram nos meios para obter o que verdadeiramente querem, e não na finalidade em si. Assim, se você quer trabalhar magicamente para conseguir uma viagem, por exemplo, não visualize que está recebendo dinheiro para possibilitar que isso aconteça, veja-se nessa viagem, visitando os lugares que deseja e experimentando a sensação de estar lá, como se estivesse vivendo aquilo no presente. É necessário estar apto a usar os seus cinco sentidos nessa experiência mental para torná-la mais presente e concreta.

Isso vai levá-lo, naturalmente, à segunda ponta do Triângulo da Manifestação – o desejo. Essa imagem mental criada e experimentada por você com toda sua concentração provoca, automaticamente, uma resposta emocional. Então, sinta-se realizando seu objetivo, experimente a sensação de já ter conseguido realizá-lo, permita-se vivenciar esse objetivo em sua mente e deixe-se inflamar com o desejo, com a paixão e com a vontade e a ânsia por essa experiência. Quando isso acontece, é hora de começar a elevar o Poder Mágico. Falaremos sobre isso na Lição Dez – "Elevando Poder". Nessa etapa, estamos preenchendo a imagem mental estabelecida pela visualização com o Poder necessário para a sua realização, como se estivéssemos dando vida a ela.

Mas nada disso será efetivo se não houver confiança no trabalho que está realizando – é necessário haver crença de que é possível que o seu ato mágico se concretize, ou melhor, precisa haver certeza de que ele se realizará. No momento da magia, é preciso que você esteja completamente convencido de que a mudança na realidade que é almejada com aquele feitiço acontecerá. É por isso que dizemos que toda magia é um ato de Vontade – com a experiência mágica, sabemos que podemos alterar concretamente o mundo ao nosso redor.

Esse é um dos motivos da Bruxaria ser um sistema que opera por meio da ritualística e do cerimonial: valendo-se dos procedimentos, dos aromas, das velas, das palavras de poder e das ações ritualísticas, conseguimos cruzar os limites da nossa consciência convencional que nos diz o tempo todo que magia é bobagem, que nada disso existe e que não é real. Todos os elementos do ritual servem como forma de concentrar a atenção da parte de nós que é mais racional, dando espaço para que os aspectos mais primitivos do nosso ser façam a magia acontecer. Se você não for capaz de cruzar essa ponte, todo o seu trabalho mágico estará fadado ao fracasso.

Essa confiança é algo que vamos desenvolvendo com o tempo ao longo do caminho. À medida que vamos notando os efeitos e os resultados de nossa magia, passamos a aceitar cada vez mais que ela é real. Nenhum Bruxo tem cem por cento de êxito em todas as suas operações mágicas, mas com a experiência, vamos aprendendo a detectar melhor as nossas falhas, dominamos as técnicas e tornamos a nossa magia mais efetiva.

Correspondências

Fazer magia também tem a ver com criar padrões específicos de energia que tenham ressonância com os nossos objetivos, afinal, como vimos, "semelhante atrai semelhante". Isso potencializa o nosso trabalho mágico, pois alinhamos nossa intenção pessoal às forças da natureza para que, com ajuda da ressonância e do contágio possamos alcançar nossos objetivos.

Assim, usamos ervas, pedras, cores, aromas e perfumes que tenham o mesmo tipo de energia que desejamos trabalhar – isso é chamado de CORRESPONDÊNCIA.

Em termos de magia, trabalhamos com uma base de sete planetas: Marte, Mercúrio, Júpiter, Vênus, Saturno, o Sol e a Lua – esses dois últimos não são planetas, mas, sim, luminares, entretanto, para fins mágicos, partilham da mesma nomenclatura.

Uma das formas de usar o princípio das correspondências em nossos rituais é valendo-se de elementos que tenham ressonância com determinada energia planetária. Primeiro definimos qual planeta tem a tônica da nossa operação mágica, e então, usamos elementos que estejam associados a esse planeta para gerar a energia mágica do feitiço. Vejamos cada um deles:

SOL

Aromas: olíbano e canela.
Cor: dourado e laranja.
Dia da semana: domingo.
Ervas: açafrão, alecrim, calêndula, girassol, canela e louro.
Metal: ouro.
Nota musical: Dó.
Número: 6.
Pedras: citrino e topázio.
Signo: Leão.
Vibração: sucesso, prosperidade, cura, vitalidade, alegria, brilho pessoal, iluminação, equilíbrio, revelar o que está oculto.

LUA

Aromas: dama-da-noite e jasmim.
Cor: branco e prateado.
Dia da semana: segunda-feira.
Ervas: artemísia, losna, rosa branca e salgueiro.
Metal: prata.
Nota musical: Fá.
Número: 9.
Pedras: pedra da lua, quartzo-branco, pérola e selenita.
Signo: Câncer.
Vibração: sonhos, intuição, emoções, fecundidade, dons psíquicos, contato com os planos interiores.

MARTE

Aromas: cipreste e tabaco.
Cor: vermelho.
Dia da semana: terça-feira.
Ervas: manjericão, pimenta, sangue-de-dragão, gengibre e alho.
Metal: ferro.
Nota musical: Sol.
Número: 9.
Pedras: rubi, ágata de fogo, jaspe e granada.
Signos: Áries e Escorpião.
Vibração: coragem, vitória, iniciativa, garra, força de vontade, defesa, vigor, agressividade.

MERCÚRIO

Aromas: sândalo e estoraque.
Cor: amarelo.
Dia da semana: quarta-feira.
Ervas: lavanda, anis, aveleira, trevo e endro.
Metal: alumínio e mercúrio.
Nota musical: Mi.
Número: 8.
Pedras: ágata e opala.
Signos: Gêmeos e Virgem.
Vibração: comunicação, viagens, negócios, sorte, criatividade e mediações.

JÚPITER

Aromas: sálvia e cedro.
Cor: púrpura e azul-escuro.
Dia da semana: quinta-feira.
Ervas: cedro, freixo, noz-moscada, cravo (a flor) e carvalho.
Metal: estanho.
Nota musical: Si.
Número: 4.
Pedras: safira, sodalita, ametista e lápis-lazúli.
Signos: Sagitário e Peixes.
Vibração: crescimento, expansão, posição de destaque, riqueza, sucesso, liderança, prosperidade e espiritualidade.

VÊNUS
Aromas: ylang-ylang e rosa.
Cor: verde e cor-de-rosa.
Dia da semana: sexta-feira.
Ervas: rosas vermelhas e cor-de-rosa, maçã, morango, verbena e valeriana.
Metal: cobre.
Nota musical: Lá.
Número: 7.
Pedras: quartzo-rosa, aventurina e turmalina-melancia.
Signos: Touro e Libra.
Vibração: amor, paixão, fertilidade, reprodução, beleza, sensualidade, prazer e amizade.

SATURNO
Aromas: mirra e assa-fétida.
Cor: preto.
Dia da semana: sábado.
Ervas: arruda, urtiga, funcho, hera, pinheiro e mirra.
Metal: chumbo.
Nota musical: Ré.
Número: 3.
Pedras: ônix, obsidiana e turmalina-negra.
Signos: Capricórnio e Aquário.
Vibração: disciplina, banimento, proteção, purificação e finalização.

***

Como vimos, cada dia da semana está associado à energia de um determinado planeta, e pelo princípio da correspondência, é mais apropriado para determinadas operações mágicas. Esse é um conhecimento que não é exclusivo da Bruxaria, mas comum a muitos outros sistemas mágicos. Entretanto, para nós, há outro elemento fundamental para ser levado em conta em nossos feitiços e rituais: as fases da Lua.

Como a Bruxaria é um caminho essencialmente lunar, para nós é mais importante que o nosso propósito esteja alinhado aos ciclos e aos movimentos da Lua do que realizar determinado ritual no dia da semana mais apropriado. É claro que quando for possível, todos esses aspectos devem ser levados em consideração, pois isso significa mais energia para o trabalho mágico. Entretanto, quando não for possível realizar determinados feitiços no melhor dia da semana, tenha a certeza de que seus objetivos estão alinhados às fases lunares.

As fases da Lua

A Lua é a reguladora das marés astrais e psíquicas. Com sua luz crescente e minguante que se volta para fora e para dentro de si, ela rege os movimentos de nossa própria psique e regula nossas energias pessoais. Quando observamos o ciclo lunar, entramos em harmonia com o fluir sutil da energia etérica e, fluindo junto dela, podemos efetuar mudanças mais eficazes na nossa vida.

Basicamente, os Bruxos observam dois períodos dentro de um ciclo lunar completo – que é chamado por nós de LUNAÇÃO: o período claro e o período escuro da Lua. O período claro corresponde à primeira metade do ciclo lunar, enquanto sua luz está crescendo, começa com a Lua nova, passa pela Lua crescente até chegar na noite de Lua cheia. A partir da noite seguinte, a luz da Lua já começa a diminuir e, por isso, durante toda a Lua minguante e também na Lua Negra, estaremos no período escuro, quando a escuridão da Lua cresce.

Dentro dessas duas metades do ciclo lunar, há cinco momentos ou fases que são observadas na Bruxaria:

A LUA NOVA corresponde ao primeiro surgimento de luz da Lua no céu, quando ela se parece com um grande arco. Esse momento é chamado de Arco de Diana, e dura uma ou duas noites. É um tempo apropriado para abençoar novos inícios ou novos projetos, para plantar as sementes do ciclo lunar ou para fazer magia de atração, sucesso e sorte. É a Lua do NASCIMENTO.

Já a LUA CRESCENTE corresponde a todo o período após a Lua nova até a véspera da noite de Lua cheia, durando por volta de doze ou treze dias. Esse é o momento apropriado para feitiços de expansão, pois queremos fazer com que nossos objetivos cresçam com a luz da Lua. Essa fase é usada para gerar criatividade, motivação, equilíbrio, força, determinação, expansão e revelar potenciais ocultos. A palavra-chave é CRESCIMENTO.

A LUA CHEIA dura para nós apenas uma noite, que é chamada de PLENILÚNIO. Esse é o momento mais importante do ciclo lunar, quando o crescimento da Lua chega ao seu ápice e, assim, usamos dessa força para celebrar a Deusa e fazer magia. A palavra-chave é POTENCIALIZAÇÃO, e essa é uma Lua apropriada para trabalhos relacionados à amor, bênçãos, abundância, maximização, fertilidade, cura, concretização, realização, comunidade, frutificação e para ampliar os dons psíquicos. Tudo o que pode ser começado ou expandido nas Luas nova ou crescente pode ser concretizado pelo poder da Lua cheia.

Depois dela, temos a fase da LUA MINGUANTE, que assim como a Lua crescente, dura por volta de doze dias. A Lua minguante corresponde ao período que vai da noite após o Plenilúnio até a véspera da Lua Negra, quando há ausência total de luz lunar no céu, ou seja, durante todo o período em que a luz da lua está diminuindo. Do mesmo modo, essa é uma época do ciclo lunar apropriada para trabalhos de renúncia, rompimento de ligações, desconstrução, quebra de estruturas rígidas, banimentos e purificações, introspecção, quebra de hábitos ruins, autoconhecimento, mergulho interior e busca por sabedoria. Assim com a Lua, voltamos nossa energia para dentro.

Já a LUA NEGRA está em oposição ao Plenilúnio e também dura apenas uma noite, na ausência total de luz lunar. A palavra-chave dessa fase é TRANSMUTAÇÃO. É uma apropriada para trabalhos interiores, banimentos, finalizações, adivinhação, desconstrução, encerramentos de ciclos e transformação pessoal. É pela Lua Negra que a minguante se transforma em nova, por isso, este é o momento apropriado para transformarmos a escuridão em luz, nos purificando de emoções difíceis, lembranças dolorosas e para transformarmos aspectos da nossa personalidade. Também é uma Lua apropriada para o trabalho com oráculos e adivinhações.

Às vezes não poderemos esperar a melhor Lua para agir magicamente, então o ideal é alterar levemente o propósito do feitiço para acompanhar o movimento da Lua – se precisa realizar uma cura, use o período claro da Lua para fazer a saúde crescer, mas se estiver no período escuro, trabalhe para banir e eliminar a doença.

As marés astrais

Além das marés energéticas dos ciclos lunares, há também um movimento energético maior, associado à Roda do Ano e à passagem das estações, que torna cada uma das épocas do ano mais apropriada para determinados trabalhos de magia. Essas marés astrais são como ondas que lentamente se elevam do mar, chegam a um pico e então começam a recuar enquanto outra onda se torna ascendente.

Cada uma das marés astrais começa seu movimento em um Sabbat Menor e cresce, até atingir o auge da sua força na época do Sabbat Maior seguinte, quando, lentamente, começa a retroceder, dando espaço para outra maré de energia. Assim, nos solstícios e nos equinócios as marés estão neutralizadas, e no período entre eles há a predominância de determinados poderes. As quatro marés astrais do ano são:

A Maré da Purificação

Essa é uma maré energética que tem início no Solstício de Inverno, chega ao seu ápice no Sabbat Imbolc e então se neutraliza no Equinócio de Primavera. Ela corresponde ao período do inverno, e é apropriada para os trabalhos interiores. Durante essa maré astral é apropriado fazer trabalhos mágicos de interiorização e autoconhecimento. Como o nome sugere, é um momento do ano adequado para purificações – não apenas do corpo, mas também da mente, das emoções e do espírito. Esse é o período adequado para contemplarmos nossa própria centelha divina, removendo os obstáculos e excessos que nos impedem de entrar em contato com ela. É uma maré psíquica calma, meditativa e introspectiva. Este é um tempo de busca por renovação e por renascimento. Nossa energia deve ser preservada o máximo possível.

A Maré de Ativação

Correspondente ao período da primavera, a energia dessa maré astral tem início no Equinócio de Primavera e alcança seu auge no Sabbat Beltane, quando então começa a diminuir, se neutralizando no Solstício de Verão. Essa é uma maré astral de força, de energia e de vitalidade, quando a energia da natureza se volta para a criação e para o nascimento. A força preservada na maré anterior começa a ganhar forma e a buscar expressão na realidade externa. Por ser o período mágico das sementes, essa maré é apropriada para a expressão das nossas potencialidades interiores, que foram contempladas e aprimoradas na Maré de Purificação. No sentido espiritual, a Maré da Ativação é apropriada para fazer com que o espírito contemplado possa se manifestar no mundo concreto ao nosso redor, e por isso é apropriada para a iluminação interior. Em um sentido mais terreno, esse é o momento do ano apropriado para dar forma a novos projetos e novos objetivos em nossa vida, de modo que possam se manifestar na Maré de Recuo.

A Maré de Manifestação

Essa maré psíquica tem seu período de duração entre o Solstício de Verão e o Equinócio de Outono, encontrando o auge da sua expressão no Sabbat Lammas. Na Maré de Purificação, a energia estava voltada aos planos interiores e começa a buscar expressão na realidade externa na Maré de Ativação; a Maré de Manifestação marca o auge do movimento externo da energia, que se cristaliza, assumindo uma forma específica no mundo ao nosso redor. É nesse período do ano que podemos começar a contemplar os resultados dos nossos esforços. Também é um momento mágico associado à comunidade, pois a realidade é moldada com a união de nossos esforços. Enquanto que na maré anterior os trabalhos pessoais são enfatizados, nessa época do ano é mais apropriado unir forças e fazer magia em prol da coletividade.

A Maré de Recuo

A quarta maré astral tem seu movimento iniciado no Equinócio de Outono, encontra o pico de sua força no Sabbat Samhain e então recua, para se neutralizar no Solstício de Inverno. A chegada dessa maré psíquica marca o início do processo de recolhimento da energia que durante as marés interiores fluiu para fora e buscou se manifestar na realidade. Agora, as formas começam a se desfazer para que a energia se interiorize mais uma vez, e o manifesto caminha rumo ao imanifesto. Portanto, é uma maré astral apropriada para eliminar a forma, fazer banimentos e recolher a sabedoria de nossos esforços e de nossas lições. É nesse período do ano que nossos esforços podem ser verdadeiramente contemplados, é quando descobrimos se fomos capazes de fazer os frutos amadurecerem em nossa vida. Começamos um movimento de introspecção e contemplamos as lições dos finais.

Quando um feitiço não funciona

O que pode fazer um feitiço não funcionar? Existem muitas respostas possíveis para essa pergunta, mas a maneira mais eficiente para entendermos o que pode ter levado o feitiço ao fracasso é uma análise das variáveis dentro do trabalho mágico. A primeira coisa que devemos nos perguntar é: "será que o feitiço realmente não funcionou?".

Lançar um feitiço é como projetar uma onda no mar: estamos cercados por uma série de outros movimentos de energia, que são como as marés, fluindo para fora e para dentro, para cima e para baixo e, dependendo de todas essas outras forças em movimento, a onda pode ser muito alta e muito forte, ou então pode nem ter força para se elevar. Às vezes, a onda se eleva, mas ao se aproximar da praia se suaviza e desaparece, outras vezes ela se quebra contra as rochas com violência. Tudo isso vai depender da energia carregada pela onda, mas também as forças atuantes ao seu redor.

Por isso, antes de fazer qualquer tipo de magia, precisamos entender que outras energias estão em movimento na situação, de modo que possamos aproveitar as correntes para que o nosso feitiço flua com o menor nível de resistência possível. Se a maré é vazante, provavelmente as ondas não conseguirão se projetar com força. Mas nem sempre um Bruxo pode esperar pelo melhor momento para fazer sua magia, e então, ele vai precisar trabalhar contra as marés – isso significa que será necessário usar muito mais energia que o normal para fazer a magia funcionar, e que precisaremos encontrar caminhos alternativos que possam facilitar o processo mágico.

Todo feitiço precisa de tempo para funcionar. Isso significa que, às vezes, é preciso ter paciência. O mar pode parecer parado e tranquilo na superfície, mas talvez nas profundezas as águas estejam se agitando e se movendo rapidamente. Talvez os resultados observáveis ainda não tenham chegado, mas as forças que farão com que isso aconteça estão em movimento.

Todo feitiço precisa encontrar um caminho. Sabemos que a energia flui pelo caminho de menor resistência – ou seja, a energia que você dispara para se manifestar vai se expressar pela via mais fácil que possa ser encontrada. Isso significa que muitas vezes você pode conseguir o que quer, mas não do jeito que imaginou. Um feitiço de cura para alguém muito debilitado poderia acelerar o processo de morte; um feitiço de proteção para uma viagem pode acabar impedindo que a viagem aconteça para poupar você de algum tipo de risco. Às vezes, somos surpreendidos com situações inusitadas no resultado da nossa magia, outras vezes, simplesmente não há caminhos viáveis para que o feitiço se expresse no plano material. Por isso, é importante que nos esforcemos para facilitar o trabalho da magia, porque, afinal, fazemos feitiços, e não milagres. Se a magia lançada é como uma onda, precisamos aproveitar o seu impulso para conseguir o que desejamos.

Toda magia lançada vai gerar algum tipo de resultado. Se não há nenhum tipo de resultado observável, reveja a sua operação mágica – a maioria das falhas está associada a um problema de técnica. Talvez você não tenha elevado Poder o bastante, ou talvez não tenha conseguido ter uma visualização clara. Pode ser que o seu objetivo não fosse muito específico, ou talvez a sua vontade estivesse difusa. Ou talvez você tenha sido específico demais e a energia não encontrou uma maneira de se manifestar. Por isso, é importante que mantenha um registro de todos os seus feitiços, para que possa analisar os resultados em comparação com o seu planejamento, e assim, ir aprendendo pela experiência.

Também pode ser que o seu feitiço simplesmente esteja lutando com uma maré contrária muito poderosa. Se você é uma pessoa fechada para relacionamentos, por exemplo, um único feitiço de amor não será o bastante para mudar o seu padrão de energia. Nesse tipo de situação, o melhor é fazer um feitiço com repetição – você pode encantar uma vela durante um Esbat de Lua nova, por exemplo, e então acendê-la todos os dias no seu altar, meditando com a energia do amor e projetando sua intenção, visualizando-se em um banho de energia cor-de-rosa e se abrindo para a manifestação dessa força. Ao terminar a meditação diária, apague a vela. No dia da Lua cheia, repita o ritual e deixe a vela queimar até o fim – desse modo, você estará reforçando o seu feitiço diariamente, construindo o Poder ao longo dos dias e afinando a sua energia pessoal à do feitiço. Isso é muito bom para trabalhar magia de cura: nem sempre um único feitiço será o bastante, às vezes é preciso gerar constantemente energia de cura, de modo que a melhora seja um processo provocado pela repetição do ato mágico.

Quando chegar à conclusão de que um feitiço não funcionou, reveja o procedimento em seu Diário Mágico e use um oráculo, como o tarô, por exemplo, para entender melhor o que aconteceu em níveis energéticos. Então se planeje com as informações que obteve e faça um novo feitiço, dessa vez tentando contornar as barreiras e os empecilhos.

A prática dos feitiços está reservada para a lição dezoito – "Práticas Mágicas e Feitiçaria". A maioria deles deve ser feita em um Círculo devidamente lançado, durante a fase da Lua apropriada. Então, antes de chegarmos lá, veremos nos capítulos a seguir as técnicas usadas para estabelecer uma imagem mágica, como elevar e moldar o Poder e a estrutura dos rituais. Os exercícios dos capítulos seguintes são essenciais para que obtenha sucesso em suas práticas mágicas.

~ LIÇÃO 9 ~

Transe e Estados Alterados de Consciência

Para fazer os rituais e os trabalhos mágicos mais elaborados que virão a seguir, você vai precisar entrar em estados alterados de consciência mais profundos e trabalhar não apenas diante do seu altar, mas também nos planos interiores.

Como já vimos, existem dois processos básicos que envolvem o sucesso ritualístico: a criação das imagens mentais adequadas e a elevação do poder mágico para preencher essa imagem. Fazer magia é como encher um balão: a concentração da mente cria a forma para conter o poder, enquanto que a elevação de energia é o ar soprado dentro dele. Essas duas habilidades precisam ser combinadas para que possamos fazer magia efetivamente. A elevação de poder e o transe são processos mágicos opostos, de certa maneira. Não porque no transe não há movimentação de energia, mas porque a elevação de poder envolve a criação de estados de tensão, e o transe exige um profundo estado de relaxamento. São duas variações de consciência bem diferentes.

Assim, primeiro você deve criar as imagens mentais por um processo de visualização e de concentração, e depois elevar o poder, criando o máximo de tensão possível para então liberá-lo. Entretanto, esse estado de tensão provocado pela elevação de energia fará com que volte para o estado de relaxamento apropriado para o transe – nesse momento do ritual, você poderá fazer uma meditação ou algo mais contemplativo. Começamos, portanto, com o relaxamento ativo da concentração, vamos para a tensão da elevação de Poder e então voltamos ao relaxamento do transe. Por isso, neste capítulo, discutiremos esses dois processos meditativos, e no próximo, falaremos sobre o que é e como trabalhar o poder em seus rituais.

Você já sabe que, ao fazer magia, trabalhamos em um estado de consciência diferenciado, que exige concentração e relaxamento. Esse estado mental é conhecido como *alfa*, em referência ao tipo de ondas cerebrais que são produzidas nele. Quando estamos completamente despertos, executando nossas tarefas do dia a dia, operamos em um padrão de consciência chamado *beta*, que produz um padrão de onda cerebral acima de 14 ciclos por segundo. Já as ondas *alfa* variam em um padrão de 8 a 14 ciclos por segundo.

O *alfa* está relacionado a um estado de relaxamento interior e é acessado várias vezes ao dia por todos nós quando nos sentimos entediados e começamos a fantasiar, como se sonhássemos acordados, ou quando nos sentimos hipnotizados por uma música, por exemplo. Quando fechamos os olhos e respiramos profundamente, estamos estimulando esse padrão cerebral. A meditação leve também leva ao *alfa*. Você já experimentou esse estado de consciência ao longo de todos os exercícios deste livro.

Quando esse estado é aprofundado, podemos ainda alcançar o padrão de onda *theta*, que tem ondas de maior amplitude e menor frequência, variando entre quatro a oito ciclos por segundo. A meditação mais profunda e o sono leve estão associados a esse estado mental, no qual se experimenta uma profunda conexão e, com unidade espiritual e ligação com o universo, realizam-se as visualizações mais intensas, é quando podemos acessar as áreas mais profundas de nosso ser. Pense em alguém que está em um profundo estado meditativo e parece estar de algum modo desconectado da realidade a sua volta, mergulhado em seu interior. Esse é o padrão de onda *theta*.

Há ainda outro estado mental, onde o padrão de onda é ainda menor, inferior a quatro ciclos por segundo – as ondas *delta*. Esse padrão de consciência está associado ao sono profundo sem sonhos e aos processos de cura do corpo, e é visto como um portal para a mente inconsciente. É possível chegar a ele por meio de certos estados de meditação, mas isso é muito difícil e exige um treino longo e árduo.

Mas como podemos usar essas informações na prática? A imensa maioria de nós não tem como ligar eletrodos em sua cabeça durante uma meditação e abrir um olho para espiar se já chegamos em *alfa* ou *theta*. Então, não se preocupe em saber que tipo de padrão de onda o seu cérebro está produzindo durante os rituais ou práticas mágicas – simplesmente pratique e, com o tempo, vai perceber que consegue acessar um padrão de consciência cada vez mais profundo. Isso significa que está aprendendo a tranquilizar cada vez mais o seu estado mental. Mas não há atalhos; apenas a prática constante poderá levá-lo a esses estágios, e é nisso que muitas pessoas desanimam.

Uma das coisas que essa noção dos padrões de onda cerebral nos ensina, é que não podemos simplesmente passar automaticamente de um estado mental para outro. Perceba que cada padrão de onda é um espectro, e que, para acessar um estado mais profundo, vai precisar percorrer todo o espectro em direção a ele. Sempre começamos em *beta*, e então partimos em direção a *alfa* ou *theta*. Não há como sair de *beta* e entrar automaticamente em *theta* – você precisará percorrer todo o espectro das ondas *alfa* para chegar até lá.

Isso implica que, para chegar até esses estados mentais em suas práticas mágicas, é necessário não apenas praticar frequentemente, mas também aumentar a duração dos seus exercícios. Com uma duração maior em estados alterados de consciência tendemos, cada vez mais, a descer no espectro e acessar os estágios mais profundos. À medida que for se familiarizando com esses estados, vai ser capaz de acessá-los mais rapidamente, pois a sua mente vai ter aprendido o caminho. É como ir à academia: quanto mais treinamos, mais peso conseguimos segurar com mais naturalidade. Mas para isso é preciso forçar um pouco – um pouco! – nossos limites, indo sempre além do que é confortável. Com os estados de transe é a mesma coisa!

Neste capítulo, uma série de exercícios e de meditações podem ser feitos para treinar o estado de transe e fazer magia. Explore-os como preferir. Sugiro que marque o tempo em que faz cada exercício, e que, aos poucos, tente aumentar sua duração. Se a pessoa não tem prática de meditar, não adianta nada tentar começar com um exercício de trinta minutos, pois vai ficar inquieto, irritado e não chegará aos resultados, fazendo com que logo abandone a prática. Comece com o que conseguir e, lentamente vá aumentando o tempo. Esse processo será natural se você fizer da prática uma parte de sua rotina.

Facilitando o transe

O ambiente ritualístico é um facilitador do transe em muitas maneiras. Primeiro, porque ele oferece estímulos específicos para nós, mantendo nosso foco em um único tipo de pensamento. Nossa atenção se torna plena, e nossa mente se volta a um propósito específico, eliminando todas as distrações. Por isso, é importante que o ambiente no qual vai fazer seus rituais e suas meditações seja o mais neutro possível, preservado dos estímulos externos que possam atrapalhar a sua concentração.

O aroma do incenso também é um poderoso agente para os estados de transe. Escolha um aroma leve, que induza a um estado de concentração. Enquanto fizer os exercícios seguintes, pode optar por usar também algum tipo de música de fundo como sons da natureza, por exemplo, ou a batida lenta de um tambor xamânico ou mesmo algum tipo de música clássica, desde que não haja letras – a ideia é que possamos nos desligar do padrão racional e lógico associado às ondas *beta*.

A alimentação também influencia em nossas experiências de alteração de consciência – quando estamos de estômago cheio, a energia do nosso corpo está voltada aos processos digestivos. Por isso, quando for fazer rituais ou práticas mágicas mais profundas, procure ingerir alimentos mais leves ao longo do dia. Isso facilitará o processo de alteração da consciência.

Existem dois processos diferentes que são conhecidos como meditação: tanto o esvaziamento e o silenciamento da mente por um período de tempo, que chamamos de MEDITAÇÃO RECEPTIVA, quanto o uso da visualização criativa para explorar cenários e paisagens, a MEDITAÇÃO ATIVA, ou IMAGINAÇÃO CRIATIVA. Comecemos por cada um deles.

Meditação receptiva

Essa é a meditação que visa abrir um espaço potencial em nosso ser para o contato com o sagrado e com a sabedoria do nosso interior. A palavra-chave desse estado de consciência é RECEPTIVIDADE. Treinar esse padrão de consciência aumenta nossa intuição e estimula nossas capacidades psíquicas e extrassensoriais. Todos nós temos uma voz mais sábia em nosso interior, mas raramente conseguimos escutá-la no barulho e no caos de nossa mente. Treinar a meditação receptiva é uma forma de acalmar nossa consciência e, lentamente, sermos receptivos para essa experiência interior.

Para muitas pessoas, a ideia de silenciar a mente e esvaziar os pensamentos é muito desconfortável e pode parecer simplesmente impossível. Mas não é! Lembre-se de que o segredo para desenvolver essa técnica está justamente em praticar constantemente e respeitar os limites da sua concentração. Com o tempo, vai ser possível permanecer nesse estado por uma duração maior.

Exercício 36: Aprendendo a silenciar a mente

Sente-se confortavelmente diante do seu altar pessoal. Respire profundamente e relaxe o corpo. Ligue um cronômetro, e então, comece o exercício.

De olhos fechados, concentre-se apenas no ritmo da sua respiração. Mantenha o foco da consciência no ato de inspirar e expirar, como se estivesse observando de fora essas ações. Perceba como isso faz com que o seu estado de relaxamento vá se aprofundando cada vez mais. Deixe que ele se aprofunde.

Quando algum pensamento ou alguma voz em sua cabeça surgir, não lute contra, não resista, não crie tensões, simplesmente deixe ir e retome o foco na sua respiração. Quando uma ideia parecer se fixar em sua mente para distrair sua atenção, não fuja dela: reconheça-a, concentre-se nela por alguns instantes, e então deixe-a ir.

Se você não tem prática, vai perceber que é praticamente impossível permanecer nesse estado de atenção plena direcionada à respiração por muito tempo sem dispersar. Pode ser que enfrente desconfortos físicos – vai sentir algum tipo leve de dor ou formigamento, suas costas vão doer ou a posição não será mais tão confortável. Sua mente parece fazer de tudo para fugir do silêncio. Não se preocupe! Mantenha a calma; com o tempo, isso vai passar.

Quando achar que não consegue mais prosseguir, interrompa o exercício, pause seu cronômetro e anote em seu diário mágico o tempo e suas impressões da experiência. Treine esse exercício todos os dias e logo vai perceber que pode permanecer em estado de concentração por mais tempo.

Também é possível treinar com outros estímulos, como a música ou o aroma do incenso, fixando a atenção neles.

Você vai saber que está progredindo quando começar a experimentar uma sensação de presença – de simplesmente existir, aqui e agora, em seu corpo. Alcançar esse estado de percepção é o objetivo desse exercício. Isso vai criar dentro de você um estado de receptividade para que possa receber informações psíquicas e ampliar a sua clarividência.

Exercício 37: Despertando o Terceiro Olho

Uma técnica parecida pode ser usada para estimular a abertura da nossa terceira visão. Para fazê-la, comece como no exercício anterior, assumindo uma posição confortável diante do seu altar e relaxando para começar essa meditação. Então, de olhos fechados, procure voltar os olhos para o espaço entre as suas sobrancelhas, a região do terceiro olho.

Mantenha o compasso da respiração lenta e profunda, mas ao invés de manter a sua atenção sobre a inspiração e a expiração, deixe que o foco repouse sobre o terceiro olho e veja que, no ritmo da sua respiração, uma luz violeta começa a circular nessa região. Deixe que essa luz circule, concentre-se em sua cor e no seu brilho. Se qualquer tipo de pensamento invadir a sua mente, reconheça-o, deixe ir e então retome o foco na luz sobre o terceiro olho.

Do mesmo modo, cronometre o tempo da experiência e tente aprofundá-lo aos poucos.

Contemplação

O estado de contemplação é muito parecido com o anterior, com a diferença de que nossa atenção vai repousar sobre um símbolo que usaremos como foco da atenção e da concentração. A contemplação permite que nossa consciência se misture a um símbolo e se abra para seus significados e para o seu poder, permitindo que a força do símbolo flua por nós.

Algumas imagens que podem ser usadas para contemplação:
- A Lua cheia nos céus, ou refletida sobre as ondas do mar;
- O Sol dourado do meio-dia sobre um campo de trigo;

- A imagem de uma deidade;
- Um cervo, um bode ou outro animal associado ao Deus;
- Uma árvore, uma rosa ou outra planta sagrada;
- Um pentagrama;
- Uma espiral;
- Um círculo;
- Os símbolos dos Elementos;
- A chama de uma vela;
- Um de seus instrumentos mágicos.

Exercício 38: Contemplando Símbolos Sagrados

Eleja um dos símbolos anteriores ou escolha outro para meditar. Lembre-se de que o objetivo é experimentar uma fusão de consciência entre você e a imagem, para deixar que a sua compreensão sobre ele se expanda. Caso tenha o símbolo físico (como um de seus instrumentos mágicos, por exemplo), use-o e faça o exercício de olhos abertos. Se não tiver, basta criar a imagem mental de olhos fechados e concentrar-se nela.

Assuma uma posição confortável, respire e relaxe. Então, coloque sua atenção sobre o símbolo. Explore seus detalhes e abra-se para as sensações que podem vir dele. Não faça uma análise racional, por meio de palavras, como se você tentasse descrever partes do símbolo – concentre-se em sua totalidade e naquilo que essa totalidade pode lhe transmitir.

Lentamente, deixe que esse estado de tensão da concentração crie um estado de receptividade em você; abra-se para a comunicação com o símbolo. Deixe que ideias e imagens surjam em sua mente e que o símbolo comunique a você um de seus muitos significados.

Mantenha o exercício pelo tempo que conseguir e, ao terminar, registre o tempo de duração e anote em seu diário mágico o que aprendeu sobre esse símbolo. Repetir o exercício com um mesmo símbolo diversas vezes é uma ótima forma de aprofundar seu conhecimento e sua conexão com ele.

Meditação ativa

A meditação ativa é o uso da imaginação e da visualização criativa para explorar cenários e paisagens nos planos interiores. Existem muitos usos para essa técnica, desde meditar com os Deuses até viajar mentalmente para lugares reais e tentar captar impressões desses ambientes.

Para esse tipo de técnica, acessamos outro tipo de realidade, por isso, precisamos atravessar um portal que nos levará desse estado de consciência para outro. Isso é feito através de uma porta pessoal para os planos interiores, que você poderá conhecer fazendo o seguinte exercício:

Exercício 39: Encontrando a Porta Astral

Diante do altar, em uma posição confortável e em estado de relaxamento, concentre-se em sua tela mental. Veja-a completamente escura, concentre-se na imagem negra diante de você. Misture-se a essa escuridão, como se você fosse capaz de se projetar para ela.

Perceba-se em pé, diante desse lugar escuro, caminhe por ele, experimentando o vazio. Então, mentalmente, afirme que você deseja encontrar a porta que leva aos seus reinos interiores. Caminhando por esse espaço, você deixará que a imagem dessa porta surja. Geralmente ela é vista como uma porta muito antiga, de madeira maciça ou de pedra, e bem alta, muito maior que você. Ela tem uma aparência imponente e muito velha. As especificações dessa porta serão únicas, então, deixe que a imagem surja durante o exercício, sem criar expectativas antes de fazê-lo.

Ao encontrar a imagem da porta, observe com atenção. Toque-a, sinta sua textura, sua temperatura, os materiais de que é feita. Algumas pessoas veem uma única porta, enquanto outras veem uma porta dupla que se abre do centro para fora. Preste atenção na maçaneta (ou nas maçanetas) e no batente dessa porta, mas não a abra nessa primeira visita. Apenas sinta-a e conecte-se a ela. Após captar todas as impressões, volte lentamente ao estado de consciência normal.

Em seu diário mágico, descreva essa experiência e desenhe a sua porta pessoal para os reinos interiores.

***

É por essa porta, chamada de Porta Astral, que poderemos acessar outros níveis de realidade, meditar com os Deuses e nos projetarmos para outros lugares. Quando fizer esse tipo de prática, volte a essa porta, coloque as mãos sobre ela e, mentalmente, declare a sua intenção – para onde ela deve levá-lo? Ao encontro de que forças e de quais poderes? Essa porta é capaz de levar você aonde desejar ir, basta que peça e que se concentre. Ao abri-la, cruze-a e explore a paisagem que surgir. Ao finalizar, retorne pelo mesmo caminho, feche a porta atrás de você, encerrando seu contato com os reinos interiores, e então, volte ao estado normal de consciência. Caso a experiência seja muito intensa, tenha algo para comer ou beber ao fim dela, de modo a aterrar a energia e retornar à consciência convencional.

Use os exercícios a seguir para explorar esse portal.

Exercício 40: Meditando com a Deusa

Vá até a sua Porta Astral, toque-a e informe a ela seu desejo de se conectar à Deusa da Lua. Se desejar, desenhe com o dedo um símbolo da Deusa sobre a porta, como um crescente lunar, uma Lua cheia ou outro símbolo que lembre a Deusa para você. Sinta a porta se movendo pelo tempo e pelo espaço. Quando sentir que é a hora, abra-a.

Você verá uma paisagem natural diante dessa porta. Talvez uma praia, uma montanha, um bosque ou um campo. É noite, e você vê a Lua brilhando além do portal aberto. Cruze a porta e entre na cena. Explore-a com seus cinco sentidos – sinta o chão sob os seus pés, o vento em seu rosto, os perfumes e os sons do ambiente. Caminhe por esse chão e explore-o, procurando pela presença da Deusa.

Pode ser que você simplesmente se conecte à paisagem, mas também pode ser que veja a Deusa personificada, como uma mulher que vem em sua direção. Ela tem o brilho do luar nos olhos e carrega um crescente na fronte. Se isso acontecer, abra-se para a experiência e converse com ela. Abra seu coração para a Deusa e deixe que ela se comunique com você.

Ao finalizar, agradeça e volte pelo mesmo caminho, fechando a porta atrás de você, permanecendo um tempo diante dela na escuridão, e então retornando à consciência habitual.

> **Exercício 41: Meditando com o Deus de Chifres**

Do mesmo modo, vá até sua Porta Astral e informe a ela seu desejo de se comunicar com o Deus de Chifres. Se desejar, trace sobre a porta um símbolo do Deus, sinta-a se movimentando, e quando estiver pronto, abra-a.

Você se verá diante de uma paisagem natural. Talvez um campo de trigo em um dia ensolarado, ou uma densa floresta durante a noite. Cruze o portal e entre na cena. Explore-a com os cinco sentidos e busque pela presença do Deus de Chifres. Ele pode vir a você em sua forma humana, com chifres na cabeça, ou então apenas como um animal cornífero selvagem.

Abra-se para o Deus e se comunique com ele. Entregue-se à experiência. E, ao finalizar, volte pelo mesmo caminho, cruzando a porta dos reinos interiores e fechando-a atrás de você. Permaneça por alguns instantes diante dela, preparando-se para o retorno completo, e então, movimente lentamente o corpo e abra os olhos.

A aura

O corpo humano tem sete principais centros de energia, às vezes chamados de chacras (veremos no capítulo seguinte). Cada um de nossos centros de energia está associado a um nível da realidade e a uma manifestação de nossos corpos sutis. A energia vital que é absorvida por nosso corpo é distribuída através desses centros de energia, cada um processando um padrão energético específico de nosso ser, como engrenagens diferentes que fazem com que um aparelho funcione.

O campo eletromagnético que é gerado ao nosso redor pela interação dinâmica de cada um desses centros de energia é a aura. Desse modo, toda e qualquer interação energética que acontece conosco é sentida primeiro em nosso campo áurico, que tem diversas camadas correspondentes a cada um de nossos centros de energia. Isso quer dizer que a nossa aura é gerada pelo nosso padrão de pensamentos, de emoções, de ações e de energias com as quais estamos ligamos.

Em um nível energético, uma aura forte é um indicativo de um bom "sistema imunológico mágico". Quer dizer que nossa energia está íntegra e que podemos nos proteger de forças desarmônicas que entramos em contato no nosso dia a dia. Uma aura forte tem tendência a manter sua estrutura e a rebater qualquer tipo de energia perniciosa que entre em contato com ela. Qualquer energia danosa só pode nos afetar se conseguir de algum modo se acoplar à nossa aura, como uma chave que se encaixa em uma fechadura. Isso diz respeito tanto à quantidade da nossa energia vital quanto às nossas vulnerabilidades psíquicas e inconscientes, que também se manifestam em nossa aura. Portanto, com o fortalecimento de nossa aura e de nossos centros de energia, podemos nos blindar de eventuais aberturas psíquicas para ataques e outros tipos de agressão mágica. Essa é a nossa melhor proteção.

Por ser um produto do funcionamento de cada um de nossos centros de energia, a aura é um sinalizador de nossa saúde psíquica e de nosso equilíbrio interior. Antes de qualquer problema se manifestar fisicamente, ele primeiro é sentido em nossos corpos sutis e, portanto, sinalizado pela aura. Isso quer dizer que, qualquer disfunção energética que tenhamos em um de nossos corpos sutis, causa impacto na aparência de nossa aura, afetando sua cor, sua intensidade e sua amplitude. Uma aura saudável é contínua, sem falhas e sem buracos.

Por isso, quando somos capazes de fazer uma leitura áurica em alguém, podemos dizer, precisamente, o estado em que a pessoa está em cada um de seus níveis, e até mesmo prever problemas que ainda não se manifestaram fisicamente, mas que já estão atuando em um nível energético. Por meio do trabalho da aura, podemos mudar nosso padrão de energia, corrigir disfunções energéticas e nos reequilibrar.

A extensão da aura varia de acordo com nosso estado emocional, mental e a quantidade de energia vital que temos no momento. Quando estamos nos sentindo tristes, desvitalizados, deprimidos, com medo ou angustiados, nossa aura se retrai. Se esse estado permanece por muito tempo, isso pode criar falhas e buracos em nosso campo áurico. Uma pessoa saudável, cheia de energia vital e em um estado de espírito positivo terá uma aura radiante e luminosa que se estenderá há metros de seu corpo. Uma aura em estado normal costuma ser percebida com extensão de mais ou menos um metro (talvez um pouco mais) do corpo, já as pessoas que são espiritualizadas e praticam magia, exercitando seus centros de energia e cuidando de sua vibração pessoal, tendem a ter auras mais amplas. Pessoas famosas, que têm muitos admiradores, também tendem a ter uma aura maior e mais vibrante. Quando uma pessoa sagrada ou positivamente importante passa perto de nós, sentimos uma vibração diferente no ar!

Ao passo que a nossa aura é dinâmica, estando em constante mudança por nosso estado de humor a cada momento, esse dinamismo atua sobre uma estrutura que é basicamente estável, que corresponde às camadas mais profundas da aura, geradas por nosso estado de espírito geral, o nosso padrão vibratório. Isso significa que é mais fácil criar modificações áuricas naqueles estados de espírito que são temporários. É muito mais fácil eliminar uma tristeza momentânea da aura de alguém do que curar uma depressão crônica, pois o sintoma está em diferentes camadas da aura. Por isso, quando precisamos fazer modificações profundas em nosso ser, de padrões energéticos que parecem enraizados, trabalhamos da camada mais externa da aura para a mais interior – é por meio da constância de novos padrões áuricos em sua superfície que essa energia pode penetrar o campo da aura e modificar as camadas mais densas.

Então, se você é uma pessoa que está há muito tempo fechada para o amor, por exemplo, um simples feitiço de amor não terá grandes resultados – pois ele atuará apenas na superfície da sua aura, mas não encontrará ressonância com as partes mais profundas do seu ser. Para modificar esse padrão energético, que já está cristalizado, é necessário se manter na frequência da energia amorosa por meio de meditações e de técnicas mágicas constantes. Isso fará com que essa energia vá lentamente penetrando o seu campo áurico e promovendo alterações em sua estrutura, e aí sim provocará uma mudança real em você. Tenha isso em mente ao fazer magia – esse é um dos grandes motivos para a falha de feitiços!

As correspondências mágicas que usamos em feitiços, como cores de velas, aromas de óleos, incenso, ervas e sons têm justamente a finalidade de criar um campo energético específico em nossa aura. Quando estamos trabalhando magicamente para outra pessoa, primeiro precisamos banhar nossa própria aura na energia que será enviada, para depois aproximarmos nosso campo energético do campo energético da pessoa em questão, transmitindo a ela a energia gerada. O poder não viaja simplesmente "pelo ar", ele viaja entre sistemas energéticos, entre campos áuricos. Por isso, quando alguém está receptivo a um feitiço ou a energia que enviamos, sua eficácia é muito maior, pois não há resistência para a transmissão de energia de um campo áurico para o outro.

Uma das técnicas mágicas mais eficazes para usar em sua vida cotidiana é justamente aprender a moldar a sua aura, expandindo-a quando precisar aumentar a sua influência e seu brilho pessoal, e retraindo-a quando precisar passar desapercebido. Em momentos de perigo energético, ou quando nos sentimos vulneráveis, também podemos trabalhar magicamente com nossa aura para nos protegermos.

Exercício 42: Percebendo a própria aura

Fique em posição confortável e relaxe. Respire profundamente e vá se conscientizando da energia vital que é absorvida por você na sua respiração. Lentamente, deixe que a sua consciência seja transferida da respiração para o fluxo de energia vital através de você e de seus centros de energia. Tente perceber cada um dos centros de energia ao longo do seu corpo, a cada inspiração, imagine que pode absorver o ar – a energia vital ao seu redor – por todos esses centros de energia ao mesmo tempo.

Enquanto continua respirando, vá lentamente mudando o foco da consciência de dentro da sua cabeça para a superfície do seu corpo, à medida que respira por cada um dos centros de energia. Perceba a sua pele e continue respirando. Aos poucos, você começará a tomar consciência de uma energia que circula acima da sua pele. Essa é a camada mais interna da sua aura. Continue respirando e deixe que a consciência da aura vá lentamente se expandindo para cada vez mais longe do seu corpo, até perceber que ele está envolvido em um grande ovo de energia.

Respirar conscientemente leva energia para a aura e a fortalece. Explore esse campo de energia e tente identificar sua cor, a sua aparência e possíveis problemas em sua superfície. Use a respiração para enviar energia para as partes defasadas da aura.

Lentamente, traga a sua consciência de volta aos centros de energia e ao corpo e encerre o exercício.

Exercício 43: Percebendo a aura de outras pessoas

Para esse exercício, você vai precisar de um voluntário. Peça que essa pessoa feche os olhos, respire profundamente e se acalme. Diga para ela procurar manter um estado de relaxamento e de equilíbrio interior e que não há necessidade de tensão – você avisará quando o exercício acabar para que ela abra os olhos.

Fique há alguns metros de distância do seu voluntário e esfregue suas mãos umas nas outras para ativar os centros de energia das palmas (que estão diretamente vinculadas ao seu centro cardíaco de poder). Sinta o calor do atrito despertando a sua sensibilidade energética. Quando estiver com as mãos quentes, pare. Sinta a vibração de suas mãos, aproximando-as e afastando-as.

Estenda suas mãos para frente e comece a caminhar em direção ao voluntário. Quando suas mãos entrarem em contato com uma das camadas da aura dele, você vai sentir alguma resposta nas mãos – um formigamento, um calor, uma agulhada ou algum outro tipo de sensação. Caso não consiga identificar nada e tenha chegado muito perto do corpo do voluntário, comece a se afastar lentamente, prestando atenção na resposta de suas mãos, até que encontre os limites aparentes da aura. Aparentes, porque talvez você não esteja identificando a camada mais externa da aura, que é muito sutil; talvez identifique uma camada que é densa o bastante para a sua sensibilidade energética nesse momento e tudo bem. Com o tempo, essa sensibilidade aumentará.

Ao identificar esse ponto, mova a direção pelos limites da aura, sentindo-a. De olhos fechados, abra-se para as sensações e para as percepções psíquicas que podem surgir nesse momento. Há alguma cor, sentimento ou ideia que surge à sua mente? Veja como a informação chega a você.

Ao terminar, chacoalhe as mãos com força à frente do seu corpo para encerrar o contato energético e, se desejar, toque as palmas das mãos no chão por alguns instantes. Diga ao seu voluntário para abrir os olhos e, se possível, compartilhe suas impressões.

Exercício 44: Leitura áurica

Esse é um exercício que vai aprofundar a experiência anterior. Comece do mesmo modo até que tenha identificado os limites da aura de seu voluntário. Em seguida, coloque a palma de uma de suas mãos nos limites da aura, na altura de cada um dos centros de energia – topo da cabeça, testa, garganta, centro do peito, plexo solar, região umbilical e base da coluna –, começando pela cabeça e descendo até a base.

Tente sentir o fluxo de energia em cada um deles, percebendo se há mais ou menos energia, se ela está contida, se flui normalmente, ou qualquer outro tipo de impressão que possa captar. Você perceberá que, geralmente, quando um centro de energia está afetado, existe a tendência de ele também afetar aqueles que estão ao seu redor.

Se desejar, use um dos exercícios de manipulação de energia vistos na lição "As Habilidades Mágicas Básicas" para energizar um centro de energia que esteja defasado. Ou simplesmente peça para que o voluntário se concentre nessa região do corpo e mentalize a cor apropriada à medida que continua a respirar.

Encerre da mesma forma, abanando as mãos e tocando o chão para encerrar o contato energético. Troque impressões com o seu voluntário.

Técnicas mágicas

Agora, vamos explorar algumas habilidades mágicas que podem ser obtidas pelo treinamento dos itens anteriores. Esses exercícios são aplicações práticas que você pode usar para ajudar a desenvolver habilidades mentais, mas dependem do treino anterior para conseguir acessar o estado correto de consciência:

Exercício 45: Treinando a psicometria

Psicometria é a habilidade de retirar informações e impressões psíquicas de um objeto com o qual temos contato. Todo objeto é impregnado de energia e contém em si a memória de seu uso. Para esse exercício vai precisar de um objeto pessoal que não seja seu, mas de alguém próximo, com quem possa partilhar a experiência e checar as informações. Peça por um objeto que tenha tido alguma importância para essa pessoa.

Diante de seu altar, em uma posição confortável e em estado de relaxamento, segure o objeto em suas mãos e entre em estado de receptividade, concentrando-se nas sensações que ele provoca. Primeiro, concentre-se nas impressões físicas que ele provoca: peso, temperatura, textura, etc. Brinque com o objeto em suas mãos, deixe que a imagem dele surja em sua mente à medida que seus dedos percorrem seu contorno. Faça isso para manter a concentração e o foco sobre o item em suas mãos.

Então, abra-se para a informação e deixe que o objeto conte a você sua história. Isso pode acontecer por imagens, sensações, sentimentos, sons, ideias... Cada Bruxo capta as informações de um modo diferente, veja como funciona para você. Explore o máximo possível, e não se contente com as primeiras impressões. Vá além. Veja mais.

Ao finalizar, anote as impressões e compartilhe com o dono do objeto para verificar se foi capaz de descobrir algo sobre sua história.

Exercício 46: Abrindo-se para a energia de um ambiente

Quando desejar ler as energias de um lugar, sinta sua aura ao seu redor e conscientize-se dela. Em seguida, entre em estado de receptividade psíquica e perceba as impressões que surgem.

Procure tocar as paredes ou os objetos do lugar para captar informações e abrir-se para imagens, sensações e impressões. Esse é um ótimo exercício para ser feito em lugares antigos, como museus, por exemplo.

Ao finalizar, feche sua aura e encerre o contato psíquico. Tome cuidado: abrir-se para esse tipo de experiência pode trazer sensações e imagens desagradáveis e difíceis de lidar. Se isso acontecer, encerre o exercício imediatamente e use uma técnica de aterramento para cortar o vínculo.

Exercício 47: Projeção mental

Agora você vai usar a técnica da Porta Astral não para acessar a energia dos Deuses, mas para visitar um local do plano físico por meio de uma projeção mental. Use esse exercício para tentar captar imagens de um lugar que você ainda não conhece, mas que pode visitar, de modo a comprovar a sua eficácia.

Para o exercício, entre em estado meditativo e deixe que a imagem da porta surja diante de você. Toque-a e afirme mentalmente para que lugar deseja viajar. Quando sentir que é o momento, abra a porta e atravesse-a, explorando o lugar.

Pode ser que no começo a imagem seja difusa e demore para se estabilizar, tudo vai ser borrões e cores. Ou talvez se surpreenda e consiga enxergar com nitidez. Seja qual for o caso, explore o ambiente como puder, ao máximo, tornando-se consciente de tudo o que conseguir captar. Então, volte pela mesma porta, feche-a atrás de você e tome nota de tudo o que conseguiu captar. O próximo passo é ir até o local e comparar as suas impressões com a realidade.

Exercício 48: Espelhando a aura

Essa é uma técnica áurica que pode ser usada quando estiver em um ambiente que lhe parece energeticamente carregado, quando sentir algum tipo de vampirismo energético ou quando precisar se proteger das energias circundantes.

Tome consciência do campo áurico ao seu redor. Quando essa percepção estiver clara, visualize que a superfície da aura assume a aparência de um espelho, refletindo para longe qualquer tipo de energia perniciosa e densa que possa lhe ser prejudicial.

Exercício 49: Ocultando a aura

Essa técnica pode ser usada para diminuir a atenção sobre si mesmo, passando de forma despercebida quando necessário. Tome consciência da aura ao seu redor. Use a sua respiração para diminuir a amplitude da sua aura. Faça uma inspiração forte e prolongada, e uma expiração rápida e curta, visualizando que a cada inspiração, sua aura vai se retraindo e se aproximando mais da superfície do seu corpo.

Mantenha fixa em sua mente a ideia de se ocultar, como se estivesse invisível, e deixe que esse pensamento permeie a sua aura. Você também pode visualizar que sua aura encolhida é encoberta por uma névoa ou por sombras, tornando-se imperceptível.

Mantenha essa imagem mental durante o tempo em que precisar se ocultar. O simples fato de relaxar e voltar aos seus afazeres comuns serão suficientes para que a sua aura volte ao normal.

Exercício 50: Trazendo uma energia específica para a aura

Use a sua respiração para gerar e acumular Poder em seu corpo. Dê a essa energia uma cor específica. Use sua expiração para fazer com que essa luz permeie a sua aura, visualizando que ela se espalha pelo campo áurico como uma fumaça colorida.

Isso também pode ser feito com uma ideia ou com um sentimento, que serão projetados por uma determinada cor para o seu campo energético, criando, assim, uma mudança em seu estado de humor.

~ LIÇÃO 10 ~

Elevando Poder

O Poder Mágico usado na Bruxaria não é sobrenatural, mas compreendido como parte da energia vital que reside no interior do próprio corpo. O Círculo Mágico tem a função de conter esse Poder para que ele não se disperse, e as técnicas dos Bruxos têm a finalidade de aumentar o fluxo do Poder e também de moldá-lo, direcioná-lo e enviá-lo ao seu alvo. Sobre ele, Gerald Gardner nos diz:

> Penso que há na natureza um campo eletromagnético que rodeia todos os corpos vivos, que algumas pessoas veem e a que chamamos de aura. Algumas vezes eu mesmo a posso ver, mas apenas em carne nua, de modo que as roupas evidentemente obstruem seu curso; porém, essa é simplesmente minha crença pessoal. Acredito que uma Bruxa, com suas fórmulas, a estimula, ou possivelmente a aumenta. Dizem que Bruxas, com prática constante podem treinar suas vontades para potencializar essa força nervosa, ou o que quer que seja, e que suas vontades unidas podem projetá-la como uma irradiação de força e que elas podem usar de outras técnicas para adquirir a clarividência, ou mesmo para alcançar o corpo astral. Essas práticas incluem aumentar e acelerar o fluxo de sangue, ou em outros casos desacelerá-lo, assim como o uso da vontade-poder; então é razoável acreditar que produza algum efeito".[4]

E também:

> Alguns desses poderes são afins ao **magnetismo**, **mesmerismo** e **sugestão**, e dependem da possibilidade de se formar uma espécie de bateria humana, combinando vontades humanas para influenciar

---

4. *A Bruxaria Hoje*, Gerald Gardner.

pessoas ou acontecimentos a distância. Elas têm instruções sobre como aprender essas práticas. [...] para uma Bruxa tudo isso é Magia, e a magia é a arte de obter resultados. Para tal, certos processos são necessários e os ritos são feitos de forma a empregar esses processos. Em outras palavras, você é condicionado a eles. Este é o segredo do culto.[5]

Essa definição de Gardner parece especialmente ligada a uma corrente do pensamento biológico e filosófico que se desenvolveu nos séculos dezoito e dezenove, chamada de VITALISMO. Essa teoria postulava que a grande diferença entre seres vivos e os inanimados é a existência de uma energia biológica (energia, força ou impulso vital) que os permeia e é responsável pelo fenômeno da vida, capaz de desenvolver, organizar e direcionar os organismos. Essa força biológica seria diferente de todos os outros tipos de energia conhecidos, e a teoria vitalista surge em oposição à noção excessivamente materialista e mecanicista da ciência da época, que postulava que o Universo poderia ser explicado pelo simples estudo do movimento da matéria de maneira inorgânica.

As bases do pensamento vitalista podem ser vistas na antiga filosofia grega que buscava compreender o que era a essência vital. Os filósofos pré-socráticos acreditavam que a natureza (*physis*) está impregnada por um princípio vitalizante universal. Tales de Mileto postulou que esse princípio poderia ser encontrado na Água enquanto elemento. Anaxímenes de Mileto associava essa energia vital ao Elemento Ar e a chamava de *pneuma*. Anaximandro postulou que essa substância provinha do *ápeiron*, o infinito. Anaxágoras fala do *nous*, o espírito, que é responsável pela vida. Já Hipócrates, tido como o pai da medicina, postulou sobre os quatro humores corporais – forças interativas no corpo que eram responsáveis pela saúde ou pela doença quando estavam em equilíbrio ou em desequilíbrio.

Vejamos algumas das teorias vitalistas que parecem ter algum tipo de influência sobre pensamento ocultista e na compreensão do Poder Mágico dos Bruxos.

---

5. *A Bruxaria Hoje*, Gerald Gardner.

O magnetismo animal de Mesmer

O termo "magnetismo animal" (também chamado às vezes de "mesmerismo") foi usado pelo médico alemão do século 18, Franz Mesmer (1734-1815). Sua teoria postulava que o mundo estava imerso em um fluido energético que era influenciado pelo Poder gravitacional dos planetas e das estrelas, que tinha a capacidade de afetar o corpo humano e a vida. Como essa energia se comportava no corpo animal de maneira similar ao magnetismo, o nome usado para descrever seus processos foi justamente magnetismo animal.

Mesmer acreditava que quando essa energia encontrava bloqueios para fluir pelo corpo, se manifestaria fisicamente na forma de doenças, e que esses bloqueios de energia poderiam ser liberados por estados alterados de consciência catárticos e dramáticos, muitas vezes envolvendo convulsões involuntárias do corpo. Em seus tratamentos, ele colocava o paciente em estado hipnótico por meio do contato visual e de passes magnéticos das mãos, e acreditava que esse Poder magnético poderia fluir mais facilmente dele para a pessoa.

Seu sistema de tratamento incluía a massagem da área do corpo na qual se percebia algum acúmulo desse fluido magnético, para descarregar e equilibrar o corpo, e o uso de contato visual para a transferência do magnetismo de uma pessoa para outra. Além de usar o magnetismo das mãos por meio de passes, Mesmer também usava imãs pelo corpo do paciente e receitava que bebessem "água magnetizada" com ferro.

Quando trabalhava com um grupo de pessoas, suas práticas envolviam a criação de uma "corrente magnética" entre os participantes, que deveriam segurar o polegar esquerdo da pessoa à sua direita entre os dedos polegar e indicador de sua mão direita, ou seja, as pessoas davam as mãos em círculo com os polegares apontando para a esquerda – a palma da mão esquerda para frente e da mão direita para trás.

Sua teoria teve grande impacto na comunidade religiosa e espiritualista da época, mas encontrou muita resistência dentro da comunidade médica por falta de comprovação científica que a endossasse. Entretanto, as técnicas usadas por Mesmer deram origem à prática moderna da hipnose. Foi dito que os resultados obtidos por Mesmer não dependiam do magnetismo, mas da indução a estados específicos de consciência e de transe que provocavam efeitos psicológicos capazes de aliviar sintomas, como um tipo de catarse.

> Dizem que Bruxas, com prática constante, podem treinar suas vontades para potencializar essa força nervosa, ou o que quer que seja, e que suas vontades unidas podem projetá-la como uma irradiação de força e que elas podem usar de outras técnicas para adquirir a clarividência, ou mesmo para alcançar o corpo astral. Essas práticas incluem aumentar e acelerar o fluxo de sangue, ou, em outros casos, desacelerá-lo, assim como o uso da força de vontade.[6]

A força ódica

Outro conceito muito semelhante à teoria do magnetismo animal foi desenvolvido por Baron Carl von Reichenbach em meados do século 19 e chamado de "força ódica". Reichenbach teve contato com o pensamento de Mesmer e não acreditava que seu magnetismo animal era fruto simplesmente de hipnose e sugestão. Por meio de seus próprios estudos, postulou que a força ódica era uma energia que irradiava de minerais, plantas e animais como um campo eletromagnético capaz de ser visto e percebido no escuro total (como a aura, por exemplo). Esse conceito parecia se assemelhar muito com as noções orientais de *chi* e de *prana*.

No ser humano, seu fluxo não estava orientado apenas pela noção de magnetismo e de eletricidade, mas também especialmente conectada à atividade do coração. Essa força, que emanava principalmente da boca, das mãos e da testa, parecia diminuir com a fome e aumentar após as refeições.

A força ódica também flui através dos corpos celestes e pode ser sentida na luz do Sol ou da Lua, por exemplo. Essa energia, apesar de permear todas as coisas, pode ser conduzida por determinadas substâncias e, pelo contato ou pela proximidade, corpos são carregados os descarregados. Fazendo um paralelo de seu pensamento com a filosofia oculta, podemos comparar essas substâncias e esses aparelhos com o conceito de CONDUTOR FLUÍDICO, um instrumento mágico ou determinada substância (como óleos, filtros ou incensos) capaz de carregar algumas energias.

---

6. *A Bruxaria Hoje*, Gerald Gardner.

Em suas pesquisas e experimentos, Reichenbach usou diversos minerais e cristais, principalmente os imãs e seus polos elétrico e magnético como condutores da força ódica. Ele também conduziu experimentos com sonâmbulos e sensitivos, pois acreditava que essas pessoas poderiam perceber a força ódica com maior facilidade.

Reichenbach acreditava que tanto o sonambulismo quanto as experiências sensitivas tinham alguma relação com a influência do eletromagnetismo sobre o sistema nervoso. Acreditava, também, que a luz da lua exercia influência específica sobre essas pessoas. Em seus experimentos, ele explorou a crença popular de que episódios de sonambulismo são mais frequentes na época da Lua cheia, e por meio de câmaras de isolamento luminoso, constatou que a luz da Lua provocava um tipo de irritabilidade sobre os sonâmbulos. Ele também constatou que pessoas sensitivas se sentiam amplamente atraídas pela luz lunar, buscando ficarem expostas a ela durante suas experiências de transe. Usando um prisma, ele estudou os diferentes níveis do espectro da luz lunar e pôde constatar que determinadas frequências de onda da luz provocavam diferentes efeitos.

> O grande reservatório de "poder", de acordo com as Bruxas, é o corpo humano. As Bruxas acreditam que o "poder" está dentro delas, e que os rituais servem para externá-lo, e é a grande diferença entre elas e os praticantes de "magia cerimonial", branca ou negra.[7]

A energia orgônica

Em 1939, Wilhelm Reich descreveu o que chamou de ORGÔNIO, ORGONE OU ENERGIA ORGÔNICA. Reich foi um psicólogo freudiano com grande influência do pensamento marxista, que deu origem à sua própria linha psicológica, basicamente postulando que a energia psicossexual descrita por Freud tem um equivalente biológico, um princípio vital capaz de criar estados de bem-estar ou de doença. Ele acreditava que a energia psicossexual deveria ser apropriadamente liberada através do corpo pelo orgasmo, e quando isso não acontecia, gerava uma tensão que era ao mesmo tempo física e psíquica.

---

7. *O Significado da Bruxaria*, Gerald Gardner.

Entretanto, essa força bioelétrica não era exclusivamente humana, mas exercia especial influência sobre seres vivos em geral. Em seus experimentos, ele percebeu que essa radiação energética estava em estado de expansão quando havia a sensação de prazer, e que estados de medo e ansiedade provocavam uma contração desse princípio energético. Essas variações emocionais não influenciavam o ser humano apenas em um nível emocional ou psicológico, mas também somático, atuando sobre o sistema nervoso central e os níveis químicos do corpo.

Seres vivos reagem ao orgone pelo o que Reich chamou de pulsação, uma variação entre os estados de contração e expansão expressa por meio de um ciclo:

TENSÃO MECÂNICA => CARGA BIOELÉTRICA => DESCARGA BIOELÉTRICA => RELAXAÇÃO MECÂNICA

Ele relacionou esse princípio ao que chamou de teoria do orgasmo, postulando que o orgasmo sexual satisfatório e pleno é um regulador da harmonia do corpo, pois permite uma descarga e um fluxo dessa energia. Reich acreditava que a estrutura repressora da sociedade privava o ser humano de sua própria sexualidade e também de sua afetividade, ocasionando neurose e alguns dos transtornos psíquicos pela não adequação e pela impossibilidade de dar vazão à sua sexualidade.

As tensões causadas pelo acúmulo da energia orgônica criava um tipo de encouraçamento no corpo, bloqueando determinadas regiões musculares e gerando tensão física. Esse encouraçamento muscular também se manifestaria em um encouraçamento psíquico, criando tensões e levando ao adoecimento da mente. É interessante notar que há semelhança entre as áreas de encouraçamento descritas por Reich e a região dos sete chacras pelo corpo humano. Os estudos dos efeitos do orgônio sobre o corpo também levaram Reich à percepção dos fenômenos bioelétricos que regulam esse corpo.

Reich também abordou a energia orgônica como presente em todo o Universo, como em tempestades e outras perturbações elétricas, e foi descrita como uma energia de cor azulada. Apesar disso, ela não é uma força análoga ao eletromagnetismo. Reich as diferenciou, dizendo que o eletromagnetismo depende de um material condutor, enquanto que o orgônio é uma força biológica que pode carregar materiais não condutores. Ao explicar a absorção desse princípio vital pelo corpo humano, ele disse:

O organismo vivo contém energia orgonal em cada uma das suas células e se carrega orgonalmente com energia da atmosfera, por meio da respiração. Os corpúsculos "vermelhos" do sangue são vesículas microscópicas carregadas de orgônio, que têm uma cintilação azul; carregam a energia biológica da superfície dos alvéolos dos pulmões para os tecidos do corpo. A clorofila das plantas, que se relaciona com a proteína do sangue animal, a qual contém ferro, contém orgônio e absorve orgônio diretamente da atmosfera e da radiação solar.[8]

Os fluidos magnético e elétrico na magia

Franz Bardon, um famoso mago do século 20, postulou um modelo energético do Universo a partir de teorias orientais sobre os quatro elementos. Ele descreveu duas forças principais chamadas de FLUIDO ELÉTRICO e FLUIDO MAGNÉTICO, originadas respectivamente da energia do Fogo e da Água. Esses fluidos são complementares e não dizem respeito à eletricidade e ao magnetismo científicos, mas são forças com comportamentos análogos a elas.

O princípio elétrico é descrito como expansivo e caloroso, proveniente do princípio de explosão do elemento Fogo. O princípio magnético é descrito como retrativo e frio, proveniente das qualidades da Água.

Segundo Franz Bardon, a interação entre os fluidos elétrico e magnético no corpo humano produz um fluido eletromagnético que irradia para o exterior, chamado por ele de MAGNETISMO VITAL, semelhante à força ódica. Ele diz que a intensidade da irradiação desse fluido eletromagnético depende da capacidade da intensidade do efeito dos Elementos no corpo. Quanto mais saudável e harmoniosamente se operar esse efeito, mais forte e pura será a irradiação e, por meio de determinados exercícios, é possível ampliar ou diminuir esse fluxo. Bardon também ensina que cada parte do corpo é governada por um fluido elétrico, magnético ou neutro, e que a doença é causada pelo desequilíbrio dessas forças.

É interessante notarmos que ao usarmos a combinação de água e sal, estamos criando um fluido magnético capaz de conduzir uma corrente elétrica, enquanto que a combinação do carvão em brasa com o incenso

---

8. *A Função do Orgasmo*, Wilhelm Reich.

cria um fluido elétrico. A interação entre ambos cria um campo eletromagnético por onde o Poder pode fluir com maior facilidade.

A respiração é um poderoso veículo para absorvermos, retermos e direcionarmos esse princípio vital, pois o Elemento Ar é o princípio intermediário entre o magnetismo da Água e a eletricidade do Fogo. Quando inspiramos lentamente, essa força vital é absorvida com o ar que inspiramos e transferida para o sangue em nossos pulmões. No fluxo sanguíneo, essa energia é distribuída pelo nosso corpo, vitalizando o nosso ser. A nível do corpo físico, é o oxigênio que se distribui pelas células de nosso corpo para ser usado nas reações químicas que produzirão energia. Em um nível energético, é a energia vital que é transportada para vitalizar nossos corpos sutis.

Os centros de energia

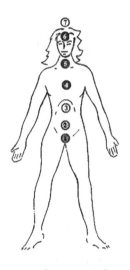

Até agora, falamos do Poder como uma força quase que física, biológica, que é gerada e acumulada por nossos corpos. Mas essa energia vital não flui apenas por nosso corpo físico, mas também por nossos corpos sutis.

Temos em nossa anatomia esotérica sete centros de energia principais, que nas tradições orientais foram chamados de *chacras*. Cada um desses centros é responsável por gerar determinada energia para a nossa integridade mágica e está associado a um nível de nosso ser e colaboram de modo diferente para a elevação do Poder.

Cada centro de energia tem um formato de roda, contendo um núcleo central e vários raios giratórios, que estão alinhados à coluna vertebral, e esse canal de centros de energia se alimenta por ambos os polos: o centro basal, que fica na base de nossa coluna, é responsável por trazer a energia feminina que vem de dentro da Terra, enquanto que o centro coronário, que fica no topo da cabeça, traz a energia masculina do Céu. Ou seja, cada centro de energia é um ponto de ligação entre as forças do plano físico e do plano divino. A energia que flui do alto, dos céus, desce por esse sistema energético em um movimento horário, enquanto a corrente ascendente da terra flui para cima em sentido anti-horário. No corpo físico, cada um desses centros de energia se expressa por uma glândula principal e também está ligado a um corpo sutil. O centro basal está conectado ao corpo etérico, formado pela energia que flui por entre os espaços vazios dos átomos do corpo físico, conduzindo a energia vital. Ele é responsável por manter a estrutura física, e por conectar a psique à matéria. Tudo em nosso corpo físico tem um duplo no corpo etérico, pois ele é responsável tanto pela firmeza quanto pela rigidez da matéria. O corpo etérico também está entre o emocional e o mental, que atraem o corpo espiritual.

Na respiração, há a absorção de energia vital para o corpo etérico e de oxigênio para o corpo físico, seu equivalente material. A energia vital se divide em polaridade magnética, que alimenta o corpo emocional, e polaridade elétrica, que alimenta o corpo mental.

Os centros de energia funcionam como um radar, gerando e emitindo energia e recebendo de volta seu eco – um fenômeno de radiação. Por isso é possível alinhar os centros de energia realizando trabalhos com sons – um tambor, por exemplo, provoca uma radiação de curto espectro, enquanto que mantras, uma radiação de longo espectro. É por isso que o trabalho com o ritmo é muito importante para produzir Poder: ele não apenas desperta a ação desses centros de energia, como faz com que o Poder se movimente por eles.

Cada centro de energia está conectado a um dos elementos da natureza e tem ressonância com a estrutura do nosso Círculo Mágico. Quando o Poder está sendo elevado no ritual, ele flui de baixo para cima, do nível mais denso de nosso corpo para os mais sutis. O método que usamos para gerar Poder também despertará determinados centros para a magia. Quando esse Poder elevado começa a se aproximar dos centros de energia superiores, sabemos que estamos chegando ao ápice, ao momento ideal para a sua liberação.

Há uma alternância de polaridades entre cada um dos centros de energia. Por exemplo, o centro basal é elétrico, emitindo uma onda de vibração que sonda o espaço, ao passo que o segundo centro de energia, o centro sacro, é magnético e cria um campo que atrai de volta essa vibração. Isso gera um campo eletromagnético ao redor de nosso corpo conhecido como aura, como vimos no capítulo anterior.

Vejamos cada um dos centros de energia e como eles podem ser ativados para a elevação de Poder:

O Centro Basal

Esse centro sustenta a energia que nutre o corpo físico. Situa-se na base da coluna, mas também se expressa através dos pés e é responsável pela forma, pelos nossos instintos de sobrevivência e pela parte mais animalesca e telúrica de nós. É o enraizamento no plano físico e lida com as necessidades básicas para que possamos existir. Absorve a energia telúrica e a distribui por nosso sistema energético. Nosso duplo etérico está vinculado a ele.

Sua cor é o vermelho vivo, trabalhar com esse centro de Poder traz a aceitação da vida na Terra, além de constância e estabilidade. Está ligado aos ossos, aos dentes, ao intestino grosso e delgado, no qual estabelece sua ligação com o próximo centro de energia. Seu Elemento é a Terra e, por isso, todas as questões pertinentes a esse Elemento são trabalhadas nesse centro de energia.

O centro basal gera o Poder Mágico pelo movimento do corpo e do próprio fluir da energia biológica. É por meio da estimulação sensorial e da excitação física que o Poder começa a ser gerado dentro de nós.

O Centro Sacro

Localiza-se dois dedos abaixo do umbigo e pulsa na cor laranja. Esse centro de energia está associado ao Elemento Água e traz umidade à Terra do centro anterior. Ele é o centro do desejo, da sexualidade e das emoções mais densas, quase instintivas. É nele que se dá o contato da matéria com as sensações, e é por ele que estabelecemos ligações energéticas com outras pessoas.

Enquanto que o primeiro centro de energia representa a estabilidade, este é o centro do movimento e representa a dualidade da vida, o ir e vir das forças, um de nossos reservatórios de energia vital. Esse centro é responsável por nossa criatividade e pelo nosso Poder de nutrir os projetos e os sonhos – uma de suas manifestações é justamente o cordão umbilical.

O centro sacro gera Poder por meio da energia do desejo. Por isso, quando fazemos magia, é muito importante deixarmos que nossas emoções se inflamem, trazendo o movimento e estabelecendo uma ligação entre nós e o resultado do feitiço. Em todo ato de magia você deverá sentir o quanto quer que aquilo se realize e deixar que o desejo atue como um combustível mágico em seu feitiço.

O Centro Solar

Um palmo acima do umbigo, esse é o nosso Sol interior. É o centro de energia das descobertas práticas e científicas. O centro do Poder, que leva o ser a criar o que deseja. Seu Elemento, naturalmente, é o Fogo, e sua cor é o amarelo solar. É por ele que recebemos a energia do próprio Sol e encontramos nossa beleza interior.

Está associado ao nosso corpo mental e às habilidades intelectuais, trazendo clareza aos processos emocionais que acontecem no centro sacro. É o Poder da mente e do julgamento, que cria um movimento elétrico e expansivo, fluindo para fora e para dentro. Em desequilíbrio, origina o autoritarismo, a tirania e o egoísmo, por isso funciona melhor quando seu Poder é conduzido em direção ao centro cardíaco.

O centro solar é ativado por meio da concentração e do foco. Há um antigo princípio mágico que nos diz que o Poder flui para onde a atenção vai. Este é o grande reservatório de energia de nosso corpo, e quando ele é devidamente estimulado pelo desejo do centro sacro, tem o Poder de direcionar a energia mobilizada para o nosso objetivo. Determinação, confiança, certeza e foco no trabalho mágico engajam a atividade desse centro de energia na elevação e no direcionamento do Poder.

O Centro Cardíaco

Localizado exatamente no ponto intermediário entre os centros inferiores e superiores, bem no meio do nosso peito, o centro cardíaco equilibra a energia do Céu e da Terra dentro de nós. Enquanto que o centro de energia anterior é expansivo e se projeta para fora, esse centro magnético traz de volta o movimento para dentro, harmonizando o humano e o Divino. É também responsável pela energia de cura; sua atuação estende-se para as palmas de nossas mãos.

Sua cor é o verde vivo e seu Elemento o Ar. Está associado à nossa respiração e aos ritmos do nosso corpo. Por ele nos ligamos à coletividade e à comunidade, pois ele vibra em amor incondicional. Por isso é também a fonte do altruísmo e do trabalho pelo outro. As relações mais profundas que estabelecemos com outras pessoas acontecem por esse centro de energia.

O centro cardíaco é responsável por fazer com que o Poder gerado pelos centros inferiores seja elevado ao potencial mágico de realização. É nele que a energia bruta inferior é combinada com as imagens mais sofisticadas geradas pelos centros superiores. Esse processo é feito principalmente por meio da respiração, que é a forma desse centro de energia gerar e mobilizar o Poder Mágico.

O Centro da Garganta

De cor azul celeste e associado ao princípio da vibração e do som, esse centro de energia faz fluir a criatividade superior e o nosso Poder de criar, comunicar e ordenar – tanto no sentido de comando, por meio da palavra, quanto do estabelecimento da ordem. É associado à nossa capacidade de expressar a sabedoria interior.

Está associado ao Poder dos cânticos, das orações e das invocações. Seu Poder é o da tomada de decisões que criam e moldam nossa vida. Por ele, acessamos o Poder de nossas palavras e modificamos a vibração ao nosso redor – conseguimos projetar a energia do nosso interior para o meio.

A palavra falada sempre foi de grande importância para a magia. O centro da garganta gera Poder pelo som e pela vibração que projetam nossa intenção para fora. Por isso, o uso da voz na magia e no ritual é tão importante. Quando cantamos, entoamos palavras bárbaras e invocamos os nomes dos Deuses, estamos ativando e gerando Poder por meio desse centro de energia.

O Centro Frontal

Esse centro de Poder magnético tem a capacidade de unificar as polaridades. Em razão disso, sua representação oriental tem duas pétalas, representando ambos os hemisférios do cérebro, nosso potencial mental e emocional, unificados no centro do cérebro, de onde nasce o terceiro olho e onde se eleva o centro coronário, a consciência divina.

Sua cor é o violeta, e seu princípio é a luz, capaz de produzir a visão. É por esse centro de energia que as imagens mentais são geradas e formadas e podemos tomar consciência do nosso contato com outros níveis da realidade.

O centro frontal gera Poder por imagens e padrões de pensamento que criamos ao longo do trabalho mágico. É aqui que acontece a visualização, que dá forma ao Poder bruto, gerado pelos centros de energia inferiores. É ele quem dá forma para o feitiço.

O Centro Coronário

A cor desse centro de energia é o branco-perolado, ele está localizado acima da cabeça e representa a nossa conexão com o plano Divino e as forças sagradas. Esse é o único centro de energia que não gira, e cada área dele é associado a um dos outros centros, ou seja, ele reflete automaticamente o nosso estado energético geral.

Ele é a sede da iluminação e da integração, e se caracteriza pela obediência ativa. Esse centro de energia está plenamente ligado ao sistema nervoso e nos permite transcender o tempo e o espaço para criar influências diretas no plano material e em nossa vida cotidiana.

O centro coronário é ativado no ritual quando estamos em estado de comunhão com o sagrado. É por ele que o Poder dos Deuses chega até nós e fortalece nosso intento. Também é por esse centro de energia que o Poder é enviado par ao mundo dos Deuses, para que se manifeste no plano físico.

***

Os centros de energia inferiores são responsáveis por gerar a Força, enquanto que os superiores dão a Forma para a magia. Quando a Força flui para a Forma, a magia pode acontecer. Por isso é importante que todos os centros de energia estejam engajados em um ritual.

Exercício 51: Abrindo os centros de energia

Fique em pé e, em estado de relaxamento e concentração, sinta a ligação dos seus pés com a terra. Não importa se você está no vigésimo andar do seu prédio – sinta o chão sob os seus pés e saiba que, de algum modo, seu corpo está conectado à terra.

Respirando profundamente, traga a energia da terra através dos seus pés e deixe que ela suba, chegando até o seu primeiro centro de poder, na base da coluna. Visualize que essa força sobe com uma cor avermelhada, como a terra vermelha, e que, ao chegar no centro de energia, forma uma esfera de força da mesma cor. Sinta o Elemento Terra dentro de você respondendo a essa ativação.

Respire profundamente várias vezes, mantendo esse fluxo de energia e criando uma esfera vermelha cada vez mais concentrada no seu centro basal, sentindo que esse centro de energia gira e se expande, abrindo-se para o trabalho mágico que seguirá.

Então, volte sua atenção aos seus pés mais uma vez e traga um novo fluxo energético, mas dessa vez, deixe que ele pare por alguns instantes no seu centro basal, e então traga essa esfera de luz para o centro sacro, dois dedos abaixo do umbigo, e veja que agora ela brilha na cor laranja. Com a respiração, mantenha o fluxo de energia dos pés para a base e da base para o sacro. Sinta o Elemento Água dentro de você, os fluxos e refluxos dos líquidos do seu corpo enquanto essa luz se expande e o centro de energia se abre. Contemple por alguns instantes os dois primeiros centros de poder abertos, nas cores vermelho e laranja.

Desça sua atenção para os pés, trazendo um novo fluxo de energia. Deixe que ele se transforme mais uma vez em uma esfera que passa pelos dois primeiros centros, assumindo suas cores, e então flui para cima, em direção ao centro solar, no seu plexo, e passa a brilhar na cor amarela. Continue respirando, enquanto se conecta ao Elemento Fogo nessa região do seu corpo, à sua vontade e ao seu Poder pessoal. Deixe a luz crescer e o corpo esquentar enquanto o centro de energia se expande.

Volte aos pés e traga um novo fluxo de energia. Deixe que ele suba como uma esfera, passando por cada um dos três centros energéticos abertos e subindo em direção ao centro do seu peito, no centro cardíaco, passando a brilhar na cor verde. Respire profundamente e conecte-se ao Ar dentro de você e deixe essa região do seu corpo se expandir à medida em que o centro de poder se abre.

Quando sentir que o centro está aberto, traga um novo fluxo de energia da terra, passando por todos os centros abertos e subindo em direção à garganta, quando assume a cor azul. Deixe essa energia abrir seu centro laríngeo, visualizando a esfera de luz azul se expandindo e girando.

Um novo fluxo da terra é conduzido em direção ao seu terceiro olho, no centro frontal, fazendo com que a esfera luminosa assuma a cor de cada um dos outros centros de energia enquanto sobe, tornando-se violeta ao chegar ao centro de sua testa. Faça o Poder crescer e o centro de energia se abrir com a sua respiração. Quando estiver confortável, traga uma última esfera de energia por todo o corpo para o alto, em direção ao topo da cabeça.

Enquanto a última esfera de energia sobe, deixe ela assumir a cor de cada um dos centros anteriores, fazendo com que a energia flua até o centro coronário; veja a esfera brilhando na cor branco-perolada e se expandindo cada vez mais. Quando este centro estiver aberto, a energia branca se derramará pelo seu corpo como uma cachoeira de luz, fluindo novamente em direção à terra.

Faça algumas respirações mantendo esse fluxo de energia para o alto, e então de volta à terra.

Esse exercício pode ser usado antes dos seus rituais para se preparar para o trabalho mágico que seguirá, despertando cada um dos seus centros de energia para fazer magia. Ao fim do ritual, eles deverão ser fechados.

Exercício 52: Fechando os centros de energia

Sinta o seu corpo, as tensões e as vibrações que a energia elevada provoca. Então, incline sua cabeça para trás e sopre três vezes para o alto, fazendo com que uma esfera branca luminosa se forme acima da sua cabeça.

Voltando à posição normal, deixe que essa esfera toque seu centro coronário, absorvendo um pouco de sua luz e retirando dele a energia excedente. Mova essa esfera para baixo, parando em cada centro de energia e recolhendo o Poder em excesso que foi gerado em cada um deles, diminuindo um pouco do brilho intenso dos centros de energia e indo em direção à terra. Após chegar ao centro basal, envie-o para a terra através dos seus pés e deixe o Poder ir.

Elevando e direcionando o Poder

Todo ritual é uma delicada dança de energias que vão sendo movimentadas a cada gesto, invocação e visualização. Toda essa concentração e esforço servem para gerar Poder e fortalecer o ritual. Mas há momentos em que o Poder precisa ser diretamente elevado: quando estamos fazendo um feitiço e elevamos o Poder Mágico, por exemplo, para que ele seja direcionado a um alvo específico, e também em rituais mais festivos, como nos Sabbats, em que o Poder é elevado para que aquelas energias se movimentem em nossa vida.

Como vimos, o Poder é a energia vital de nosso corpo que é elevada e colocada em movimento para fins específicos. O Círculo Mágico contém e potencializa esse Poder para fortalecer nossos resultados. Vamos discutir aqui algumas das técnicas para elevar Poder quando o ritual é feito solitariamente. Mas tudo começa com o ritmo. Como vimos, o ritmo é o Poder capaz de unir os centros de energia a um mesmo propósito e faz com que a energia circule por cada um deles mais facilmente.

Por isso, a forma mais simples de gerar Poder é por meio de experiências de ritmo. Temos, naturalmente, um ritmo biológico muito bem marcado: as batidas do nosso coração. Quando temos uma experiência de ritmo, como uma música que gostamos muito, por exemplo, isso consegue alterar a nossa frequência cardíaca e provocar uma excitação biológica em nosso corpo. Quem nunca se sentiu arrepiado com uma música?

O som ritmado provoca um efeito de ressonância: o nosso corpo tende a acompanhar o ritmo ao qual estamos expostos. É por isso que o tipo de música que ouvimos na academia é diferente do tipo de música que ouvimos para nos ajudar a relaxar e dormir, por exemplo. Nosso corpo naturalmente tende a se harmonizar com os ritmos, alterando seu fluxo de energia.

Nossa própria respiração é um movimento ritmado. Inspirando, retendo o ar, expirando e permanecendo por alguns instantes com os pulmões vazios, estamos criando ritmo e alterando o padrão de funcionamento do nosso corpo. Estamos induzindo um estado alterado de consciência. Muitas das técnicas para gerar Poder envolvem experiência de ritmo, que começa de forma lenta e vai crescendo aos poucos, fazendo com que a nossa excitação física também cresça.

Quando o Poder é elevado, ele é gerado e acumulado em nossos corpos. A concentração de energia deve chegar a um ápice, e então ser enviada para um alvo, que pode ser tanto um objeto presente no Círculo, caso você tenha produzido alguma representação física do seu desejo, quanto simplesmente liberado para que cumpra a sua função no Universo e traga os resultados esperados. Assim como a elevação e o acúmulo de Poder em nosso corpo cria um tipo de tensão, a liberação do Poder é seguida por um relaxamento.

Quando o Poder estiver sendo elevado com alguma técnica de vocalização, como cânticos e mantras, por exemplo, deixamos que o ritmo cresça e que nossa voz vá aumentando lentamente e, ao chegar ao ápice, quando sentirmos que não podemos mais segurar a energia dentro de nós, bradamos uma palavra final e seguramos o seu som até o ar se esvaziar de nossos pulmões, liberando o Poder para que ele vá.

Se o Poder estiver sendo elevado apenas por uma técnica de respiração, a liberação do Poder acontece em um último ciclo de respiração, quando inspiramos e retemos o ar o máximo possível, mantendo a imagem mental do nosso resultado, e então, deixando o sopro final ir levando consigo todo o Poder acumulado.

A receita é simples: repita a técnica escolhida até sentir que vai chegar ao ápice da tensão, acumulando o máximo de energia no seu corpo, e então libere, deixando o Poder ir para o alvo.

Quando o Poder é elevado, ele precisa ser direcionado para um alvo e programado para um fim específico. Isso é feito quando mantemos uma intenção clara em nossa mente e visualizamos o resultado final do nosso desejo. Não visualize o caminho para conseguir o que quer, visualize o resultado final, como se já estivesse realizado.

Se o Poder estiver sendo direcionado para um objeto, como um talismã, por exemplo, segure-o em suas mãos e visualize o Poder fluindo para ele, mantendo a intenção e a visualização, sentindo que sua energia pessoal é impregnada no objeto.

Vejamos algumas técnicas que podem ser usadas por Bruxos solitários para elevar o Poder em seus rituais:

A Rima

No pensamento popular, as palavras de um feitiço são sempre rimadas. Isso nem sempre é verdade na prática da Bruxaria, mas o segredo dos usos de encantamentos rimados é justamente esse: por meio da cadência das palavras e da repetição dos sons rimados, cria-se um padrão harmônico que altera a nossa consciência e desperta o Poder dentro de nós.

Ao escrever as palavras do encantamento de um feitiço, você pode fazer de forma rimada, para trazer a energia do ritmo. Um encantamento rimado pode ser repetido muitas vezes enquanto seguramos, por exemplo, um objeto, tornando o ritmo e a força das palavras cada vez mais forte ao longo das repetições enquanto mantemos a concentração sobre o objeto em nossas mãos, direcionando a energia elevada para ele.

Exercício 53: Criando um amuleto pelo poder da rima

Escolha um objeto pessoal que quer encantar para que ele transmita determinada energia. Pode ser um anel da paciência ou um bracelete do foco, uma moeda da alegria ou um cristal do amor. Escreva um encantamento rimado de quatro versos que seja fácil de memorizar e expresse essa intenção. Segure o objeto entre as suas mãos, forme uma imagem mental do resultado esperado e então comece a entoar o seu encantamento, visualizando que a imagem mental é projetada pelas palavras e por suas mãos para o objeto, impregnando-o.

Repita continuamente, você vai sentir uma leve alteração de consciência e o fluxo do Poder. Mantenha a repetição até acumular bastante energia, e então libere.

Ao fim, visualize o objeto brilhando na cor apropriada. Carregue-o consigo ao longo do dia e toque-o quando precisar do seu poder.

O Canto e a Dança

A evolução natural de versos rimados, quando ganham uma melodia, são os cânticos. Existem muitos cânticos pagãos que podem ser usados para elevar energia, e eles funcionam da mesma forma: criando um ritmo e um padrão vibratório que faz com que o Poder se eleve dentro de nós.

Quando cantamos, não apenas colocamos o nosso corpo no ritmo da música, mas também projetamos Poder com nossa voz. Com o ritmo, naturalmente movimentamos o nosso corpo; o corpo em movimento significa mais energia sendo gerada. Por isso, uma técnica básica para gerar Poder é simplesmente cantar e dançar ao redor do Círculo, usando palavras que estejam ligadas ao propósito do ritual. Quando passamos um longo período de tempo repetindo um cântico simples, ele se torna automático e induz um estado alterado de consciência. Enquanto mantemos o canto, podemos visualizar as Deidades ou a intenção de nosso trabalho mágico, projetando essas imagens por meio de nosso movimento e de nossa voz.

O uso de instrumentos para marcar o tempo também é bastante útil para induzir um estado alterado de consciência. Você pode usar um tambor ou um chocalho, por exemplo, para marcar um ritmo, e deixar que ele cresça lentamente junto do som de sua voz.

Exercício 54: Elevando o Poder com o canto

Use um instrumento musical ou marque o tempo com o seu próprio corpo, batendo o pé no chão ou com palmas. Escolha um cântico pagão. Feche os olhos, respire profundamente algumas vezes e então comece a cantar. Sinta o ritmo do cântico pelo seu corpo e, naturalmente, deixe que algum tipo de movimento surja – deixe o Poder do ritmo se expressar pelo seu corpo.

Continue cantando, deixe que uma imagem mental surja em sua mente baseada na letra e na melodia. Lentamente, deixe o ritmo ir acelerando e a sua voz ir ficando mais forte. Sinta o Poder crescendo dentro de você. Continue elevando, até chegar ao ápice, e então deixe o Poder ir prolongando um último som, até que o ar em seus pulmões acabe.

Exercício 55: Espiralando o Poder

Essa é uma forma de elevar e enviar o Poder dentro do Círculo Mágico, tanto para carregar um objeto (como um talismã ou uma vela que tenha sido confeccionada no ritual, por exemplo) quanto para deixar que o Poder se vá, enviando-o para o seu destino.

Se quiser enviar o Poder para um objeto específico, segure-o em ambas as mãos. Se não, use as mãos para bater palmas, ou então toque algum instrumento musical, como um tambor e um chocalho. Comece a entoar um cântico de Poder – talvez você queira cantar os nomes dos Quatro Elementos para que eles potencializem o seu feitiço, ou talvez elabore um cântico simples e rimado que traduza a sua intenção.

Faça isso a partir do quadrante Leste do seu Círculo Mágico e, lentamente, comece a caminhar ao redor do perímetro, dando um passo de cada vez e batendo os pés no chão para marcar o tempo do cântico. Comece bem suavemente. À medida que você vai passando pelos quatro quadrantes, visualize a energia dos elementos correspondentes trazendo Poder ao seu feitiço. Quando retornar ao ponto leste mais uma vez, continue circulando, e comece a fazer um suave movimento espiralado, se aproximando cada vez mais do centro a cada volta ao redor do Círculo. A cada volta, à medida que vai se aproximando do centro, deixe o seu cântico crescer cada vez mais, enquanto mantém a visualização do seu desejo concretizado.

Você deve fazer um número de voltas suficientes antes de chegar ao centro para que o seu cântico cresça e ganhe cada vez mais força, tornando os seus movimentos também cada vez mais intensos. Deixe que o Poder cresça naturalmente. Considere dar ao menos cinco ou seis voltas no Círculo antes de chegar ao ponto central.

Quando chegar ao centro do Círculo, continue cantando até chegar ao pico máximo e, então, libere o Poder com um grito final até todo o ar de seus pulmões se esvaziar enquanto eleva os seus braços, relaxando para que o Poder possa ir. Lembre-se: você deve criar o máximo de tensão possível, e então, com um último som, liberar o Poder. Se você estiver segurando um objeto para ser carregado em suas mãos, lance-o para o ar nesse momento da liberação e o apanhe de volta; sinta todo o Poder do Círculo sendo concentrado nele. Visualize isso com o olho da sua mente, deixando que o objeto mágico brilhe ao receber essa carga de energia. Se você tiver entalhado uma vela com seus desejos, por exemplo, pode usar esse exercício para carregá-la de energia e então acendê-la em seguida, ou se consagrou um talismã, ele estará pronto para ser carregado e gerar o efeito mágico. Caso você não esteja encantando um objeto mágico onde o Poder deve ficar, mas, sim, elevando a energia para que ela seja direcionada para outro lugar, visualize o alvo do Poder alguns instantes antes da liberação, e então, com um último grito, deixe ir, também elevando os braços aos céus e mantendo a sua concentração para que a energia possa viajar e chegar ao alvo do feitiço.

Mantras e Palavras de Poder

O canto e a dança não precisam ser usados com canções elaboradas. Na verdade, você pode escolher uma única palavra que tenha ligação com o seu objetivo e entoá-la como um mantra repetidas vezes, movimentando o seu corpo de um lado para o outro, como as ondas do mar. Lentamente, deixe o ritmo crescer e a voz ir ficando mais alta à medida que o Poder seja elevado, mantendo a visualização do seu objetivo.

Se estiver fazendo um feitiço de prosperidade, por exemplo, e confeccionar um talismã em seu ritual, você pode segurá-lo nas mãos e começar a entoar a palavra "abundância", prolongando cada uma das sílabas e criando um ritmo natural. Repita, criando um estado alterado de consciência. Quando o movimento do corpo e a repetição se tornarem automáticos, comece a visualizar o resultado final do seu feitiço: imagine-se em diversas situações em que gostaria de usar seu dinheiro, por exemplo. Lentamente, deixe o cântico ficar mais forte, elevando a energia e enviando a imagem do seu desejo para o talismã.

Exercício 56: Elevando um Propósito

Escolha uma palavra, como, por exemplo, cura, amor, prosperidade, harmonia, paz. Comece a entoar essa palavra como um mantra, criando um tipo de ritmo que sinta ser harmônico com a palavra entoada. Assim, se estiver entoando "paz", o ritmo deverá ser suave, enquanto que se entoar "força", o ritmo deve ser intenso e mais enérgico.

Do mesmo modo como nos exercícios anteriores, deixe o Poder do ritmo alterar a sua consciência, enquanto mantém toda a sua concentração na palavra. Deixe as imagens mentais se formarem e faça o canto crescer cada vez mais, até chegar ao ápice e você bradar a palavra uma última vez com toda a sua energia, deixando o Poder ir.

O mesmo exercício pode ser feito entoando o nome de uma Deidade para atrair o seu poder.

A Respiração

Quando respiramos lenta e profundamente enquanto visualizamos nossa intenção, nosso sangue se aquece e a imagem criada em nossa mente é transferida para a corrente sanguínea, que continuará seu fluxo até retornar aos pulmões e transformar essa carga em expiração. A partir disso, é possível projetar a imagem de nosso desejo para que ela seja fixada em objetos, talismãs, óleos e outros itens que iremos consagrar.

Há dois tipos básicos de sopro que são usados na magia: o chamado sopro frio e o sopro quente. O sopro frio é o mais comum, como soprar uma vela de aniversário – um sopro forte, projetado rapidamente por uma pequena abertura da boca (para fazer um sopro frio, você tem que fazer biquinho!). Já o sopro quente é feito com a boca mais aberta, é lento e vem do fundo do pulmão – como uma baforada.

Aproxime de sua boca a palma de uma das mãos, inspire profundamente, retenha o ar por alguns segundos e então abra a boca e projete o ar lentamente. Você vai sentir o ar quente. Agora, afaste a mão da boca e sopre com força, tentando fazer com que o ar chegue até a sua palma – o sopro agora será mais frio.

O sopro frio é magnético e geralmente usado para desfazer uma carga, por isso, o método mais simples de purificar um objeto é soprar sobre ele! A carga magnética também tem função de atrair, então, ao soprar sobre um objeto, ele está sendo preparado para receber determinada carga energética. Já o sopro quente transmite carga elétrica e é vitalizante, portanto, quando estiver consagrando algum objeto e quiser carregá-lo com o Poder da sua respiração, é o sopro quente que deve ser aplicado para transmitir o Poder.

Exercício 57: Transmitindo uma imagem psíquica pela respiração

Usando o princípio da respiração, faça um simples feitiço com uma vela para elevar Poder em seu corpo e transmitir uma imagem psíquica para ela. Para isso, unja uma vela, da cor do seu desejo, com seu óleo de bênção. Segure-a em ambas as mãos, feche os olhos e entre em estado de relaxamento por meio de sua respiração constante e leve.

Concentre-se no resultado que deseja alcançar. Veja o resultado em sua mente como se já tivesse se realizado e busque despertar as emoções associadas a essa concretização. Deixe a sua vontade se manifestar interiormente e sinta seu desejo.

Em seguida, comece a respirar profunda e lentamente, retendo o ar por alguns instantes antes de expirar e permanecendo com os pulmões vazios antes da próxima inspiração. Visualize que isso torna a sua imagem mental cada vez mais clara, como se estivesse potencializando-a. A cada inspiração, a imagem se torna mais poderosa, a cada expiração, mais nítida. Deixe que seu desejo também cresça e perceba o sentimento se espalhar pelo seu corpo.

Lentamente, vá acelerando o seu ciclo de respiração, deixando que ele se torne cada vez mais intenso e mais rápido. Mantenha a concentração na imagem. Quando achar que chegou ao ápice, inspire profundamente, visualizando que a imagem mental é levada até o centro do seu peito, nos seus pulmões, e retenha o ar o máximo que conseguir. Então, traga a vela perto de sua boca e expire profunda e lentamente com uma respiração quente e elétrica que flui a partir da sua garganta. Ao fazer isso, você transfere a imagem mental para a vela.

Acenda a vela e deixe-a queimar até o fim.

Exercício 58: Carregando a água

A água gelada tem a capacidade de absorver melhor cargas energéticas. Para esse exercício, use basicamente o mesmo método descrito acima para carregar magicamente a água dentro de seu Cálice com uma ideia ou padrão emocional que considere necessário nesse momento.

Depois de transferir a imagem para a água, beba lentamente e deixe que essa carga seja absorvida pelo seu corpo.

Exercício 59: Programando um cristal

Purifique um cristal de quartzo-branco, que tenha ponta, em água corrente gelada e deixando-o exposto ao Sol por um dia inteiro. À noite, recolha o cristal. Ele será programado para emitir um tipo de energia específica em um ambiente.

Coloque o cristal em uma superfície à sua frente, feche os olhos e respire profundamente, visualizando o tipo de energia com a qual deseja programá-lo. Não é preciso necessariamente formar a imagem de uma cena, mas pode se concentrar na sensação e visualizá-la com uma determinada cor, por exemplo. Tente também trazer essa sensação à tona. Para que serve seu cristal? Para harmonia do ambiente, para criar concentração nos estudos, para trazer sucesso e brilho pessoal? Construa a sensação.

Una as palmas das mãos e esfregue-as lentamente, acelerando e sentindo o calor gerado pelo atrito. Aumente os movimentos até não conseguir mais mantê-los, até que o calor se torne insuportável, e então pare. Lentamente, aproxime e afaste as suas mãos para sentir a vibração. Una as mãos como se estivesse segurando uma esfera entre elas. Visualize que uma esfera de luz brilhante, na cor associada à sua intenção, surge dentro delas.

Depois disso, empregue a respiração profunda para intensificar essa energia, visualizando que a cada inspiração você se preenche de poder, e que a cada expiração esse Poder é enviado através das suas mãos para a esfera de luz, que se torna mais brilhante.

Quando chegar ao auge, coloque as mãos, uma de cada lado, no cristal, enquanto prende a respiração. Expire lentamente, deixe o Poder fluir através de suas mãos para o cristal. Se desejar, pode pressioná-lo em suas mãos.

Ao terminar, deixe o cristal na área que deseja influenciar. Periodicamente, recarregue-o com o mesmo procedimento.

O movimento do corpo

O movimento corporal para produzir Poder não precisa ser usado apenas no canto e na dança. Na verdade, a técnica anterior de respiração e de concentração pode ser associada aos movimentos do corpo para produzir Poder. A fórmula básica é a mesma: criamos um padrão de movimento do corpo associado ao ritmo da respiração. Deixamos o movimento se tornar mais intenso, até ser liberado em um último gesto.

Exercício 60: A moeda da prosperidade

Escolha uma moeda de qualquer valor. Seu objetivo é carregá-la com energia de prosperidade. Segure-a entre as palmas das mãos e comece a fazer uma respiração profunda e lenta, aquecendo o sangue enquanto cria uma imagem de prosperidade em sua mente. Não veja a prosperidade como acúmulo, mas como fluxo: veja o ir e vir do dinheiro, observe seu movimento.

Use a respiração para acumular Poder dentro de você, mantendo um curto intervalo entre a inspiração e a expiração profundas. Quando sentir que o Poder começou a se acumular, pressione levemente uma mão contra a outra, tendo a moeda entre elas, e comece a movimentar lentamente os braços para frente e para trás, colocando a tensão do movimento nas mãos.

Continue respirando e visualizando, deixe que o ritmo e a intensidade cresçam o máximo que puder e, ao chegar ao pico, faça uma última inspiração profunda, retenha o ar o máximo possível, mantendo a imagem mental e, para expirar, incline sua cabeça para trás levemente e então lance a moeda para o alto, deixando o ar ir. Isso vai liberar o Poder. Capture de volta a moeda no ar e projete toda a carga energética gerada no seu corpo para dentro dela.

Agora que sua moeda foi carregada com o Poder do fluxo do dinheiro, gaste-a em algum momento do dia, fazendo com que ela e o Poder gerado circulem, consciente de que isso vai colocar em movimento a energia da prosperidade em sua vida.

Atraindo o poder dos corpos celestes

Podemos atrair para dentro de nossos Círculos Mágicos a influência de determinados planetas ou estrelas que tenham uma ligação direta com o objetivo de um feitiço. Assim, ao criar um amuleto de amor, por exemplo, podemos atrair para o Círculo o poder de Vênus, ou, ao confeccionar uma Garrafa de Bruxa, podemos imantar os ingredientes com a energia de Saturno.

Sempre que invocar determinada influência planetária sobre o seu Círculo, é importante saber a posição do planeta no céu, a constelação onde ele se encontra e a relação com os outros astros, pois isso determina o tipo de energia que você atrairá.

Exercício 61: Atraindo energias planetárias

No momento apropriado em seu ritual, pegue seu bastão e eleve-o para o céu. Crie uma imagem mental do planeta cuja energia deseja atrair, ou visualize o seu símbolo astrológico brilhando no espaço. Então diga:

> Nesta noite eu invoco sobre este Círculo os poderes de (planeta). Lance sua luz neste espaço sagrado e envie seu poder para potencializar estes trabalhos de magia!

Em seguida, visualize o símbolo planetário brilhando na cor associada ao planeta que está invocando e, lentamente, atraia essa força com o bastão, como uma cascata de luz que desce ao seu Círculo, direcionando o Poder para os itens do feitiço que precisam ser imantados com essa energia. Aponte o bastão para eles e veja que absorvem a luz. Faça um Pentagrama de Invocação com o bastão sobre os itens carregados de energia.

Aterrando o Poder

Depois de o Poder ser elevado, moldado e direcionado, é importante que ele seja devidamente aterrado, de modo que seu excesso não permaneça em nossos corpos. Já vimos a importância e os métodos de aterrar a energia na Lição Quatro – "As Habilidades Mágicas Básicas".

Isso é especialmente importante para trabalhos dentro do Círculo Mágico. Lembre-se de que o Círculo tem a função de conter o Poder, impedindo que ele se dissipe.

Além das técnicas de aterramento que já foram dadas, comer também é um modo de fechar os centros psíquicos do corpo e restabelecer a nossa conexão com o plano físico, e é especialmente útil após trabalhos de transe mais intensos.

Exercício 62: Armazenando o Poder

Quando estiver em um ritual onde o Círculo Mágico tenha sido traçado, e sentir que ainda há Poder elevado ou acumulado ao fim do seu ritual, pegue o pentáculo do altar em suas mãos e visualize que dentro dele há um espaço no qual a energia pode ser armazenada e contida. Então, deixe que a energia flua de você para ele, sabendo que o Poder permanecerá disponível ali para os seus próximos rituais.

Esse Poder será automaticamente ativado quando usar seu pentáculo em consagrações e feitiços.

O tabu do sangue

Há um grande tabu na Arte sobre o derramamento de sangue e os sacrifícios no ritual, algo que é completamente proibido. Se um instrumento consagrado toca o sangue, por exemplo, ele estará automaticamente inutilizado e precisa ser purificado e reconsagrado.

Algumas pessoas têm interpretado essa completa proibição ao sacrifício e derramamento de sangue como uma suavização das práticas de Bruxaria e uma tentativa de tornar a Arte mais apresentável ao público. Ora, se o Deus de Chifres é uma Divindade da caça e se a magia primitiva dos caçadores estava associada ao abate dos animais, como poderia haver uma proibição ao uso do sacrifício e do sangue nos rituais de Bruxaria?

A resposta para essa proibição não é operacional, mas teológica: a Wicca se apresenta como uma herdeira dos antigos cultos de fertilidade que enfatizam a vida. Se a dádiva da Deusa é o renascimento, e se a vida é vista como algo a ser celebrado, o uso da morte para fins meramente operacionais não faz sentido dentro da Bruxaria como uma religião. Do ponto de vista puramente mágico, sabemos que há Poder liberado com o derramamento de sangue, como muitos outros caminhos mágicos e espirituais podem nos atestar. Entretanto, levando em consideração que a Wicca não é apenas um sistema de magia, mas, principalmente, um sistema religioso que engloba a prática mágica, não há espaço litúrgico para a sua realização em nossos rituais. Apesar de o nosso Deus ser o Senhor da Morte, somos um culto da vida, e vemos na morte apenas uma etapa necessária para a continuidade da vida. Os símbolos de nossa religião enfatizam a fecundidade e o Poder gerador e regenerador da natureza.

Como vimos, o Poder Mágico é a própria vitalidade, a energia que emana do nosso próprio corpo e que controlamos por meio de determinadas técnicas para produzir os efeitos desejados. A vida em si é vista como mágica, por isso, tirar uma vida seria atentar contra a própria força vital da Terra. Não se trata apenas de uma regra moral e de um princípio ético, mas, principalmente, de uma atitude de respeito e reverência diante da vida.

~ LIÇÃO 11 ~

A Estrutura dos Rituais de Bruxaria

Sabemos que a Bruxaria é também um estilo de vida, e que, ao nos tornarmos Bruxos, vivemos nossa religião vinte e quatro horas por dia. Entretanto, a experiência ritualística está no coração de nossas práticas. A Wicca é uma religião vivenciada por meio de práticas rituais, se você se atraiu por esse caminho, provavelmente é porque sente uma atmosfera diferente ao estar em contato com um ambiente ritualístico.

À primeira vista, pode ser contraditório o fato de que rituais têm um papel tão importante na prática da Bruxaria – se percebemos toda a natureza como sagrada e sacralizamos nossa vida diária, buscando estar em harmonia com o mundo ao nosso redor o tempo todo, qual seria a finalidade do ritual? Se nossos Deuses estão manifestados no mundo natural, porque precisamos nos fechar dentro de um espaço sagrado para invocá-los? Não faria muito mais sentido simplesmente irmos até locais na natureza e lá fazermos nossa adoração? Seriam os rituais simplesmente operacionais, com objetivos apenas mágicos?

A Wicca nos ensina que a prática dos rituais é uma tecnologia não apenas para experimentarmos a comunhão com os poderes divinos, mas também para a nossa transformação pessoal. Todo ritual é um ato de magia. Ele faz com que alteremos nossa consciência e nos direcionemos para um espaço sagrado interior, no qual nossa essência humana pode se encontrar com a natureza divina e operar mudanças a partir daí. Todo ritual também é uma linguagem, um modo de comunicação que transcende o nosso jeito racional e lógico de se comunicar, evocando nossa memória ancestral e os aspectos mais primitivos do nosso ser, nos direcionando rumo à totalidade.

Dentro do Círculo, assumimos a nossa personalidade mágica, deixando do lado de fora o nosso eu mundano, e assim, nos transformamos. Enquanto que o mundo do cotidiano em que habitamos normalmente é regido por uma série de regras que podem ser listadas e previstas, o mundo do ritual é um espaço potencial que cria uma fenda, uma ruptura com o nosso modo convencional de ser, permitindo que o inesperado, o desconhecido, o misterioso e o mágico se manifeste.

A primeira coisa que você deve saber antes de se aventurar na Arte de fazer rituais é que a qualidade da nossa experiência ritualística só pode ser aperfeiçoada com o tempo. Com base nisso, os dois segredos para todo iniciante são: prática constante e paciência. Quando estamos aprendendo a dirigir, pode parecer impossível colocar a nossa atenção em tudo ao mesmo tempo: no trânsito ao nosso redor, nos comandos do carro, a hora certa de trocar de marcha, a aceleração, as placas, os semáforos, etc. Tudo isso pode parecer impossível para quem está aprendendo, mas sabemos que depois de um tempo tendemos a nos habituar com todos os processos de dirigir um carro, e ele se torna cada vez mais simples e até mesmo mais automático.

Do mesmo modo, quando começamos a praticar rituais, ficamos muito preocupados com as etapas, as palavras, os movimentos, o acender das velas e do incenso, as invocações... Tudo pode parecer tão complicado no início que pode ser difícil ter uma experiência verdadeiramente mágica ou espiritual em nossas primeiras tentativas. Estaremos tão envolvidos com os aspectos externos do nosso ritual, que raramente teremos tempo para os movimentos interiores que ele pode nos proporcionar. Mas lembre-se: assim como a prática de dirigir um carro com o tempo nos permitirá também ouvir uma música no rádio ou participar de uma conversa com os outros passageiros, a prática do ritual também tem a tendência de nos conduzir para aspectos mais interiores dessa experiência. E aqui está um terceiro elemento chave que você precisa se lembrar: a repetição de uma mesma estrutura vai permitir que a sua vivência dentro do Círculo seja cada vez mais intensa, cada vez mais profunda.

Costumo ensinar que a prática do ritual é como percorrer um caminho para um lugar que não estamos habituados – quando o percurso não é familiar, precisaremos de muita atenção para não nos perdermos e identificarmos quando chegamos ao nosso destino. Depois que estamos acostumados com a paisagem, o trajeto fica mais leve, ficamos menos tensos e nos locomovemos mais facilmente, porque *nos lembramos do caminho*. Ele se torna natural. Conseguimos *chegar lá* mais facilmente. O mesmo acontece com a experiência ritualística, com a diferença de que o caminho que trilhamos não é externo, mas interno; viajamos de um nível de consciência para outro e, com o tempo, essa mudança se torna cada vez mais simples. Por isso, não tenha medo de praticar e experimentar. Apenas a prática poderá aperfeiçoar a sua capacidade de fazer rituais significativos, e sim, você vai errar várias vezes! Isso não é um problema; na verdade, o único modo de não cometer erros é não tentar. A prática constante, o tempo e a repetição são os melhores professores para nosso aperfeiçoamento.

Os ritos e o ritual

Enquanto que a palavra *ritual* diz respeito à cerimônia como um todo, cada uma das suas partes com um significado e um propósito específico é chamada de *rito*. Portanto, um ritual é composto por uma sequência ordenada e coerente de ritos – ações ritualísticas que podem ser compreendidas individualmente e que, unidas, criam um todo coeso.

Entretanto, diferentemente de outras religiões ou sistemas mágicos, na Wicca não há um único modo correto de fazer as coisas – depois que você se familiarizar com cada etapa que compõe um ritual Wiccaniano e entender seus propósitos, poderá usar sua estrutura para criar seus próprios rituais, mantendo o "esqueleto" geral que permite que sua prática seja identificada por qualquer outro praticante como um ritual de Wicca. Por exemplo, todo ritual começa com um ato de purificação, mas se o seu próximo ritual de Lua cheia tiver uma temática mais ligada ao elemento Fogo, você pode preferir se purificar na chama de uma vela ao invés de lavar as mãos na água salgada.

Assim, discutiremos cada etapa que compõe o ritual para entender seus propósitos, simbolismos e significados.

Planejando o ritual

Todo ritual começa com um planejamento, e todo planejamento de ritual começa com um objetivo. O que espera atingir com sua cerimônia? Por que deseja realizar um ritual? Pode ser que você esteja simplesmente celebrando determinada fase da Lua ou um dos oito Sabbats, e tem como objetivo principal a sua conexão com os Deuses. Ou pode ser que tenha um propósito mágico para esse ritual com um ato de feitiçaria, como fazer uma cura ou atrair prosperidade, por exemplo. De todo modo, é essencial que tenha um objetivo claro, pois é ao redor disso que toda a estrutura do ritual será construída.

Seus propósitos mágicos devem estar alinhados com o momento da natureza em que seu ritual se baseia, então, em uma frase simples, defina seu objetivo. Pode ser algo como "conectar-me ao aspecto de Anciã da Deusa e fazer magia para me livrar de um vício nessa Lua minguante", ou "celebrar o Equinócio de Primavera e trazer fertilidade para minha vida profissional".

Depois disso, identifique se há a preponderância de algum dos Quatro Elementos no propósito do ritual e então faça uma lista de correspondências com os símbolos que poderão ser incorporados – cores de velas, números, aromas de incenso, flores, sementes, folhas secas, frutos, etc. Veja quais dos itens de sua lista podem ser incorporados ao ritual na forma de decoração para seu altar, oferendas aos Deuses, materiais para feitiço e assim por diante. Lembre-se de que, às vezes, menos é mais: se fizer uma lista com vinte itens, selecione aqueles que são mais relevantes. Não traga nada para o espaço ritual que não tenha um significado especial ou que seja desnecessário. A ideia é usar tudo isso como um foco para o seu estado mental e para criar atmosfera e energia apropriadas ao ritual – se tiver um espaço muito carregado, o efeito será o contrário. Lembre-se de que harmonia e beleza são fundamentais para uma boa experiência ritualística.

Depois de definir claramente qual é o seu objetivo e de ter uma lista de possíveis símbolos, é hora de montar o corpo do ritual. Use os próximos itens deste capítulo para definir e planejar essas etapas. Escreva todo o ritual, leia várias vezes e tenha certeza de que se sente confortável com o seu roteiro, ou, simplesmente, siga as instruções de um dos rituais sugeridos nos próximos capítulos. Planeje o ritual com alguns dias de antecedência para que possa providenciar o que é necessário.

Enquanto estiver celebrando o ritual, pode ser que tenha uma inspiração para mudar algo em seu roteiro, ou mesmo sinta que algo completamente diferente deva ser feito – é normal que essas ideias surjam no fluxo do ritual, pois executar a cerimônia e viver a sua energia é muito diferente do que simplesmente planejá-la teoricamente. Lembre-se de que seu roteiro é apenas mais uma ferramenta à sua disposição, não tenha receio em experimentar algo diferente do que escreveu enquanto estiver fazendo o ritual. Sinta a energia e deixe-se conduzir.

Quando chegar o dia de celebrar o ritual, comece com uma preparação física do espaço. Rituais devem ser feitos em lugares limpos e agradáveis, então comece um uma boa limpeza física. Se estiver fazendo o ritual dentro de casa, pode ser que tenha de mover móveis para liberar espaço e ter uma área maior para estabelecer o seu Círculo. Tenha certeza de que seu espaço está limpo e organizado.

Então, prepare o seu altar, lembrando sempre de que ele pode estar tanto no centro do Círculo como em seu limite Norte, sempre voltado para essa direção. Trabalhe com seu altar pessoal consagrado, acrescente os símbolos e itens que serão usados especificamente para aquele ritual em particular, de modo a enfatizar o seu tema. Pense assim: "se alguém que não entende nada de magia olhar para o meu altar montado, ela será capaz de imaginar que tipo de ritual eu vou celebrar?"

Seu altar precisa transmitir uma ideia – isso facilita o seu processo de concentração. Um altar para a primavera não deve ser parecido com um para o outono, por exemplo, e um altar preparado para um feitiço de amor será muito diferente de um altar para magia de proteção. Confira sempre se tem velas e incensos extras caso precise, mantenha-os em lugar de fácil acesso, dentro da área em que o ritual será realizado.

Para delimitar o espaço do seu Círculo, coloque quatro velas ao seu redor, uma em cada ponto cardeal. Elas definirão os limites do seu Círculo Mágico. Uma sugestão é usar as cores dos Elementos, colocando uma vela verde no Norte, uma amarela ao Leste, vermelha no Sul e azul no Oeste. Ou talvez você prefira usar quatro velas neutras para isso, ou ainda algo na cor da estação do ano. O tamanho do Círculo deve ser confortável o bastante para que possa circular pelos quadrantes. Algumas pessoas preferem definir os limites do Círculo como as quatro paredes do cômodo no qual o ritual será celebrado, nesse caso, basta colocar as velas nas quatro extremidades. Se quiser delimitar toda a circunferência do Círculo com flores, grãos, pedras, giz ou alguma outra coisa, fique à vontade; ou então trabalhe apenas com as quatro velas nos quadrantes. O importante é que o espaço seja delimitado.

Tenha certeza de que não haverá interrupções. Desligue o celular e garanta que não vai precisar se apressar para terminar o ritual. É importante que nos desliguemos do tempo cronológico para experimentarmos um tempo mágico dentro do Círculo. Costumo ensinar que um bom ritual é aquele nos faz perder a noção do tempo. Quando terminar, você pode achar que foi muito rápido e surpreender-se quando olhar no relógio e descobrir que ele levou muito mais tempo do que parecia. Ou ainda, pode ocorrer o contrário: parecer que o ritual durou horas, mas ao sair do Círculo e checar o relógio, descobrirá que pouco tempo se passou. Perder a noção do tempo é um ótimo sinal! Significa que você conseguiu se desligar do tempo mundano e acessou um tempo mágico, entre os mundos.

Algumas pessoas gostam de deixar um incenso aceso no ambiente enquanto cuidam dessa parte pré-ritual, para que já comecem a entrar na consciência do ritual. Se decidir fazer isso, sugiro que use sempre o mesmo incenso para esse momento, pois isso vai criar, com o tempo, um gatilho psicológico. Veja o que funciona melhor para você. Quando seu espaço estiver pronto, é hora de começar. Vejamos as etapas de um ritual:

A purificação

Purificar significa "tornar puro", ou seja, aproximar-se da essência, da natureza original. À primeira vista isso pode parecer bastante banal, simplesmente como o ato de retirar as energias negativas ou desarmônicas de si e da área ritual, mas, na verdade, esse é um elemento chave para a qualidade de nossa cerimônia, porque purificar-se também significa tirar de nós tudo aquilo que não nos serve, aquilo que não se alinha com o propósito mágico de nossa experiência ritual. Então, de modo mais abrangente, se pensarmos na Wicca como um caminho de transformação pessoal rumo à centelha divina dentro de nós, entenderemos basicamente que todo ritual é um trabalho de purificação no qual removemos as impurezas para nos aproximarmos de nossa natureza divina.

Por isso, é importante que o ato de purificação não seja negligenciado ou visto como uma "formalidade pré-ritual". Quanto mais simbólica for sua purificação, melhor será sua experiência ritualística. Mas ela também deve provocar sensação real de limpeza. É nesse momento em que nos despimos de nossa personalidade mundana para assumirmos nossa personalidade mágica e, com o tempo, a sua purificação ritual vai se tornar um gatilho para um nível de consciência mais profundo.

Falamos da importância da limpeza física do espaço antes do ritual. Isso também se aplica a você. Se possível, tome um banho de higiene pessoal para reforçar a sensação de limpeza e de purificação interior. Depois da limpeza física, é hora de cuidar da purificação energética.

Existem duas purificações que devem ser feitas: a purificação pessoal e a purificação do espaço. Geralmente podemos expandir o método usado para nossa própria limpeza e usá-lo para também limpar o ambiente. Lembre-se de que movimentos de banimento estão associados ao sentido anti-horário, ou seja, enquanto estiver cuidando da purificação do espaço, prefira caminhar nesse sentido.

Alguns Bruxos têm tendência a compreender o ato de purificação do ponto de vista simplesmente prático: "vamos nos livrar das energias desarmônicas que podem atrapalhar o nosso ritual". Mas, lembre-se de que há aqui um sentido mais profundo: estamos preparando nossos corpos físico, mental, emocional e espiritual para o ritual que acontecerá. Por isso, você também pode adaptar a sua purificação ritual conforme a necessidade que sentir: se teve um dia mentalmente cansativo, pode desejar enfatizar o elemento Ar para dar mais atenção ao seu corpo mental, ou se passou por situações emocionais difíceis, pode optar por trabalhar com o elemento Água, por exemplo. Vejamos alguns dos métodos de purificação:

O banho ritual

Toda purificação tem um significado básico de renascimento. A sabedoria popular nos ensina que quando nos sentimos muito "carregados", basta um mergulho nas águas do mar para nos purificarmos. O mar é o útero da Terra, o ventre do qual toda a vida se originou, por isso, submergir nas águas do mar e então sair de dentro dele tem o significado simbólico de voltar às águas primordiais da vida e renascer – uma morte do profano para o nascimento do sagrado. É por esse motivo que desde os tempos imemoriais a água é um elemento essencial nos rituais de purificação.

Ir até o mar para banhar-se pode ser pouco prático como uma prática de purificação antes do seu ritual, mas isso pode ser facilmente adaptado com o preparo de um banho feito com água e sal marinho. Lembre-se de que um ato ritual é uma linguagem simbólica – então, quando nos banhamos com água salgada, estamos reproduzindo o mesmo símbolo do mergulho nas águas do mar. O sal também está profundamente associado à ideia de purificação, mas também de preservação – ou seja, enquanto a água leva embora o que não nos serve mais, o sal fortalece e mantém conosco aquilo que nos é importante.

Antes dos seus rituais, você pode tomar um banho comum e depois despejar sobre o corpo um banho feito com água e sal, carregado com o poder da sua visualização e da intenção mágica. Se desejar, acrescente à água do banho ervas de purificação, ou então outras que estejam associadas ao tema do seu ritual. Coloque suas mãos sobre o banho preparado, visualize uma cor branco-perolada entrando pelo topo da sua cabeça, fluindo para suas mãos e sendo projetada para as águas. Afirme mentalmente que esse banho está sendo imbuído de energias purificadoras.

Banhe-se da cabeça aos pés, visualizando que a água salgada purifica você e sua aura. Depois, respire algumas vezes, internalizando o sentimento de purificação. Seque-se com uma toalha limpa e vista suas vestes ritualísticas (se você optar por usá-las).

Caso não seja possível um banho ritual, existem outras opções que pode adotar para essa etapa do ritual:

Purificações Elementais

Quando vamos celebrar um ritual que está mais intimamente ligado a um dos Quatro Elementos, podemos usá-lo no momento da purificação para enfatizar sua energia:

Purificando com o Elemento Terra

- Coloque as mãos sobre um quartzo-fumê ou um cristal negro por alguns momentos, sentindo que ele absorve todas as energias desarmônicas em você.
- Use um ramo de ervas frescas ligadas à purificação, como o alecrim, passando-o próximo ao corpo, da cabeça aos pés, como se estivesse varrendo sua aura.

Purificando com o Elemento Ar

- Espalhe a fumaça de uma vareta de incenso pelo corpo, visualizando que essa fumaça afasta as energias incompatíveis e envolve seu corpo em uma esfera de luz branca.
- Do mesmo modo, use uma pena para varrer para longe a energia desarmônica.

Purificando com o Elemento Fogo

- Use a chama de uma vela para se purificar. Ao terminar, apague a vela e quebre-a.
- Pule sobre um caldeirão aceso, pedindo que o Elemento Fogo transforme sua energia.
- Esfregue as mãos até produzir muito calor, despertando o Fogo dentro de você e sentindo que sua energia pessoal é transformada. Eleve as mãos em direção ao Sol, deixando que ele purifique você.

Purificação com o Elemento Água

- Aspirja um pouco de água com algumas gotas de essência de lavanda (que significa *lavar*) em seu corpo.
- Lave as mãos, o rosto e a boca com água fresca, descartando-a em um local apropriado.

Combinando os Elementos

Combine dois ou mais Elementos para a sua purificação, com base no que deseja utilizar. Por exemplo:

- Como já vimos, o ato de misturar água e sal representa a união dos elementos Água e Terra em sua purificação. Você também pode preparar uma infusão de ervas especiais para combinar esses elementos.
- Use uma pedra vulcânica, como a obsidiana, para representar Terra e Fogo.
- Use um incenso de canela, associada ao Elemento Fogo, para representar a união desse Elemento com o Ar, ou queime ervas secas sobre um carvão em brasa para representar também o Elemento Terra.

- Você ainda pode usar os Quatro Elementos individualmente, purificando-se com um incenso, uma vela, água perfumada e um cristal, por exemplo.

Descartando os materiais

Lembre-se de que, se você usar ervas, incenso ou água para purificar, descarte-os e não os reaproveite para o restante ritual, pois eles estarão impregnados da energia que foi eliminada. Se você usou uma vela, sopre-a ao fim da purificação, visualizando que está banindo as energias negativas das quais se livrou com a chama e, se desejar, quebre a vela. Caso tenha usado cristais ou outros materiais não descartáveis, lembre-se de purificá-los mais tarde com água corrente ou a luz do Sol e da Lua.

Purificação com instrumentos

- Use uma vassoura mágica para varrer o ambiente em sentido anti-horário, sem tocar o chão com as cerdas, mantendo a visualização de que está mandando embora toda energia incompatível. Essa técnica pode ser associada com um cântico de banimento.
- Use instrumentos musicais como sino, tambor ou chocalho para fazer uma purificação por meio de sons.
- Use o seu bastão ou athame para traçar símbolos de banimento nas quatro direções enquanto visualiza que uma luz branca cobre aquela área e a purifica.

A consagração

Esse ato ritualístico pode ser compreendido como uma continuação e uma expansão do ato de se purificar, e pode ser feito antes ou depois do lançamento do Círculo Mágico, como você preferir. Na primeira etapa, eliminamos as impurezas que nos afastam de nossa natureza divina, tudo aquilo que nos atrapalha em sermos quem gostaríamos de ser, e começamos um processo de transição de nossa personalidade cotidiana para assumirmos nossa personalidade mágica. O ato de se consagrar, ou seja, tornar sagrado ou reafirmar a nossa essência como seres sagrados, encerra e fortalece esse processo iniciado em nossa purificação.

O método mais simples para se consagrar é usar seu óleo de bênçãos e ungir pontos específicos do corpo, como o terceiro olho, o coração e o plexo solar. Ou então, outras regiões do corpo que tenham um sentido especial para você, como as suas mãos que farão o trabalho ritualístico, ou ainda a região ao redor da sua boca ou de sua garganta que vão falar as palavras sagradas.

Pode, também, entoar seu nome mágico para trazer à tona sua personalidade mágica e assumi-la nesse momento.

Exercício 63: Consagrando o corpo antes de uma prática

Da próxima vez que fizer uma meditação ou uma contemplação em seu altar pessoal, tome o óleo de bênção em suas mãos e unja as partes correspondentes do seu corpo, dizendo:

Que minha mente se eleve em direção ao Sagrado (testa).
Que a minha voz seja abençoada para chamar os nomes de Poder (garganta).
Que meu coração possa se abrir à presença dos Velhos Deuses (peito).
Que os meus pés me conduzam pela senda dos mistérios (pés).
Que assim seja!

O lançamento do Círculo

A próxima etapa é o lançamento do Círculo Mágico, que também inclui a invocação aos quadrantes e aos Deuses. Já vimos o conceito de Círculo Mágico, e seu potencial como um espaço sagrado já foi explorado com os exercícios anteriores. Agora, neste ponto do ritual, um Círculo formal será estabelecido a partir dos instrumentos da Arte.

As etapas de lançamento são simples: abrir-se para a energia chegar até você, lançar essa energia com o athame, caminhando de Norte a Norte do perímetro do Círculo três vezes e dirigir-se a cada um dos quadrantes, de Norte a Norte, traçando um Pentagrama Invocante e chamando os poderes daquela direção para que estejam presentes em seu Círculo. Mais à diante veremos um exemplo prático de como isso pode ser feito.

É importante que, durante todo o lançamento do Círculo, o trabalho de visualização acompanhe as palavras e as ações. Devemos nos esforçar para sentir e para enxergar com os olhos da mente a construção mágica desse espaço sagrado, pois é assim que ele vai se tornar concreto no plano astral e vai poder atrair os poderes invocados. Esse é um dos pontos no qual as três regras de ouro devem ser aplicadas: a prática constante, a paciência e a repetição de um mesmo padrão. É assim que podemos assegurar um bom Círculo para nossos rituais. Lembre-se de que as ações externas do ritual devem sempre ser combinadas com uma atitude interior de concentração, intenção e visualização. A magia não está simplesmente nos atos externos, mas, principalmente, na atitude interior durante o ritual.

Invocação dos Deuses

Ocultistas costumam fazer distinção entre evocar e invocar. Evocar seria chamar determinada força para que se manifeste externamente, para que esteja presente em um lugar, enquanto que invocar seria trazer essa força ou presença para dentro de nós. Essa diferenciação é típica de um pensamento mágico que compreende o ser humano como diferente e separado das forças naturais, que podem ser convocadas e controladas pelo magista. Do meu ponto de vista, o único modo de fazer com que determinado poder ou presença se manifeste no espaço sagrado é por meio da nossa própria conexão e da concentração, ou seja, diferenciar evocação e invocação como algo que acontece no exterior ou interior é impossível. O Círculo Mágico é um espaço liminal, quando as barreiras do mundo interior e do mundo exterior são temporariamente desfeitas. Por isso, usarei apenas o termo invocação para os dois processos. Vamos entender melhor como isso se faz.

Esse é o momento do ritual onde os Deuses são chamados para que estejam presentes no Círculo e participem de nosso ritual. O que muitas pessoas não compreendem é que invocar é diferente de convidar. Podemos dizer: "Deusa gentil, se desejar, venha a este Círculo e esteja neste ritual", mas isso não é uma invocação. Invocar significa trazer efetivamente a energia da Divindade para o espaço sagrado, e isso não se faz simplesmente convidando a Divindade, mas por meio de um processo de sintonização.

Imagine que todos somos como aparelhos de rádio, e que podemos nos sintonizar em diferentes frequências. Cada estação de rádio seria como um aspecto da Divindade e, para realizarmos um processo invocatório com sucesso, precisamos nos ajustar à frequência específica em que aquele aspecto da Divindade vibra.

A preparação do espaço sagrado, os símbolos, os aromas e as cores acrescentados servem em parte para isso – eles ajudam a dar o tom da energia e do padrão vibratório com o qual você quer se conectar, afinizando a sua consciência com as forças que serão chamadas. Entender como esse processo acontece nos ajuda a compreender o porquê de a Bruxaria ser vista como uma Arte, um Ofício, e não simplesmente como algo puramente devocional. A qualidade de nossa invocação (e por consequência de todo o ritual) não depende simplesmente de nosso amor aos Deuses, mas do uso de técnicas específicas para que possamos colocar determinados poderes em movimento e alterar a nossa consciência. Claro, nosso amor e nossa devoção aos Antigos são partes importantes desse processo, mas não são tudo.

A primeira forma de nos sintonizarmos com o aspecto dos Deuses que será invocado é por meio dos cinco sentidos de nosso corpo físico, por isso, selecionar os símbolos, as cores e os aromas certos para compor seu altar, é tão importante. O próximo passo é sintonizarmos os nossos corpos emocional, mental e espiritual.

Sintonizar o corpo mental com a Divindade invocada significa elevar o nosso pensamento às ideias e símbolos que são associadas a ela. Então, se estamos invocando a Deusa como Donzela da Primavera, visualizar a luz dourada e quente do Sol sobre nós, as flores desabrochando nos campos verdes e os animais selvagens nos remetem a esse aspecto da Deusa. As palavras da invocação são igualmente importantes, pois aquilo que falamos nesse momento serve justamente para alinharmos nossos quatro corpos para a invocação. Falaremos sobre as palavras de invocação mais adiante.

Alinhar nosso corpo emocional durante a invocação significa trazer à tona sensações que são associadas àquele aspecto que está sendo chamado. Então, ao invocar o Deus de Chifres como o vigoroso senhor das matas e da fertilidade, o doador da vida, devemos ser capazes de sentir o jorro de energia vital pelo nosso corpo, a sensação de força, vitalidade e virilidade dentro de nós.

Finalmente, é no corpo espiritual que está nossa ligação com a força divina. É aqui que nossa devoção, respeito e reverência pelos Deuses atua. Aquilo que invocamos deve ser percebido e tratado como verdadeiramente sagrado para que nossa centelha divina possa fazer a sua parte no processo de invocação.

É por meio desse alinhamento dos nossos corpos com a Divindade invocada que podemos nos sintonizar a ela e servirmos como um canal condutor de sua energia para dentro de nosso Círculo. Invocar também é algo que deve ser praticado para ser aperfeiçoado, pois, na verdade, é uma via de mão dupla – ao mesmo tempo em que fazemos tudo isso, também entramos em um estado de receptividade para que o Misterioso se manifeste através de nós. Não apenas queremos nos comunicar com os Deuses, mas eles também desejam estabelecer contato conosco. Por isso, as melhores invocações são as espontâneas, em que nos abrimos para o Sagrado e deixamos que as imagens, as sensações e as palavras surjam de modo a trazer a energia divina para nosso espaço sagrado – mas é claro, isso exige prática, e para o iniciante inseguro, uma invocação preparada de antemão pode funcionar melhor.

Tudo o que foi dito aqui não deve passar a ideia de que o processo de invocação é meramente mecânico ou técnico – na verdade, essas são técnicas para auxiliar o processo, mas lembre-se de que a verdadeira natureza dos Deuses está além da nossa plena compreensão e não pode ser controlada por nós.

As palavras de invocação são bastante importantes, porque elas vão despertar as imagens mentais necessárias e também podem alterar nosso estado emocional. Palavras funcionam como a verdadeira ponte que pode levar nossa consciência ao Divino e permitir que a energia flua para o espaço sagrado através de nós. Por isso, falar com firmeza, segurança e ritmo é importante. É fundamental que treine sua voz ritual, encontrando um modo de falar que seja claro, imponente e ao mesmo tempo respeitoso, e até um pouco musical. O tom da invocação está entre a firmeza de uma ordem e a leveza de recitar um poema. Na Lição Doze – "Compêndio Ritual" falaremos mais sobre as técnicas de vocalização que podem ser usadas dentro de um ritual.

Você pode optar por usar um texto pronto ou por criar os seus próprios para ler no ritual. Ou melhor ainda, pode invocar de maneira espontânea de acordo com a inspiração do momento. Mas isso pode ser bastante difícil no começo, então sugiro que primeiro treine com invocações prontas para depois deixar que as palavras fluam espontaneamente, que é o ideal.

Mas o que se diz em uma invocação? Basicamente, dizemos qual é a energia ou a Divindade que está sendo chamada, listamos seus atributos e aspectos específicos que desejamos que se manifeste naquele momento, descrevemos imagens e símbolos para nos sintonizarmos e dizemos que essa força deve se fazer presente, dando a ela as boas-vindas. Além de tecer elogios e exaltar a Divindade, descrevendo seu poder, também usamos verbos no imperativo como "venha", "esteja aqui" ou "faça-se presente" para atrair sua energia. Veja como nos exercícios a seguir:

Exercício 64: Treinando a Invocação

Diante de seu altar pessoal, antes de uma prática de meditação ou de contemplação, fique de pé e assuma uma postura adequada, coloque força e intenção em sua voz e sintonize-se com a imagem da Deusa ou do Deus. Após a invocação de cada deidade, acenda a vela correspondente no altar, e então, medite. Use as seguintes invocações para treinar.

Invocação à Deusa da Lua

Nesta noite, dirijo-me à Amada Senhora da Lua. Venho diante do altar da Arte para adorar o espírito da Mãe de Toda a Vida. Ouça-me, Senhora, e venha a mim.

Vós que viajais através dos céus noturnos lançando tua luz prateada sobre os campos. Teu poder faz com que as marés se movimentem e as flores desabrochem. Tua brisa gelada sopra nesta noite, e teus filhos ocultos ouvem a tua voz!

Desça sobre este círculo, amada Deusa da Lua. Inunde este espaço com teu brilho resplandecente e com tua presença. Que como um cálice, meu espírito se abra para receber teu toque gentil e prateado, e que eu possa ser preenchido por tuas águas da criação!

Ouça-me, Senhora! Venha! E seja bem-vinda!

Invocação ao Deus de Chifres

Poderoso Cornífero que se move indomado pela mata intocada, venha!

Meu coração acelera enquanto ouço o som de teus cascos fendidos batendo contra a terra!

Meus olhos se cegam diante da explosão de mil sóis ardentes enquanto vós vois aproximais!

O sangue ferve em minhas veias e se agita quando sinto teu cheiro selvagem perto de mim!

Homem e animal, caça e caçador, escuro Senhor da morte e Sol brilhante doador da vida!

Bato meus pés no chão e invoco a tua presença, agora!

Pai da Bruxaria, ouça tua criança secreta que nesta noite clama por ti!

Eu vejo tua face nas sombras da noite!

Venha correndo através da floresta!

Faça-se presente! Seja bem-vindo!

Exercício 65: Cântico de Invocação

Outro modo de invocar a presença dos Deuses é simplesmente chamar por seus nomes. Os povos antigos sempre enfatizaram o poder carregado por um nome, então, uma técnica simples de invocação consiste em visualizar símbolos e imagens relacionadas à Divindade e entoar seu nome repetidamente e de forma rítmica, como um mantra. Isso faz com que a nossa respiração se modifique e altera nosso estado mental, gerando Poder Mágico e trazendo a força da Divindade até nós.

Feche os olhos, respire, lembre-se de seu propósito. Crie uma imagem mental da Divindade invocada e, lentamente, comece a entoar o seu nome, encontrando um ritmo que seja confortável. Faça movimentos leves com o corpo, movendo-se de um lado para o outro, ou marque o ritmo com os pés ou com palmas. Entoe repetidamente até entrar em estado alterado de consciência e se perceber misturado a essa imagem. Deixe o ritmo crescer e o cântico se elevar até chegar a um pico, ao auge, e então, deixe que ele vá diminuindo, até morrer. Contemple o silêncio por alguns instantes e sinta a presença da Deidade. Dê as boas-vindas ao poder invocado.

É importante ressaltar que as orientações de invocação dadas aqui não são exclusivas para a Deusa e para o Deus, mas quando você invocar o poder de cada um dos Elementos nos quadrantes de seu Círculo, deve usar as mesmas técnicas de visualização, concentração e intenção para trazer as energias adequadas ao seu ritual.

Declarando a intenção

Agora que traçou seu Círculo Mágico, invocou os poderes dos Elementos e dos Deuses, é hora de declarar a intenção do seu ritual. Essa é uma etapa muito simples e serve tanto para abrir a cerimônia propriamente dita quanto para manter a sintonia mental com os propósitos do seu ritual. Na verdade, este é um processo de harmonização: após ter preparado o espaço sagrado e invocado os Poderes que estarão com você, é hora de alinhar todas essas forças ao propósito do seu rito.

Se preferir ser mais cerimonial, pode tocar um sino nesse momento, para marcar a transição de uma etapa para outra. Eu, particularmente, gosto dessa ideia, pois dá ao ritual um ar mais solene. Experimente e encontre o que funciona melhor para você.

Eleve os braços ao lado do corpo e declare a sua intenção em voz alta usando uma frase simples. Pode ser algo como:

> Venho a este Círculo entre os mundos para celebrar o Sabbat Ostara e dar boas-vindas ao poder da primavera! A vida retornou! Que a alegria esteja em meu coração!

Ou ainda:

> Nesta noite de Plenilúnio, viajo entre os mundos para celebrar a bela Deusa da Lua! Que sua luz prateada abençoe este momento de magia!

Caso o propósito do seu ritual não seja simplesmente festejar uma época do ano ou uma fase da Lua, mas tenha como foco principal um objetivo de feitiçaria, você pode declarar a sua intenção unindo as referências temporais ao seu objetivo mágico. Como costumamos unir os objetivos de nossa magia ao crescer e minguar da Lua, você pode usar algo do tipo:

> Enquanto a Lua mingua, venho ao Círculo da Arte para trabalhar magia e fazer com que as dores de [nome] também diminuam.

Ou então:

Enquanto a luz da Lua cresce nos céus, uno-me aos ritmos da natureza para fazer crescer dentro de [nome] a saúde, a vitalidade e a força para combater as doenças. Que sua vitalidade cresça com o luar.

Quando alinhamos nossas intenções mágicas ao que está acontecendo na natureza, aproveitamos essa corrente de poder. Isso é muito importante, pois como Bruxos, usamos as correntes de força natural para nossos atos de magia. Quando precisamos trabalhar magicamente em uma emergência, adaptamos o momento para a necessidade: crescer a saúde (Lua crescente) ou diminuir a doença (Lua minguante), crescer a prosperidade ou diminuir as barreiras de nossa realização; aumentar a proteção e as defesas ou banir a negatividade e o perigo, e assim por diante.

Se desejar, use também as correspondências astrológicas, e alinhe o seu propósito mágico não apenas ao crescer e minguar da Lua, mas ao signo onde ela se encontra. Também pode usar a referência da Lua somada à estação do ano. Se fizer sentido ao seu propósito mágico, acrescente essas informações na sua declaração de intenção, para estabelecer uma sintonia com esses processos da natureza.

Puxar a Lua para Baixo

Esse rito específico é realizado apenas nos Esbats de Lua cheia.

Puxar a Lua para Baixo significa coisas diferentes de acordo com o modo com que se pratica Bruxaria. Na Wicca Iniciática, esse é o momento do ritual onde o Alto Sacerdote invoca a Deusa da Lua para que desça sobre o corpo da Alta Sacerdotisa, que em estado de transe, declama a *Carga da Deusa* para os membros do Coven, transmitindo assim a energia da Senhora da Lua para os presentes. Nesse momento, a Deusa não é adorada como uma presença abstrata pelo Iniciados, mas como viva e encarnada no corpo da Alta Sacerdotisa. Isso nada tem a ver com os fenômenos de incorporação das religiões afro-brasileiras, sendo um processo único e específico que é ensinado no interior dos Covens para seus Iniciados.

Mas há uma prática eclética nas noites de Lua cheia, realizada por Bruxos solitários, que costuma ser chamada pelo mesmo nome. Ela poderá ser usada em seus rituais de Lua cheia para absorver a energia da Lua do mesmo modo. A prática consiste, basicamente, em estabelecer uma conexão com a imagem da Lua cheia e fazer com que sua luz baixe sobre o Círculo e penetre o corpo do Bruxo, vitalizando seus corpos sutis e preenchendo-o de poder.

Isso geralmente é feito pela visualização de que uma energia prateada se desprende da Lua e cai sobre nós, entrando pelo topo de nossa cabeça ou nos banhando como uma cachoeira de luz brilhante, fluindo para a Terra. Essa energia pode ser usada para abençoar objetos, fazer consagrações ou ampliar o poder de nossos feitiços, que são feitos após esse momento do ritual.

A fórmula que darei para esse rito no Ritual de Lua cheia é um pouco diferente e mais cerimonial, nela, não vamos simplesmente visualizar a luz do luar descendo sobre nosso Círculo, vamos atrair a própria imagem da Lua para que baixe ao nosso altar e preencha-nos de vitalidade.

Puxar o Sol para Baixo

Este foi um nome adotado para o processo em que a Alta Sacerdotisa invoca a presença do Deus no Alto Sacerdote do Coven, sendo ele a versão masculina do rito de *Puxar a Lua para Baixo*. Apesar de ser um nome moderno que não era usado originalmente nas práticas da Wicca, o termo se popularizou com as obras dos Farrar.

Do mesmo modo, o rito ao qual me refiro por esse nome é uma prática adaptada para ser realizada nos Sabbats Menores, que marcam o percurso do Sol pela Roda do Ano. Com este rito, vamos nos conectar à essência da energia solar e, portanto, do Deus de Chifres, invocando essa força dentro do nosso Círculo para que possamos partilhar dela e nos nutrirmos do seu poder.

O Sol é um antigo símbolo da nossa natureza espiritual, por isso, quando puxamos o Sol para baixo não estamos simplesmente invocando uma energia masculina do Deus para nossos rituais, mas também nos lembrando desse centro Divino que é o núcleo de nossas vidas e práticas. Dizemos que, simbolicamente, toda a vida vem do Sol, e por isso, quando absorvemos sua energia, estamos sorvendo o próprio poder da criação.

Bolos e Vinho

Em todo ritual Wiccaniano, é costume abençoarmos um alimento e uma bebida para que sejam partilhados. Isso nos lembra que nosso culto é de fertilidade e vida, e celebra as dádivas e presentes da Mãe Natureza. Ao abençoarmos uma refeição dentro do Círculo, estamos despertando a natureza sagrada dela e imbuindo a comida e a bebida com o poder que foi trabalhado dentro do Círculo, para que ele seja absorvido e integrado à nossa essência. Esse rito também serve para despertar a natureza sagrada dos alimentos, para que, ao partilharmos deles, sejamos integrados com esses poderes.

Por isso, a cada ritual, você deve abençoar um pão, bolo, biscoitos ou algo semelhante, e consagrar uma bebida, se possível alcoólica (geralmente vinho ou hidromel), para então consumir e partilhar com os Deuses e os poderes invocados. Tipicamente, usa-se pão e o vinho, mas isso pode ser adaptado.

Pão e vinho são alimentos sagrados para muitas religiões e, claramente, partilhar deles ritualisticamente tem origens pagãs. Há algo de peculiar nesses alimentos: eles representam a interação entre o humano e as forças da natureza para produzir algo único, que será consagrado e partilhado tanto por nós quanto pelos Deuses.

Tanto o trigo do pão quanto a uva do vinho foram primeiro sementes que desceram à terra, simbolizando uma viagem para o Submundo, e ali confrontaram os poderes da morte e da decomposição. Então, com a dádiva da Terra – que é a Deusa – a semente pode se transformar novamente em vida, brotando e irrompendo do solo, elevando-se pelo ar e crescendo em direção ao Sol – a fonte de vida. A força vital e o poder vivificador do Sol foram impregnados e absorvidos por essas substâncias, frutos do casamento sagrado entre Céu e Terra. Quando colhidos, eles permaneceram preenchidos desse poder, e então foram transformados pela ação humana em pão e vinho – não são simplesmente produtos naturais, mas, pela ação do nosso trabalho, assumiram uma nova forma. E pela ação ritual, restituímos esse caráter sagrado de ambos, lembrando-nos de sua essência Divina para que então ela seja consumida. Não comemos do pão ou bebemos do vinho, simplesmente, mas sorvemos da própria essência Divina impregnada ali.

Para os gregos antigos, o pão era chamado de Presente de Deméter, a Deusa dos cereais e da agricultura que presidia o maior culto de mistérios que o mundo ocidental conheceu: os mistérios de Elêusis. O vinho era uma dádiva de Dionísio, um Deus de Chifres da alegria, do êxtase e da morte e renascimento – ele era o próprio espírito da videira, a essência viva dentro vinho. Nos rituais de Dionísio, ao beber do vinho, as pessoas acreditavam ficar intoxicadas e preenchidas pela própria presença do Deus dentro delas – elas literalmente ingeriam a Divindade. Acredita-se que tanto o pão quanto o vinho puderam ser preparados devido a inspiração dos Deuses sobre a humanidade e, por isso, são símbolos dessa aliança. Quando sacralizamos esses alimentos e os ofertamos aos Deuses, estamos simbolicamente reforçando nossos laços com eles e oferecendo algo que não pode ser encontrado na natureza por si só – algo que só os seres humanos são capazes de oferecer.

Há outro aspecto importante no uso simbólico do pão e do vinho nos rituais – ambos passam por processos de fermentação, que representa a transformação que só pode ser vivenciada por nossos espíritos pelo contato com o Divino. A fermentação é um processo feito por uma substância viva, capaz de alterar a forma dos produtos originais para que se transformem. Isso, simbolicamente, representa o espírito da vida – dos Deuses – atuando sobre a matéria bruta dos nossos corpos e operando um tipo de transformação única.

Esse processo sagrado da consagração de alimentos foi visto na consagração dos instrumentos de trabalho, usando-os para abençoar e sacralizar uma refeição que foi partilhada com os Deuses. Isso será repetido a cada ritual, e será mostrado quando chegarmos na parte prática dos rituais.

Oferendas e libações

Todo ritual Wiccaniano é um momento de troca de energia entre o Bruxo e os Poderes que celebram com ele dentro do Círculo. Atraímos a força dos Deuses para nossos trabalhos, mas também partilhamos com eles e com os Ancestrais aquilo que temos. Por isso, todo ritual deve incluir algum tipo de oferenda ou de libação que mais tarde será levada para algum lugar na natureza e compartilhada com a terra. Isso reforça nossa ligação com o mundo material e serve como alimento para a vida.

Por isso, é importante que suas oferendas não agridam o meio-ambiente, o solo e os animais de maneira alguma.

Libação é o ato de verter um pouco de bebida em um recipiente apropriado como forma de oferenda, como se estivéssemos dando de beber aos seres imateriais que estão conosco partilhando do espaço sagrado. Alimentos sólidos também podem ser acrescentados ali. Isso significa que para realizar rituais formais, vai precisar de um pote de libações no qual vai derramar um pouco do vinho e do pão consagrados para que sejam partilhados pelos Deuses.

Outras oferendas podem ser acrescentadas aqui de acordo com o ritual e seus propósitos, como ramos de trigo, grãos, frutos ou outros alimentos. Essas oferendas podem levar um toque artístico, como uma mandala de grãos para agradecer pelas colheitas da nossa vida, por exemplo.

Outros tipos de oferendas que não seja comida pode ser oferecida também. Por exemplo, pode escrever um poema único para os Deuses, recitá-lo dentro do Círculo como uma oferenda e então queimar o papel, ofertando a eles aquela composição única, que nunca mais será lida ou repetida. Também é possível oferecer canções, velas, flores, ou qualquer outra coisa que represente um desprendimento energético que é direcionado para os Deuses como forma de devoção e de agradecimento.

Em tempos em que não plantamos nosso trigo e não preparamos nosso vinho, precisamos falar sobre dinheiro e oferendas. Eu conheço Bruxos que, literalmente, queimam notas de dinheiro aos Deuses como símbolo de que o potencial de gasto daquele valor entre como oferenda, um verdadeiro sacrifício. Eu, particularmente, não me sentiria confortável em simplesmente queimar dinheiro em meu altar – eu procuro fazer oferendas que possam ser revertidas para a natureza em forma de alimento – com exceção de moedas, é claro, que podem ser misturadas a grãos para representar a prosperidade da terra, e então oferecidas na natureza. Garanto a você que elas não ficarão lá por muito tempo!

Assim, ao invés de queimar o dinheiro, eu prefiro gastá-lo para comprar as oferendas apropriadas à temática do rito e aos aspectos dos Deuses que celebrarei. Quando estiver preparando o seu ritual – ao comprar uma maçã, grãos ou vinho que serão oferecidos aos Deuses, o verdadeiro sacrifício que você está fazendo não é a simples entrega dessas substâncias, pois elas não vêm de você diretamente. O que vem de você é o dinheiro usado para adquiri-las – por isso, tenha isso em mente, não compre simplesmente o incenso mais barato ou as frutas mais em conta que encontrar.

Faça da compra dos itens do seu ritual uma verdadeira oferenda e traga para o momento do ritual a consciência de que você não está oferecendo simplesmente aquele produto comprado no supermercado, mas que, por meio dele, está oferecendo algo que genuinamente trabalhou para conseguir: o dinheiro que permitiu que adquirisse aqueles itens e o esforço feito para conseguir as oferendas apropriadas. É preciso que as suas oferendas tenham um vínculo direto com o seu esforço pessoal. Não coloque qualquer coisa sobre o altar dos Deuses; coloque o que tiver de melhor e eles retribuirão da mesma maneira em sua vida.

Quando puder, tente também coletar na natureza elementos que serão oferecidos, como flores da estação, por exemplo. Ou então experimente fazer seu próprio pão para os rituais – essa é, com certeza, uma profunda experiência espiritual, capaz de nos reconectar aos ciclos da terra e a consciência daquilo que produzimos e comemos. A cada Sabbat, você pode fazer um pão ou um bolo que tenha ingredientes abençoados e escolhidos especialmente para a temática daquela estação. Assim, no momento da oferenda, você não está apenas oferecendo pão, mas também o seu esforço, o seu trabalho e o seu amor para prepará-lo. A oferenda se torna, portanto, um símbolo da energia que você mobilizou para torná-la possível. Isso definitivamente ampliará a qualidade dos seus rituais, a eficácia da sua magia e o aprofundamento da sua relação com os Deuses.

O encerramento do ritual

O mesmo cuidado que devemos ter para preparar o espaço sagrado para a celebração, invocando os poderes que serão contatados e criando um ambiente adequado para nossa prática, deve ser tomado para finalizar o ritual. Assim como o Círculo Mágico foi meticulosamente construído no início de nossas cerimônias, ele também precisará ser desfeito com respeito e reverência.

Encerrar o ritual e fechar o espaço sagrado inclui agradecer e despedir-se da presença dos Deuses, dispensar os poderes dos Elementos em cada quadrante do Círculo e, finalmente, destraçar os limites do Círculo, encerrando assim o nosso contato com os planos interiores.

Nessa etapa do ritual, há um aspecto muito importante que não pode ser negligenciado: precisamos aterrar qualquer excesso de energia, tanto do ambiente quanto de nossos corpos, pois a energia excedente sem função se manifestará de alguma maneira – em nossos corpos, ela pode gerar irritação, agitação, ansiedade ou mesmo dores e cansaço; no espaço, ela pode provocar reações e desequilíbrios, modificando a harmonia do lugar.

Ao fim do ritual, tenha algo para comer e beber e permaneça de pés descalços por algum tempo, deixando que a energia flua de você para a terra. É natural sentir-se cansado ao fim de um ritual, mas também é bem comum que se sinta completamente revigorado e energizado. Cada pessoa costuma responder de uma maneira diferente à movimentação energética das cerimônias, e com o tempo, você vai identificar como costuma se sentir.

Ha ainda outro elemento que, na minha opinião, é o verdadeiro fechamento do ciclo do ritual: quando as oferendas e as libações feitas são levadas para a natureza e despejadas sobre a terra. Ao fazer isso, estamos entregando para a natureza não apenas nossas oferendas e nosso agradecimento, mas também estamos permitindo que a energia de toda a cerimônia flua e integre-se ao mundo físico. Os alimentos serão consumidos pelas plantas e pelos animais e nutrirão a vida. Deixamos que a sacralidade de nosso rito se misture com a terra e que nossas intenções sejam plasmadas no plano material. Estamos liberando as energias para que tomem seu caminho e, assim, nosso desejo se concretize. Portanto, ao fim do ritual, não menospreze essa etapa de finalização: leve o conteúdo da sua libação para fora de casa e deposite aos pés de uma árvore sem espinhos, fazendo seu último agradecimento e sua última reverência.

~ LIÇÃO 12 ~

Compêndio Ritual

Este capítulo reúne informações gerais sobre posturas, uso da voz e dos gestos que são usados em contextos ritualísticos.

Muitas pessoas acreditam que a eficácia de um ritual depende apenas da realização de determinadas etapas, como se elas fossem um tipo de "fórmula mágica" capaz de gerar um resultado por si só. Na verdade, um bom ritual não depende apenas do que se faz, mas também de como se faz. É sobre isso que trataremos neste capítulo.

Oficiar um ritual é também uma arte que precisa de tempo para ser aperfeiçoada – com a prática, passamos a dominar e melhorar as técnicas usadas. É importante entender que toda a linguagem corporal que usamos no ritual não tem por objetivo simplesmente tornar a experiência mais teatral, elas servem, na verdade, para propósitos muito específicos e importantes.

Sempre que se preparar para um ritual, lembre-se dessa máxima: absolutamente tudo o que acontece dentro do Círculo Mágico tem um efeito, um propósito e transmite uma mensagem, pois cada ação ritual é uma forma de comunicação com os poderes invocados, uma mensagem que emitimos a essas forças. Assim, coisas que podem parecer triviais, como a nossa postura corporal ou o nosso tom de voz, influenciam no tipo de mensagem que estamos enviando.

Paramentos, vestes e joias

Existem duas formas básicas para trabalhar dentro do Círculo Mágico: optar por adquirir uma veste cerimonial, como uma túnica, ou trabalhar em nudez ritualística, o que chamamos de "vestir-se de céu".

Trabalhar em nudez é a forma mais tradicional para praticar Bruxaria. Nossa religião é um caminho que enfatiza a nossa experiência física e a sacralidade da matéria e, por isso, praticar Bruxaria vestindo-se de céu significa reafirmar o corpo como veículo e expressão do sagrado. Não desejamos nos desligar completamente do mundo material, acessando um reino puramente etéreo e distante do corpo, ao contrário, queremos canalizar a energia divina para que permeie nossa realidade material.

A nudez também é um ato simbólico de que estamos diante dos Deuses, dos Ancestrais e dos Espíritos dos Elementos despidos de quaisquer máscaras, em totalidade. Isso também é um poderoso gatilho psicológico, que sinaliza um momento especial.

Em níveis diferentes, não há uma única pessoa em nossa sociedade que não tenha algum tipo de desconforto com o próprio corpo. Sempre há algo que precisa melhorar! Enquanto padrões de beleza inatingíveis são colocados como regra para todos nós, aprendemos a nos distanciarmos do nosso corpo e a vê-lo como imperfeito. E, ao nos afastarmos da conexão com nosso corpo, também acabamos nos distanciando do nosso poder pessoal. A Bruxaria, como um caminho de transgressão, nos leva pela via oposta, enfatizando nossa experiência física e devolvendo ao corpo o significado daquilo que ele verdadeiramente é: um corpo, e nada mais.

A nudez ritualística deve ser inocente. Ela não é uma nudez sexualizada, erotizada ou maliciosa. É apenas o nosso estado natural. Todos nós nascemos nus, e quando optamos por trabalhar vestidos de céu em nossos rituais, nos apresentamos dessa maneira aos Deuses. Por isso, essa forma de prática lentamente passa a transformar a relação que temos com o nosso próprio corpo. Enquanto que para algumas pessoas pode ser muito difícil pertencer a um Coven que trabalhe vestido de céu, na prática solitária o medo da exposição e do julgamento das outras pessoas simplesmente desaparece; seus rituais acontecerão na privacidade do seu próprio espaço. Por isso, sugiro enfaticamente que ao menos experimente ritualizar vestindo-se de céu.

Caso optar por usar uma túnica, o modelo e a cor adotados dependem exclusivamente de você, apesar de o preto estar entre as cores favoritas. Escolha um tecido leve e confortável, que permita que se movimente livremente pelo Círculo, assuma diferentes posturas, sente-se para meditar e eleve o Poder. Tenha cuidado com as mangas da sua túnica quando manipular objetos sobre o altar, e também preste atenção para não pegar fogo nas vestes com velas dos quadrantes. Já ouvi e presenciei situações desse tipo nos rituais e, acredite, a última coisa que você vai querer é pegar fogo no meio do Círculo.

Joias e outros adereços também podem ser utilizados, tanto vestindo-se de céu quanto com uma roupa ritualística. Braceletes, pingentes e anéis podem ser apropriados, mas lembre-se de que um colar ou um adorno lunar para a cabeça são adereços tipicamente femininos dentro do Círculo.

Sobre o Círculo Mágico

Checar os itens necessários

Antes do início do ritual, verifique se todos os itens necessários estão dentro da área em que o Círculo Mágico será lançado. Depois de estabelecido, não mais será possível deixar o espaço até que o ritual chegue ao fim, pois o Círculo não pode ficar vazio. Essa é uma desvantagem do rito solitário, pois quando estamos com outras pessoas, basta que uma delas abra um portal com o athame para sair e retornar. No caso da prática solitária, deixar o Círculo vazio não é uma boa ideia.

Sem tecnologias dentro do Círculo

Não leve para dentro do Círculo Mágico relógios e outros aparelhos tecnológicos que resgatem uma sensação de contato com a realidade convencional. O que buscamos com o ritual é justamente um desligamento temporário do mundo habitual, se ficar checando a hora (ou mesmo se vê-la acidentalmente no visor de um aparelho), vai resgatar automaticamente a conexão com a realidade externa do Círculo. Por isso, evite relógios e celulares. Caso tenha algum aparelho desse tipo no espaço em que o ritual será feito, cubra-o até o que o Círculo seja destraçado.

O sentido para se movimentar

Sempre caminhe em sentido horário, mesmo que isso signifique dar a volta por toda a área do Círculo Mágico. Se você estiver no quadrante Sul e desejar ir até o Leste, precisará dar a volta pelo Oeste e pelo Norte para manter o sentido de movimentação dentro do Círculo.

Caminhe em sentido anti-horário apenas ao realizar algum tipo de magia de banimento ou de expulsão, e apenas durante a realização desse ato mágico. Por exemplo, no ritual do Sabbat Imbolc, há um momento em que o Círculo Mágico é varrido em sentido anti-horário, representando o desfazer e a expulsão das energias que serão banidas. Após essa etapa do ritual, a movimentação retorna ao sentido convencional.

Quando comecei a aprender Bruxaria e me deparava com regras desse tipo, eu tendia a pensar nelas apenas do de vista operacional, e me perguntava: "mas o que será que acontece se eu simplesmente ignorar essa instrução e apenas me movimentar livremente, sem considerar o sentido?" Com o tempo, aprendi que parte da experiência do Círculo Mágico envolve a disciplina de observar determinadas regras de comportamento e de operação. Cada mundo tem suas regras próprias, quando nos mantemos vigilantes para caminhar apenas em determinado sentido, por exemplo, o tempo todo reforçamos em nossa mente a noção de que estamos em outra realidade, que opera por outros princípios, e mais uma vez abrindo uma fenda na realidade habitual para que a magia possa acontecer. Esse também é um ótimo treino, pois exige que estejamos sempre atentos e concentrados dentro do espaço ritual, nos fazendo experimentar outros modos de conduta.

Observar palavras, pensamentos e emoções

Cuide das palavras que são ditas, mantendo a consciência de que tudo o que é dito será escutado, emitido e testemunhado aos poderes invocados. Cuide dos pensamentos, mantendo o foco e a concentração no trabalho a ser realizado para evitar desperdício de energia. É muito mais comum que haja distrações ou piadas quando estamos com outras pessoas no ritual, de todo modo, evite qualquer dispersão durante a sua cerimônia. Lembre-se: o poder flui para onde a atenção vai.

Também é importante nunca realizar um ritual em estado emocional alterado ou de descontrole, e nem mesmo sob o efeito de álcool ou outras substâncias. Nunca aja magicamente por impulso.

Reforçando o Círculo Mágico

Sempre que sentir necessidade, ou quando acidentalmente quebrar os limites do Círculo, ele pode ser reforçado caminhando de Norte a Norte e projetando energia usando o seu athame, sem a necessidade de repetir as palavras ditas no lançamento formal do Círculo. Caso, por alguma necessidade, tenha que deixar o Círculo completamente, ele deverá ser lançado novamente.

Os Pentagramas

Nos quadrantes

Ao fazer as invocações a cada um dos quadrantes, trace com seu athame um Pentagrama de Invocação e, ao fim do ritual, volte a cada um dos quadrantes para se despedir dos poderes invocados e traçar um Pentagrama de Banimento. Isso deve ser feito com gestos amplos e precisos. Esforce-se para realmente desenhar um pentagrama no ar, e não apenas fazer uma menção ao símbolo.

Uma forma simples para fazer isso é usando o seu próprio corpo como referência: um Pentagrama de Invocação pode ser desenhado no ar colocando o athame diante de seus olhos, descendo em linha reta até a altura da sua coxa esquerda, subindo para o seu ombro direito e então fazendo uma linha reta até o ombro esquerdo, descendo novamente para a coxa direita e voltando com o athame para a altura dos olhos.

Pentagrama de Invocação

Pentagrama de Banimento

Treine diante de um espelho para conseguir um movimento preciso. Mantenha o braço firme e imagine-se talhando o símbolo à sua frente, não apenas o desenhando. Coloque força em seu movimento, pois esse gesto firme imprime energia no ato e cumpre sua função mágica: atrair ou dispersar determinados poderes.

Lembre-se de que o gesto exterior deve ser acompanhado da formação de uma imagem mental apropriada.

Sobre itens e objetos

Quando for necessário traçar o pentagrama sobre outros objetos, como em consagrações feitas sobre o seu pentáculo, trace o símbolo com o athame em um tamanho proporcional, mas sempre buscando manter a força e a precisão dos gestos. Sempre visualize que o seu athame deixa um rastro de luz, criando o desenho do pentagrama com um brilho branco-azulado diante de você, que é absorvido pelo objeto em questão (no caso do Pentagrama de Invocação), ou que o próprio símbolo suga as energias desarmônicas do objeto (no caso do Pentagrama de Banimento).

Posturas e gestos

A seguir, encontre uma posição de posturas corporais que pode ser usada nos rituais e nas práticas pessoais. Vamos falar primeiro sobre as posturas apropriadas para meditação. No oriente, é muito comum se adotar a famosa postura da flor de lótus para exercícios meditativos e contemplativos, porém, nós, do ocidente, temos muita dificuldade para conseguirmos nos colocar na postura e depois fazer um exercício mental ou prática espiritual. Por isso, há três posturas básicas que costumam ser usadas no ocultismo ocidental para meditações: na primeira delas, ficamos completamente deitados com a cabeça no mesmo nível do corpo (a desvantagem é que podemos dormir!); a segunda consiste em permanecer de pé, com os pés firmes e espalmados, separados na largura dos ombros. Ambas são usadas para manter a coluna ereta, de forma a preservar o alinhamento entre os centros de poder, fazendo com que a energia flua melhor por nossos canais energéticos. A terceira postura comum para meditações é a seguinte:

A Postura Egípcia de Meditação

Sente-se confortavelmente, de preferência em uma cadeira ou em uma poltrona que tenha um apoio para as costas. Mantenha os pés firmes, completamente colocados sobre o chão, e repouse as mãos sobre os joelhos, que devem estar mais ou menos na altura do quadril. Se for necessário, coloque os seus pés sobre uma almofada ou outro apoio. Mantenha a cabeça alinhada com o corpo, virada para frente, e os ombros relaxados.

Essa é uma posição confortável para a maioria dos exercícios de meditação, apesar de nem sempre ser possível fazê-la dentro do Círculo. Quando sentar-se no chão para meditar dentro dos rituais, lembre-se de manter o alinhamento do corpo.

A Mano Cornuta

Segure os dedos médio e anelar com o seu polegar, enquanto mantém os dedos indicador e mindinho levantados, formando um sinal de chifres. *Mano Cornuta* em italiano significa literalmente "mão com chifres", e é um gesto que pode ser usado para se invocar o Deus de Chifres ou para direcionar Poder em nossas práticas.

Popularmente, a *Mano Cornuta* é um gesto usado para proteger-se do mal, apontando-se os chifres da mão para o suposto agressor psíquico, e também para cortar o mau-olhado.

Postura de Invocação da Deusa

Separe os pés na altura dos ombros e erga ambos os braços, formando um meio-círculo que termina um pouco acima da sua cabeça, como um grande crescente lunar. Mantenha os dedos de cada uma das mãos juntos nessa postura. Use para chamar a presença da Deusa em suas meditações e em seus rituais, ou para saudar a Lua.

Postura de Invocação do Deus

Estenda os braços lateralmente na altura dos ombros, como se formasse uma cruz com o corpo, e então, mova os antebraços para cima, formando um ângulo de noventa graus. As mãos devem estar na altura da cabeça no gesto de *Mano Cornuta*. Use para invocar a presença do

Deus de Chifres em seus rituais e em suas meditações, ou para saudar o Sol todas as manhãs.

Postura do Pentagrama

Pernas separadas na altura dos ombros e braços estendidos lateralmente, formando um grande pentagrama com o corpo. As palmas das mãos devem estar estendidas e voltadas para cima, em sinal de receptividade. Essa postura pode ser adotada para se conectar com os Elementos e trazer o equilíbrio das energias elementais.

Postura de Reverência ao Altar

Essa postura é adotada em momentos do ritual nos quais se faz algum tipo de saudação a determinados poderes que tenham sido invocados sobre o altar. Ela consiste em ajoelhar-se com uma das pernas, mantendo a outra flexionada diante do altar. Os braços então devem se cruzar sobre o peito, de modo que a mão direita repouse perto do ombro esquerdo e vice-versa.

Vox Magicae

Vox Magicae é um termo em latim que significa literalmente "voz mágica" ou "magia da voz". Refere-se ao estudo e ao uso prático do poder da palavra falada, do canto, da poesia e de técnicas de vocalização dentro das operações mágicas. A voz é um poderoso instrumento de magia que não deve ser subestimado. Pela fala, somos capazes de projetar para o mundo o que antes era apenas uma ideia em nossa mente, fazendo com que a energia de nossas ideias se espalhe pelo ambiente e viaje pelo ar na forma de som.

Com força de nossa voz, podemos tanto causar modificações no padrão de vibração da nossa aura quanto no ambiente e nas outras pessoas que estão expostas ao som. É pela voz que provocamos respostas mágicas, modificamos estados emocionais e criamos padrões e imagens mentais. Quem de nós nunca se emocionou com determinada canção quando bem interpretada por uma voz habilidosa? Vamos ver algumas das técnicas pelas quais a voz pode ser usada em nossos rituais para ampliar o Poder:

Declamações e Invocações

Declamações são trechos de prosa que podem ser lidos ou falados dentro do espaço ritualístico, apropriadas para a narração de um mito ou para conduzir uma meditação coletiva, por exemplo. A diferença entre a fala convencional e a declamação é que esta tem um ritmo mais lento, é melodiosa de alguma forma e soa um pouco hipnótica – é uma voz dramática e um pouco teatral.

Para treinar esse tipo de fala ritual, pronuncie as palavras pausadamente, criando um tipo de cadência na voz que seja de alguma forma previsível. Enquanto fala, faça variações de tom enfatizando determinadas sílabas, subindo e descendo, de forma que a sua fala não seja "monótona", mas, sim, melódica. Também é importante falar projetando a voz, em alto e bom tom, articulando cada palavra. Imagine alguém declamando uma poesia e terá um bom exemplo de como a voz pode ser usada para gerar um clima cerimonioso.

Existem muitas vantagens no uso da voz usando essa técnica. Em práticas coletivas, ela prende a atenção dos participantes e, de modo geral, atua pelo princípio da ressonância para provocar um estado de relaxamento mais lento e tranquilo, facilitando a transição de um estado mental de vigília para o estado alterado de consciência. Em práticas pessoais, muda a nossa vibração pessoal, estimula um estado de relaxamento e induz a um leve transe.

A técnica da declamação também é usada para fazer invocações dentro dos rituais, com a diferença de que, na invocação, há um leve tom de comando na voz, porém, ainda assim, gentil. Você deve soar com autoridade, mas não necessariamente de modo autoritário, como se estivesse dando uma bronca na Deidade, ou como se estivesse lidando com uma criança desobediente. Na verdade, você está usando a sua autoridade e o seu poder pessoal para um ato mágico de invocação pela expressão da voz. Por isso, é importante falar com firmeza, com clareza, de forma aberta. Você também deve adicionar à sua voz algum elemento que fale sobre a personalidade da Deidade chamada ou a temática do ritual. Coloque força em sua voz e sua invocação será poderosa.

Vibrar e entoar

Enquanto que a técnica anterior é usada para textos mais longos, como um tipo de narrativa dentro do ritual, a técnica da vibração é usada com uma única palavra-chave ou nome sagrado que deverá ser entoado como um mantra. Para vibrar, respire profundamente, retenha o ar por um breve instante, e então comece a entoar sílaba a sílaba da palavra, de forma acentuada, de modo que, ao manter o som da última parte da palavra, seus pulmões tenham se esvaziado de ar. Pense no oriental mantra *OM*, que é entoado de maneira contínua até que o ar em nossos pulmões termine. Agora, troque *OM* por uma palavra de poder ou por um nome Divino, e vai saber como essa técnica deve ser usada.

Isso é apropriado para invocar determinadas deidades no espaço ritual, e também para trazer uma energia específica ao nosso Círculo. Por exemplo, se o feitiço é de amor, pode entoar a palavra por uma determinada quantidade de repetições, prolongando suas sílabas: "A – MOR", enquanto visualiza que uma luz cor-de-rosa é projetada por todo o ambiente enquanto você vocaliza, ou que essa energia é toda projetada sobre uma vela que será acesa como parte do seu ritual. Também é possível usar palavras bárbaras ou saudações antigas aos Deuses, como "E-VO-É" e "KHA-I-RE", por exemplo.

O importante é que, para entoar, a voz precisa soar de forma que faça a sua caixa torácica vibrar. Para treinar, coloque a palma de uma das mãos na base do seu pescoço, respire e entoe uma palavra. Isso deverá ser feito em um tom de voz grave e com o fundo da garganta, de forma quase gutural, para fazer com que essa região do seu corpo vibre com o som. Você vai saber se está fazendo certo quando sua mão detectar a vibração.

Voz sussurrada

E quando fazemos rituais em locais onde não podemos entoar e elevar a voz? O uso do sussurro é outra técnica de vocalização que pode ser apropriada e usada como alternativa para este tipo de situação.

De um ponto de vista mágico, enquanto as técnicas anteriores projetam determinadas forças sobre o ambiente e são usadas para gerar Poder durante o ritual, o sussurro tem efeito de atuar sobre o nosso próprio campo pessoal e modificar o seu padrão de vibração. Assim, é possível repetir um mantra sussurrado quando queremos provocar uma alteração sobre nós mesmos. Essa repetição sussurrada vai lentamente nos desligando dos estímulos externos à medida em que mantemos a concentração nas palavras e no som, gerando um padrão de energia que se movimenta para dentro, e não para fora.

Essa técnica pode ser usada quando precisar alterar o seu próprio estado emocional ou gerar alguma energia para si, como proteção, cura e amor. Em um ritual, também é possível gerar energia no próprio corpo por meio da respiração e da visualização, em silêncio, e então sussurrar uma palavra-chave para um objeto, projetando a carga mágica gerada para ele, fazendo com que ela fique impregnada e fixada ali.

Parte III

Liturgia do Bruxo Solitário

~ LIÇÃO 13 ~

Liturgia Geral para os Rituais

Nesta lição você encontrará os procedimentos para lançar e desfazer o Círculo Mágico que deverá ser feito no início e no fim de cada um de seus rituais, sejam eles de Sabbats ou de Esbats. Encontrará também, os ritos para atrair o poder da Lua e do Sol, realizados respectivamente como parte das cerimônias dos Esbats de Lua cheia e dos Sabbats Menores, bem como duas versões do Rito de Bolos e Vinho.

Tudo isso é parte integral dos rituais da Roda do Ano que serão apresentados nos capítulos seguintes. Os roteiros de cada uma das cerimônias de Sabbat e de Esbat indicarão o momento em que os ritos deverão ser realizados. Há também aqui um rito para consagrar novos instrumentos, caso seja necessário.

Rito de lançamento do Círculo

Quando fazer

Na Lição Sete – "O Círculo da Arte", foram vistos os significados e os simbolismos do Círculo Mágico, explorando, inclusive, sua prática com os exercícios e as meditações. O que segue agora é o procedimento para o lançamento formal do Círculo Mágico, que deve ser feito como primeira etapa de qualquer ritual de Sabbat ou de Esbat. Ou seja, todos os rituais dos capítulos seguintes deverão ser precedidos pelo lançamento do Círculo Mágico. Quando o altar é usado para práticas mais simples, como a meditação, a contemplação ou conexões com os Deuses e os elementos, o lançamento formal do Círculo pode ser dispensado, sendo substituído por uma simples saudação geral às quatro direções e seus poderes.

Preparação

Tenha sobre o altar a vela preta da Deusa, a vela branca do Deus e entre elas a vela vermelha dos Ancestrais, que representará a presença de cada uma dessas forças. E também as representações físicas dos Elementos: um pote com sal, um pote com água, uma vela e um incenso, além dos cinco instrumentos mágicos consagrados – athame, bastão, cálice, pentáculo e caldeirão. Tenha também vinho e pão (ou outro alimento e bebida para serem consagrados), um prato fundo ou pote de oferendas, um sino e quaisquer outros itens específicos para o ritual que será realizado. Você precisará de um círio ou outra vela para transportar a chama de um pavio ao outro. O altar pode estar forrado com uma toalha na cor apropriada ao ritual ou com uma toalha preta genérica, ou simplesmente, se assim preferir, pode não usar nenhuma toalha. É interessante que você tenha velas e incenso extra sob o altar, caso seja necessário. Preencha o cálice com vinho antes de começar o ritual e deixe a garrafa sob o altar para o momento do Banquete.

O altar deve estar voltado para o Norte, podendo ficar tanto no centro do Círculo quanto nos limites do quadrante Norte. Em cada um dos pontos cardeais deve haver uma vela para representar as energias elementais que serão invocadas e para demarcar a área do Círculo. Use velas brancas ou então velas associadas às cores elementais: verde no Norte para representar a Terra; amarelo no Leste para representar o Ar; vermelho no Sul para representar o Fogo e azul no Oeste para representar a Água.

Execução

Tanto você quanto o espaço ritual deverão estar devidamente purificados, conforme as instruções de purificação da Lição Onze – "Estrutura dos Rituais de Bruxaria". Quando tudo estiver preparado, respire profundamente e repita para si mesmo qual o objetivo do ritual que seguirá. Traga a sua atenção a esse momento e a esse lugar, lembre-se de seu Nome Mágico e sinta a energia dele fluindo por você. Então, quando atingir um estado mental adequado, pegue seu athame e faça um pentagrama sobre o seu corpo tocando a sua testa (1), coxa esquerda (2), ombro direito (3), ombro esquerdo (4), coxa direita (5) e a testa mais uma vez (6), dizendo:

1. Portanto que haja;
2. Beleza e Força;
3. Poder e Compaixão;
4. Honra e Humildade;
5. Júbilo e Reverência;
6. Dentro de mim.

Traga o athame ao seu coração e diga:

Que assim seja!

Pense por um momento nos Ancestrais da Arte e acenda a vela vermelha do seu altar, dizendo:

> Saudações, Ancestrais da Arte, prestem atenção por um momento no rito que aqui acontecerá. Venham pelo vento que carrega suas histórias e suas canções. Através da memória, seus espíritos são lembrados. Através dos ritos sagrados, sua magia permanece viva. Permitam que a inspiração e a sabedoria se façam presentes. Além do tempo e do espaço, vocês são lembrados.
>
> Em nome dos Velhos Deuses da floresta, eu os saúdo nesta noite. Que os Bruxos nunca se esqueçam: quando a chama dos Ancestrais é acesa, nunca estamos sós. Sejam bem-vindos!

Medite por alguns instantes em silêncio na presença dos Ancestrais e saiba que você não está só. Deixe que essa energia preencha o seu ser, e então tome seu athame e caminhe até o quadrante Norte.

Apontando o athame para o chão, sinta a energia que formará o Círculo chegando até você, fluindo para o athame e sendo projetada dele para o chão como uma luz branco-azulada. Caminhe em sentido horário três vezes, visualizando o Círculo Mágico sendo formado ao seu redor, enquanto diz:

> Ó, Círculo da Arte, eu te conjuro
> Pelas forças da natureza e em nome dos Velhos Deuses.
>
> Ó, Círculo da Arte, eu te conjuro
> Para que sejas um templo estabelecido entre os mundos.
>
> Ó, Círculo da Arte, eu te conjuro
> Para que o Poder seja trabalhado segundo a minha vontade.

Trace um Pentagrama de Invocação no Norte para selar o Círculo, visualizando-o como uma esfera de luz ao seu redor, e diga:

Que assim seja!

Então tome o círio (ou a vela separada para transportar a chama), acenda-o na Vela dos Ancestrais e percorra cada um dos quadrantes, acendendo as velas e dizendo a cada uma delas:

Io! Evoé! Que a chama dos Antigos sempre brilhe no Norte/Leste/Sul/Oeste!

Apague o círio e pegue o athame. Vá até o Norte e trace um Pentagrama de Invocação, dizendo:

Ó, Senhores das Torres de Observação do Norte, Poderes da Terra. Eu clamo por vossa presença para que abençoem estes ritos e tragam magia a este Círculo!

Veja o Pentagrama flamejante diante de você e, através dele, contemple uma paisagem associada à Terra. Repita o mesmo em cada um dos outros quadrantes, substituindo o nome da direção, do elemento e a visualização correspondente de maneira apropriada. Então, caminhe de volta para o Norte e veja com o olho da mente o Círculo formado ao seu redor com os quatro pentagramas flamejantes nos pontos cardeais. Retorne ao altar e devolva seu athame a ele.

Coloque uma pitada de sal sob a língua, respire a fumaça do incenso, contemple a chama da vela do Fogo e toque a água sobre o altar, estabelecendo uma conexão com os Quatro Elementos.

Então assuma a Postura de Invocação da Deusa, visualize-a em um aspecto apropriado para o ritual que seguirá e diga:

Graciosa Deusa da Lua, doadora de vida e magia, lance sobre mim sua luz prateada nesse momento e envolva-me em seu doce abraço. Teu poder faz com que todas as flores desabrochem e os frutos amadureçam. Tua canção faz com que estrelas e planetas dancem nos céus. Que essa chama sagrada acesa em sua homenagem seja sua divina presença neste Círculo entre os mundos, e que dentro dele eu possa beber de sua infinita sabedoria. Seja bem-vinda!

Acenda a Vela da Deusa na Vela dos Ancestrais, e então eleve os braços na Postura de Invocação do Deus, forme uma imagem mental dele e invoque:

Antigo e indomado Deus de Chifres, pai de toda Bruxaria, ouça o chamado desta criança da noite que clama por tua presença agora! Vejo as faíscas que saem de teus cascos e escuto o som da tua caçada selvagem no coração das florestas. Atenda à minha invocação e venha a mim! Sol luminoso que se levanta em esplendor todas as manhãs, que tua luz desça sobre este Círculo com a tua Divina presença! Eu te invoco! Venha! E seja bem-vindo!

Acenda a vela do Deus a partir da Vela da Deusa. Pegue o óleo de bênção e unja-se, fazendo um Pentagrama de Invocação em sua testa, dizendo:

> Eu consagro meu corpo, minha mente, meu espírito e meu coração para este ritual. Que assim seja!

O Círculo está lançado.

Rito para Puxar a Lua para Baixo

Quando fazer

Este rito é parte da liturgia do Ritual do Esbat de Lua cheia que veremos no próximo capítulo. A Lua não é puxada em rituais que acontecem fora da Lua cheia. Use-o no momento especificado no texto do ritual.

Preparação

O objetivo deste ritual é atrair a energia da Lua para magnetizar o Círculo Mágico, seu altar, seu próprio corpo e quaisquer trabalhos mágicos que serão realizados dentro do Esbat de Lua cheia, trazendo a energia da Deusa e potencializando sua magia. Ele é feito usando o cálice, que representa a própria Lua, e o bastão, que é o instrumento apropriado para atrair determinadas energias da natureza para dentro do Círculo.

Execução

Eleve o seu cálice de vinho em sinal de apresentação e então coloque-o sobre o pentáculo. Tome o bastão do altar e, diante dele, eleve-o aos céus. Visualize o céu noturno salpicado de estrelas acima de você, com a Lua cheia pairando no alto, alinhada ao seu altar. Caso consiga ver a

Lua em seu ritual, ao invés de visualizar, contemple a imagem da Lua no céu e aponte o seu bastão para ela. Assim, estabeleça uma ligação com a energia do luar, e faça a seguinte invocação:

> Rainha dos Céus Noturnos, Rainha das Bruxas, ouça o chamado de tua criança oculta e venha a mim! Nesta noite de Lua cheia, clamo por teu brilho prateado! Teu poder faz com que as marés se movimentem, as sementes desabrochem e os frutos amadureçam! Doadora da Vida, contemple o Altar da Arte erigido em tua adoração e venha deitar-se sobre ele! Por botão, flor e fruto, ouça as palavras de invocação e desça agora sobre este Círculo!

Lentamente, comece a abaixar o seu bastão em direção ao altar enquanto visualiza que a própria Lua começa a baixar dos céus junto ao seu movimento. Deixe que a imagem da Lua paire sobre o cálice e então veja-a entrar dentro dele enquanto você aponta seu bastão para o interior do instrumento. Visualize que ela se dissolve dentro do cálice, que passa a transbordar uma luz prateada que banha todo o seu altar e o próprio Círculo Mágico. Enquanto faz isso, continue a baixar lentamente o seu bastão até apontá-lo para o chão.

Quando sentir que o Poder fluiu, devolva o bastão ao altar e ajoelhe com uma perna enquanto mantém a outra flexionada, assumindo a Postura de Reverência ao Altar. Coloque as mãos sobre ele e dê um beijo em sua superfície, saudando a presença da Deusa. Permaneça nessa postura por alguns instantes meditando na presença da Lua e absorvendo sua energia. Abra-se para qualquer imagem e mensagem que pode vir a você nesse momento.

Então, levante-se e prossiga com a cerimônia de Bolos e Vinho (versão alternativa).

Rito para Puxar o Sol para Baixo

Quando fazer

Este rito deverá ser realizado como parte das cerimônias dos Sabbats Menores (os solstícios e os equinócios), conforme o roteiro de cada um desses rituais.

Preparação

Assim como o *Rito para Puxar a Lua para Baixo* é feito nas noites de Lua cheia, o *Rito para Puxar o Sol para Baixo* é realizado nos quatro festivais marcados pelo percurso solar no céu. Do mesmo modo, o vinho será sacralizado por meio dessa prática.

Execução

Eleve o seu cálice de vinho em sinal de apresentação e, então, coloque-o sobre o pentáculo em seu altar.

Tome o bastão do altar e volte-se para o quadrante apropriado: no Solstício de Inverno, volte-se para o Norte; no Equinócio de Primavera, volte-se para o Leste; no Solstício de Verão, volte-se para o Sul; e no Equinócio de Outono, volte-se para o Oeste. Faça uma breve saudação com o bastão e vire-se novamente para o altar. Eleve o bastão e visualize acima de você o Sol da estação brilhando, e invoque:

> Poderoso Sol que cruza a abóbada celeste enquanto dança através da Roda do Ano, nesta noite, meu espírito se eleva em direção a ti. Nesta época sagrada, eu honro e saúdo o teu poder enquanto me junto ao teu movimento sagrado para contemplar os teus mistérios. Pai da Vida e Senhor da Morte, lança a luz do conhecimento sobre o Altar da Arte erigido em tua adoração e venha deitar-se sobre ele. Por casco e chifre, por luz e escuridão, ouça as palavras de invocação e desça agora sobre este Círculo!

Lentamente, comece a abaixar o seu bastão em direção ao altar, enquanto visualiza que o próprio Sol começa a baixar do céu seu movimento. Deixe que a imagem do Sol paire sobre a taça e então entre dentro dela, apontando seu bastão para o interior do instrumento. Visualize que ele se dissolve dentro do cálice, que passa a transbordar uma luz dourada que banha todo o seu altar e o próprio Círculo Mágico. Enquanto faz isso, continue a baixar lentamente o seu bastão até apontá-lo para o chão.

Quando sentir que o Poder fluiu, devolva o bastão ao altar e ajoelhe com uma perna enquanto mantém a outra flexionada, assumindo a Postura de Reverência ao Altar. Coloque as mãos sobre ele e dê um beijo em sua superfície, saudando a presença do Deus. Permaneça nessa postura por alguns instantes, meditando na presença do Sol e absorvendo sua energia. Abra-se para qualquer imagem e mensagem que pode vir a você nesse momento.

Então, levante-se e prossiga com a cerimônia de Bolos e Vinho (versão alternativa).

Rito de Bolos e Vinho (*versão alternativa*)

Quando fazer

Em todos os rituais de Esbat de Plenilúnio e nos Sabbats Yule, Ostara, Litha e Mabon como continuação do *Rito para Puxar a Lua* ou do *Rito para Puxar o Sol*.

Execução

Após puxar a Lua ou o Sol para baixo em seu cálice e saudar a presença Divina no vinho, tire o cálice de cima do pentáculo e coloque o pão ou o bolo que será consagrado. Pegue o seu athame e trace um Pentagrama de Invocação sobre o alimento, dizendo:

> Nascido pela força dos espíritos da terra, o trigo colhido é transformado pelas mãos humanas para se tornar pão. Que sua essência Divina desperte e seja nutrição para o corpo, e também nutrição para a alma. Permita que eu partilhe do espírito do grão que desce às profundezas da terra para, então, elevar-se vitorioso em direção aos céus. Que assim seja!

Eleve o pão e o Cálice de vinho diante do altar em apresentação e diga:

> Pão e Vinho: nascidos através dos Deuses e transformados pelas mãos humanas. Que nossa aliança se renove! Aos Antigos!

Beba um único gole de vinho e coma um único pedaço do pão ou do bolo, visualizando que o brilho prateado da Lua (em um Esbat) ou dourado do Sol (em um Sabbat Menor) preencha o seu corpo. Sinta essa luz fluindo e se misturando ao seu corpo por alguns instantes. Em seu pote de libação, coloque uma porção de cada para os Deuses e os Ancestrais. Enquanto faz isso, medite com os Deuses e sinta a energia impregnada pelos alimentos sendo sorvida pelo seu próprio corpo e se misturando a você. Traga as mãos ao seu coração por alguns instantes e sabia que, a partir desse momento, a força dos Deuses vive em você.

Prossiga com o roteiro do ritual que estiver sendo realizado.

Rito de Bolos e Vinho (*versão completa*)

Quando fazer

Em qualquer ritual no qual não se tenha feito o *Ritual para Puxar a Lua para* Baixo ou o *Ritual para Puxar o Sol para* Baixo, ou seja, em todos os rituais de Esbat feitos em uma fase da Lua que não seja a cheia, e também nos Sabbats Maiores: Samhain, Imbolc, Beltane e Lammas.

Execução

Eleve o cálice com vinho em apresentação e coloque-o sobre o pentáculo. Coloque o athame acima do cálice e trace um Pentagrama de Invocação sobre ele, dizendo:

> Vinho sagrado, que através de ti eu possa partilhar da essência dos Velhos Deuses. Que meu espírito se lembre do tempo em que nosso povo reverenciava os espíritos da terra e dançava de acordo com seus ritmos. Por folha, flor e fruto, desperta em mim a memória sagrada, e concede-me a dádiva da visão. Que assim seja!

Em seguida, troque o cálice pelo pão sobre o pentáculo e eleve-o em apresentação aos Deuses. Devolva-o ao altar, e pegue seu athame. Toque o pão, dizendo:

> Nascido pela força dos espíritos da terra, o trigo colhido é transformado pelas mãos humanas para se tornar pão. Que sua essência Divina desperte e seja nutrição para o corpo, e também nutrição para a alma. Permita que eu partilhe do espírito do grão que desce às profundezas da terra para então elevar-se vitorioso em direção ao céu. Que assim seja!

Devolva o athame ao altar e eleve o cálice e o pão, brindando:

> Pão e Vinho: nascidos através dos Deuses transformados pelas mãos humanas. Que nossa aliança se renove! Aos Antigos!

Então beba um único gole de vinho e coma um único pedaço do pão ou do bolo. Em seu pote de libação, coloque uma porção de cada um deles para os Deuses e para os Ancestrais. Enquanto faz isso, medite com os Deuses e sinta a energia impregnada pelos alimentos sendo sorvida pelo seu próprio corpo e se misturando a você. Traga as mãos ao seu coração por alguns instantes, e sabia que a partir desse momento, a força dos Deuses vive em você.

Prossiga com o roteiro do ritual que estiver sendo realizado.

Consagração de um novo instrumento

Quando fazer

Este rito deve ser realizado em um Sabbat ou Esbat para consagrar um novo instrumento mágico, seja um dos cinco principais ou um instrumento adicional.

Execução

Pegue o instrumento em suas mãos, eleve-o ao céu, abaixe-o em direção à terra e segure-o diante dos seus olhos por alguns instantes. Passe-o pela fumaça do incenso, pela chama da vela, aspirja com um pouco de água e então toque o sal. Coloque-o sobre o pentáculo, estenda sua mão de poder sobre ele e diga:

> Eu dedico este instrumento ao ofício da Arte dos Sábios. Que ele receba as bênçãos dos Elementos, dos Deuses e dos Ancestrais, para que possa servir a mim enquanto trilho a senda dos Mistérios.

Trace um Pentagrama de Invocação sobre ele com o seu athame e visualize o instrumento brilhando por alguns instantes. Então, unja-o com o óleo de bênção.

Rito de Encerramento do Círculo

Quando fazer

Este rito deve ser realizado ao fim de cada cerimônia para desfazer o espaço sagrado e despedir-se dos poderes invocados, como último procedimento ritualístico.

Execução

Diante do altar, eleve os braços mais uma vez na Postura de Invocação da Deusa, dizendo:

> Amada Deusa da Lua, agradeço por tua presença, beleza e magia nestes ritos sagrados. Enquanto me preparo para despedir-me de ti, peço que as sementes da sabedoria floresçam dentro do meu ser. Por semente, botão e flor, siga em paz!

Apague a Vela da Deusa e assuma a Postura de Invocação do Deus, dizendo:

> Deus Cornífero da Bruxaria, agradeço por sua presença, força e magia nestes ritos sagrados. Enquanto me preparo para despedir-me de ti, peço que a luz de meu espírito indomado sempre permaneça acesa. Por casco e chifre, siga em paz!

Apague a Vela do Deus.

Pegue seu athame e caminhe até o Norte. Com o olho da mente, veja novamente o pentagrama traçado no início do ritual e contemple através dele as paisagens dos reinos da Terra. Faça sobre essa imagem um Pentagrama de Banimento com seu athame, enquanto diz:

> Ó, Senhores das Torres de Observação do Norte, Poderes da Terra. Eu agradeço por vossa presença e magia neste Círculo da Arte. Ao fim destes ritos sagrados, peço que levem consigo meu amor e reverência. Sigam em paz!

Veja o pentagrama flamejante evanescendo até desaparecer e apague a vela do quadrante. Repita o mesmo no Leste, no Sul e no Oeste, substituindo o nome da direção, do Elemento e a visualização correspondente de maneira apropriada. Então, caminhe de volta ao altar e contemple por alguns instantes a chama da Vela dos Ancestrais, agradecendo a eles em silêncio. Quando sentir que é o momento, despeça-se:

> Ancestrais da Arte que trouxeram inspiração a estes ritos sagrados! Que a chama de nossa Sabedoria nunca se apague! Que os antigos nomes dos Velhos Deuses nunca tornem a ser esquecidos! Guiem meus passos pela senda dos antigos caminhos para que quando chegar a hora, eu torne-me digno de me reunir a vocês. O que é lembrado vive! Que assim seja!

Apague então a chama dos Ancestrais, pegue seu athame mais uma vez, aponte-o para o limite do seu Círculo Mágico no Norte e caminhe três vezes em sentido anti-horário, visualizando que a energia que foi projetada inicialmente para formar o Círculo é recolhida pela lâmina do athame e volte à sua fonte de origem a partir de seu corpo, dizendo:

> Ó, Círculo da Arte, eu te desfaço
> Para que retorne ao seu local de origem, no coração do Mistério.
>
> Ó, Círculo da Arte, eu te desfaço
> E que todos os excessos de energia sejam levados por ti.
>
> Ó, Círculo da Arte, eu te desfaço
> Que esteja aberto, mas nunca rompido.

Traga o athame para si e faça um Pentagrama de Invocação sobre o seu corpo tocando a sua testa (1), coxa esquerda (2), ombro direito (3), ombro esquerdo (4), coxa direita (5) e a testa mais uma vez (6), dizendo:

> 1. Portanto que haja;
> 2. Beleza e Força;
> 3. Poder e Compaixão;
> 4. Honra e Humildade;
> 5. Júbilo e Reverência;
> 6. Dentro de mim.

Coloque o athame sobre o seu coração, e declare:

> Os ritos sagrados foram celebrados! As bênçãos dos Deuses estão sobre a Terra! Que assim seja!

~ LIÇÃO 14 ~

O Ritual de Compromisso

Este deverá ser seu primeiro ritual formal, feito em uma noite de Lua cheia para consagrar seu Nome Mágico e assumir um compromisso de estudar e de se dedicar à Arte da Wicca e à celebração dos Sabbats e dos Esbats. Este ritual dará início à sua busca por conhecer mais profundamente a Bruxaria, desenvolver sua relação com os Deuses e melhorar sua magia, aprofundando-se na senda dos mistérios.

O conceito desse ritual de compromisso pessoal é muitas vezes confundido com a ideia da iniciação, e chamado incorretamente de "autoiniciação", mas, na verdade, expressam ideias muito diferentes. Um ritual de iniciação visa admitir um postulante dentro de um grupo de trabalho de uma Tradição de Bruxaria, como um tipo de "adoção mágica". O postulante é apresentado não apenas às outras pessoas que fazem parte do grupo, mas também às forças mágicas que operam através deles – os Deuses (que dentro de cada Tradição têm um nome secreto específico, conhecido apenas por seus iniciados), os Ancestrais da Tradição, os guardiões e outros poderes que só se pode ter acesso por meio da iniciação. O postulante é admitido dentro de uma estrutura mágica por outras pessoas que também fazem parte dela. Um praticante solitário passa por uma experiência muito diferente, pois não é admitido dentro de uma estrutura ou grupo.

Por isso, esse Ritual de Compromisso marca o início de uma relação formal entre você e os Deuses que não vincula o praticante a um caminho específico de Bruxaria e nem o torna um iniciado (pois uma iniciação não é necessária para a prática solitária de Bruxaria). Enquanto que uma iniciação faz do postulante um Sacerdote ou uma Sacerdotisa daquela Tradição específica, o Ritual de Compromisso faz de você um praticante de Bruxaria, um adepto da religião. É uma proclamação pessoal de sua intenção de estudar a Arte e vivenciá-la como um caminho de transformação pessoal.

Este ritual serve como um marco mágico e psicológico do início da sua vivência formal da Arte por meio de rituais. Para fazer este primeiro ritual, precisa ter seu altar, o óleo de bênção e os cinco instrumentos mágicos já consagrados, bem como ter explorado os exercícios e os conceitos apresentados até agora. Também já deve ter escolhido seu Nome Mágico.

Caso opte por trabalhar com uma roupa ritualística ao invés de vestir-se de céu, recomendo que ao menos *esse ritual* seja feito em nudez, simbolizando sua abertura e entrega ao processo de aprofundamento que terá início a partir de agora. O que segue são instruções para a sua preparação antes do ritual, bem como o roteiro da cerimônia em si.

Período de preparação

Como o seu Ritual de Compromisso vai acontecer em uma noite de Plenilúnio, o auge da luz lunar, sua preparação terá início aproximadamente duas semanas antes, na noite de Lua nova. Verifique um calendário para que possa saber exatamente quando começar.

Preserve sua energia pessoal

Nesse período, você deve preservar a sua energia pessoal o máximo que puder. Isso significa que deverá prestar atenção em todas as formas de gastar energia e pensar se esse realmente é um gasto necessário; não precisa se privar de nada, mas evite excessos – fale menos, coma menos, evite muitas atividades sociais e mantenha o foco na cerimônia que vai realizar e o significado dela para você.

Minha sugestão para que isso não seja insuportável é usar a primeira metade desse período para ir se observando e, lentamente, reduzindo esses gastos de energia, como um processo de conscientização, para que, na segunda metade do período, já possa manter hábitos que sejam apropriados. Se decidir por mudar toda a sua rotina abruptamente, dois dias depois terá falhado e estará se sentindo imensamente frustrado. Faça disso um processo gradual. Se achar que falhou em algum momento desse processo, não é necessário recomeçar. Apenas reconheça a falha e não a cometa novamente. A ideia não é viver um período de privações, mas de foco e concentração que vão lentamente preparando o seu ser para o ritual.

Durante o período de preparação, adquira um pingente de pentagrama para que seja consagrado durante a cerimônia e usado por você.

Escreva uma carta de compromisso

Ao longo desse período de preparação, medite profundamente sobre o seu desejo de se tornar um praticante de Bruxaria. O que o atraiu para esse caminho? O que espera dele? Quais compromissos assumiu com os Deuses Antigos, com os Elementos e consigo mesmo? O que esse período probatório significa para você? Deixe que as palavras fluam do seu coração. Essa carta será usada no ritual.

Medite em seu altar pessoal

Todos os dias você deverá ter alguns minutos de meditação e contemplação em seu altar pessoal. Use os exercícios que já aprendeu para aprofundar sua conexão com os Elementos e com os Deuses, pedindo que eles tragam força ao seu ritual. Esse processo de concentração diária vai atrair a atenção desses poderes para que participem e abençoem a sua cerimônia.

Abra-se para os sonhos

Todas as noites, antes de dormir, coloque o seu pentáculo sob o travesseiro e peça que ele prepare as partes mais profundas do seu ser para essa cerimônia. Preste atenção aos sonhos que surgirão nesse período de preparação e anote todos eles em seu diário mágico.

Conecte-se à natureza ao seu redor

Quando puder, visite locais na natureza e faça uma caminhada silenciosa e contemplativa para se harmonizar com suas forças. Perceba a Terra, o Ar, o Fogo e a Água ao seu redor. Abençoe seus alimentos, faça das refeições uma meditação sobre as forças da vida, tentando visualizar todo o processo de produção de cada coisa do seu prato, honrando a vida que você ingere para que a sua própria vida possa permanecer.

No dia do ritual

Como este será um ritual de Lua cheia, naturalmente deverá ser realizado à noite, no período em que a Lua esteja visível no céu (mesmo que não possa vê-la do lugar onde vai realizar sua cerimônia).

Se você manteve adequadamente as orientações no período de preparação, deve estar sentindo há alguns dias a alteração de consciência provocada. Isso é fundamental para que possa criar uma cisão na sua personalidade mundana, abrindo espaço potencial para dar nascimento à sua personalidade mágica, que será desenvolvida a partir desse ritual.

Tenha certeza de que não haverá interrupções em sua cerimônia. Prepare todo o espaço ritual, com seu altar voltado ao quadrante Norte e as velas dos quadrantes dispostas em cada uma das direções. Antes de começar, prepare o Banho de Preparação e tome-o, para que possa se harmonizar com as energias invocadas. Então, comece o ritual.

Se for possível, contemple por alguns minutos em silêncio a Lua cheia, abençoando-se com sua luz antes de começar o ritual.

Banho de preparação

Aqueça aproximadamente um litro de água, quando ferver, desligue e acrescente uma colher de chá das mesmas ervas usadas para confeccionar o Óleo de Bênção: pétalas de rosa branca para a Lua, canela em pau para o Sol e alecrim. Tampe e deixe esfriar até que esteja em temperatura agradável, coe, e acrescente algumas gotas de essência ou óleo essencial de jasmim para perfumar.

Tome um banho de higiene pessoal comum e, em seguida, o banho de ervas, da cabeça aos pés. Respire algumas vezes e deixe que a energia desse banho permeie sua aura. Seque-se com uma toalha limpa e siga para o ambiente onde o ritual acontecerá.

O ritual

O espaço deverá estar preparado e purificado. Além dos itens convencionais sobre o seu altar, tenha também sua carta de compromisso, um pedaço de papel com seu nome escrito e um pingente de pentagrama. O incenso deverá ser de olíbano.

Realize o Rito de Lançamento do Círculo, saudando os Ancestrais, estabelecendo o espaço sagrado, acendendo as velas dos quadrantes e invocando os Guardiões das Torres de Observação, os Elementos e os Deuses.

Declaração da Intenção

Toque o sino três vezes, eleve seu bastão e diga com firmeza:

Nesta noite sagrada de Lua cheia, quando os filhos dos Velhos Deuses dançam em celebração, eu invoco as forças da natureza para testemunharem meu Ritual de Compromisso. Clamo às forças invisíveis que se reúnam a mim esta noite para que observem, ouçam e abençoem esta cerimônia de magia. Que assim seja!

Oferenda aos quadrantes e aos Deuses

Devolva o bastão ao altar, tome o incenso e caminhe até o Norte. Diante da vela, eleve-o em apresentação, dizendo:

Senhores do Norte, que o perfume que se eleva do incenso seja uma oferenda a vós. Tragam a mim os poderes da Terra e ensinem-me as suas lições, pois nesta noite assumirei o compromisso de estudar e aprender o caminho dos Antigos.

Visualize que a fumaça do incenso se eleva e é absorvida pelo pentagrama do portal do Norte, como se ela pudesse atravessá-lo e chegar aos Reinos da Terra. Abaixe lentamente o incenso, trazendo-o para perto de você, e caminhe até o Leste. Repita o mesmo procedimento em cada um dos outros quadrantes, substituindo as palavras apropriadas para a direção e o Elemento, e fazendo a visualização correspondente. Após passar pelo Oeste, caminhe de volta ao Norte, e então retorne ao seu altar.

O compromisso

Eleve o incenso mais uma vez, e diga:

Senhora e Senhor, Deusa da Lua e Deus Cornífero da Bruxaria, em amor e reverência clamo por vós. E no Círculo da Arte, agradeço por terem concedido a mim a dádiva da memória. Eu me lembrei dos tempos antigos, quando nosso povo dançava ao redor das fogueiras sagradas sob a Lua cheia, ao som da flauta de Pan. Eu me lembrei das alegrias do Sabbat, quando nossos corpos festejavam em êxtase e devoção os ciclos do Sol. Eu me lembrei, e como uma criança oculta da noite, retornei a vós mais uma vez! Ouçam o compromisso que aqui assumirei: de estudar e aprender o que puder sobre a Arte dos Sábios. De honrar as noites sagradas ao nosso povo de acordo com os ritmos da Lua e do Sol. De aprender o Ofício de moldar a mim mesmo e de me transformar na busca por minha essência, observando sempre o Dogma da Arte: "sem prejudicar a ninguém, faça a sua vontade". Que entre os mundos, o meu compromisso ecoe e seja testemunhado!

Devolva o incenso ao altar e assuma a Postura de Reverência ao Altar. Coloque seu athame sobre o pentáculo e repouse sobre ele sua mão de poder, e então leia a sua carta de compromisso em voz alta, sabendo que você está diante dos Antigos e que eles escutam. Ao terminar, levante-se e coloque a carta sob o pentáculo, deixando sua superfície livre.

Apresentação do Nome Mágico

Pegue o pedaço de papel que contém seu Nome Mágico, passe-o pela fumaça do incenso, sobre a vela do Fogo, aspirja com água e salpique com o sal. Coloque sobre o pentáculo, toque-o com o athame e declare:

Que a partir de agora, eu seja conhecido pelo Nome Mágico de [diga o seu Nome Mágico].

Pegue o papel, acenda na Vela dos Ancestrais e jogue dentro do caldeirão. Não se preocupe se o papel não queimar até o final. Pegue um pouco das cinzas e coloque dentro do óleo de bênção.

Com o óleo, faça um Pentagrama de Invocação na altura do seu coração e então vibre em voz alta o seu Nome Mágico.

Consagração do pingente

Coloque o pingente de pentagrama sobre o pentáculo, unja-o com o óleo de bênção e toque-o com o seu athame, dizendo:

As leis da Arte nos ensinam: uma dádiva é recebida em troca de outra dádiva. Por isso, em troca de meus esforços para caminhar pela senda dos Velhos Deuses, clamo aos poderes deste Círculo que me abençoem com proteção para prosseguir, visão clara para enxergar o que está oculto, confiança para enfrentar os desafios e amor para os momentos difíceis. E, se de alguma maneira eu prejudicar a Arte, que todas as bênçãos dos espíritos dos Elementos sejam levadas para longe de mim! Assim, firmo meu compromisso!

Trace um Pentagrama de Invocação sobre o pingente e toque-o mais uma vez com o athame, dizendo:

Que este pentagrama, o símbolo da Arte dos Sábios, seja abençoado pelo compromisso que estabeleci com os Antigos nesta noite. Que assim seja!

Devolva o athame ao altar e pegue o pingente, colocando-o em volta do seu pescoço. Coloque sua mão de poder sobre ele e diga:

Que este símbolo sagrado sempre me lembre de que, apesar de ser um praticante solitário de Bruxaria, eu verdadeiramente nunca estou só.

Faça a versão completa do Rito de Bolos e Vinhos.

Agradecimentos e banquete

Faça uma libação de vinho e coloque um pedaço de pão no seu Pote de libação, fazendo em voz alta um agradecimento espontâneo por esse momento. Em seguida, coma e beba ritualisticamente, meditando com os Deuses Antigos.

Finalize com o Rito de Encerramento do Círculo, e então leve para a natureza as oferendas feitas.

~ LIÇÃO 15 ~

Esbats: Celebrando o Ciclo Lunar

A observação ritualística do Plenilúnio – a noite em que a Lua se torna cheia e alcança o auge da sua luminosidade – faz parte do coração da vivência da Bruxaria. Este ritual é comumente chamado de Esbat e é celebrado mensalmente por todos os Bruxos. Também é possível celebrar outras fases lunares alinhando o tema do ritual à fase da Lua correspondente. Aqui, você encontrará um ritual para as noites de Lua cheia e também outras celebrações opcionais, que poderão ser feitas eventualmente quando precisar se conectar à uma fase da Lua em específico e trabalhar magia.

O Ritual de Lua Negra é celebrado quando há a ausência total de luz no céu, o que costuma coincidir com a véspera da Lua nova dos calendários convencionais. O tema desse ritual é o autoconhecimento e a transformação pessoal. Entramos em contato com os aspectos de nós que ignoramos e preferimos não enxergar, para transformá-los pelo poder da Deusa. Nesta noite, ela é a Mãe Terrível.

Já o Ritual de Lua nova deve ser feito quando o primeiro sinal de luz da Lua surgir no céu, geralmente um ou dois dias depois da Lua nova indicada nos calendários. Este é um ritual de renascimento e de renovação, que pode ser vivenciado quando você estiver em momentos difíceis e precisar dessa energia mais suave e acalentadora do renascimento. Aqui, a Deusa é a Criadora de Tudo.

Os círculos da Lua crescente e da Lua minguante podem ser feitos quando você sentir necessidade de trabalhar magia dentro do ciclo claro ou escuro da Lua.

Para todos os rituais deste capítulo, o espaço deverá estar preparado e purificado. Você deve usar suas vestes cerimoniais ou vestir-se de céu, conforme sua preferência. Também tenha sempre seu pingente de pentagrama consagrado em seu Ritual de Compromisso.

O incenso também pode variar de acordo com a fase da Lua celebrada. Na Lua nova, use dama-da-noite; na Lua crescente, use jasmim; na Lua cheia, use rosas brancas; na Lua minguante, use benjoim; e na Lua Negra, use mirra.

Ritual de Lua Cheia

Realize o Rito de Lançamento do Círculo, saudando os Ancestrais, estabelecendo o espaço sagrado, acendendo as velas dos quadrantes e invocando os Guardiões das Torres de Observação, os Elementos e os Deuses.

Declaração da Intenção

Toque o sino três vezes, eleve seu athame e diga com firmeza:

> Nesta noite sagrada de Lua cheia, eu [diga seu Nome Mágico], me junto aos filhos dos Velhos Deuses que dançam em celebração. Que a beleza da Lua cheia ilumine nossos espíritos e preencha nossas almas com sua luz prateada. Que as bênçãos da Grande Mãe estejam com todos aqueles que a invocam nesta noite! Que assim seja!

Devolva o athame ao altar.

Oferendas para a Deusa

Faça uma oferenda em seu altar para a Deusa da Lua. Pode ser um ramo de flores brancas, um fruto, um incenso elevado aos céus, uma canção, um poema ou outra oferenda de sua preferência.

Em seguida, faça o Rito para Puxar a Lua para Baixo, a versão alternativa do Rito de Bolos e Vinho e, após comer e beber do alimento consagrado e fazer uma libação em oferenda aos Deuses, sente-se diante do altar e recite a *Carga da Deusa* em voz alta, de maneira contemplativa, como uma meditação.

A *Carga* pode ser encontrada no capítulo dois deste livro.

Contemplação

Após recitar a *Carga*, faça um momento de contemplação meditando sobre alguma frase específica que tenha chamado a sua atenção durante o ritual. Depois, visualize a Lua cheia brilhando dentro de você e despertando seus dons psíquicos. Abra-se para a conexão com a Deusa nesse momento.

Fazendo Magia

Esse é o momento apropriado para trabalhos de magia. Na Lua cheia, trabalhamos para alcançar nossos objetivos, para abençoar projetos e outras pessoas e para potencializar o que já temos em nossas vidas. Magia de cura também é muito apropriada para esse ritual. Consulte o capítulo "Práticas Mágicas e Feitiçaria" para planejar essa etapa do seu ritual, e finalize elevando o Poder caso tenha feito um feitiço.

O banquete

Esse é um momento mais informal, que prepara suas energias para o encerramento do ritual. Coma e beba do alimento consagrado e faça seus agradecimentos aos Deuses. Enquanto que em um Coven esse é o momento no qual os assuntos do grupo são discutidos, o praticante solitário pode optar por ter seu diário mágico dentro do Círculo e usar esse momento para registrar suas impressões sobre o ritual realizado.

É importante que, ao beber do vinho consagrado, você nunca deixe sua taça esvaziar por completo. Quando o vinho da taça estiver chegando ao fim, preencha com mais bebida, de modo que ela seja contagiada pela consagração anterior. Quando sentir que o Círculo pode ser encerrado, eleve sua taça em apresentação e verta o restante do seu conteúdo no pote de libação, dizendo:

> Aos Antigos!

Finalize com o Rito de Encerramento do Círculo.

Ritual de Lua Negra

Seu caldeirão deverá estar cheio de água fria, e você deverá ter um véu negro (porém translúcido) para cobrir o rosto e uma vela branca extra que espera apagada sobre o altar. Seu altar pode ter uma toalha preta e ser decorado com flores roxas para esse ritual.

Realize o Rito de Lançamento do Círculo, saudando os Ancestrais, estabelecendo o espaço sagrado, acendendo as velas dos quadrantes e invocando os Guardiões das Torres de Observação, os Elementos e os Deuses.

Declaração da Intenção

Toque o sino três vezes, eleve seu athame e diga com firmeza:

> Quando o céu está vazio, na ausência da luz do lunar, eu [diga seu Nome Mágico], venho entre os mundos para celebrar a Deusa Oculta, Aquela que Não Pode ser Vista. Que na escuridão, meus olhos enxerguem, meus ouvidos escutem e o silêncio entoe os nomes antigos de Poder. Que as bênçãos da Mãe Escura estejam com todos aqueles que a invocam nesta noite. Que assim seja!

Devolva o athame ao altar.

Conexão com a Lua Negra

Acenda uma vela branca a partir da Vela da Deusa do altar e caminhe pelo Círculo em sentido horário, enquanto declama o seguinte texto:

> O céu está escuro e a Lua desapareceu! Para onde terão ido os prateados raios do luar? A joia celeste se escondeu! A Grande Mãe cobriu sua face com a sombra da noite! Acima de nós e ao nosso redor há apenas escuridão. Pelos quatro cantos do mundo eu busco, e ainda assim, não posso encontrá-la!

> Os seres humanos temem a noite escura e choram na ausência da luz, mas as crianças da Deusa conhecem o segredo: a Lua nunca pode desaparecer! E se no mundo exterior ela é invisível, é no reino interior que seu brilho poderá ser alcançado.

Pare diante do altar e assuma a Postura de Reverência ao Altar, segurando a vela diante dele por alguns instantes, e diga:

> Pois na noite de Lua Negra, a Deusa não é apenas a Rainha do Céu. Ela é aquela que viaja para os Mundos Inferiores para descansar abaixo de nós, nas terras onde o sol poente adormece. Os Filhos da Noite conhecem o caminho e seguem teus passos! Leva-me para baixo, Mãe Terrível! Que nesta noite eu possa mergulhar nas águas negras do teu ventre e ouvir as tuas palavras mais uma vez!

Apague a vela branca nas águas do caldeirão e guarde-a sob o altar. Sente-se, coloque o véu negro e prepare-se para meditar com a Deusa Negra, dizendo:

> Que na escuridão, mais olhos se abram para enxergar o que antes não podia ser visto!

Alterando a consciência para o transe

Faça um exercício de respiração ou use um cântico associado à Deusa Negra para alterar a sua consciência, repetindo até entrar em transe, talvez acompanhado do som suave de um chocalho.

Meditação

Quando alcançar um estado meditativo, veja-se na entrada de uma grande caverna escura. Lentamente, caminhe ao seu interior. Toque as rochas e as pedras, sinta sua textura e sua temperatura. Caminhe em direção ao fundo da caverna. Pode ser que você encontre uma abertura que o conduzirá para baixo através de um caminho espiralado. Percorra esse caminho no sentido anti-horário.

Perceba-se diante de um grande lago de águas paradas e frias. Não há luz. Você percebe que no centro desse lago há uma pequena ilhota, que em seu centro contém um pilar que sustenta um espelho d'água. Mas o único modo de chegar até lá é atravessando as águas negras e frias.

Você se desnuda e, lentamente, começa a entrar nesse lago até submergir. Sinta o frio cortante percorrendo seu corpo e deixe que as águas da morte preparem você para o que seguirá. Ao alcançar a ilhota, caminhe até o espelho d'água. Contemple o seu interior e veja seu próprio reflexo. Lentamente, perceba que o reflexo do seu rosto começa a mudar. O que você vê? O que a Deusa revela sobre você nesta noite sem máscaras? Acolha as lições e as mensagens que este santuário da Mãe Escura tem para você nesta noite.

Ao finalizar, faça um agradecimento e volte pelo mesmo caminho, sentindo que as águas frias do lago levam embora aquilo que não mais serve a você. Ao emergir, sinta-se renascendo. Saia da caverna pelo mesmo caminho e, só então, encerre a meditação.

Purificação de Lua Negra

Lave suas mãos e seu rosto no caldeirão, pedindo que as águas da Deusa Negra levem aquilo que não lhe serve mais e tragam renovação ao seu espírito.

Oráculos

Nesse momento, use algum oráculo de sua preferência, como tarô, runas, espelho negro ou mesmo a contemplação da chama de uma vela para esclarecer alguma questão ou tema da sua vida que precise ser explorado. Abra-se para as mensagens dos Deuses e aprenda a transformar situações difíceis de acordo com a sua vontade.

Faça a versão completa do Rito de Bolos e Vinho e o Rito de Encerramento do Círculo. A vela branca usada nesta cerimônia poderá ser acesa na Lua nova, com pedidos especiais de crescimento e frutificação.

Ritual de Lua Nova

A toalha do altar deverá ser branca, ele pode estar decorado com pequenas flores brancas ou de cores leves. Se desejar, tenha também sementes sobre ele. O caldeirão deve conter pétalas de flores e uma vela branca extra também é necessária. Caso tenha celebrado o Ritual de Lua Negra, a vela branca que foi usada servirá muito bem.

Realize o Rito de Lançamento do Círculo, saudando os Ancestrais, estabelecendo o espaço sagrado, acendendo as velas dos quadrantes e invocando os Guardiões das Torres de Observação, os Elementos e os Deuses.

Declaração da Intenção

Toque o sino três vezes, eleve seu athame e diga com firmeza:

O Arco de Diana surgiu nos céus e a luz da Lua voltou a abençoar nossas noites! Que os filhos dos Velhos Deuses se alegrem com a renovação do luar! Que as bênçãos do nascimento se façam presentes dentro de nós! Que assim seja!

Devolva o athame ao altar.

Rito do Renascimento da Luz

Acenda a vela branca na Vela da Deusa e então percorra os quatro quadrantes, elevando a vela a cada ponto cardeal e dizendo:

Contemplem, poderes do [ponto cardeal], a Lua brilha mais uma vez!

Após percorrer os quatro quadrantes, começando e terminando no Norte, retorne ao seu altar e coloque a vela sobre ele. Em seguida, pegue seu caldeirão, percorra o Círculo mais uma vez, parando diante de cada uma das velas dos quadrantes e elevando-o com as seguintes palavras:

Ó, Poderes [do Elemento], permitam que haja [seu desejo] no [ponto cardeal].

Então, jogue algumas pétalas de flor diante da vela do quadrante em saudação. Peça que cada Elemento traga um atributo necessário a você em sua direção correspondente. Assim, no Norte, invoque a Terra para que ela traga fertilidade, estabilidade, saúde, segurança, prosperidade ou abundância. No Leste, clame pelo Ar para trazer inspiração, comunicação, clareza mental, conhecimento ou boas ideias. No Sul, invoque o Fogo para trazer vigor, garra, energia, dinamismo, sensualidade ou força de vontade. No Oeste, chame a Água para trazer amor, cura interior, intuição, purificação, renovação, compaixão ou sabedoria.

Faça a versão completa do Rito de Bolos e Vinho.

Fazendo Magia

Este é o momento apropriado para trabalhos de magia. Na Lua nova, abençoamos os novos inícios e plantamos as sementes daquilo que queremos ver crescer. Consulte o capítulo "Práticas Mágicas e Feitiçaria" para planejar essa etapa do seu ritual, e finalize elevando o Poder caso tenha feito um feitiço.

Faça o Rito de Encerramento do Círculo. As pétalas de flores oferecidas nos quadrantes devem ser colocadas no pote de libação ao fim do ritual e levadas para a natureza.

Ritual de Lua Crescente ou Minguante

O objetivo principal de um ritual nessas fases da Lua é para o trabalho mágico de crescimento e expansão durante o período em que a Lua cresce, no período entre a Lua nova e a cheia, ou de banimento e diminuição enquanto a Lua míngua, no período entre a Lua cheia e a Negra. Decore o seu altar de acordo com a fase da Lua e com sua intenção mágica para o ritual.

Realize o Rito de Lançamento do Círculo, saudando os Ancestrais, estabelecendo o espaço sagrado, acendendo as velas dos quadrantes, invocando os Guardiões das Torres de Observação, Elementos e Deuses.

Declaração da Intenção

Toque o sino três vezes, eleve seu athame e diga com firmeza:

Na Lua Crescente

Eu venho entre os mundos neste tempo de crescimento da luz da Lua, para que junto dela também cresçam meus desejos e intenções. Que o poder dos Velhos Deuses desperte nessa noite de magia para que eu possa trabalhar minha Vontade! Que assim seja!

Na Lua Minguante

Eu venho entre os mundos neste tempo em que a luz da Lua se recolhe, para fazer com que as aflições e o mal também desapareçam. Que o poder dos Velhos Deuses desperte nessa noite de magia para que eu possa trabalhar minha Vontade! Que assim seja!

Devolva o athame ao altar.

Rito de Bolos e Vinho (*Versão Completa*)

Fazendo Magia

Este é o momento apropriado para trabalhos de magia que visam o crescimento, ou o banimento, de acordo com a fase lunar. Consulte o capítulo "Práticas Mágicas e Feitiçaria" para planejar essa etapa do seu ritual. Finalize elevando o Poder.

Faça o Rito de Encerramento do Círculo.

~ LIÇÃO 16 ~

O Templo Astral e o Espírito Familiar

Agora que você já aprendeu a entrar em estados mais profundos de transe e a elevar o Poder, começou a celebrar seus rituais e passou ao menos pelo Ritual de Compromisso, é hora de realizar alguns outros trabalhos mágicos que darão suporte à sua prática mágica: a criação de um Templo Astral e de um Espírito Familiar. Sugiro que esses dois trabalhos mágicos sejam realizados cada um em uma Lua cheia diferente, de modo que o seu primeiro Esbat seja usado para o Rito de Compromisso, o segundo para estabelecer um Templo Astral e o terceiro para criar o seu Espírito Familiar.

O Templo Astral

Quando fazemos magia, estamos caminhando entre os mundos, e assim, o Templo Astral serve como uma âncora energética de todos os seus trabalhos mágicos e da sua prática espiritual. Ele é uma extensão da sua Personalidade Mágica e uma parte integrante dela. Por meio dessa prática, você estabelecerá um local privativo no plano astral para onde poderá se dirigir em meditação para cultuar os Deuses, fazer exercícios mágicos e até mesmo celebrar rituais.

O Templo Astral é um espaço pessoal sagrado, um local seguro e preservado que só pode ser acessado por você, onde sua magia é mais concentrada e potente. Ele é um local que vai condensar e potencializar as suas experiências de magia e para o qual você sempre poderá se dirigir em momentos de emergência, quando for impossível celebrar um ritual fisicamente. Com o tempo e o uso constante, seu Templo Astral vai se tornando cada vez mais concreto no plano astral, e assim também acontece com o seu poder pessoal e a sua Personalidade Mágica.

Planejando o Templo Astral

Antes de criar efetivamente seu Templo Astral em um ritual de Lua cheia, ele deverá ser planejado. O primeiro passo é pensar na aparência externa que você gostaria de dar ao seu Templo. Ele pode ter um estilo ligado à arquitetura de alguma cultura antiga que o agrade, ou qualquer outro formato atrativo, como uma pequena cabana na floresta. Pode também ser um templo oculto, que é acessado por meio de um elemento da paisagem, como dentro de uma árvore ou atrás da parede de uma caverna, por exemplo. O segredo é: mantenha a forma simples. Não faça grandes castelos ou qualquer outra estrutura que seja muito grande, pois quanto maior for o Templo, mais energia será necessária para sustentá-lo e mais difícil será ancorá-lo.

Depois de pensar na aparência externa do seu Templo Astral, é hora de planejar a estrutura interna dele. Nesse ponto, também sugiro manter a simplicidade: crie um Templo Astral que tenha apenas um ambiente, ou talvez dois, sendo o primeiro deles uma área menor de preparação, com espaço para purificação (como uma fonte na qual você pode lavar as suas mãos) e ao fundo dele a sala principal.

Esse processo de elaboração do Templo Astral, na verdade, já é o início do processo mágico, pois as formas que serão plasmadas no plano astral já estão se formando a nível mental. Por isso, não poupe tempo ou energia nessa fase de planejamento. Use o seu diário mágico para desenhar e começar a formar as imagens, como se estivesse criando um cenário. Depois que o espaço tiver sido dividido (se você desejar), é hora de pensar na decoração e nos elementos interiores que vão compor o seu Templo Astral.

No centro da sala principal deve estar o seu altar, que deverá ser uma réplica do seu altar pessoal estabelecido no plano físico. O restante do ambiente deverá ser planejado por você. Algo que costumo sugerir é que nas extremidades de cada um dos quadrantes haja um pequeno altar elemental para acolher as energias da Terra, do Ar, do Fogo e da Água, por meio dos quais você poderá se conectar com a energia de um Elemento específico. Isso também tem a função de vitalizar o Templo Astral, sendo um portal dessas energias para o seu espaço sagrado.

Você também pode estabelecer outros pequenos altares, como, por exemplo, um altar para os Ancestrais. Também é possível incluir outros elementos com os quais você poderá fazer magia, como uma lareira ou um grande espelho. Use sua criatividade e sua intuição, deixe que as ideias fluam naturalmente. A aparência do Templo Astral deve refletir sua ligação pessoal com os Deuses e com a magia, de modo que dentro dele você se sinta confortável.

Por fim, pense na porta do seu Templo Astral. É importante que ele tenha apenas uma entrada. Essa porta será aberta com uma senha específica que só você conhecerá, uma palavra-chave. Sempre que chegar no Templo Astral, você deve colocar as mãos sobre essa porta e mentalmente dizer a senha escolhida, que será programada no dia da criação do seu Templo Astral. Após pronunciar mentalmente a senha, você ouvirá o som das trancas se movendo e a porta se abrirá para você, fechando automaticamente após a sua passagem e trancando-se novamente. Símbolos ou outros elementos podem ser pensados para colocar sobre a porta do Templo Astral, de modo que ele identifique você.

Quando tiver todas essas informações planejadas, é hora da criação do seu Templo Astral.

Estabelecendo o Templo Astral

Isso deve ser feito como parte do Ritual de Esbat de Lua cheia, no momento identificado como "Fazendo Magia". Comece elevando o Poder de alguma forma, como o uso da respiração ou o canto e a dança, fazendo com que o seu Círculo fique carregado de energia. Então, sente-se diante do altar para meditar.

Respire profundamente e entre em um estado de transe, deixando que a sua Porta Astral surja em sua tela mental diante de você. Toque-a e transmita a ela o seu propósito: estabelecer um Templo Astral. Peça que a Porta Astral leve você a um local na natureza que seja apropriado para a construção do Templo. Quando sentir que é o momento, abra-a e atravesse.

Contemple a paisagem natural onde você se encontra – pode ser um bosque, uma montanha, a praia, as ruínas de uma antiga civilização. Primeiro, explore essa paisagem, reconhecendo a presença de cada um dos Elementos da natureza que existem ali. Depois de se harmonizar com o ambiente, escolha um lugar onde o Templo Astral será construído – se optou por um Templo com uma estrutura externa, encontre um espaço livre, como uma clareira, onde ele possa ser estabelecido. E se optou por um Templo oculto, escolha um elemento da paisagem natural para que seja a porta secreta que levará você ao Templo Astral.

Feito isso, respire profundamente enquanto visualiza que o Poder elevado no seu Círculo é direcionado para essa paisagem. Veja-o chegando até você com um brilho perolado que começa a se tornar um pouco mais denso, como uma massa de energia que, lentamente, começa a assumir a aparência externa do seu Templo Astral. Veja os contornos se formando e deixe que a imagem surja. Quando a aparência externa do Templo Astral estiver estabelecida, caminhe ao redor dela para que possa ter uma visão completa de sua estrutura. Toque as paredes do Templo, sentindo sua textura e sua temperatura. Faça isso o mais real possível e, usando a respiração profunda, transmita poder para cada um dos lados do Templo. Feito isso, é hora de entrar. Vá até a porta, coloque as mãos sobre ela e determine mentalmente:

> Abra apenas para mim, quando eu colocar as mãos sobre você e dizer a palavra [diga o seu Nome Mágico].

Sinta o seu comando viajando por suas mãos para a porta do Templo, e então, ouça o barulho de mil trancas mágicas se abrindo para que você possa entrar.

Caso tenha optado por criar um Templo oculto dentro de um elemento da paisagem, atraia o Poder com a respiração da mesma maneira que fez anteriormente, mas visualize que ele atravessa esse elemento natural que abrigará o Templo, como se o penetrasse, e então veja uma porta se formando. Informe a ela a sua senha, como já visto, e então entre.

No interior, seu Templo provavelmente ainda vai estar vazio, ou pode ser que ele já tenha alguns dos elementos que você havia planejado para instalar dentro dele. Caminhe pelo espaço tocando as estruturas e visualizando que elas se tornam cada vez mais sólidas, e então, comece a construir e a complementar o interior da forma como planejou. Estabeleça o altar central como uma réplica fiel do seu altar pessoal, instale cada um dos altares dos Elementos nas direções e acrescente o que mais julgar necessário. É natural que algumas coisas apareçam de maneira diferente da qual você havia planejado. Se isso acontecer, não se preocupe.

Caso surja qualquer objeto ou item que você não tenha intencionado, visualize seu athame em sua mão e aponte para o objeto em questão, ordenando que ele revele sua verdadeira natureza. Caso seja apenas um objeto comum, nada acontecerá, mas se esse objeto representa alguma energia desarmônica ou prejudicial, ele se transformará, assumindo outra forma. Trace um Pentagrama de Banimento sobre ele e veja-o desaparecendo. Dentro do seu Templo Astral você é soberano; não há o que temer. É comum que com o tempo novos objetos e itens apareçam sem que você os tenha colocado. Isso acontece porque esse é um ponto no astral de conexão e de comunicação com os poderes dos Deuses, com os Ancestrais e com os Elementos. Caso você também receba ou colete algum objeto mágico em suas meditações e jornadas pelo plano astral, essas formas e energias ficam automaticamente disponíveis para você em seu Templo.

Depois de decorar o Templo Astral como desejar, acenda o altar central e invoque a presença dos Deuses, dos Ancestrais e dos Elementos, pedindo as bênçãos deles a esse espaço sagrado. Veja a energia deles sendo impregnada nas paredes e nos objetos do seu santuário, e então, agradeça e se despeça, saindo pela porta de entrada que, ao ser fechada, emite o som das trancas mágicas se fechando e selando o Templo para que ninguém mais além de você seja capaz de entrar. Caminhe pela paisagem de volta à sua Porta Astral, atravesse-a e feche-a por trás de você, e só então comece a encerrar o transe. Continue com o Ritual de Esbat de acordo com o roteiro.

Após estabelecer o Templo Astral, é importante visitá-lo diariamente, por pelo menos sete dias, para reforçar sua imagem e sua estrutura no plano astral. Isso assegurará que seu Templo será plasmado, tornando-se um lugar sagrado de poder. Depois disso, pode visitá-lo sempre que desejar, com uma frequência mínima de uma vez por semana para garantir que ele se mantenha.

Dentro do seu Templo Astral você poderá fazer meditações, feitiços e rituais. Isso fará com que ele acumule cada vez mais poder, tornando-se um reservatório de força. Sempre que precisar de energia, cura ou se restabelecer energeticamente de alguma forma, vá até o Templo Astral e se harmonize com as energias presentes em seu interior.

Veja a seguir algumas práticas que podem ser feitas no seu Templo Astral:

Exercício 66: Harmonização com os Elementos

Dentro do Templo Astral, vá até cada um dos altares dos Elementos e sinta que você absorve a energia elemental na cor apropriada: verde para a Terra, amarelo para o Ar, vermelho para o Fogo e azul para a Água. Então, sinta que o seu corpo se transforma completamente naquele Elemento. Permaneça assim por alguns instantes, sinta seu corpo voltar ao estado normal e siga para o próximo altar elemental.

Vá até o seu altar pessoal no centro do Templo Astral, assuma a Postura de Invocação da Deusa ou do Deus e chame mentalmente por eles. Sinta sua presença e deixe que a energia divina preencha o seu ser com uma luz branca, até que o seu corpo se torne feito dessa luz. Absorva-a e veja-se voltando à forma normal.

Exercício 67: Perscrutação com o espelho

Essa técnica pode ser usada para tentar obter informações sobre outros lugares ou sobre pessoas. Fique diante do espelho do seu Templo Astral e contemple por alguns instantes a sua própria imagem. Em seguida, pense sobre o local ou a pessoa que você gostaria de ver ou obter informações. Sopre sobre o espelho e veja a superfície dele se agitando em ondas, como a superfície de um lago. Lentamente, deixe a imagem mudar, transformando-se na paisagem que você deseja contemplar (ou no ambiente no qual a pessoa que você quer observar está).

Essa técnica também pode ser usada para enviar mensagens a uma pessoa específica. Enquanto vê a imagem dela no espelho, converse com a figura, transmitindo a ela sua mensagem e sabendo que de algum modo ela será transmitida ao subconsciente da pessoa em questão. Você também pode enviar a ela algum padrão de energia, projetando para dentro do espelho uma energia luminosa na cor da sua intenção. Essa é uma ótima técnica quando estamos longe de alguém querido que está passando por um momento difícil e precisamos ajudar essa pessoa a se acalmar ou se sentir amparada de alguma forma.

Quando concluir, sopre de novo no espelho e veja a imagem se desfazendo. Contemple mais uma vez seu próprio reflexo e toque a superfície do espelho, sentindo sua solidez. Se necessário, trace com a mão um Pentagrama de Banimento para que quaisquer resquícios da imagem anterior desapareçam.

Você também pode usar o seu Templo Astral para fazer um ritual ou outra operação mágica necessária, bastando que visualize os itens que necessita, como velas e ervas, por exemplo, manipulando-as sobre o seu altar. Seguem duas sugestões de magia para serem feitas no astral:

Exercício 68: Feitiço da lareira

Uma maneira muito simples de fazer magia no Templo Astral é usando a lareira ou qualquer outro receptáculo com Fogo que você tenha instalado em seu interior. Acenda o Fogo, contemple suas chamas por alguns instantes e invoque o Poder dentro dele. Visualize que você escreve o seu desejo em um papel pergaminho, dobre e lance-o nas chamas. Enquanto vê o Fogo consumindo o papel, sinta-se recebendo o seu desejo. Saiba que isso colocou em movimento as energias necessárias para a realização da sua vontade.

Exercício 69: Materializando um desejo

O Templo Astral também pode ser usado para que você materialize algum objeto físico que deseja conquistar. Essa é uma prática muito eficaz para determinadas conquistas materiais, como conseguir uma viagem, um livro raro ou qualquer outro objeto.

Para isso, use o seu altar do Elemento Terra nos limites do quadrante Norte do seu Templo Astral. Tenha sobre ele (ou diante dele, ou mesmo ao lado) uma pequena área que seja específica para a materialização de desejos, como um pequeno pilar. Construa a imagem mental daquilo que deseja obter, visualizando o objeto sobre esse pilar de materialização. Veja a imagem se formando e tornando-se cada vez mais sólida, até que você possa tocá-la e manuseá-la. Em seguida, coloque ambas as mãos sobre o objeto, sinta sua textura. Sinta que ele está em suas mãos e determine mentalmente que agora você coloca em movimento as energias necessárias para que possa obter o objeto do seu desejo. Deixe o poder da vontade se elevar dentro de você e, respirando profundamente, transmita a energia acumulada da sua respiração para o objeto em questão.

Deixe-o ali até que consiga seu objetivo material, reforçando esse feitiço de tempos em tempos. Lembre-se de facilitar o processo mágico, procurando o item que deseja ou se esforçando concretamente para que consiga obtê-lo de alguma forma. Quando você obter o que deseja, a representação do objeto no seu Templo Astral desaparecerá e você poderá começar a materializar outro desejo.

Essa técnica também pode ser usada para ajudá-lo a materializar ou concluir um projeto pessoal (como terminar de escrever um livro, por exemplo!). Veja a representação do seu projeto terminada e energize-a para que tenha disciplina e persistência para concluí-lo.

O Espírito Familiar

Espíritos Familiares são companhias clássicas de um Bruxo. Eles costumam ser vistos na forma de um animal que atua como seu ajudante mágico. Os animais clássicos vistos como Familiares são o gato preto, o sapo ou um pássaro. Nos tempos da Inquisição, qualquer mulher que fosse vista sempre acompanhada de um determinado animal seria suspeita de Bruxaria. Acreditava-se que o Espírito Familiar era, na verdade, um demônio ou um espírito infernal concedido à Bruxa pelo próprio diabo para ajudá-la em seus feitos diabólicos.

Alguns Bruxos que são muito afeiçoados a seus animais de estimação os têm como seus Familiares e, muitas vezes, os incluem em seus rituais e em suas práticas mágicas. Apesar de isso ser possível, não é a esse tipo de animal Familiar que quero me referir, mas a um espírito que é criado pela magia do Bruxo para cumprir determinadas funções mágicas, como levar energias, mensagens, ou mesmo proteger o Bruxo durante seus rituais e suas meditações.

Assim como o Templo Astral, o Espírito Familiar é uma criatura feita pelo Bruxo a partir da luz astral, que assumirá uma determinada forma e será dotada de um nível de inteligência e de autonomia para realizar determinadas funções. Entretanto, sempre devemos lembrar que por mais que um Espírito Familiar possa parecer uma criatura independente, ele não passa de uma criação mágica que simplesmente tem a aparência de um animal, e não se trata, na verdade, de um espírito individual autônomo ou de um tipo de "animal fantasma".

O primeiro passo para criar o seu Espírito Familiar é escolher que forma animal ele terá, podendo ser coruja, cobra, corvo, bode, cachorro, o clássico gato preto ou qualquer outro animal da sua preferência. Para criar o Espírito Familiar, no entanto, você vai precisar de alguma coisa da espécie animal escolhida, como, por exemplo, um pouco de pelo, uma pena ou mesmo um osso. É importante que esse "ingrediente" seja obtido sem causar sofrimento ao animal.

A função desse item é contatar a alma-grupo da espécie animal para que parte da sua energia seja usada para dar vida ao Espírito Familiar. Por isso, escolha algo que seja possível de obter. Isso fará com que, simbolicamente, seu Espírito Familiar seja dotado das qualidades do animal escolhido. Portanto, eleja uma espécie que tenha características úteis ao Espírito Familiar. Pense em como ele se movimentará, na sua capacidade de observar e enxergar e em como ele pode atuar na sua defesa e na sua proteção, por exemplo.

Você pode estar pensando: "eu tenho um animal de estimação muito querido, então vou usar um pouco do seu próprio pelo para criar o meu Espírito Familiar". Não faça isso! Subconscientemente você sempre associará o seu Espírito Familiar ao animal de estimação, e esse vínculo emocional fará com que haja um vínculo entre ambos, o que não é positivo, pois queremos que essa criação astral seja independente. Se você deseja criar um Espírito Familiar na forma de um gato preto, por exemplo, não use o pelo do seu próprio gato, consiga um pouco de pelo com um amigo ou de outro animal com o qual você não tenha contato constante ou um grande vínculo emocional.

Caso você se interesse por algum campo específico da prática mágica, como a cura ou a adivinhação, pode escolher um animal que seja compatível com esse tipo de prática para que ele também o auxilie.

Você também vai precisar de uma representação do animal em questão, como uma pequena estátua, que vai servir como uma âncora material para o seu Espírito Familiar, vinculando-o a este mundo. A próxima etapa é determinar a personalidade e as funções mágicas do Familiar.

Descrevendo o Espírito Familiar

Após escolher a espécie animal a qual o Espírito Familiar vai estar vinculado, é hora de elaborar, especificamente, quais serão suas habilidades e suas funções. O núcleo do Espírito Familiar estará em seu nome, então escolha um nome simbólico e significativo para você. Esse nome nunca deverá ser informado à outra pessoa, pois é pelo conhecimento do nome do Espírito que você pode controlá-lo.

Em seu diário mágico, escreva o nome escolhido para o Espírito Familiar e comece a descrever suas habilidades e as suas funções. Sugiro que primeiro determine as habilidades que provém da espécie animal. Então, se planeja criar uma coruja, por exemplo, pode determinar que ela tenha asas fortes para viajar entre os mundos, um bico e garras afiadas para proteger você e destruir qualquer tipo de energia negativa ou perniciosa que venha ao seu encontro e olhos que poderão observar ao longe e identificar ameaças, e assim por diante.

Depois de descrever as funções físicas ligadas ao animal, é hora de determinar as funções do Espírito Familiar. Use o texto seguinte como base para criar o seu próprio:

> O Espírito Familiar responderá apenas a você e será completamente subserviente à sua vontade;
>
> O Espírito Familiar deverá protegê-lo em qualquer lugar que esteja, e também ao seu Templo Astral e aos Círculos Mágicos lançados por você;
>
> Ele protegerá os seus sonhos, meditações e viagens astrais;
>
> Será capaz de prever e prevenir qualquer tipo de situação de risco na qual você possa se colocar;
>
> Deverá proteger a sua casa e as pessoas que vivem nela com você;
>
> Será capaz de observar lugares e pessoas para coletar informações e trazê-las a você quando necessário;
>
> Neutralizará qualquer energia perniciosa que seja direcionada contra você de maneira intencional ou não.

Acrescente ou remova dessa lista quaisquer itens que desejar, adicionando ou subtraindo funções ao seu Espírito Familiar. Você também deverá determinar um tipo de alimentação, uma oferenda que será feita periodicamente para vitalizar e manter o seu Animal Familiar vivo. Acreditava-se que as Bruxas medievais tinham em seu corpo um sinal chamado de Marca de Bruxa, que seria como um mamilo extra no qual o Familiar se alimentaria, bebendo do seu próprio sangue.

Por mais tentador que possa ser reproduzir essa imagem, alimentar seu Familiar com o seu próprio sangue é cometer um grave erro do ponto de vista mágico. O tabu do uso do sangue para magia já foi abordado em capítulos anteriores e, usá-lo especificamente para criar um ser mágico no plano astral pode ter consequências muito negativas, pois isso vinculará o Espírito Familiar à nossa própria existência física, fazendo com que ele partilhe diretamente das mesmas fontes de energia que nós.

Isso fará com que o Espírito Familiar receba uma carga energética muito maior do que o necessário e, com o tempo, ele ganhará poder e autonomia, podendo sair do nosso controle. Se fizer isso, a vida do Espírito Familiar estará vinculada com a sua própria, e será muito difícil destruí-lo quando necessário. Lembre-se: um Espírito Familiar não é um bichinho de estimação, mas um tipo de servo mágico criado por você para que seja obediente e execute as funções determinadas. Por isso, nunca alimente qualquer tipo de criatura mágica com seu próprio sangue ou quaisquer outros fluídos corporais. É essencial que você haja com responsabilidade.

Essa oferenda deverá ser feita diante da estátua ou da representação física que será escolhida para ancorar o Familiar. Você pode escolher um incenso específico que será usado apenas para essa finalidade, ou então oferendas como a chama de uma vela de determinada cor (talvez com o nome do Familiar gravado sobre ela), uma libação de água, mel, uma fruta ou qualquer outra coisa que seja simples e fácil de obter. Após sua criação, o Familiar deverá ser alimentado diariamente pelo prazo de uma semana, depois disso apenas nas noites de Lua nova e Lua cheia.

Quando terminar de determinar as funções e a aparência do Espírito Familiar, tenha com você o elemento de origem animal que será usado para estabelecer conexão com a espécie escolhida, e também a pequena representação do animal, para servir de âncora no plano material.

Criando o Espírito Familiar

Tenha sob o seu altar a pequena representação do animal escolhido, o ingrediente animal, uma garrafa fechada com uma infusão de camomila preparada por você (um condensador fluídico para fixar a essência do Espírito Familiar na estátua) e o seu diário mágico com as funções do Espírito Familiar. Realize todo o Ritual do Esbat de Lua cheia normalmente, e então comece essa operação mágica quando chegar ao momento reservado aos trabalhos mágicos.

Preencha o seu caldeirão com a infusão de camomila e mergulhe a imagem dentro dela. Caso use uma imagem oca, preencha-a com o líquido e sele para que ele permaneça no interior. Do mesmo modo, coloque a imagem dentro do caldeirão.

Soe o sino três vezes para cada uma das direções e diga:

> Que os Antigos Deuses, os Ancestrais e os Espíritos dos Elementos testemunhem: nesta noite, um novo Espírito Familiar nascerá entre os mundos!

Agora, você deverá elevar o Poder da forma que preferir, direcionando-o para a imagem escolhida. Veja em sua mente o Poder crescer, acumulando-se como uma esfera luminosa dentro do seu caldeirão, até chegar ao auge da energia e liberá-lo.

Então, coloque o ingrediente animal sobre o seu pentáculo e eleve-o em apresentação para o quadrante Norte, dizendo:

> Aqui eu invoco a presença da Alma-Grupo do/a [espécie animal]. Que sua força e energia sejam reverenciadas neste Círculo, e que sua magia se una a minha magia neste ato de criação! Que assim seja!

Devolva o pentáculo ao altar e segure o ingrediente animal em suas mãos. Feche os olhos e respire profundamente até entrar em um transe leve, enquanto sente a energia da alma-grupo chegando até você e fluindo pelas suas mãos. Continue respirando profundamente, como se você fosse capaz de absorver pelas mãos a energia que emana do ingrediente animal, e sinta que ela se espalha por todo o seu corpo e se mistura à sua própria consciência.

Deixe que, por alguns instantes, imagens dos animais dessa espécie surjam em sua mente e comece a sentir como se você estivesse se transformando em um deles. Experimente as sensações de ser como esse animal e permita que todo o seu corpo se preencha dessa energia enquanto você continua respirando. Quando acumular o máximo de poder, tire a imagem de dentro do caldeirão, faça uma última respiração profunda, segurando o ar o máximo possível, e então traga a imagem para perto da boca e lance sobre ela uma baforada quente e lenta, transferindo a ela toda a energia acumulada em seu corpo. Coloque a imagem e o ingrediente animal sobre o pentáculo. Com o seu athame, faça sobre ele um pentagrama de invocação para selar a energia.

Aponte seu athame para a imagem e veja o Poder brilhando dentro dela, visualizando que ele assume a forma do seu Espírito Familiar. Veja com clareza no olho da sua mente o animal se formando até que a imagem esteja nítida, e então, trace um Pentagrama de Invocação sobre ele e diga:

> Seja bem-vindo, Animal Familiar! Nascido no Círculo da Arte, para servir aos propósitos da Arte. Eu te nomeio [nome do Guardião]! Que seja este o receptáculo do seu Espírito e sua âncora na realidade física.

Aponte o athame novamente para ele e determine em voz alta quais são as suas funções. Determine também como ele será alimentado, e que ele responda apenas a você e, em caso de desobediência a qualquer uma das regras estabelecidas, sua existência será destruída quando a imagem na qual ele se ancora for destruída.

Ao concluir, trace um novo Pentagrama de Invocação sobre o Espírito Familiar e diga:

> Que assim seja!

O Espírito Familiar se movimenta livremente pelo Círculo, mas permanece conectado à imagem por um cordão de prata. Faça então a primeira oferenda ao Familiar e prossiga com o ritual normalmente.

A partir de agora, você sempre deve reconhecer a presença do Espírito Familiar do lado de fora dos seus Círculos Mágicos, protegendo seus ritos. Ele também poderá ser visto nas imediações do seu Templo Astral, garantindo sua segurança. Pode ser que ele surja nas suas meditações e em suas jornadas pelo mundo astral.

Após o ritual, o conteúdo do caldeirão deverá ser vertido sobre a terra.

A seguir, você verá alguns exercícios que podem ser usados para trabalhar com o Espírito Familiar.

Exercício 70: Coletando informações com o Espírito Familiar

Em um estado meditativo, chame pelo Espírito Familiar e deixe que a imagem dele venha até você. Então, mande que ele vá até algum lugar ou até uma pessoa e capte imagens ou informações. Veja-o desaparecendo. Em algum momento mais tarde, você perceberá a aproximação do Espírito Familiar. Deixe que ele venha até você e transmita psiquicamente quaisquer impressões que tenham sido captadas. Vá até o local ou ligue para a pessoa que o Familiar observou e confirme as impressões que captou.

Exercício 71: Enviando uma mensagem com o Familiar

Chame pelo Espírito Familiar e deixe que ele surja em sua tela mental. Então, instrua-o a levar determinada mensagem a uma outra pessoa. Algo simples e verificável, como, por exemplo, a ideia de que a pessoa em questão deve ligar para você ou entrar em contato por algum outro meio.

Quando obter êxito, você também poderá instruir o Familiar a transmitir determinadas mensagens e ideias a outras pessoas por meio de sonhos, por exemplo, sem causar nenhum dano ou mal a eles. Caso você tenha outros amigos que também sejam Bruxos, podem praticar juntos.

Exercício 72: Enviando energia com o Familiar

Friccione as mãos para gerar Poder e criar uma esfera de energia. Usando sua mente, deixe ela assumir uma cor apropriada e transmita a ela uma sensação específica. Em seguida, entregue essa esfera de energia ao seu Familiar e determine que ele a leve até a uma pessoa ou a um lugar.

Cuidados com o Espírito Familiar

Por ser uma criação mágica dotada de certo nível de inteligência e de autonomia, o Espírito Familiar pode eventualmente causar problemas ou sair do controle. Na verdade, isso apenas acontecerá caso você cometa algum erro, como, por exemplo, esquecer de alimentar o Familiar ou dar a ele mais energia do que o necessário.

Por isso, é importante que tenha disciplina e responsabilidade, de modo a evitar problemas. Um Espírito Familiar fora de controle pode acabar vampirizando você ou seus familiares, ou até seus animais de estimação, para obter mais energia. Por isso, tenha cuidado.

Se achar necessário, poderá usar o seu athame e o nome do Espírito Familiar para alterar quaisquer instruções que foram dadas no momento da sua criação, selando novamente com um Pentagrama de Invocação. Isso não é necessário no caso de dar a ele pequenas tarefas, como aquelas que foram experimentadas nos exercícios anteriores.

A qualquer sinal de desobediência, não existe em destruir o Familiar.

Destruindo o Espírito Familiar

Isso deverá ser feito de maneira ritual, em um Círculo de Esbat (em qualquer fase da Lua). Tenha a imagem do Espírito Familiar sobre o altar e, no momento reservado ao trabalho mágico, coloque-a sobre o pentáculo. Toque o sino três vezes para cada um dos quadrantes e diga:

> Que os Antigos Deuses, os Ancestrais e os Espíritos dos Elementos testemunhem: nesta noite, um Espírito Familiar será destruído!

Então, aponte o seu athame para a imagem e trace sobre ela um Pentagrama de Banimento, dizendo:

> [Nome do Familiar], eu declaro encerrada a sua existência! Que a sua forma se desfaça, e que as forças usadas para compor o seu Espírito retornem à suas fontes originais!

Eleve o seu athame para o Norte, enviando a energia do Familiar por esse quadrante. Coloque a imagem dentro do Caldeirão e quebre-a. Depois, acenda uma vela preta em seu interior, determinando assim que qualquer vínculo entre o Familiar e você é agora desfeito, e que assim como a vela queima, os resquícios de sua existência também chegam ao fim. Dance em sentido anti-horário para elevar o Poder e direcione-o para o caldeirão.

No final do ritual, enterre a imagem quebrada.

~ LIÇÃO 17 ~

Sabbats: Celebrando o Ciclo Solar

Este capítulo traz a liturgia de celebração dos oito festivais sazonais da Wicca, que podem ser celebrados preferencialmente no período de uma semana, a começar a contar pela noite da chegada do festival. As datas e os motivos disso já foram expressos na Lição Cinco – "A Roda das Estações", onde você também encontra outras atividades que podem ser feitas tanto na semana de preparação para o ritual quanto no período seguinte, antes da chegada do próximo Sabbat.

Assim como os rituais de Esbat do capítulo anterior, use os roteiros apresentados aqui como uma base sobre a qual trabalhar, acrescentando algum detalhe e dando um tom pessoal às suas celebrações. Você perceberá que há dois modelos básicos de ritual usados aqui: um para os Sabbats Maiores e outro para os Sabbats Menores, evidenciando as distinções entre eles.

Antes de iniciar seu Ritual de Sabbat, monte o altar adequadamente, acrescentando símbolos associados à celebração e, lembre-se de purificar a si e ao espaço.

A vela solar

Os Rituais de Sabbat pedem o que se chama de Vela Solar. Ela consiste em uma vela amarela maior, como uma vela de sete dias, decorada com símbolos ou gravações solares. A vela deve ser grande o bastante para queimar durante os oito rituais da Roda, e é confeccionada anualmente no Sabbat Yule, mas se você vai começar a celebrar os rituais em outro Sabbat, não se preocupe – faça a Vela Solar e no próximo Yule confeccione uma nova.

Para confeccionar a Vela Solar, consiga uma vela amarela de tamanho adequado, preferencialmente que possa ficar posicionada sem a ajuda de um castiçal. Acrescente nela os seguintes símbolos:

| Os Oitos Sabbats | O Sol | O Deus da Vida | O Deus da Morte |

Ritual de Yule

O altar pode ser decorado com as cores do Sabbat: branco, verde, vermelho e dourado. Você também pode acrescentar pinhas, um ramo de pinheiro e outros símbolos relacionados com o inverno. Caso tenha confeccionado um *Yule Log*, ele pode ficar aos pés do seu altar.

O seu caldeirão deve estar no centro do altar e ter sua nova Vela Solar dentro, esperando para ser acesa, e deve estar cheio de água até a metade, de modo que não haja risco de a vela apagar durante o ritual.

Rito de Lançamento do Círculo

Declaração da Intenção

Toque o sino oito vezes, eleve seu athame e diga com firmeza:

Saudações aos Antigos Deuses que fazem a Roda do Ano girar! Na mais escura e longa das noites, quando chegamos no tempo do Solstício de Inverno, aguardamos em silêncio o retorno da luz. Nós conhecemos o Mistério: luz e escuridão nascem uma da outra. E, por isso, quando a Roda do Ano alcança o auge sombrio, acendemos nossos fogos sobre a Terra para a festa da renovação do Espírito do Sol. Que assim seja!

Devolva o athame ao altar.

Saudação à Estação

Diante do altar, com um chocalho, comece lentamente a caminhar de maneira compassada em sentido horário fazendo uma espiral que vai do centro do Círculo até o limite Norte, enquanto visualiza em sua mente dois ossos cruzados em X com um crânio sobre eles. Dê pelo menos três voltas ao redor do Círculo e pare quando alcançar os limites do portal Norte, diante da vela do quadrante. Deixe seu chocalho de lado e eleve sua mão de poder no gesto de *Mano Cornuta*, dizendo:

> Saudações ao Espírito do Inverno, saudações ao frio gelado e aos ventos cortantes que reinam no tempo da morte! Este é o tempo de Saturno, o Velho Deus que traz a foice em sua mão! Brinda-nos com a sabedoria que só o tempo pode ensinar e mostra-nos aquilo que precisamos conhecer ainda em vida. O Espírito do Ano Velho se foi, mas antes que possamos vivenciar a renovação do Sol, é preciso que contemplemos a face da morte uma última vez! Salve, Velho Gamo!

Assuma a Postura de Invocação do Deus e medite por alguns minutos no significado do inverno e desse período de escuridão para você. Deixe que as imagens e as ideias surjam por sua mente. Quando julgar ter encerrado, prossiga.

Celebrando a Estação

De volta ao seu altar, narre o mito da estação em voz alta:

> Nos tempos de escuridão, quando o Sol descansava nas terras além do Oeste, a vida sobre a Terra definhava. No Outromundo, o ventre cheio da Senhora pulsava de vida, pois nele, a escuridão dentro da escuridão, uma pequena chama esperava seu nascimento. E quando a hora chegou, anunciando o retorno da Luz, os gritos da Deusa ecoaram sob o chão e fizeram tremer a Terra: os ventos frios sopraram, as nuvens acinzentadas cobriram o céu e os animais adormecidos despertaram. Era chegado o momento do nascimento de uma pequena chama, que trazia em si a promessa do verão.

Ainda diante do altar, eleve o seu athame e aponte para o Norte, dizendo:

> Uma pequena chama para dissipar as trevas da noite.

Sem sair da frente do seu altar, volte-se para o Leste, eleve o athame e diga:

> Uma pequena chama para iluminar o mundo.

Gire para o Sul e aponte seu athame nessa direção, dizendo:

> Uma pequena chama para fortalecer a vida.

E voltando-se ao Oeste, eleve o athame, dizendo:

> Uma pequena chama para renovar a esperança no nosso coração.

Voltando-se para o Norte, devolva seu athame ao altar e acenda a Vela Solar dentro do caldeirão. Eleve-o com as duas mãos em apresentação e, de olhos fechados, visualize a luz da chama da vela se expandindo e brilhando por todo o Círculo, dissipando a escuridão. Quando sentir que a luz preencheu todo o espaço, devolva o caldeirão ao altar e diga:

> Que entre os mundos o nascimento do Sol seja contemplado!

Então soe o sino oito vezes.

Leve a Vela Solar a cada um dos quadrantes e eleve-a em apresentação aos poderes de cada uma das direções, dizendo:

> Io! Evoé! Que haja luz no Norte/Leste/Sul/Oeste!

Quando alcançar o Norte novamente, coloque a vela no chão, no limite do Círculo. Pegue seu tambor ou chocalho e diga:

> Nessa noite os Bruxos dançam para dar força ao espírito renascido do Sol! Que ele possa se elevar pelos céus e trazer vida ao mundo mais uma vez! Que a luz possa vencer a escuridão!

Dance ao redor do Círculo, visualizando o Sol tornando-se cada vez mais forte, até o Poder ser elevado.

Faça o Rito para Puxar o Sol para Baixo e a versão alternativa do Rito de Bolos e Vinho.

Bênção para a coletividade

Pegue uma vela branca nova, aspirja com a água do caldeirão e passe pela fumaça do incenso. Coloque-a sobre o Pentáculo e toque-a com seu athame, dizendo:

> Eu te consagro, criatura de cera,
> Pela humanidade criada e pela Arte transformada,
> Para que a partir de agora sejas
> Um pilar de luz entre os mundos
> Para carregar a minha vontade!

Trace um Pentagrama de Invocação sobre a vela e então caminhe em sentido horário para acendê-la na Vela Solar, retornando até o altar. Erga a vela e visualize sua luz se expandindo e iluminando o mundo. Diga:

> Que haja Luz sobre a Terra!
> Que haja esperança mais uma vez!
> Que nossos olhos despertem para enxergar a verdade!
> Que nossas mentes despertem para receber o conhecimento!
> Que o frio e a escuridão retrocedam diante da Luz dos Deuses!
> Ó, Antigos, concedam-nos a dádiva da memória.
> Permitam que nós nos lembremos quem somos,
> De onde viemos e para onde retornaremos.
> Permitam que o Sol Interior no coração de cada ser
> Encontre renovação nestes tempos escuros.
> Que a luz cresça, se expanda e se espalhe,
> E que cada praticante dos Antigos Caminhos saiba
> Que é um portador da chama dos Velhos Deuses
> Para iluminar o mundo mais uma vez!
> Que assim seja!

Essa vela deverá queimar até o final.

Banquete

Coma e beba, lembrando-se sempre de encher a taça com mais vinho antes que ele acabe. Faça libações em oferenda aos Deuses e anotações em seu diário mágico. Quando sentir que o Círculo pode ser encerrado, eleve sua taça em apresentação e verta o restante do seu conteúdo no pote de libação, dizendo:

> Aos Antigos!

Faça o Rito de Encerramento do Círculo.

Ritual de Imbolc

As cores do Sabbat são o branco do inverno e o vermelho do fogo, e podem estar em seu altar nas cores da toalha. Nesse Sabbat, o vinho tinto convencional pode ser substituído pelo vinho branco, e você também vai colocar sobre o altar outra taça (não precisa estar consagrada) com leite. Tenha também sob o altar três velas vermelhas, que durante o ritual serão dispostas ao redor do Círculo (pode usar velas de *réchaud*), e ainda outra vela vermelha para lhe representar, no formato que desejar.

Você deverá ter uma *Corn Maiden*, um Bastão Fálico e uma cama de palha para ela. Também é necessário ter uma Vassoura Mágica. Verifique a sessão correspondente à Imbolc na Lição Cinco – "A Roda das Estações" para saber como preparar esses itens. Se a vassoura ainda não estiver consagrada, você poderá fazer isso neste ritual.

A Vela Solar deve estar apagada sobre o altar.

Faça o Rito de Lançamento do Círculo.

Declaração da Intenção

Volte ao altar e toque o sino oito vezes. Eleve seu athame e diga com firmeza:

> Saudações aos Antigos Deuses que fazem a Roda do Ano girar! É chegada a Festa da Purificação! Que o inverno possa retroceder para dar lugar à primavera! É tempo dos Bruxos se prepararem. Nesta noite, vigiamos o Fogo e somos abençoados com a visão da centelha divina que arde dentro de nós. Abençoado seja o tempo de Imbolc! Que assim seja!

Devolva o athame ao altar.

Posicionando a Vela Solar

Diante do altar, com um chocalho em mãos, acenda a Vela Solar na Vela do Deus e comece lentamente a fazer uma espiral no sentido horário, caminhando de maneira compassada, tocando seu chocalho enquanto visualiza em sua mente o fraco Sol do inverno contra o céu acinzentado. Dê pelo menos três voltas ao redor do Círculo e pare quando alcançar os limites do Nordeste, entre as velas do Norte e do Leste. Coloque nesse quadrante a Vela Solar, deixando-a nos limites do Círculo.

Conexão com a Maré Astral

Pegue sua Vassoura Mágica, se ela ainda não tiver sido consagrada, faça isso agora usando o Rito de Consagração de um Novo Instrumento, que pode ser encontrado na Lição Treze "Liturgia Geral para os Rituais".

Bata três vezes o cabo da vassoura no chão e diga:

> Através da Vassoura que é o símbolo sagrado da fertilidade e da vida, que este Círculo Mágico seja purificado e preparado para receber o Fogo deste Sabbat! Que o velho se vá para que o novo se aproxime! Este é meu desejo, e assim será!

Bata três vezes o cabo da vassoura no chão novamente e comece a varrer o Círculo Mágico sem deixar que as cerdas da vassoura toquem o chão. Faça isso caminhando em sentido anti-horário em volta do altar e vá visualizando que você está banindo de sua vida tudo aquilo que não mais lhe serve. Quando chegar perto da Vela Solar, no ponto Nordeste, use a vassoura para jogar toda a energia acumulada para fora do Círculo, em um movimento de expulsão.

Então, coloque a vassoura sob o altar, pegue seu athame, vá até o Norte e caminhe em sentido horário uma única vez, reforçando o Círculo Mágico. Faça um Pentagrama de Invocação para selar e volte ao altar. Eleve o athame, dizendo:

> Aquilo que não serve mais foi banido! Que os Antigos Deuses tragam as chamas da renovação!

Meditação

Sente-se para meditar, assumindo uma posição confortável. Respire profundamente e relaxe, colocando-se em um leve estado de transe. Perceba-se em uma floresta no auge do inverno. O frio e a neve estão ao seu redor e não há nenhum sinal de vida. O único som que pode ouvir é o vento cortante, que sopra violentamente contra você. Há apenas o frio e a escuridão. Caminhe por esse cenário escuro, até que aviste, ao longe, uma pequena luz – a única luz que parece haver nesse lugar. Caminhe em direção a ela.

Ao se aproximar, você percebe um pilar de pedra, sobre o qual há um recipiente que contém fogo. Contemple essa chama. Apesar do frio e da umidade, a chama brilha forte e firme. Sinta o calor que vem dela e perceba o ambiente ao seu redor, iluminado por esta luz. Aqueça-se e abençoe-se diante da chama enquanto o vento sopra. Você percebe que está em um lugar sagrado; a presença dos Deuses Antigos pode ser sentida ao seu redor. Eis que um pensamento cruza sua mente nesse instante: o fogo precisa ser alimentado. Que oferenda você fará a este fogo sagrado para que ele permaneça aceso?

Abra-se para a experiência e faça uma oferenda nas chamas, seja ela qual for. Então permaneça em contemplação por alguns instantes, abrindo-se para qualquer imagem ou ideia que possa surgir nesse momento. Agradeça e retorne pelo mesmo caminho.

Lentamente, sinta seu corpo e abra seus olhos.

Apresentação do Mistério

Em frente ao seu altar, tome o sino em uma das mãos e toque três vezes em direção ao quadrante Norte. Feche os olhos e espere a última vibração do som desaparecer, em seguida leve o dedo indicador da mão que está livre à boca, fazendo um gesto de silêncio para esse quadrante e permanecendo assim por alguns instantes. Abaixe a mão e traga o braço para junto do corpo. Vire-se para o Leste.

Repita o mesmo gesto em cada um dos quadrantes – elevando e soando o sino, fechando os olhos e fazendo o gesto de silêncio para aquela direção por alguns instantes e então virando-se para o quadrante seguinte. Quando virar-se novamente para o Norte, devolva o sino ao altar.

Pegue as três velas vermelhas sob o altar e coloque-as no pentáculo. Acenda uma delas na Vela da Deusa e, silenciosamente, caminhe de maneira vagarosa até o Norte do seu Círculo, colocando a vela no chão em frente à vela do quadrante. Caminhando em sentido horário, volte ao seu altar e pegue a segunda vela, que deverá ser acesa na chama da vela vermelha depositada no Norte e então colocada no Sudeste do Círculo. Volte ao altar, pegue a terceira vela, vá até o Sudeste e acenda-a, posicionando a vela no Sudoeste. Desse modo, você terá um triângulo do Fogo.

Faça isso em silêncio e em estado de meditação. Sente-se diante do altar e medite no interior deste Círculo de Fogo, abrindo-se para os possíveis significados e lições desse ato ritualístico. Contemple cada uma das velas por alguns instantes e deixe que o fogo sussurre a você os seus mistérios. Quando sua mente se incendiar com as mensagens do fogo, prossiga.

Celebração

Pegue então a sua *Corn Maiden* e eleve-a diante do altar, dizendo:

> Eu honro a Donzela da Primavera para que desperte de dentro da terra e retorne ao mundo uma vez mais! Que haja vida, amor e beleza! Que as terras se tornem férteis mais uma vez!

Coloque a *Corn Maiden* em sua cama de palha e então deposite o Bastão Fálico sobre ela, dizendo:

> Que através deste ato, a vida se renove!

Tome a taça de leite em suas mãos, eleve-a em apresentação e diga:

> No Imbolc, celebramos o tempo do leite. Que nossos espíritos sejam nutridos! Que possamos encontrar alento nos braços da Grande Mãe! Retorne, Deusa da Vida! Seus filhos clamam por ti! Ensina-nos a nutrir uns aos outros! Ensina-nos a cuidar uns dos outros! Que aquilo que há de melhor dentro de todos nós possa se fortalecer nesta noite da magia! Que assim seja!

Tome um gole do leite, e então verta o restante dentro do caldeirão. Pegue a vela vermelha que representa você, acenda-a e coloque-a ao lado da cama da *Corn Maiden*. Contemple a chama por alguns instantes, e diga:

> Que o Fogo da Arte nunca se apague! Que a Chama do Conhecimento sempre seja mantida acesa! Que a Luz dos Mistérios desperte por todo mundo, dentro daqueles que tem ouvidos para escutar a canção que ecoa nos ventos. Pois os Antigos estão vivos, e toda a natureza está repleta de Deuses! Que os olhos se abram para ver, e que os lábios se calem em reverência!

> Enquanto contemplo a chama, eu me lembro dos tempos antigos, pois o primeiro sacerdócio da humanidade foi este: cuidar e vigiar o Fogo Sagrado. Fogo que tem acompanhado homens e mulheres em sua história. Fogo da proteção e da destruição. Fogo que dissipa as trevas da ignorância e ilumina a mente. Fogo que, se extinto, traz o medo e a escuridão. Fogo, que só pode ser mantido aceso por meio

do sacrifício apropriado. Fogo, que fez a consciência da humanidade ascender.

Que os Velhos Deuses me ensinem a vigiar o Fogo. Que me ensinem a alimentar o Fogo que arde dentro de mim. Pois eu sou o Fogo! O Fogo está vivo! O Fogo arde no mundo através de mim! Que o Fogo da Arte nunca se apague! Que assim seja!

Passe a mão pela chama dessa vela e traga sua luz para dentro de você. Faça a versão completa do Rito de Bolos e Vinho.

Banquete

Coma e beba, lembrando-se sempre de encher a taça com mais vinho antes que ele acabe. Faça libações em oferenda aos Deuses e quaisquer anotações em seu diário mágico. Quando sentir que o Círculo pode ser encerrado, eleve sua taça em apresentação e verta o restante do seu conteúdo no pote de libação, dizendo:

Aos Antigos!

Faça o Rito de Encerramento do Círculo. As três velas menores que formaram o Círculo podem ser apagadas e guardadas, para que sejam acesas nos momentos difíceis da Roda do Ano, para lhe trazer mais energia, clareza mental, tranquilidade emocional e maior conexão com os Deuses. A vela vermelha que representa você deve queimar até o final sobre o altar.

Ritual de Ostara

Seu altar pode ser forrado com uma toalha verde ou branca, decorado com pequenas flores do campo de cores variadas e folhas verdes. O caldeirão deve estar preenchido com água, e um pequeno pote ou cesto com pétalas de flores deve estar próximo dele. Se desejar, faça também uma pequena coroa de flores para amarrar em volta do caldeirão. Tenha também um ramo verde para aspergir água e um pequeno prato com algumas sementes.

A Vela Solar deve estar apagada em algum lugar do altar.

Faça o Rito de Lançamento do Círculo.

Declaração da Intenção

Toque o sino oito vezes, eleve seu athame e diga com firmeza:

> Saudações aos Antigos Deuses que fazem a Roda do Ano girar! É chegada a época da primavera, quando dia e noite têm igual duração. No tempo do equilíbrio, os Bruxos lançam sementes na terra para que germinem com o amor dessa estação. Bruxos, alegrem-se! A vida se renova mais uma vez! Que assim seja!

Devolva o athame ao altar.

Saudação à Estação

Diante do altar, com um chocalho em mãos, acenda a Vela Solar na Vela do Deus e comece lentamente a fazer uma espiral no sentido horário, caminhando de maneira compassada, tocando seu chocalho enquanto visualiza em sua mente o sol nascente da manhã. Dê pelo menos três voltas ao redor do Círculo e pare quando alcançar os limites do portal Leste. Coloque nesse quadrante a Vela Solar, deixando-a nos limites do Círculo. Eleve sua mão de poder no gesto de *Mano Cornuta* para esse quadrante, dizendo:

> Saudações ao Espírito da Primavera, saudações à brisa da renovação que sopra no tempo do nascimento! O Jovem Deus Sol se eleva no Leste e sua luz faz com que o mundo desperte mais uma vez! Que a Terra se renove para se regozijar no amor dos Deuses Antigos. Que o Espírito do Sol se acenda dentro de nós nessa noite de magia, despertando nossos olhos para que possamos enxergar a verdade de nossos corações. Que a natureza de cada Bruxo possa ser reverenciada nesse tempo de poder! Salve, Jovem Cornífero!

Então, assuma a Postura de Invocação do Deus e medite por alguns minutos no significado da primavera para você, e no equilíbrio entre a luz e a escuridão. Deixe que as imagens e as ideias surjam por sua mente, e quando julgar ter encerrado, prossiga.

Celebrando a Estação

De volta ao altar, coloque o prato de sementes sobre o seu pentáculo e eleve em apresentação. Devolva o pentáculo ao altar, pegue seu athame e coloque-o sobre as sementes, dizendo:

Que estas sementes sejam abençoadas com...

Nomeie aquilo que deseja atrair para a sua vida, enquanto visualiza tudo isso em sua mente. Em seguida, trace um Pentagrama de Invocação sobre as sementes, tome o pentáculo e vá até o Leste. Eleve-o em apresentação a esse quadrante e percorra o Círculo uma vez em sentido horário, e então, coloque o prato de sementes ao lado da Vela Solar. Retorne ao altar e devolva a ele o pentáculo.

Eleve o seu bastão, dizendo:

Saudações às águas da vida! Que pelo ventre da Senhora da Primavera possamos obter renovação. Que suas bênçãos estejam aqui!

Trace um Pentagrama de Invocação sobre o caldeirão e coloque dentro dele as pétalas de flores, dizendo:

Pela Terra e pela Água, que as bênçãos da Senhora estejam sobre seus filhos!

Então, lave suas mãos e seu rosto com as águas do caldeirão, passando um pouco da água em qualquer parte do corpo que precise de energia ou de cura. Em seguida, tome o ramo verde do altar e percorra o Círculo com o caldeirão, de Leste a Leste, aspergindo a água no chão. Quando passar por cada um dos quadrantes, diga:

Io! Evoé! Que haja vida no Leste/Sul/Oeste/Norte!

Coloque o ramo verde sobre o prato de sementes e retorne ao altar, devolvendo o caldeirão à sua posição.

Na sequência, traga suas mãos ao centro do seu peito e, lentamente, comece a entoar seu Nome Mágico. Prolongue o som de cada sílaba deixando o ar sair completamente dos seus pulmões, de modo que precise respirar fundo antes de entoar novamente, como um mantra. Comece bem baixo e vá aumentando o volume lentamente, fazendo o Poder crescer. Então comece a elevar seus braços aos céus, deixe o canto crescer cada vez mais e, quando chegar ao auge, libere a energia, visualizando que ela sobe como um grande cone espiralado e desaparece.

Faça o Rito para Puxar o Sol para Baixo e a versão alternativa do Rito de Bolos e Vinho.

Bênção para a coletividade

Com algumas flores do altar, prepare um pequeno buquê. Apresente-o aos quatro quadrantes, elevando-o diante de cada vela, e, então, coloque-o sobre o seu pentáculo. Toque as flores com seu athame e diga:

> Que haja beleza sobre a Terra mais uma vez!
> Que haja amor sobre a Terra mais uma vez!
> Que haja vida sobre a Terra mais uma vez!
> Que os Filhos da Terra possam viver em harmonia,
> Celebrando suas diferenças e unindo-se em reverência!
> Que haja música e alegria, que haja paixão e empatia!
> Deusa e Deus, vertam suas dádivas sobre o mundo
> Para que sempre nos lembremos:
> Ao contemplarmos a luz nos olhos de estranhos,
> É para Deuses desconhecidos que estaremos olhando.
> Que assim seja!

Trace um Pentagrama de Invocação sobre as flores e, após o ritual, coloque-as na natureza ou presenteie alguém especial.

Banquete

Coma e beba, lembrando-se sempre de encher a taça com mais vinho antes que ele acabe. Faça libações em oferenda aos Deuses e quaisquer anotações em seu diário mágico. Quando sentir que o Círculo pode ser encerrado, eleve sua taça em apresentação e verta o restante do seu conteúdo no pote de libação, dizendo:

> Aos Antigos!

Faça o Rito de Encerramento do Círculo. As sementes devem ser acrescentadas à sua libação que será levada para a natureza ao fim do ritual.

Ritual de Beltane

As cores de Beltane são o verde e o rosa que expressam a beleza da natureza, e também o vermelho e o branco, símbolo da energia sexual da Deusa e do Deus. É um costume desse Sabbat que os homens usem uma coroa de folhas e as mulheres usem uma coroa de flores. Deixe-a sobre o altar para ser colocada no momento apropriado durante o ritual.

Tenha ervas secas solares sobre o altar para fazer uma oferenda e flores frescas de muitas cores para decorar. Use um incenso floral, de preferência com algum odor afrodisíaco. Reserve álcool de cereais ou outro líquido inflamável para acender o caldeirão, além de uma vela laranja apagada sobre o altar. Sua Vassoura Mágica deverá estar posicionada no Norte do Círculo. A Vela Solar deve estar apagada sobre o altar.

Faça o Rito de Lançamento do Círculo.

Declaração da Intenção

Volte ao altar e toque o sino oito vezes. Eleve seu athame e diga com firmeza:

> Saudações aos Antigos Deuses que fazem a Roda do Ano girar! Esta é a Festa do Casamento Sagrado, quando Céu e Terra, Lua e Sol se unem para se tornarem um e criar a vida! Enquanto caminhamos entre a primavera e o verão, que as flores guiem nossos passos, que os espíritos da natureza celebrem conosco dentro deste Círculo de Magia! Abençoado seja o tempo de Beltane! Que assim seja!

Devolva o athame ao altar.

Posicionando a Vela Solar

Diante do altar, com um chocalho em mãos, acenda a Vela Solar na Vela do Deus e comece lentamente a fazer uma espiral no sentido horário, caminhando de maneira compassada, tocando seu chocalho enquanto visualiza em sua mente o Sol quente ardendo em chamas contra o céu azulado e vivo. Dê pelo menos três voltas ao redor do Círculo e pare quando alcançar os limites do Sudeste, entre as velas do Leste e do Sul. Coloque nesse quadrante a Vela Solar, deixando-a nos limites do Círculo.

Conexão com a Maré Astral

Pegue sua Vassoura Mágica e, se ela ainda não tiver sido consagrada, faça isso agora usando o Rito de Consagração de um Novo Instrumento, que pode ser encontrado na Lição Treze "Liturgia Geral para os Rituais".

Com as cerdas para cima, bata a vassoura no chão nos limites de cada um dos quadrantes, dizendo:

Io! Evoé! Que haja fertilidade no Norte/Leste/Sul/Oeste!

Retorne ao Norte e coloque a vassoura no chão, diante da vela do quadrante. Então volte ao altar e abra os braços e as pernas, formando um pentagrama com o seu corpo. Ainda nessa posição, tome o bastão em uma das mãos e eleve-o, dizendo:

> Nossos corpos são os verdadeiros altares onde os mistérios dos Deuses acontecem e se renovam. É pelo portal do corpo que as almas voltam à Terra. É pelo corpo vivo que sentimos prazer, dádiva dos Deuses a nós, e podemos abraçar, comer, beber e amar. Pelo enlace dos corpos, as almas tornam-se uma mais uma vez. E é no altar vivo da carne, cuja forma é o próprio pentagrama, que uma nova vida pode ser concebida. Que o corpo seja puro! Que o corpo seja livre! Que o corpo seja selvagem para dançar ao redor das fogueiras em homenagem aos Velhos Deuses da floresta!
>
> Amada Deusa da Lua e Poderoso Senhor das matas, ouçam meu chamado nessa noite de Sabbat! Que sua flauta toque mais uma vez a canção que move as estrelas e dá vida ao mundo. No círculo da Arte, que meu corpo seja consagrado e abençoado como o verdadeiro altar dos Antigos. Que nele, o êxtase cósmico que faz nascer o universo possa ser experimentado em sua homenagem. E que os Bruxos nunca se esqueçam: todos os atos de amor e de prazer são rituais da Deusa! Que assim seja!

Então, trace um pentagrama de invocação com o bastão diante de você e devolva o bastão ao altar. Pegue a coroa de flores ou folhas preparada por você, eleve-a em apresentação, e coloque-a na cabeça, coroando seu corpo.

Meditação

Sente-se diante do altar para meditar, entrando em um leve estado de transe. Respire profundamente despertando o seu corpo, como se pudesse respirar através de toda a sua pele. Veja o Sol acima de você e deixe que sua luz entre pelo topo da sua cabeça, banhando todo o seu corpo e indo em direção à terra a partir da base da sua coluna. Deixe essa energia fluir de você para baixo.

Então, deixe que a luz do Sol banhe cada um dos seus centros de energia, fazendo com que uma flor da cor apropriada desabroche em cada um deles: uma flor branca no topo da cabeça, outra roxa no centro da testa, azul celeste na garganta, cor-de-rosa com folhas verdes no peito, amarela no plexo solar, alaranjada na região do umbigo e, finalmente, vermelha na base da coluna. Deixe que cada flor desabroche completamente no centro de energia antes de seguir para a próxima. Deixe que absorvam a luz do Sol e sua vitalidade.

Apresentação do Mistério

Em frente ao seu altar, tome o sino em uma das mãos e toque três vezes em direção ao quadrante Norte. Feche os olhos e espere a última vibração do som desaparecer, e então, leve o dedo indicador da mão que está livre à boca, fazendo um gesto de silêncio para esse quadrante. Abaixe a mão e traga o braço para junto do corpo.

Repita o mesmo gesto em cada um dos quadrantes, elevando e soando o sino, fechando os olhos e fazendo o gesto de silêncio para aquela direção. Quando virar-se novamente para o Norte, devolva o sino ao altar.

Em seguida, pegue seu pote de água e eleve-o em apresentação, visualizando a luz da lua brilhando dentro dele. Com a outra mão, pegue a vela laranja e acenda-a, elevando-a e visualizando que dentro da chama há a luz do Sol. Eleve ambos diante de você, contemplando ambos os luminares, coloque a vela sobre o pote com água e veja sua luz sendo refletida na superfície, como se a água pudesse absorver essa luz.

Quando sentir ser o momento, apague a vela na água. Deixe a vela sob o altar e abençoe todas as partes do seu corpo com essa água. Devolva o pote ao altar.

Celebração

Coloque seu caldeirão ao lado da Vela Solar, preencha com o álcool de cereais e acenda com uma vela ou um fósforo. Aponte seu bastão para as chamas e diga:

> Os Fogos de Beltane foram acesos! O Sol brilha sobre a Terra mais uma vez! Que os campos sejam férteis e que as sementes germinem! Que o Deus se deite sobre a Deusa para gerar vida e alegria! Que assim seja!

Faça um Pentagrama de Invocação sobre as chamas, devolva o bastão ao altar e então lance as ervas secas no fogo como uma oferenda, fazendo seus pedidos aos Deuses.

Com seu chocalho ou um tambor, dance ao redor do Círculo pulando as chamas do Caldeirão até que se apaguem. Quando julgar ser o momento apropriado, eleve o Poder.

Faça a versão completa do Rito de Bolos e Vinho.

Banquete

Coma e beba, lembrando-se sempre de encher a taça com mais vinho antes que ele acabe. Faça libações em oferenda aos Deuses e quaisquer anotações em seu diário mágico. Quando sentir que o Círculo pode ser encerrado, eleve sua taça em apresentação e verta o restante do seu conteúdo no pote de libação, dizendo:

Aos Antigos!

Faça o Rito de Encerramento do Círculo.

Ritual de Litha

Seu altar pode ser forrado com uma toalha branca ou vermelha, decorado com ervas frescas, flores da estação, mel e uma única rosa vermelha. Reserve álcool de cereais ou outro material inflamável para acender um fogo no seu caldeirão, e um prato de ervas solares secas para oferenda (você pode usar louro, tomilho e alecrim, por exemplo). Se conseguir, tenha também um pouco de casca de carvalho.

O caldeirão deve estar próximo da vela do Sul e, no centro do altar, deve haver uma Roda Solar preparada por você (veja a Lição Cinco – "A Roda das Estações"), com quatro velas brancas de *réchaud* apagadas em cada uma de suas pontas. Coloque também uma pequena flor branca em cada um dos quadrantes para que sejam acrescentadas à Roda Solar durante o ritual.

A Vela Solar deve estar apagada em algum lugar do altar.

Rito de Lançamento do Círculo

Declaração da Intenção

Toque o sino oito vezes, eleve seu athame e diga com firmeza:

Saudações aos Antigos Deuses que fazem a Roda do Ano girar! É chegada a época do verão, quando o Sol, nosso Deus, alcança o ápice de sua glória! Na noite mais curta do ano, no auge da luz, os Bruxos reverenciam os ciclos da vida, morte e renascimento e preparam-se para coroar o Rei da Vida. Alegremo-nos: o verão veio ao mundo mais uma vez!
Que assim seja!

Devolva o athame ao altar.

Saudação à Estação

Diante do altar, com um chocalho em mãos, acenda a Vela Solar na Vela do Deus e comece lentamente a fazer uma espiral no sentido horário, caminhando de maneira compassada, tocando seu chocalho enquanto visualiza em sua mente o poderoso Sol de verão ao meio-dia brilhando sobre você. Dê pelo menos três voltas ao redor do Círculo e pare quando alcançar os limites do portal Sul. Coloque nesse quadrante a Vela Solar, deixando-a nos limites do Círculo. Eleve sua mão de poder no gesto de *Mano Cornuta* para esse quadrante, dizendo:

Saudações ao Espírito do Verão, saudações às chamas da fertilidade que dançam no tempo da frutificação! Poderoso Cornífero que nos chifres traz o calor do Sol, seus cascos fendidos acendem as fagulhas da vida! Brilhe sobre nós e preencha-nos com sua luz! Que toda a natureza celebre o Rei Dourado, o Doador da Vida! Fertilizador e Amante, que possamos nos elevar como uma grande labareda de fogo em direção aos céus e, assim, possamos nos unir ao teu brilho radiante! Salve, Rei Solar!

Assuma a Postura de Invocação do Deus e medite por alguns minutos no significado do verão e do auge da luz para você. Deixe que as imagens e as ideias surjam por sua mente. Quando julgar ter encerrado, prossiga.

Celebrando a Estação

Diante do altar, coloque a Roda Solar sobre o pentáculo e eleve-o, dizendo:

> Nos tempos antigos, para que o Rei pudesse governar, era necessário obter a soberania da terra através de uma sacerdotisa da Deusa. Ele é o Poder e Ela é a Sustentação! Ele é o Impulso e Ela é o Direcionamento! Ele é o Sol Vitorioso, e Ela é a Roda que nunca para de girar. Que no tempo do Solstício de Verão o Deus Sol seja coroado pelas bênçãos da Grande Mãe!

Tome a Roda Solar em suas mãos e devolva o pentáculo ao altar. Volte-se para o Sul, pegue a pequena flor daquele quadrante e coloque-a sobre uma das pontas da Roda Solar. Percorra o Círculo recolhendo cada uma das flores e depositando-as sobre as pontas da Roda. Devolva a Roda ao centro do altar e então acenda as quatro velas ao redor dela. Erga seu athame e diga:

> O Rei foi coroado! A soberania está entre nós uma vez mais!

Coloque a rosa vermelha sobre o pentáculo e diga:

> O mistério dessa estação está contido na rosa vermelha, pois a maciez e as delícias das pétalas só podem ser alcançadas quando passamos por todos os espinhos. Que os filhos dos Velhos Deuses sempre se lembrem disso: Prazer e Dor equilibram-se para trazer a nós a dádiva do Conhecimento! Portanto, que haja prazer na vida dos filhos da Terra, e que, por meio de momentos dolorosos, a sabedoria e o conhecimento possam ser obtidos por nós!

Devolva o pentáculo ao altar. Volte-se ao quadrante Sul, ao lado da Vela Solar, e preencha-o com o álcool de cereais e as ervas secas e acenda o Fogo. Aponte seu bastão para as chamas e recite:

> O Sol chegou ao seu auge e sua Luz transborda, derramando-se por toda a Terra. No Solstício de Verão, até os cantos mais escuros do mundo se iluminam diante de teu brilho dourado. Os filhos dos Antigos Deuses deleitam-se em sua luminosidade; nossos corações se preenchem de amor e júbilo. Que a luz do Sol abra nossos olhos para que possamos contemplar a verdadeira beleza! Que tudo o que é pedido seja concedido nesta noite de magia! Ó, grandioso Sol,

sempre provedor, a plenitude de sua Luz nunca cessa para aqueles que dançam contigo a Roda das Estações.

Mas assim como o dia mais longo faz com que a semente do inverno germine, a sua Luz também se vira do avesso para mostrar a escuridão, e todos somos lembrados que só é possível obter grandes feitos mediante grandes desafios. Os Bruxos sabem: se o prazer é uma dádiva dos Deuses para nós, é apenas por meio de momentos dolorosos que as verdadeiras lições da vida podem ser conhecidas.

E neste Círculo, quando o fogo celeste arde sobre a Terra, venho sem máscaras para reverenciar a verdadeira Luz, aquela que transforma a dor em conhecimento. Que o Sol Libertador destrua as dúvidas e incinere as incertezas, ilumine os antigos caminhos e faça evaporar nossas lágrimas para que, como chuva, renovem nossos corações. Saudações à Luz da Verdade! Saudações à Luz do Conhecimento!

Tome a rosa vermelha em suas mãos e, diante do fogo do caldeirão, medite sobre os momentos difíceis e as dores que você vivenciou até agora em seu caminho; abra-se para as lições que vieram de cada uma delas. Então, eleve a rosa vermelha em apresentação diante do fogo e lance-a nas chamas como oferenda.

Abençoe-se no fogo do caldeirão e contemple a rosa entre as chamas até elas se apagarem. Quando o fogo for se extinguir, faça um gesto com as mãos, como se trouxesse a última chama para dentro de você, e deixe que ela banhe sua aura e seja absorvida pelos seus corpos sutis. Respire profundamente e saiba que esse fogo agora está dentro de você. Diga:

O caldeirão com fogo brilhante se apagou! A luz se transformou em escuridão! O Rei Solar anuncia seu sacrifício iminente! Que os Bruxos nunca se esqueçam: a poderosa Roda nunca deixa de girar!

Volte ao altar e tome o mel em suas mãos. Percorra cada um dos quadrantes e apresente-o, dizendo:

Io! Evoé! Que haja doçura no Norte/Leste/Sul/Oeste!

Em seguida, caminhando em sentido horário, retorne ao altar e unja seus lábios com mel. Saboreie esse mel, sinta a doçura da vida e agradeça pelas dádivas que já recebeu. Verta um pouco do mel dentro do cálice de vinho e eleve-a em apresentação, dizendo:

Grande Deusa, Poderoso Sol, que nos momentos de Prazer e de Dor
eu possa obter o néctar do Conhecimento! Que assim seja!

Faça o Rito para Puxar o Sol para Baixo e a versão alternativa do Rito de Bolos e Vinho.

Bênção da coletividade

Coloque o seu pentáculo sob a Roda Solar, toque-a com seu athame e diga:

Que haja poder sobre a Terra!
Que haja liberdade sobre a Terra mais uma vez!
Que haja soberania entre mulheres e homens!
Que a vitalidade do Sol nos devolva nosso poder pessoal!
Que as correntes da opressão sejam rompidas
E que aqueles que agridem os filhos da Terra sejam expulsos!
Que nossos espíritos sejam preenchidos com coragem,
E que nossos olhos sejam abençoados pela luz do Sol.
Nossos pés são livres para escolher o caminho,
Nossas bocas são livres para proferir a verdade interior,
Nossos corações são livres para conhecer o amor!
Amada Senhora, Poderoso Senhor,
Que suas dádivas estejam sobre o mundo mais uma vez!
Que assim seja!

A Roda Solar deverá ser oferecida mais tarde na natureza ou colocada como decoração sobre uma porta para abençoar a todos que passarem por ela.

Banquete

Coma e beba, lembrando-se sempre de encher a taça com mais vinho antes que ele acabe. Faça libações em oferenda aos Deuses e quaisquer anotações em seu diário mágico. Quando sentir que o Círculo pode ser encerrado, eleve sua taça em apresentação e verta o restante do seu conteúdo no pote de libação, dizendo:

Aos Antigos!

Faça o Rito de Encerramento do Círculo. Guarde um pouco das cinzas do caldeirão misturadas à cinza do incenso. Elas serão usadas no próximo Ritual de Sabbat.

Ritual de Lammas

As cores de Lammas são o amarelo mostarda, representando o Sol do fim do verão, e o laranja do outono. Essas poderão ser as cores de sua toalha de altar para esse ritual. Tenha um pão fresco sobre o altar, de preferência preparado por você, que pode estar decorado com alguns ramos de trigo. Reserve um pequeno vaso cheio de ramos de trigo, um pote com grãos variados para fazer as oferendas aos quadrantes e um pouco de cinzas, preferencialmente obtidas no Ritual do Sabbat anterior. Grãos e sementes também podem ser espalhados pelo altar como parte da decoração do Sabbat. A Vela Solar deve estar apagada sobre o altar.

Faça o Rito de Lançamento do Círculo.

Declaração da Intenção

Volte ao altar e toque o sino oito vezes. Eleve seu athame e diga com firmeza:

> Saudações aos Antigos Deuses que fazem a Roda do Ano girar! É chegada a Noite do Sacrifício, a Festa do Pão! Enquanto caminhamos do verão para o outono, o Sol se transforma no Grão Ceifado! Esta é a noite da primeira colheita. Que sejamos todos abençoados na medida de nossos esforços! Damos boas-vindas ao tempo de Lammas! Que assim seja!

Devolva o athame ao altar.

Posicionando a Vela Solar

Diante do altar, com um chocalho em mãos, acenda a Vela Solar na Vela do Deus e comece lentamente a fazer uma espiral no sentido horário, caminhando de maneira compassada, tocando seu chocalho enquanto visualiza em sua mente o Sol do entardecer tingindo o céu de amarelo. Dê pelo menos três voltas ao redor do Círculo e pare quando alcançar os limites do Sudoeste, entre as velas do Sul e do Oeste. Coloque nesse quadrante a Vela Solar, deixando-a nos limites do Círculo.

Conexão com a Maré Astral

Coloque o pote com grãos sobre o seu pentáculo e eleve-o em apresentação diante do altar, dizendo:

> Na noite da primeira colheita, reverenciamos a Mãe dos Grãos! Este é o tempo da abundância! Agradecemos à Mãe Terra pelo alimento e pela sustentação. Que os ciclos da vida sejam abençoados, e que nunca nos esqueçamos: bênçãos devem ser sempre compartilhadas!

Coloque o pentáculo sobre o altar e trace um Pentagrama de Invocação sobre os grãos. Vá até o Norte, eleve o pote de grãos em apresentação e coloque um punhado deles perto da vela do quadrante. Diga:

> Io! Evoé! Que haja abundância no Norte!

Percorra o Círculo em sentido horário e faça o mesmo em cada uma das outras velas, substituindo o nome do quadrante em cada uma delas. Então, caminhe em sentido horário até o altar novamente, eleve o pote de grãos mais uma vez diante dele e diga:

> Que estes grãos alimentem os Espíritos da Terra! Que os Velhos Deuses da Bruxaria sempre abençoem suas crianças com as dádivas da terra! Que nossos espíritos despertem para a alegria do Sabbat, e que possamos ser preenchidos pelo êxtase da vida! Que assim seja!

Devolva o pote de grãos ao altar e sente-se para meditar.

Meditação

Entre em um estado alterado de consciência e veja-se caminhando por um campo de trigo durante o pôr do sol. Contemple a imagem refletida do Sol sobre o trigo. Ouça o som dos corvos, que pousam em um espantalho próximo a você, voando.

Caminhe por esse campo em direção ao Oeste, seguindo o Sol, até o trigo diminuir e você avistar um grande altar de pedra. O sol poente parece deitar-se sobre ele enquanto tinge o céu de vermelho, como o sangue. Você se aproxima do altar e vê que nele há uma foice. Segure-a em suas mãos. Contemple por alguns instantes essa paisagem. Abra-se para qualquer ideia ou mensagem que possa vir a você nesse momento.

Em seguida, traga a foice de volta com você pelo mesmo caminho. Lentamente, retorne à consciência habitual e abra os olhos.

Apresentação do Mistério

Pegue seu pote com cinzas e coloque um pouco delas na sua testa, dizendo:

> Eu me visto com as cinzas do Sol para celebrar este Mistério.

Em frente ao seu altar, tome o sino em uma das mãos e toque três vezes em direção ao quadrante Norte. Feche os olhos e espere a última vibração do som desaparecer, e, então, leve o dedo indicador da mão que está livre à boca, fazendo um gesto de silêncio para esse quadrante. Abaixe a mão e traga o braço para junto do corpo.

Repita o mesmo gesto em cada um dos quadrantes, elevando e soando o sino, fechando os olhos e fazendo o gesto de silêncio para aquela direção. Quando virar-se novamente para o Norte, devolva o sino ao altar.

Usando o álcool de cereais, acenda um pequeno fogo em seu caldeirão para durar apenas pelos momentos dessa ação ritual. Pegue o athame em suas mãos (ou o boline, se você opta por usar um) e, em silêncio, corte um ramo de trigo do vaso. Coloque o athame de lado e eleve o ramo de trigo em apresentação para os quadrantes, e então, lance-o no fogo.

Enquanto ele queima, tome o pão em suas mãos e passe-o sobre as chamas, até elas se apagarem.

Faça isso em silêncio e em estado de meditação, abrindo-se para os possíveis significados e lições deste ato ritualístico. Contemple o trigo queimando até o fogo se apagar.

Celebração

Toque o pão em sinal de bênção e leia:

> No dia de Lammas, quando o Sol se põe, Ele se ergue majestoso, repousando um pé na luz e o outro na escuridão. Sua face é sombreada pela foice do sacrifício. É nesse reino, mistura de luz e trevas, que ele pode ser visto.
>
> Hoje, ele é o Senhor que cruza os portais, a Estaca Bifurcada ereta entre os mundos, o condutor eterno da Dança Espiral do Êxtase que

movimenta o Universo, crescendo, pulsando, minguando, girando e espiralando, sempre em amor.

Vejam o Sol Sacrificado, a espiral que gira de volta ao centro do Universo. Ele é um sonho partilhado, ele é um grão maduro. É a centelha flamejante que passa a brilhar para dentro. Ele é o Ceifado, o colhido, aquele que acolhe os Mistérios da Morte e da transformação.

Reverenciamos o Caçador ferido, cujo corpo alimenta a terra. Honramos o Grão Sacrificado, o Pão Vivo sobre nossa mesa que traz nutrição e perpetua a vida ao longo dos tempos. Contemplamos o Senhor dos Metais, aquele que conhece os mistérios da transformação do fogo e da forja – pois assim como o metal precisa do fogo para transformar-se em athame, o trigo precisa do fogo para tornar-se pão.

Contemplando o sol poente, vemos o sangue do Sol escorrer para a terra, nutrindo os campos e revivendo no grão maduro, pois nestes tempos dourados como o trigo, Ele não é vivo nem morto – simplesmente é, em eterno amor a Ela.

Ele é sabedoria, entrega, amor. Filho e Consorte. Companheiro, Ferreiro, Ferido, Sacrificado, Imolado – corpo mutilado em infinitos pedaços para alimentar o mundo. E ele nos pergunta: "O que você sacrifica para fazer a Roda girar?"

Senhor da Sombra, nos ensine os mistérios da sua Dança sagrada. Que nunca nos esqueçamos: um verdadeiro sacrifício só pode ser realizado quando houver Amor.

Em silêncio, medite com o Deus de Chifres por alguns instantes. Depois, faça a versão completa do Rito de Bolos e Vinho.

Banquete

Coma e beba, lembrando-se sempre de encher a taça com mais vinho antes que ele acabe. Faça libações em oferenda aos Deuses e quaisquer anotações em seu diário mágico. Quando sentir que o Círculo pode ser encerrado, eleve sua taça em apresentação e verta o restante do seu conteúdo no pote de libação, dizendo:

Aos Antigos!

Faça o Rito de Encerramento do Círculo.

Ritual de Mabon

Seu altar pode ser forrado com uma toalha nas cores do outono – o laranja ou o marrom são boas opções. Ele também pode ser decorado com algumas folhas secas, grãos e frutas, prezando sempre pela beleza e harmonia do altar. O vinho tem um papel importante nesse ritual, por isso, tenha também algumas uvas roxas sobre o altar. O caldeirão deve estar vazio. Se conseguir, tenha ramos de videira como parte da sua decoração.

A Vela Solar deve estar apagada em algum lugar do altar.

Faça o Rito de Lançamento do Círculo.

Declaração da Intenção

Toque o sino oito vezes, eleve seu athame e diga com firmeza:

Saudações aos Antigos Deuses que fazem a Roda do Ano girar! É chegada a época do outono e, mais uma vez, dia e noite se equilibram em igual duração. Que os Bruxos se alegrem enquanto dançam os ciclos da terra, pois agora celebramos a segunda colheita! Que as bênçãos da abundância estejam comigo enquanto celebro este rito sagrado! Que assim seja!

Devolva o athame ao altar.

Saudação à Estação

Diante do altar, com um chocalho em mãos, acenda a Vela Solar na Vela do Deus e comece lentamente a fazer uma espiral no sentido horário, caminhando de maneira compassada, tocando seu chocalho enquanto visualiza em sua mente o sol poente que tinge o céu de laranja e vermelho. Dê pelo menos três voltas ao redor do Círculo e pare quando alcançar os limites do portal Oeste. Coloque nesse quadrante a Vela Solar, deixando-a nos limites do Círculo. Eleve sua mão de poder no gesto de *Mano Cornuta* para esse quadrante, dizendo:

Saudações ao Espírito do Outono, saudações aos ventos que sopram e carregam consigo as folhas secas das árvores no tempo da celebração! Abençoado seja o Deus coroado com a vinha e os frutos da terra, pois o Sol parte em sua jornada rumo ao Outromundo, além dos portais do Oeste! Abençoa-nos, Senhor da Colheita! Teu espírito vive nos frutos e nas sementes! Conduza-nos em sua dança espiral neste tempo de luz e de escuridão, enquanto nos preparamos para caminhar pelas sombras da noite. Leva-nos pelo labirinto! Que sua canção faça soprar sobre nós os ventos da mudança! Salve, Espírito da Terra!

Em seguida, assuma a Postura de Invocação do Deus e medite por alguns minutos no significado do outono para você e no equilíbrio entre a luz e a escuridão. Deixe que as imagens e as ideias surjam por sua mente. Quando julgar ter encerrado, prossiga.

Celebrando a Estação

De volta ao altar, tome o bastão e vire-se para a Vela Solar. Aponte o bastão nessa direção, visualize o sol poente além do portal do Oeste, e declame:

> Quando chegam os tempos de Mabon, preste atenção na folha seca de uma árvore. Ela carrega grandes ensinamentos dessa estação.
>
> Os ventos gélidos sopram e a folha levanta voo. Sem resistir, não importa para onde. Apenas se deixa levar. Ela rende-se ao beijo da Senhora e vai, pois é assim que deve ser.
>
> E nas águas das chuvas dessa estação, vemos o pranto da Deusa por seu amado, o Grande Sol que mais uma vez deve morrer. Mais uma vez é preciso sacrificar aquele que é seu Filho, Amante, Guerreiro e Protetor. E ela chora – não por tristeza, mas por saudade e destino, por despedida e Amor. Ela chora por tudo que foi, é e será, enquanto mais uma vez se repete a história que teve início na escuridão da Noite Primordial. "Mas não há escolha", ela sussurra, "vida alimenta-se de vida, e tudo o que hoje se alimenta, amanhã servirá à Força da Vida para que em seu próprio tempo possa nutrir a terra". Suas lágrimas lavam o mundo, lavam as muitas vidas de seus filhos, derramando bênçãos profundas de seu coração.
>
> E, enquanto o Sol parte, saudamos o Espírito do Ano Velho que reveste a terra com seu manto dourado. Ele parte, mas sua força pulsa em cada fruto que amadurece com seu poder. Mas os filhos dos Velhos Deuses sabem: toda despedida tem a promessa de um reencontro.

Ele ainda está presente. E sua face de folhas amareladas sorri. De seu próprio corpo, Ele ensina os homens a preparar o Vinho, o próprio Sangue do Sol. E em meio às matas, quando a brisa do entardecer sopra, sua voz se faz escutar por aqueles que ainda podem ouvir. E ele diz:

"Quando vocês preparam a mesa para o banquete, meu Espírito vive. Quando vocês erguem a taça e fazem seus agradecimentos, meu Espírito vive. Quando vocês se reúnem, festejam e celebram a vida e a abundância, ali meu Espírito é vivo. Meu corpo se deita sobre o altar do sacrifício, entregue, para alimentá-los mais uma vez. Eu, que hoje sou o Espírito da Vegetação, anuncio o inverno e os tempos difíceis, mas também abençoo meus filhos com fartura e festa. Portanto, este não é um tempo de tristeza, mas de celebração. Dancem, bebam, comam e amem, pois eu vivo em cada sorriso, e em cada um de seus beijos doces, posso beijar a face de minha amada Senhora mais uma vez."

Faça um Pentagrama de Invocação com o bastão nessa direção. Tome o cálice em suas mãos e percorra cada um dos quadrantes do Círculo, elevando-o em apresentação diante de cada uma das velas dos quadrantes e dizendo:

Io! Evoé! Que haja sabedoria no Norte/Leste/Sul/Oeste!

Eleve o Cálice diante do altar e diga:

Esta é a festa da abundância, quando partilhamos dos frutos de nossos esforços e do nosso trabalho. Abençoada seja a terra fértil, generosa e nutridora que dá aos seus filhos abrigo, alimento e prazer. O Cálice da Abundância também é o Cálice da Alegria! Que nossos corações sejam preenchidos pelo júbilo na presença dos Antigos, que nos ensinaram a arar a terra, a plantar a semente e a colher o grão! Abençoado seja o Espírito do Vinho! Que suas lições estejam conosco nesta noite!

Em seguida, use o seu chocalho ou o seu tambor para elevar o poder em forma de uma espiral, caminhando primeiro em sentido anti-horário a partir do altar e em direção aos limites do Círculo, e então para dentro novamente em sentido horário, fazendo o Poder crescer, enquanto canta:

> Todos nós viemos da Deusa
> E a ela vamos voltar
> Como a gota de chuva
> Fluindo em direção ao mar (2x)
> Casco e chifre, casco e chifre,
> O que morre renascerá!
> Milho e grão, milho e grão,
> O que cai germinará! (2x)

Quando chegar ao centro mais uma vez, deixe o cântico crescer, e quando for enviar o Poder, segure a última sílaba do cântico o máximo possível e coloque as mãos no chão.

Faça o Rito para Puxar o Sol para Baixo e a versão alternativa do Rito de Bolos e Vinho.

Bênção para a coletividade

Coloque as uvas sobre o seu pentáculo e toque-as com o athame, dizendo:

> Que a fome dos Filhos da Terra seja saciada!
> Que a sede dos Filhos da Terra seja saciada!
> Que possamos nos reunir na mesa do banquete
> Para celebrar a abundância da vida!
> Que todos tenham família para partilharem da Taça do Amor!
> Que todos tenham família para trocarem os beijos da celebração!
> Que as diferenças minguem e que haja união entre nós.
> E ao redor do Altar dos Antigos, que cada Bruxo seja tomado
> Pelo êxtase do Sabbat mais uma vez!
> Os Velhos Deuses são lembrados,
> Os Velhos Deuses são adorados,
> Os Velhos Deuses vivem novamente através de nós.
>
> Que assim seja!

Trace um Pentagrama de Invocação sobre as uvas, coma uma delas, e após o ritual coloque-as na natureza ou partilhe com as pessoas amadas para que absorvam as bênçãos do Sabbat.

Banquete

Um dos costumes tradicionais desse Sabbat é fazer uma libação especial aos Deuses agradecendo por todas as dádivas recebidas ao longo dessa Roda do Ano. Erga sua taça e agradeça em voz alta. E então, sente-se para comer e beber, lembrando-se sempre de encher a taça com mais vinho antes que ele acabe. Faça quaisquer anotações que desejar em seu diário mágico. Quando sentir que o Círculo pode ser encerrado, eleve sua taça em apresentação e verta o restante do seu conteúdo no pote de libação, dizendo:

> Aos Antigos!

Faça o Rito de Encerramento do Círculo.

Ritual de Samhain

No Samhain, o altar pode estar vestido das cores da estação: o preto, que representa a noite e a escuridão, o laranja do outono e o roxo da Anciã. O altar deve estar decorado com folhas do outono, que poderão conter cada uma o nome de um dos Ancestrais que você deseja reverenciar – da Arte, do Sangue, do Espírito e da Terra. Você também pode acrescentar alguns poucos objetos que representem seus Ancestrais de Sangue, bem como fotos, se desejar. Tenha também uma maçã sobre o seu pentáculo e ao lado da vela do Oeste um *Jack O'Lantern* ainda apagado com seu pote de libação ao lado. O caldeirão deve estar cheio de água e deve ser colocado no Noroeste do Círculo. A Vela Solar deve estar apagada sobre o altar.

Faça o Rito de Lançamento do Círculo.

Declaração da Intenção

Volte ao altar e toque o sino oito vezes. Eleve seu athame e diga com firmeza:

> Saudações aos Antigos Deuses que fazem a Roda do Ano girar! O Velho Cornífero está morto e reina no Mundo das Sombras. É chegada a Noite dos Ancestrais, quando os véus que separam os mundos se tornam finos. É quando podemos nos reunir aos nossos Mortos Amados! Que o mundo dos vivos e o mundo dos mortos

prestem reverência enquanto caminhamos em direção ao inverno! Damos boas-vindas ao tempo de Samhain: quando tudo o que é lembrado vive! Que assim seja!

Devolva o athame ao altar.

Posicionando a Vela Solar

Diante do altar, com um chocalho em mãos, acenda a Vela Solar na Vela do Deus e comece lentamente a fazer uma espiral no sentido horário, caminhando de maneira compassada, tocando seu chocalho enquanto visualiza em sua mente um Sol apagado no interior da terra escura. Dê pelo menos três voltas ao redor do Círculo e pare quando alcançar os limites do Noroeste, entre as velas do Oeste e do Norte, ao lado do caldeirão. Coloque nesse quadrante a Vela Solar, deixando-a nos limites do Círculo.

Conexão com a Maré Astral

Diante do altar, assuma por alguns instantes a Postura de Invocação do Deus, conectando-se às forças da morte. Em seguida, pegue o seu athame e vá para o Noroeste do Círculo, ajoelhando-se diante da Vela Solar e do caldeirão.

Beije seu athame e coloque-o diante do caldeirão. Eleve sua mão de poder no gesto de *Mano Cornuta* e diga:

> Saudações ao tempo da Morte! Saudações ao tempo dos finais! Saudações à Mãe Terrível, cujo ventre é a tumba dos nossos Ancestrais!

Lave seu athame nas águas do caldeirão e então lave as mãos e o rosto. Pegue o athame de volta, levante-se e aponte para o Norte, dizendo:

> Diante dos Portais do Norte, que meu corpo físico possa atravessar para o Reino da Morte!

Siga para o Leste, Sul e Oeste, substituindo "corpo físico" por corpo mental, corpo espiritual e corpo emocional, respectivamente. Quando terminar, diante do Oeste, aponte o seu athame mais uma vez nessa direção e diga:

> Saudações, Confortador e Consolador, Temível das Sombras, Senhor do Mundo dos Mortos! Nesta noite, dirijo-me ao teu reino para que

possa me reencontrar com meus Mortos Amados. Abra o portal! Deixe que venham pelo Rio da Memória (trace um Pentagrama de Invocação diante de você) para que estejam agora neste Círculo! Que assim seja!

Toque seu athame no chão e acenda o *Jack O'Lantern*, virado para o portal do Oeste. Ainda de frente para o Oeste, coloque as mãos espalmadas no chão, e então leve-as ao seu coração, dizendo:

Ancestrais amados, eu me lembro de vocês. Peço que vocês também lembrem-se de mim. Eu saúdo o Ar que tece a respiração do mundo como uma grande tapeçaria de palavras e memórias. Respirando, eu saúdo o primeiro e último sopro dos meus Ancestrais. Eu saúdo suas palavras que, após proferidas, se eternizaram no mundo como sopro. Que sua sabedoria esteja comigo. Por meu próprio sopro de vida, que eu receba a sua inspiração.

Saúdo meu pai, meus avôs, os avôs de meus avôs. Peço sua força e proteção, que sua guarda esteja comigo. Que seus braços me protejam. Que seus olhos atentos estejam sempre alerta e me desviem de todo perigo.

Saúdo o ventre da minha mãe. Saúdo os ventres de minhas avós. Saúdo os ventres das avós de minhas avós. Da última a primeira, eu as abençoo. Que sua proteção esteja ao meu redor. Que seu cuidado esteja comigo. Que seu amor, força e beleza sejam lembrados, pois em cada gota do meu sangue vocês vivem.

Eu saúdo a terra que guarda o corpo dos meus Ancestrais. Saúdo as bocas famintas da terra, devoradoras de seus corpos. Saúdo as infinitas partes em que meus Ancestrais se dividiram para perpetuar a vida. Saúdo meus ossos, minha carne, legado dos meus Ancestrais. Que meu caminho seja abençoado. Que a cada passo, meus pés abençoem a terra que nos acolhe, e que através da terra eu receba suas bênçãos.

Ancestrais Antigos, voltem sua atenção a nós, seus filhos. Nós, que continuamos vivendo em liberdade as histórias que vocês iniciaram. Vertam suas bênçãos sobre meu espírito, protejam e guardem nosso povo. Que seus melhores dons sejam derramados sobre nós. Eu me lembro de vocês. Peço que vocês também lembrem-se de mim.

Então retorne para o altar.

Meditação

Partilhe da presença dos Ancestrais. Chame por seus nomes. Deixe que eles venham através do Rio da Memória, da sua memória. Lembre-se deles, clame por sua presença, e deixe que suas emoções sejam o portal que trará a presença dos Mortos Amados.

Perceba-se envolvido por brumas densas, que começam a bloquear a sua visão. Sinta-se transportado para outro lugar, para outra realidade. Quando as brumas se dissipam, veja-se diante de uma grande clareira, onde há muitas pessoas – algumas conhecidas, outras não. Esses são os Ancestrais que vieram a você nesta noite.

Partilhe de sua presença, de seus conselhos, de sua companhia. Dê a eles o seu amor, até que as brumas novamente venham, cubram a sua visão e tragam você de volta. E então, levante-se e volte ao altar.

Apresentação do Mistério

Em frente ao seu altar, tome o sino em uma das mãos e toque três vezes em direção ao quadrante Norte. Feche os olhos e espere a última vibração do som desaparecer e leve o dedo indicador da mão que está livre à boca, fazendo um gesto de silêncio para esse quadrante. Abaixe a mão e traga o braço para junto do corpo.

Repita o mesmo gesto em cada um dos quadrantes, elevando e soando o sino, fechando os olhos e fazendo o gesto de silêncio para aquela direção. Quando virar-se novamente para o Norte, devolva o sino ao altar.

Em seguida, caminhe silenciosamente até o Noroeste, onde está a Vela Solar. Tome-a em suas mãos e dê uma volta completa pelo Círculo em sentido horário. Quando chegar novamente ao Noroeste, ajoelhe-se e coloque-a dentro do caldeirão, fazendo-a se apagar em suas águas. Contemple essa imagem por alguns instantes em silêncio.

Em seguida, molhe as mãos nas águas do caldeirão e toque sua testa e seu coração. Leve o caldeirão de volta ao centro do altar.

Celebração

Pegue a maçã sobre o seu pentáculo. Corte-a ao meio, revelando a estrela de cinco pontas em seu interior, e diga:

Esta é a festa da terceira colheita e, no tempo da Morte, somos abençoados com o Fruto da Vida! A maçã é aquela capaz de nos conduzir ao longo dos tempos invernais, em direção à promessa da primavera! Que a Morte seja abençoada, pois onde há Morte, há Vida! Partilhando do fruto da vida, eu reverencio meus Ancestrais, que vivem no mundo através de mim!

Em seguida, coloque uma metade da maçã no pote de libação ao Oeste em oferenda aos Ancestrais e vá até o Leste com a outra metade, dê uma mordida e diga:

Que minha mente desperte para a vida!

Percorra o Círculo pelo Sul, Oeste e Norte, coma um pedaço da maçã em cada um deles e repita a frase, substituindo primeiro por "mente", depois por "espírito", "emoções" e "corpo" sucessivamente. Volte ao altar.

Faça a versão completa do Rito de Bolos e Vinho.

Banquete

Coma e beba, lembrando-se sempre de encher a taça com mais vinho antes que ele acabe. Faça libações em oferenda aos Deuses e quaisquer anotações em seu diário mágico. Quando sentir que o Círculo pode ser encerrado, eleve sua taça em apresentação e verta o restante do seu conteúdo no pote de libação, dizendo:

Aos Antigos!

Fechando o Portal dos Ancestrais

Pegue seu athame e vá até o Oeste. Aponte-o para esta direção, e diga:

Temível das Sombras, Confortador e Consolador! Agradeço por reunir-me nesta noite aos espíritos de meus amados! Conduza-os novamente através do seu portal! Eu me despeço, com a certeza de que um dia eu também o atravessarei para me reunir a eles no Outromundo! Sigam em paz!

Envie a presença dos Ancestrais de volta pelo portal do Oeste e trace um Pentagrama de Banimento.

Faça o Rito de Encerramento do Círculo.

~ LIÇÃO 18 ~

Práticas Mágicas e Feitiçaria

Se você veio diretamente a este capítulo porque ele parece mais interessante, sem que tenha estudado o conteúdo dos capítulos anteriores, pare agora mesmo! Há uma boa razão para este capítulo estar no final do livro. Ele reúne uma série de técnicas e práticas mágicas que poderão ser usadas por você, mas a eficácia delas dependerá do treinamento mágico cumprido até agora, de acordo com os exercícios propostos nos capítulos anteriores. Infelizmente, não há atalhos na magia, e se você espera obter sucesso em suas práticas mágicas, precisará de disciplina para passar pela parte menos interessante antes que possa chegar até aqui.

Há dois tipos diferentes de técnicas propostas neste capítulo: enquanto que aquelas puramente baseadas em visualização e projeção de energia podem ser feitas em qualquer lugar sem a necessidade de um Círculo Mágico estabelecido, como a criação de um Escudo Psíquico ou a programação de um cristal, os feitiços mais elaborados que dependem do uso e da manipulação de itens como velas, ervas e cordas devem ser feitos dentro de um Círculo Mágico, na parte do ritual reservada para os trabalhos mágicos. Lembre-se sempre de alinhar os propósitos do seu feitiço à fase da Lua.

Projeção da vontade

Essa é a técnica mágica mais básica que você pode usar e que poderá fazer parte do seu dia a dia sem a necessidade do Círculo Mágico. Tudo o que você precisa fazer é fechar os olhos e alcançar um estágio de transe, e então, visualizar firmemente o seu desejo, projetando a energia da sua vontade para essa imagem e canalizando Poder para ela. Isso é o que alguns Bruxos chamam de "magia instantânea", e pode ser usada para provocar pequenas influências mágicas em atividades do cotidiano, como modificar o seu estado emocional.

Exercício 73: Projetando um desejo

Essa é a forma mais básica dessa técnica. Tudo o que você precisa fazer é entrar em estado de transe, visualizar o seu desejo e imprimir nessa imagem toda a sua vontade. Respire e sinta que você coloca nessa cena todo o seu poder pessoal. Mantenha a concentração e a projeção de energia pelo tempo que puder, e então libere.

Exercício 74: Projetando uma esfera de desejo

Respire profundamente e entre em estado de transe. Visualize a cena do seu desejo – lembre-se, você deve se concentrar no resultado final esperado. Comece a respirar profundamente, exalando através do sopro quente para que possa carregar o sangue e, consequentemente, a imagem mental com Poder. Quando a cena estiver bem nítida, deixe que ela se transforme em uma esfera de luz. Continue respirando e direcionando o Poder, inflamando-se de desejo. Em seguida, sopre para o alto, visualizando que essa esfera de luz sobe aos céus até desaparecer, e então, deixe-a ir.

Exercício 75: Impregnando uma ideia

Use essa técnica para impregnar um objeto com uma imagem, com um sentimento ou uma ideia. Ela pode ser usada quando você estiver cozinhando, por exemplo, para carregar os ingredientes com determinada energia, ou em um objeto pessoal para que você permaneça em conexão com determinado padrão de energia.

Tudo o que você tem que fazer é gerar energia com as mãos, visualizar a luz na cor da sua intenção e projetar para o objeto, visualizando que ele recebe e absorve a ideia, sentimento ou imagem projetada.

Exercício 76: Alterando o estado emocional

Essa técnica pode ser usada para provocar uma mudança no seu próprio estado emocional ou no de outras pessoas. Tudo o que você tem que fazer é visualizar a aura da pessoa que deseja afetar (ou a sua própria), e projetar a cor associada ao estado emocional desejado. Assim, use azul celeste para provocar relaxamento, azul profundo para estimular um estado meditativo, vermelho vivo para o estado de alerta e de tensão, vermelho profundo para paixão, verde para equilíbrio, cor-de-rosa para amor e o branco-perolado para paz.

Enquanto visualiza a aura sendo banhada em determinada cor, repita mentalmente uma palavra-chave que expresse o estado emocional desejado. Assim estará atuando tanto a nível emocional quanto mental. Perceba a aura absorvendo a luz e a palavra e use a sua respiração profunda para gerar e acumular Poder. Quando chegar a um pico de tensão em que não puder mais continuar acumulando Poder e reter a visualização, libere.

Outra alternativa desse exercício é gerar uma esfera com a energia do estado emocional desejado e enviá-la como no exercício anterior, visualizando que ela viaja pelos céus até chegar ao alvo, e então, se espalha por sua aura.

Exercício 77: Glamour

Essa é uma técnica apropriada quando precisamos alterar a percepção que os outros tem de nós em uma situação específica, como uma reunião de negócios ou um discurso em público. Em estado de transe, visualize que o seu corpo cresce, e então, preencha sua aura com uma luz dourada como o Sol. Determine que essa luz expanda o seu brilho pessoal, o seu poder de persuasão e de realização dos seus objetivos; que ela provoque admiração e imponha respeito. Se precisar especialmente de persuasão nas palavras, concentre-se em seu centro de energia da garganta para que suas palavras sejam carregadas de Poder.

Então, absorva essa imagem e sinta que ela se fixa em você. O importante é que durante o ato mágico você consiga acessar um estado emocional de segurança e autoestima, sentindo-se especial. Mentalize aquilo que deseja que os outros percebam em você e deixe que isso se impregne na sua aura. O efeito mágico dessa prática vai naturalmente se desfazendo com o tempo, mas se ela for repetida com muita frequência, fará com que o seu brilho pessoal naturalmente cresça.

Escudos Psíquicos

Você poderá estabelecer um Escudo Psíquico ao redor de si mesmo, ao redor de outras pessoas, de animais ou em ambientes, como a sua casa ou seu trabalho, por exemplo. Ele pode ser colocado temporariamente ao redor de um veículo para trazer segurança à sua viagem, ou até mesmo ser estabelecido permanentemente ao redor do seu próprio carro.

A técnica mágica para criar um Escudo Psíquico consiste em algumas etapas: escolher a fonte de energia a ser usada, absorver essa energia em sua aura, projetar a imagem do Escudo Psíquico e programá-lo.

A fonte de energia escolhida para o seu Escudo pode variar de acordo com o seu propósito. Você pode desejar um ígneo escudo de Fogo, por exemplo, ou um Escudo revestido de folhas e de ramos verdes para trazer ocultação. Ele pode ser feito com a energia do Sol ou da Lua, mas ainda assim, as duas fontes de energia mais simples e eficazes para estabelecer seu Escudo Psíquico são a energia telúrica ou a energia vital. Use aquela que parecer mais apropriada.

Então, em um estado de transe, estabeleça uma conexão com a fonte de energia escolhida e comece a trazê-la para si, percebendo que ela se acumula em sua aura. Se estiver trabalhando com a energia telúrica, pode sentir que ela sobe através dos seus pés como um brilho avermelhado que vai preenchendo todo o seu corpo. Caso opte pela energia vital mais genérica, absorva-a pela sua respiração, visualizando que você se preenche de luz azulada.

Quando sentir que acumulou bastante energia, traga à sua mente a imagem daquilo que deseja proteger e então lance a energia ao redor disso, visualizando que ela assume a forma de um globo que envolve completamente seu alvo. Caso esteja criando um Escudo Psíquico para si mesmo, eleve as suas mãos e espalhe essa energia ao seu redor, visualizando que ela envolve o seu corpo como uma grande roupa de astronauta, ou que assume o formato esférico. Veja a energia brilhando e formando o Escudo Psíquico.

A próxima etapa é programar esse Escudo. O que ele deve fazer? Neutralizar as energias perniciosas que se aproximem? Evitar que outras pessoas se aproximem, como um tipo de ocultação? Proteger o seu interior de qualquer tipo de acidentes? Impedir algum tipo de vampirismo psíquico? Informe o Escudo de sua finalidade e determine mentalmente que ele permanecerá agindo o tempo todo, e então, encerre o exercício com a certeza de que ele está lá.

Periodicamente, verifique os Escudos que você tenha criado para perceber se há necessidade de reforçá-los. Depois, repita o procedimento anterior, dando mais energia e mantendo a forma e a função do Escudo.

Queima de pedidos

Esse é o tipo de ritual mais básico para fazer magia, no qual pedimos que os Deuses e os Espíritos dos Elementos coloquem em movimento as energias necessárias para a realização dos nossos desejos. Para esse feitiço vai precisar de álcool de cereais ou outro material inflamável para acender seu caldeirão, ervas ligadas à sua intenção e um pedaço de papel com seu desejo escrito.

Na parte do ritual reservada ao trabalho mágico, coloque líquido inflamável o suficiente para produzir uma chama de alguns minutos em seu caldeirão e acenda. Aponte seu athame para o Fogo e diga:

> Que o Fogo dos Deuses desperte para dar vida e potencializar o meu desejo! Que pelo Fogo, minha Vontade se eleve e seja potencializada! É com o Fogo que meus desejos se realizarão! Que assim seja!

Trace um Pentagrama de Invocação sobre as chamas e lance dentro delas as ervas associadas à sua intenção como uma oferenda ao Espírito do Fogo. Isso também consagrará as chamas de acordo com seu objetivo.

Pegue o papel com o seu pedido, coloque-o sobre o seu coração e visualize intensamente aquilo que deseja. Use o sopro quente para transmitir a imagem ao papel e lance-a no Fogo. Depois disso, eleve o Poder e direcione-o para dentro das chamas. Envie o Poder antes do fogo apagar.

Enviando uma mensagem

Esse feitiço pode ser adaptado para que você envie uma imagem, uma ideia ou uma mensagem para alguém. Para isso, escreva a sua mensagem em papel antes do ritual e tenha consigo ervas associadas a Mercúrio. Ao acender as chamas, consagre com o athame, dizendo:

> Fogo Sagrado que transforma a matéria em fumaça, fazendo com que se eleve pelos céus! Seja meu mensageiro e leve estas palavras até [nome da pessoa].

Trace um Pentagrama de Invocação sobre o fogo, lance as ervas dentro dele e leia a sua mensagem, lançando-a nas chamas ao terminar. Eleve o Poder e direcione-o para dentro do caldeirão, enviando a energia para as chamas antes que se apaguem, visualizando que a fumaça chega até a pessoa que deve receber a mensagem.

Banindo com o fogo

Essa técnica também pode ser adaptada para banir ou destruir algo em nossas vidas. Isso deve ser feito na parte escura do ciclo lunar e você deverá usar ervas associadas à Saturno. Escreva em um papel aquilo que deseja banir, acenda o fogo e consagre com o athame, dizendo:

> Fogo que consome a forma! Fogo que destrói a forma! Fogo que elimina e transforma! Que suas chamas devoradoras se elevem neste Círculo!

Trace um Pentagrama de Banimento sobre as chamas e lance dentro delas as ervas de banimento. Use o sopro quente para carregar o papel com aquilo que deseja banir e lance-o no fogo. Eleve o Poder, dançando ao redor do Círculo em sentido anti-horário, direcionando a energia elevada para as chamas. Envie o Poder antes do fogo se apagar.

Magia com velas

Uma das mais populares e versáteis formas de magia é o uso das velas. Com diferentes formas, cores e tamanhos, é praticamente impossível esgotar as possibilidades dos usos mágicos das velas; livros inteiros têm sido escritos para falar a esse respeito. Velas podem ser usadas para atrair determinadas forças ou para bani-las, para aproximar ou afastar pessoas, para projetar desejos de saúde, prosperidade, amor, sucesso, alegria e realização. Não há sequer uma finalidade mágica para a qual não se possa usar esse tipo de magia.

As velas são símbolos da presença. Quando as deixamos acesas, elas permanecem em vigília por nós, e quando nossos olhos cruzam com a chama de uma vela acesa com propósitos mágicos, automaticamente nos lembramos do feitiço realizado e o reforçamos. Seu corpo representa o plano material, enquanto que a chama representa o plano espiritual e o pavio é a ligação entre os dois mundos. Se pensarmos também na cera derretida e no processo de evaporação dos óleos com os quais as velas são ungidas, temos a presença dos Quatro Elementos da natureza na magia de velas.

À medida que queima, a vela vai enviando o Poder para a realização de nossa intenção mágica, mas, antes disso, ela deve ser preparada e carregada por meio de um feitiço. Mas como escolher a vela apropriada para determinado ritual? Vejamos algumas opções:

O formato da vela

O tipo mais comum de vela usado em magia é a vela palito, encontrada em diferentes cores em lojas de artigos religiosos. A vela tipo palito queima completamente em algumas horas e é ideal para a maioria dos tipos de feitiço.

Entretanto, caso você sinta que precisa de mais energia, pode fazer um feitiço que dure mais tempo usando uma vela maior. Assim, o tempo de emissão da energia se estende, reforçando o padrão energético criado pelo feitiço. Você pode usar velas maiores, como as de sete dias, de acordo com a sua necessidade. Esse tipo de vela maior é ideal para trabalhos mágicos nos quais você sinta que precisa inverter uma corrente de energia. Pense assim: uma vela palito funcionará como uma flecha disparada ou uma chuva de energia, enquanto que uma vela de tempo maior de duração será como a correnteza de um rio, criando um fluxo constante de poder.

Há também velas em formatos específicos, como estrelas, animais, cifrões e até mesmo em formatos humanos, que podem ser usadas quando você desejar incluir o simbolismo da imagem em seu feitiço.

Cores

A cor da vela é um elemento muito importante nesse tipo de magia. Um Bruxo sempre deve ter um estoque de velas de múltiplas cores à disposição, pois nunca se sabe quando uma cor específica poderá ser necessária! Veja a seguir um compêndio de uso geral de cores mágicas para o trabalho com velas:

BRANCA – Essa é a vela curinga. Quando não souber que cor usar, opte por uma vela branca. De um modo mais específico, o branco pode ser usado em feitiços de purificação, contato com os Deuses, elevação de consciência, trabalhar valores e ideais. Ela também pode simbolizar as energias do Sagrado Masculino. Astrologicamente, pode representar uma pessoa do signo de Câncer.

PRETA – Usada para representar a Deusa, a conexão com a totalidade e as energias da noite. A cor preta também serve para banimentos, contra-feitiços, expulsões e encantamentos que visem destruir algo, como uma doença, por exemplo. E funciona bem também para feitiços de silêncio, como calar fofocas. Astrologicamente, pode representar uma pessoa do signo de Escorpião.

VERMELHO – De maneira geral, o vermelho é a cor da vida, pois representa o sangue. É a cor para trabalharmos com os Ancestrais, mas também é usada para trazer vitalidade. O vermelho mais intenso é associado às energias marciais, usado para trazer garra, vigor e dinamismo, enquanto que um vermelho mais profundo, como as pétalas de uma rosa, produz uma energia mais voltada à sensualidade, a paixão e a sexualidade. Astrologicamente, pode representar uma pessoa do signo de Áries.

AMARELO – É a cor da comunicação, das ideias e do plano mental. O amarelo é bem empregado tanto para finalidades de estudo, eloquência e comunicação como para trazer movimento e facilitar transações comerciais. Astrologicamente, pode representar uma pessoa do signo de Gêmeos.

AZUL CELESTE – Pode ser usado tanto em feitiços que enfatizem a energia do elemento Ar, pois lembra o céu, quanto para trabalhar a energia da Água, apesar de o azul escuro ser mais apropriado nesse caso. Essa cor é usada para estabelecer contato com deidades celestes. Para o propósito de cura, o azul celeste é apropriado para gerar um estado de suavidade, de serenidade e de tranquilidade. Astrologicamente, pode representar uma pessoa do signo de Aquário.

AZUL PROFUNDO – Representa as emoções mais profundas e pode ser usada para o contato com deidades dos rios e dos mares ou propósitos gerais ligados ao Elemento Água. O azul profundo induz ao estado de relaxamento, meditação e concentração. É uma cor associada à realeza e altos postos sociais. Astrologicamente, pode representar uma pessoa do signo de Sagitário.

VERDE – O verde é a cor do equilíbrio e da cura. Pode representar o poder fertilizador e regenerador do Elemento Terra. É e a cor ideal para trabalhar prosperidade, trabalho e fertilidade. O verde também está associado ao planeta Vênus, por isso, é a cor apropriada para restabelecer as emoções, especialmente se for usada junto do cor-de-rosa. Astrologicamente, pode representar uma pessoa do signo de Touro.

ROXO – O roxo é a cor da transmutação e da transformação. Estimula os dons psíquicos e a clarividência. É a cor apropriada para despertar nossas capacidades interiores. Astrologicamente, pode representar uma pessoa do signo de Peixes.

LARANJA – É a cor da vitalidade e da energia. Quando sentir que precisa expandir, essa é a cor mais indicada. Desperta o nosso potencial criativo e expressivo e atrai a energia solar. Muito apropriada para trabalhar deidades do Fogo. Em trabalhos de cura, o laranja é apropriado para tratar doenças como a depressão. Astrologicamente, pode representar uma pessoa do signo de Leão.

ROSA – A cor universal do amor e do romance. Se estiver associado ao branco, fala do amor puro e sublime, com o verde, traz a energia das relações terrenas e do envolvimento emocional. A cor rosa é apropriada tanto para trazer amor às nossas vidas quanto para curar dores emocionais e estimular o amor próprio. Astrologicamente, pode representar uma pessoa do signo de Libra.

PRATA – Representa a Lua e as deidades lunares.

DOURADA – Representa o Sol e as deidades solares.

MARROM – É a cor da Terra, apropriada para trazer materialização e para estimular a nossa ligação com o plano material. Também é usada para fortalecer a nossa capacidade de realização e concretização. Tem fortes associações com o outono e com a maturidade. Astrologicamente, pode representar uma pessoa do signo de Virgem.

CINZA – Cor apropriada para magia de neutralização, pois é intermediária entre o branco e o preto. Pode ser usada para magia de paralisação, para impedir determinado curso energético, reverter um feitiço ou para criar uma aura de estagnação. Sua palavra-chave é a inércia. Astrologicamente, pode representar uma pessoa do signo de Capricórnio.

Inscrições

Após selecionar o tamanho e a cor da vela apropriada ao feitiço, a primeira etapa mágica será inscrever na vela símbolos e outras informações que tenham relação com aquilo que ela representa. Se representar uma pessoa específica, use a cor do signo solar e inscreva nela o nome e a data de nascimento. Se tiver um propósito geral, como amor, prosperidade, cura ou eloquência, por exemplo, coloque sobre ela símbolos apropriados que tenham a ver com a função para qual ela será queimada.

Assim você personaliza a vela e começa a imbuí-la de poder. Essa etapa pode ser feita dentro do Círculo Mágico, aliada à sua visualização para que a vela fique impregnada com a sua intenção.

Vestindo a vela

A etapa seguinte consiste em ungir a vela com algum óleo ou uma essência que também esteja associado ao seu desejo. Esse procedimento é chamado de "vestir a vela". Ele acrescenta o poder do aroma ao feitiço e coloca sobre ela a programação energética apropriada.

O sentido de ungir a vela é muito importante. Lembre-se de que a base da vela representa o plano físico e a chama representa o plano espiritual, então, ungimos do pavio para a base quando queremos atrair e materializar, e no sentido da base para o pavio para desfazer, banir e repelir. Isso simboliza o movimento energético que deve ser feito, do espírito para a matéria ou da matéria para o espírito – dando forma ou destruindo a forma.

Caso não tenha nenhum óleo disponível, a vela poderá ser ungida com a sua própria saliva (claro, apenas se estiver fazendo magia para si próprio). Isso cria uma conexão maior entre você e a vela e acrescenta um pouco da sua própria energia pessoal nela.

Imbuindo de Poder

O Poder deverá ser elevado e imantado na vela por qualquer técnica que você deseje, como o uso da respiração quente, o canto e a dança ou a esfera de energia feita com as mãos.

Ou pode também colocar a vela sobre o seu pentáculo, tocá-la com o athame e dizer:

> Eu te consagro, criatura de cera,
> Pela humanidade criada e pela Arte transformada,
> Para que a partir de agora sejas
> Um pilar de luz entre os mundos
> Para carregar a minha vontade!

Trace então um Pentagrama de Invocação sobre ela.

Acendendo a vela

Depois disso, sua vela está pronta para ser acesa e liberar o feitiço. Caso você tenha um objetivo muito específico para influenciar uma situação pontual, deixe que ela queime até o final. Mas caso o seu propósito seja gerar uma onda de energia com um padrão específico, como paz, amor ou cura, de forma mais ampla, a vela poderá ser apagada ao fim do ritual e então acesa diariamente enquanto você faz uma breve meditação, visualizando seu objetivo se concretizando e repetindo até que a vela termine (ou por um número específico de dias, após o qual deve deixar que a vela queime até o final).

Caso o seu propósito seja o de enviar determinada energia para alguém, visualize a luz da vela sendo projetada e chegando até a pessoa em questão, estabelecendo uma conexão entre a energia projetada e o seu alvo. Também pode ser uma boa opção colocar sob a vela o nome ou uma foto da pessoa, de modo que a vela queime esse testemunho quando chegar ao fim, liberando o Poder para a pessoa em questão.

Rituais elaborados

Você também pode elaborar rituais mais complexos usando mais de uma vela. Para atrair determinada energia para si, por exemplo, pode usar uma vela da cor astrológica apropriada para representá-lo, e então rodeá-la com um número específico de velas associadas à energia que deseja atrair (para as associações numéricas, consulte as correspondências planetárias na Lição Oito "Os Princípios da Magia"). À medida que acende cada vela, recite um encantamento rimado que tenha escrito que expresse as palavras da sua intenção mágica.

Também é possível acrescentar ervas e cristais que tenham associação com o seu desejo e espalhá-los em volta da vela. Se desejar fixar as ervas na vela, passe cola branca em sua base e então role-a sobre a erva seca em questão (obviamente, isso deve ser feito fora do Círculo Mágico, antes do ritual).

Há ainda a possibilidade de movimentar as velas sobre o altar para representar o efeito desejado. Você pode fazer um feitiço em que determinadas velas são aproximadas, representando a aproximação de energias ou de pessoas, ou ainda um feitiço no qual as velas vão sendo afastadas uma da outra, representando o distanciamento.

Um feitiço de banimento

Um poderoso feitiço de banimento consiste em preparar uma vela preta com símbolos relacionados àquilo que você deseja banir ou interromper e fixá-la dentro do seu caldeirão. Então, durante o ritual, preencha-o com água e acenda a vela, determinando que quando sua chama de apagar, também se extingue a energia ou a situação que você deseja banir. No final, quebre a vela e jogue fora.

Outra forma de fazer um banimento consiste simplesmente em preparar a vela, acender a chama, projetar para ela toda a energia que precisa ser eliminada, e então, quando o Poder estiver concentrado, apagá-la com um sopro frio e quebrá-la, decretando, assim, a extinção da energia projetada para a chama.

Magia com cordas

Esta também é uma forma de magia bastante popular entre os Bruxos, entretanto, não tão versátil quanto a magia com velas. A magia com cordas é feita consagrando-se um cordão de determinada cor para uma finalidade específica, e, então, fazendo com ele um determinado número de nós. Isso pode ser usado para finalidades diferentes, como fixar a imagem de um desejo, conter ou interromper uma situação, unir ou separar, prender e eliminar uma influência negativa.

Comece selecionando uma corda da cor apropriada. Caso queira fazer uma contenção ou um banimento, use uma corda preta. Ou se quiser trabalhar para conseguir um desejo específico, use as correspondências astrológicas dadas na Lição Oito "Os Princípios da Magia".

Depois disso, corte a corda em um tamanho apropriado. Caso esteja trabalhando para si próprio, use uma corda que seja da sua própria altura para criar um vínculo mágico entre você e o feitiço. Para outras finalidades, o tamanho da corda dependerá da quantidade de nós que optar por fazer, mas pode variar entre 60 centímetros e um metro.

Imbuindo a corda de Poder

Em seu Círculo Mágico, coloque a corda sobre o pentáculo e passe sobre ela os símbolos dos Quatro Elementos. Em seguida, esfregue as mãos para gerar energia, visualizando uma luz da mesma cor da corda, e então, esfregue-a do centro para as extremidades, visualizando que você projeta ali toda a energia. Veja a corda absorvendo o Poder e brilhando no olho da sua mente. Depois, segure-a com ambas as mãos diante dos seus olhos e declare a sua intenção:

> Eu declaro que a partir de agora essa corda servirá ao propósito mágico de [diga o propósito].

Ela está pronta para o trabalho mágico.

A seguir veja alguns exemplos de feitiços com corda. A partir deles você poderá criar os seus próprios.

Feitiço para conter fofocas

Energize uma corda preta conforme as instruções que acabamos de ver. Usaremos o número cinco para o propósito de contenção. Então, em uma das extremidades da corda, faça o primeiro laço sem puxar o nó, de modo que a corda forme um pequeno círculo. Feche os olhos e visualize aquilo que deseja conter, sejam as palavras, sejam as pessoas. Respire profundamente e traga essa energia para você, sopre dentro do círculo, projetando para lá a situação e puxe com força as extremidades da corda para fechar o nó e diga:

> Um nó para conter, um nó para interromper,
> Um nó para calar, um nó para silenciar,
> Um nó para prender o que eu determinar.

Repita o procedimento até que faça cinco nós, aumentando a intensidade a cada um, fazendo com que o Poder seja elevado. Se desejar, pode repetir o encantamento acima cinco vezes entre cada um dos nós. Isso o induzirá a um estado de transe e auxiliará a elevar o Poder. Faça como achar que funcionará melhor para você.

Ao fim do feitiço, coloque a corda sobre o seu pentáculo e trace um Pentagrama de Invocação sobre a corda, dizendo:

> Pela Terra e pelo Ar, pelo Fogo e pelo Mar,
> A minha intenção vai se realizar.
> Que assim seja!

Guarde a corda em um saco de pano ou caixa pelo tempo que achar necessário. Quando sentir que não há mais ameaças, queime-a.

Feitiço para conter um agressor

Carregue e programe a corda como no feitiço anterior. Dessa vez faça nove nós, projetando para dentro de cada um a imagem do seu agressor e repetindo o encantamento entre cada um deles:

> Suas mãos estão atadas para não continuar,
> Palavras silenciadas já não podem me afetar,
> Eu te imobilizo com esse cordão,
> Interrompendo todo o dano, todo mal e agressão.

Uma variável desse feitiço consiste em ter nove pedaços de papel com o nome ou uma foto do agressor, prendendo cada um deles nos nós. Do mesmo modo, sele com o athame sobre o pentáculo e guarde em uma caixa ou saco escuro, acrescentando uma turmalina negra.

Queime quando sentir que o perigo passou.

Feitiço para atrair um desejo

Use uma corda na cor astrológica apropriada e com um comprimento semelhante à sua altura. Carregue e programe a corda, e então, faça treze nós enquanto visualiza o seu desejo realizado, sentindo que a cada nó dado, a imagem mental criada se torna mais resistente e firme, como se estivesse sendo fixada no plano astral para que se materialize.

Crie um cântico rimado de quatro versos declarando a sua intenção, e cante ao longo de todo o processo, fazendo com que naturalmente cresça ao longo dos nós para elevar o Poder.

Guarde em um saco de cor apropriada até que o desejo se concretize, e então queime.

Feitiço para armazenar Poder

Há uma antiga lenda que conta que as Bruxas italianas tinham o poder de prender o espírito dos ventos em um cordão, que era então vendido aos marinheiros. Quando o primeiro nó era solto, ele liberava uma brisa suave, o segundo nó liberaria uma ventania, e o terceiro, uma tempestade. Esse feitiço é uma adaptação dessa ideia, e foi elaborado pensando nesse uso das cordas para conter determinada energia para uso posterior.

Essa é uma técnica apropriada para armazenar algum tipo de energia para ser usada posteriormente. Você pode trabalhar com uma corda branca ou então da cor associada à energia que quer armazenar. O feitiço consiste em preencher-se da energia a ser armazenada, visualizando sua aura banhada na cor apropriada, e então soprar esse poder dentro do nó antes de atá-lo. Faça isso três vezes, aumentando a intensidade a cada nó. Assim, se estiver fazendo uma corda com a energia do amor, por exemplo, cada nó solto liberará essa energia em uma proporção diferente, e você poderá usá-la quando sentir que essa energia está em baixa na sua vida.

Esse tipo de prática é bastante adequado de ser feita em determinadas conjunções astrológicas, de forma a armazenar esse poder para uso posterior. Nos seus rituais de Esbat, observe o signo no qual a Lua se encontra e use esse feitiço para armazenar a energia astrológica apropriada.

Sempre que soltar um nó, visualize a energia sendo liberada e absorvida por você, ou enviada para determinado propósito.

Você também pode adaptar essa técnica prendendo nos nós uma imagem relacionada ao seu desejo, e então, liberando-os no local onde quer que a influência aconteça, de modo que o ambiente fique impregnado com o Poder e a imagem do seu feitiço.

Armazenando o Poder da vontade

Escolha um hábito que você realiza com frequência e do qual é difícil se desvencilhar. Pode ser um vício, como fumar ou roer as unhas, algo que você come ou bebe todos os dias ou ainda um comportamento, como a prática sexual. A proposta dessa técnica é evitar esse comportamento por um determinado número de dias, atando em uma corda a energia para que seja usada posteriormente em um outro feitiço.

Consiga uma corda branca e então acenda seu altar, invoque a presença dos Deuses e dos Elementos e então consagre-a, determinando qual comportamento será evitado (e por quantos dias). Deixe a corda sobre o altar e, ao fim de cada dia, traga a energia da sua vontade que foi usada para evitar o hábito e projete-a para dentro de um nó com a sua respiração. Naturalmente, a cada dia que se passa, mais difícil será, e assim, mais Poder é gerado. Ao fim dessa prática, sua corda terá se transformado em uma bateria energética carregada com o poder da sua vontade e um determinado número de nós poderá ser desatado dentro de um Círculo Mágico para potencializar um feitiço.

Essa é uma ótima técnica para exercitarmos nosso autocontrole e poder pessoal.

Amuletos

Um amuleto é uma técnica mágica que reúne uma série de ingredientes que compartilham de uma mesma correspondência para produzir o efeito desejado. Para fazer o amuleto, vai precisar de um retalho quadrado de tecido de aproximadamente quinze centímetros de lado, ervas, um cristal, incenso e uma essência, tudo isso seguindo as correspondências astrológicas apropriadas. Reserve um pequeno cordão ou uma tira de couro para amarrar.

Durante o momento, para o trabalho mágico em seu Esbat, coloque todos os itens sobre o pentáculo e consagre-os, traçando um pentagrama de Invocação sobre eles e carregando-os com a energia apropriada. Em seguida, acrescente os ingredientes no centro do retalho de tecido e amarre as pontas com o cordão ou com o couro, formando uma pequena bolsa. Unja com o óleo apropriado e passe pela fumaça do incenso, em seguida, projete para dentro dele a imagem do seu desejo e eleve o Poder, direcionando-o para dentro do amuleto. Carregue sempre com você ou deixe-o sobre o seu pentáculo no altar.

Algo que pode ser muito adequado para esse tipo de feitiço é atrair a energia do planeta apropriado com o seu bastão, conforme a técnica apresentada na Lição Dez "Elevando Poder".

A seguir você encontra algumas receitas para se inspirar:

Amuleto da Lua para dons psíquicos

- Um quadrado de tecido branco de aproximadamente 15 cm de lado;
- Um cordão ou barbante azul ou prateado;
- Óleo ou essência de jasmim;
- Incenso dama da noite;
- Uma moeda prateada ou um pequeno item de prata;
- Pétalas de rosa branca, artemísia e salgueiro.

Deixe sob o travesseiro para estimular os dons psíquicos e provocar sonhos mágicos.

Amuleto de Marte para a força de vontade

- Um quadrado de tecido vermelho de aproximadamente 15 cm de lado;
- Um cordão ou barbante preto;
- Óleo ou essência de manjericão;
- Incenso de cipreste;
- Um pequeno pedaço de ferro (como um prego);
- Um pedaço de papel com o desejo daquilo que quer realizar;
- Pimenta, gengibre e semente de mostarda.

Carregue sempre com você e quando precisar fortalecer sua força de vontade, segure-o nas mãos para sentir o aroma.

Amuleto de Mercúrio para sucesso nos negócios

- Um quadrado de tecido amarelo de aproximadamente 15 cm de lado;
- Um cordão ou um barbante marrom;
- Óleo ou essência de lavanda;
- Incenso de sândalo;
- Uma ágata;
- Oito moedas ou uma nota de vinte reais;
- Anis-estrelado, endro e erva-doce.

Após a consagração, deixe esse amuleto sobre sua mesa de trabalho.

Amuleto de Júpiter para o magnetismo pessoal

- Um quadrado de tecido púrpura de aproximadamente 15 cm de lado;
- Um cordão ou um barbante azul-escuro;
- Óleo ou essência de lavanda;
- Incenso de cedro;
- Um lápis-lazúli;
- Um pedaço de papel com a sua assinatura;
- Açafrão, noz-moscada e pétalas de cravo.

Leve sempre com você no bolso quando precisar aumentar sua influência e magnetismo pessoal.

Amuleto de Vênus para o romance

- Um quadrado de tecido cor-de-rosa de aproximadamente 15 cm de lado;
- Um cordão ou um barbante verde;
- Óleo ou essência de ylang-ylang;
- Incenso de rosas;
- Um quartzo-rosa;
- Duas moedas de cobre unidas com gotas de mel;
- Pétalas de rosa vermelha e cor-de-rosa, casca de maçã e verbena.

Após consagrar o amuleto, deixe-o junto dos seus perfumes ou na frente de um espelho.

Amuleto de Saturno para proteção

- Um quadrado de tecido preto de aproximadamente 15 cm de lado;
- Um cordão ou um barbante cinza;
- Óleo ou essência de cipreste;
- Incenso de mirra;
- Uma obsidiana;
- Arruda, pinheiro e cavalinha.

Depois de pronto, deixe-o guardado em uma pequena caixa ou em um saco, em um lugar fechado e escuro.

Amuleto do Sol para cura

- Um quadrado de tecido laranja de aproximadamente 15 cm de lado;
- Um cordão ou um barbante branco;
- Óleo ou essência de alecrim;
- Incenso de olíbano;
- Um citrino;
- Uma moeda dourada;
- Louro, sementes de girassol e calêndula.

Carregue sempre com você, junto ao corpo, até que sua saúde esteja restaurada.

A dágide

Esse também é um tipo de magia bem característico dos Bruxos. A dágide nada mais é que a famosa magia com bonecos, que é atribuída popularmente às práticas de Vodu como um instrumento usado para causar mal e aflição a um inimigo usando-se alfinetes e objetos pontiagudos. A dágide funciona pelo princípio mágico da magia imitativa: ao realizar determinadas ações sobre a representação de determinada pessoa, podemos de fato provocar um efeito sobre ela.

Apesar de ser associada no pensamento popular à magia maléfica, as dágides são usadas por Bruxos principalmente para a finalidade de cura. Por meio dos alfinetes espetados no boneco, marcamos os pontos do corpo que precisam ser energeticamente estimulados e, assim, o Poder elevado pode ser direcionado especificamente para um órgão ou uma região do corpo. Também é possível acrescentar determinadas ervas ou pedras na composição do boneco para gerar determinados campos de energia sobre aquele que está sendo representado, o que nos permite ampliar as possibilidades da dágide para outras finalidades mágicas. Aqui, darei o exemplo de uma dágide para cura, mas você pode adaptar para outras finalidades, substituindo os itens indicados de acordo com as correspondências planetárias associadas à sua intenção.

O boneco deve ser construído dentro do Círculo Mágico e então consagrado pelo poder dos Quatro Elementos para que ganhe vida. Depois disso, realiza-se o ato mágico para provocar o efeito desejado. Após o ritual, a dágide deve ser guardada apropriadamente, de preferência em um saco de tecido cheio de ervas relacionadas ao objetivo do feitiço. Periodicamente, tomamos a dágide em nossas mãos e reforçamos a intenção mágica.

Uma dágide de cura também pode ser deixada sobre o quadrante Norte do seu altar, ladeada por velas verdes que serão acesas todos os dias por alguns minutos enquanto recitamos um encantamento de cura e projetamos para ela a imagem da pessoa recuperada. Depois que o resultado é obtido, a dágide deve ser apropriadamente desfeita para romper a ligação energética com o alvo, e os materiais usados são devolvidos à natureza.

Escolhendo o material da dágide

A forma mais comum de se fazer uma dágide é usando tecido na cor apropriada, no qual recortam-se dois moldes iguais de uma figura humanoide, com sua cabeça, braços e pernas. Então esses moldes são costurados para compor o corpo do boneco, deixando uma abertura no topo da cabeça para se acrescentar as ervas e os cristais, que ao fim do processo deve ser também costurada. Um molde, de mais ou menos vinte centímetros de altura, servirá bem.

Entretanto, também é possível moldar os bonecos em argila ou cera, misturando-se as ervas e óleos durante o processo de criação. Tudo depende do simbolismo que servir melhor para você, e claro, das suas habilidades manuais para tal.

O boneco deve ser construído dentro do Círculo Mágico, onde também devem estar as ervas, os cristais e os óleos que serão usados para compor a dágide.

Ervas, óleos e pedras

Você também deverá ter uma mistura de ervas apropriada para rechear o boneco, caso o faça de tecido, ou para misturar à cera ou argila durante o processo de criação. Para isso, escolha ervas relacionadas ao signo solar da pessoa representada, misturadas a outras ervas específicas para o propósito da dágide.

As ervas podem ser imantadas e carregadas por um óleo ou por uma essência que também estejam ligados ao propósito do feitiço, acrescentando o poder do aroma ao seu feitiço. Além disso, tenha uma pedra associada ao órgão ou à região do corpo que precisa ser curada e acrescente-a dentro do boneco no lugar apropriado. Uma lista de pedras relacionadas às partes do corpo será dada mais adiante.

Personalizando a dágide

Como esse é um feitiço de magia imitativa, é muito importante estabelecer uma ligação psíquica entre a dágide e aquele que ela representa. Portanto, enquanto cria o corpo do boneco é importante que mantenha a concentração na pessoa para quem está trabalhando magicamente. Ter uma foto dela sobre o altar pode ajudar a manter a concentração. Lembre-se: você não deve se concentrar no problema, durante todo o processo, deve visualizar a pessoa saudável e recuperada.

É importante que tente dar ao boneco alguma característica marcante da pessoa representada, permitindo que ele seja claramente identificado. Também será necessário acrescentar um testemunho – algo que esteve em contato direto com a pessoa representada. O testemunho pode ser de partes do corpo, como unhas e cabelo, ou então de um objeto pessoal que esteja impregnado com a energia do dono. Se usar uma joia ou um acessório, por exemplo, ela pode ser colocada na dágide no local apropriado, se for uma peça de roupa, pode ser usada para confeccionar uma vestimenta para o boneco.

Consagrando a dágide

Quando estiver pronta, a dágide deverá ser consagrada. Passe-a pela fumaça do incenso, sobre a vela do Fogo e aspirja sobre ela um pouco de água, coloque-a sobre o pentáculo e aponte o seu athame, tocando cada parte do corpo do boneco enquanto diz:

> Ó, criatura de pano (cera/argila) criada entre os mundos! Neste espaço sagrado eu te dou vida! Olhos para ver e ouvidos para escutar; mente para compreender e coração para pulsar. Desperte! Eu agora te nomeio [diga o nome da pessoa representada]!

Trace um Pentagrama de Invocação sobre o corpo da dágide e veja-a brilhando, preenchida de vida e da força dos Quatro Elementos.

Pegue um alfinete, passe-o pelos Quatro Elementos em seu altar e espete-o na área do corpo que precisa de cura. Deixe a dágide sobre o Pentáculo e então eleve o Poder da maneira que julgar mais apropriada, direcionando-o para o alfinete. Após o Poder ser enviado, termine o ritual de maneira apropriada.

Cuidados com a dágide

A dágide deve ser armazenada em um local apropriado e deve permanecer cercada pela energia que você deseja enviar à pessoa que ela representa. Ela pode ficar sobre o seu altar em um círculo de cristais ou de velas, por exemplo, ou em uma caixa ou uma bolsa de tecido com as ervas apropriadas. Diariamente, tire alguns minutos para pegar a dágide e reforçar o padrão energético, visualizando o resultado desejado e enviando energia através do alfinete.

Lembre-se de que ao fazer uma dágide você é completamente responsável pelo cuidado e pela segurança do boneco. Qualquer negligência ou descuido pode acabar criando mais problemas que soluções. Quando o resultado for obtido, a dágide poderá ser desfeita, também dentro de um Círculo Mágico.

Destruindo a dágide

Em um Círculo apropriadamente lançado, no momento reservado aos trabalhos mágicos, coloque a dágide sobre o altar. Trace sobre ela um Pentagrama de Banimento com o seu athame e diga:

> Eu agora encerro a ligação entre este boneco de pano (cera/argila) e [diga o nome da pessoa]. Que o vínculo se desfaça!

Tire o alfinete do boneco. Se está usando uma dágide de pano, faça uma pequena abertura para que as ervas saiam, colocando-as em seu caldeirão e queimando para liberar a energia, ou então, leve-as para a natureza junto da pedra usada. Um boneco de cera também poderá ser queimado, e um boneco de argila deve ser enterrado ou lançado em água corrente para que se desfaça. Agradeça aos Elementos da natureza.

Pedras para cura

Quando estiver em dúvida sobre que cristal é mais apropriado ou se não puder obter a pedra indicada, use um quartzo-verde.

Cérebro: Fluorita
Coluna: Ônix
Coração: Granada
Estômago: Ágata-de-fogo
Fígado: Jaspe
Intestinos: Turmalina negra
Olhos: Água-marinha
Ossos: Topázio
Pâncreas: Serpentina
Pele: Safira
Pênis: Zircão
Próstata: Crisopráso
Pulmão: Rodocrosita
Sangue: Coral
Sistema endócrino: Citrino
Sistema imunológico: Malaquita
Sistema nervoso: Ametista
Tireoide: Sodalita
Trato urinário: Calcita laranja
Útero: Cornalina
Vesícula biliar: Jade

Garrafa de Bruxa

A Garrafa de Bruxa é uma técnica mágica de proteção. Ela cria um tipo de "para-raios psíquico" capaz de atrair e neutralizar qualquer energia nociva que seja direcionada contra você e deve ser confeccionada durante o período escuro da Lua, dentro de um Círculo Mágico. Para tal, você precisará de:

- Uma pequena garra com rolha ou tampa;
- Objetos cortantes e pontiagudos, como cacos de vidro e pregos;
- Sal grosso;
- Casca ou dentes de alho;
- Arruda seca;
- Sua própria urina;
- Uma vela preta.

A garrafa deverá ser preenchida com uma camada espessa de sal grosso, os objetos cortantes, o alho e a arruda. Em seguida, adicione a própria urina para completar, tampe e sele a tampa pingando sobre ela a cera de uma vela preta. Se desejar, pinte na garrafa o símbolo astrológico de Saturno.

Coloque sobre o Pentáculo, toque com o athame e diga:

> Que esta Garrafa de Bruxa seja um instrumento de proteção! Que ela absorva toda e qualquer energia perniciosa que se aproxime de mim! Que com ela, todo o mal seja neutralizado!

Faça um Pentagrama de Invocação sobre a Garrafa de Bruxa. Enterre-a longe de sua casa, para que toda energia danosa seja absorvida, contida e neutralizada pela terra.

Parte IV

Encerramento

~ LIÇÃO 19 ~

Buscando um Grupo

Muitos Bruxos permanecerão como solitários por toda a vida, sem nunca optarem por receber um treinamento iniciático formal dentro de um Coven ou de uma Tradição. Entretanto, há também aqueles Bruxos solitários que em algum momento de sua vivência da Arte se perceberão estacionados; sentirão um desejo de ir além, pensarão ter alcançado o máximo de seu potencial pessoal individualmente e terão uma sede insaciável por mais – se isso acontecer para você, talvez esse "mais" signifique que tenha uma vocação pessoal para trabalhar em grupo e que seja a hora de buscar outras pessoas. Se sentir que esse é o seu caso, saiba que agora você não é apenas um praticante da Arte, mas um Buscador – alguém que está à procura de um Coven, Grove ou Tradição da Arte.

As razões que levam um Bruxo a buscar por um grupo são muitas: às vezes queremos apenas integrar uma comunidade e ter outras pessoas com quem celebrar e dividir os estudos e as experiências da Arte; pode ser que desejemos aprender mais e receber um treinamento estruturado; talvez haja dentro de nós um chamado para uma comunhão mais profunda com os Deuses, algo que sabemos existir, mas que parece não ser possível atingir sozinho; também pode ser que a busca por um grupo seja motivada por outras razões além dessas listadas, mas a primeira coisa que vai precisar fazer é meditar sobre quais são as suas expectativas e o que você espera encontrar em um grupo.

A Wicca é um caminho diversificado, existem muitas maneiras de compreender e praticar a Arte, expressas por meio das muitas Tradições de Bruxaria que existem. Se antigamente praticar como um Bruxo solitário era a única opção para muitos, hoje isso não é mais verdade. Existem diversas Tradições de Wicca legítimas estabelecidas no Brasil e um Buscador é contemplado com a possibilidade de avaliar e escolher quais desses caminhos parece ter mais ressonância com a sua prática pessoal e experiência dentro da Arte. Para isso, antes é preciso que você tenha estudado e praticado a Wicca solitariamente por tempo suficiente para fazer esse tipo de avaliação e saber que tipo e que prática têm a ver com seu estilo pessoal.

Vou fazer uma afirmação que faria muitos Iniciados torcerem o nariz: ninguém precisa de uma Tradição. Se o seu objetivo é apenas manter um culto pessoal aos Deuses à sua maneira, observando os ciclos da Lua e do Sol por meio de seus rituais, praticando sua magia e eventualmente fazendo parte de uma comunidade, você pode muito bem permanecer como um Bruxo solitário e procurar por eventos, rituais públicos e atividades abertas que a comunidade pagã oferece, sem a necessidade de se vincular com um grupo ou uma Tradição específica. Receber uma iniciação não é mais uma obrigatoriedade – existem aqueles que sempre se sentirão satisfeitos com sua prática pessoal e, afirmar que absolutamente todo mundo deva buscar um grupo e receber uma iniciação seria uma inverdade.

Mas não se engane. Não estou afirmando que como um Bruxo solitário você é completamente capaz de alcançar o que uma Tradição e um treinamento formal podem proporcionar. Eu não acredito nisso. Mas acredito que o caminho iniciático e o caminho eclético são hoje duas formas válidas de praticar Wicca, porém, bastante diferentes entre si. Um Sacerdote ou uma Sacerdotisa são formados apenas por uma Iniciação formal dentro de um grupo válido, enquanto que um praticante solitário é justamente isso – um praticante. Existem técnicas, procedimentos e experiências que são possíveis de se experimentar apenas dentro de um grupo genuinamente consolidado. Um grupo coeso e que compartilha sua prática e seus métodos de trabalho com uma Tradição têm uma estrutura mágica e energética que não pode ser obtida por um solitário, sem falar na estrutura dos ritos, que certamente são diferentes quando a celebração é coletiva ou individual.

Eu sou um Iniciado e acredito que a minha compreensão sobre a Arte e o meu relacionamento particular com os Deuses foi transformado e aprofundado pela minha experiência iniciática; por isso eu posso afirmar que, para mim, esse é o melhor caminho. Mas o mérito do meu progresso na Arte – ou de qualquer outro Iniciado – não é exclusivamente da Tradição a que pertenço. Tradições são caminhos que nos fornecem ferramentas para ampliar o nosso desenvolvimento dentro da Arte. Conheço solitários fantásticos e Iniciados medíocres. Uma iniciação pode fornecer um título, mas de que vale um título se por dentro tudo permanecer como antes? As pessoas não precisam necessariamente de Tradições; entretanto, podem se beneficiar infinitamente delas, se essa for a sua verdadeira vocação pessoal.

Na verdade, pessoas não precisam de Tradições – são as Tradições que precisam de pessoas. Após a iniciação, o novo Iniciado recebe o Livro das Sombras daquele caminho específico, que contém a sua liturgia, rituais próprios e seus métodos particulares de se comunicar com o Mistério. São os Iniciados de uma determinada Tradição que darão sentido ao material que lhes é transmitido; são os Iniciadores de uma Tradição que poderão fazer desse material uma fonte de experiência mística para os outros. O material e a liturgia de uma Tradição são sempre privativos, e esses "segredos" tem intrigado os curiosos desde o início da Wicca; entretanto, eu acredito que se todo o material secreto dos diferentes caminhos de Bruxaria fossem publicados, o Mistério ainda estaria protegido – isso porque o verdadeiro segredo que guardamos não está nas palavras ou nos textos, mas, sim, na nossa vivência profunda desse material dentro de uma estrutura mágica e espiritual composta pelos Deuses, pelos Ancestrais e pelos Guardiões de cada um desses caminhos. A verdadeira magia de um grupo não está nas fórmulas que são usadas, mas na forma única de como esses conhecimentos são aplicados e vivenciados, tanto nesse mundo junto de outros Iniciados quanto no outro mundo, junto dos Deuses e das forças que governam cada uma das Tradições.

Tradições precisam de pessoas – e se você se sente chamado para procurar um Coven e receber um treinamento formal, vai precisar encontrar dentro de si não apenas um desejo por aprender e receber, mas também uma vocação genuína para doar e servir. É isso que torna alguém um verdadeiro Sacerdote ou Sacerdotisa dentro de uma Tradição – não apenas a sua relação com os Deuses e os Antigos, mas também o seu compromisso e a sua dedicação aos caminhos e aos métodos daquela Tradição na qual se é Iniciado. A Wicca é uma religião ortopráxica, ou seja, ela nos fornece um método, um conjunto de práticas para que possamos ter uma experiência com o Sagrado. Um Sacerdote ou Sacerdotisa é um guardião desse conhecimento dentro de sua Tradição. É por isso que ninguém é simplesmente Iniciado em Wicca. De modo genérico, as pessoas são iniciadas dentro de Tradições de Wicca e passam a fazer parte de um caminho específico de Bruxaria e, após a iniciação, elas têm um compromisso não apenas de proteger dos não Iniciados o material que lhes é transmitido, mas, principalmente, de se devotarem à vivência e ao aprofundamento desse sistema. A Bruxaria é prática.

Tenho uma iniciada que costuma repetir a afirmação "uma Tradição é tão boa quanto seus Iniciados", e isso é uma grande verdade. Um Coven, um Grove ou uma Tradição é um ponto liminal de encontro entre os seres deste mundo e os seres espirituais do Outromundo. A qualidade dessa comunicação e a profundidade com que o sistema será vivido dependem do nível de empenho e de preparo de cada Iniciado. Na verdade, mesmo quando praticada em grupo, há um aspecto da Bruxaria que sempre será solitário, pois a verdadeira comunhão com os Deuses acontece no nosso coração, e se você já tocou o Mistério, sabe que é impossível compartilhar essa experiência ou comunicá-la em palavras.

Apesar de acreditar que, ao menos para mim, o caminho iniciático proporcionou um nível de aprofundamento que solitariamente eu não consegui obter, não posso afirmar que o meu Coven é o melhor, que a Tradição da qual eu faço parte é a mais profunda ou que as pessoas que integram o meu grupo são mais poderosas e mais conectadas aos Deuses – qualquer pessoa que diga isso a você está com um sério problema de ego inflado e, infelizmente, isso acontece em qualquer tipo de agrupamento humano, não apenas na Wicca. É claro que nem todos os grupos são iguais, e que existem aqueles que são adequados e outros que não são adequados, grupos sérios e grupos não tão sérios, mas dentre aqueles que são adequados – e com isso eu me refiro a grupos que tenham consistência, bases sólidas dentro do que é e do que propõe a Wicca, que tenham uma linhagem válida e um trabalho publicamente reconhecido como referência – existem aqueles que serão mais ou menos apropriados a cada Buscador.

Portanto, se você está em um processo de busca por um grupo, é importante que tenha paciência. Iniciação é algo muito sério e uma experiência transformadora. A imensa maioria dos Iniciados que conheço afirma que sua iniciação foi a experiência mais poderosa que teve na vida, e por isso você não deve escolher o primeiro grupo que estiver disponível, ou aquele que for mais fácil e acessível – essa é uma escolha importante, que não pode ser feita de maneira leviana.

Neste capítulo tentarei explicar um pouco sobre as estruturas dos grupos e o que um Buscador precisa pensar, perguntar e avaliar antes de decidir formalizar um pedido de treinamento.

O que é uma Tradição

Uma Tradição é um conjunto de Covens ou Groves que compartilham de um sistema específico para praticar a Arte. Apesar de terem uma base de crenças que fazem com que sejam todas Wicca, cada uma das Tradições tem métodos próprios de celebrar os Deuses e a Roda do Ano, de treinar seus membros e de conduzir seus rituais. Cada Tradição é um caminho diferente para os Mistérios, enfatizando determinados aspectos dos Deuses e da própria Arte.

Originalmente, a Wicca começou com Gerald Gardner e era praticada exclusivamente no interior de Covens. À medida que Iniciados deixavam os Covens onde foram Iniciados e passaram a criar os seus próprios, essa estrutura original da Wicca começou a ser transmitida de Coven para Coven. É essa transmissão de um corpo de material, um conjunto de conhecimento e um método para praticar a Arte que chamamos de Tradição. Hoje, esse sistema que deu nascimento à Wicca ainda existe e é chamado de Tradição Gardneriana.

Entretanto, outras Tradições surgiram a partir desse sistema. Quando um Coven começava a criar novos ritos e novos métodos para celebrar os Deuses, tornando a prática do grupo destoante daquela compartilhada por outros Covens, ali estava a semente de uma nova Tradição. Quando esse novo método era transmitido, dando origem a novos grupos, esse novo conjunto de Covens que compartilhava um mesmo material e um mesmo método era considerado uma nova Tradição.

Uma nova Tradição de Bruxaria não pode ser inventada ou criada a partir do zero. Ela é estabelecida naturalmente com o tempo à medida que um sistema particular se desenvolve e passa a ser transmitido, tendo elementos básicos que diferem da Tradição original. Algumas das diferenças entre as muitas Tradições de Wicca são:

- Tradições que celebram apenas vestidos de céu, ou seja, em nudez ritualística.

- Tradições que normalmente celebram com túnicas e roupas ritualísticas, tendo a nudez com obrigatória em apenas alguns ritos pontuais (como uma iniciação).
- Tradições exclusivamente para mulheres, outras para homens ou, o que é mais comum, mistas.
- Tradições com um foco preponderante ou exclusivo sobre a figura da Deusa.
- Tradições com um estilo de prática mais cerimonial.
- Tradições com um estilo de prática mais espontâneo e extático.
- Tradições com diferentes sistemas hierárquicos e rituais que marcam o desenvolvimento do Iniciado.
- Tradições com um período preparatório para a Iniciação, chamado de Dedicação.
- Tradições nas quais não há Dedicação, inserindo o praticante no sistema diretamente por meio de um ritual de Iniciação.
- Tradições focadas em um panteão específico ou em um conjunto próprio de Deuses.
- Tradições que celebram deidades de panteões diferentes.
- Tradições em que os papéis ritualísticos são distribuídos de acordo com o gênero dos Iniciados.
- Tradições em que todos os gêneros são completamente autônomos para desempenhar qualquer papel ritualístico.

De modo geral, acredito que essas sejam as principais diferenças entre as Tradições. É importante entender esses parâmetros gerais quando estiver conhecendo um grupo. Mas além das diretrizes gerais de uma Tradição, você descobrirá que os grupos que as compõem também terão algumas leves diferenças entre si, principalmente no que diz respeito à personalidade de seus integrantes. Por isso, não basta apenas conhecer o sistema que fala com seu coração, mas também encontrar as pessoas adequadas com as quais você sente afinidade dentro daquele sistema em particular – lembre-se: uma Tradição é feita por pessoas. De nada adianta você formalizar um pedido de treinamento para um grupo de uma Tradição que admira, se achar que não conseguirá criar uma conexão com as pessoas que compõem aquele grupo específico.

Falamos que uma Tradição pode ser composta por Covens e/ou Groves. Isso também dependerá de como cada uma se estrutura. Vejamos a diferença entre eles.

Coven

Um Coven é um grupo de trabalho, normalmente formado por até treze pessoas, que se reúne periodicamente para celebrar Sabbats e Esbats e que opera como uma unidade de funcionamento dentro do ritual. Isso significa que dentro do Círculo Mágico, os membros do Coven operam não apenas como membros individuais, mas como uma unidade de consciência. Essa unidade de consciência é estabelecida não apenas entre seus membros, mas também com as forças que o regem – as Deidades, os Ancestrais e os Guardiões daquela determinada Tradição.

Isso acontece porque um Coven desenvolve aquilo que chamamos de mente-grupo – essa consciência coletiva que parece ser maior que as partes individuais que a compõe. Mentes-grupo não são uma exclusividade da Wicca, na verdade, qualquer agrupamento humano que tenha uma convivência regular e compartilhe determinados valores, crenças e comportamentos acaba desenvolvendo uma. Pense em torcidas organizadas de futebol e você terá um bom exemplo de como uma mente-grupo pode operar. Talvez você já tenha experimentado isso no seu trabalho, ou com um grupo específico de amigos que tem seus próprios costumes e "rituais" próprios.

A mente-grupo estabelece uma conexão entre as mentes de seus membros e, por meio dessa estrutura coletivamente formada é possível contatar determinadas forças e poderes mais complexos, que apenas mediante a mente-grupo podem se comunicar com os membros do Coven. Experiências coletivas costumam ser muito mais poderosas do que experiências individuais, porque elas permitem a manifestação de "algo a mais", algo que transcende seus meros integrantes. Isso pode ser experimentado tanto no espaço sagrado de ritual religioso quanto em um mundano show de sua banda favorita, em que os fãs emocionados cantam em uníssono e direcionam energia para um mesmo ponto, por exemplo. A experiência da mente-grupo é bastante poderosa, e um Coven a usa para ampliar a sua comunicação com o Sagrado e tornar sua magia mais efetiva. Esse conjunto de forças específicas com as quais um Coven estabelece contato é chamado de Egrégora.

Um Coven costuma ser liderado por uma Alta Sacerdotisa ou por um casal, mas também há algumas Tradições nas quais o papel de liderança está sob um Alto Sacerdote, apenas. Diferentes Tradições são compostas de Covens mais ou menos hierárquicos, algumas, inclusive, têm cargos ou funções que são desempenhados por todos os seus membros. Dentre os cargos mais comuns estão o da Donzela – uma Sacerdotisa que atua como auxiliar da Alta Sacerdotisa e que normalmente está em treinamento para substituí-la ou para formar seu próprio grupo – e o Invocador, Mensageiro ou Homem de Preto, que atua do mesmo modo com o Alto Sacerdote, e normalmente é responsável por checar se todos os membros do Coven estão cientes dos avisos e das próximas reuniões.

Dentre outros cargos que podem estar presentes nos Covens há o Bardo, que cuida da música; o Escriba, que mantém um registro dos rituais e das práticas do grupo; o Portador da Saca, que é responsável por recolher uma pequena quantia em dinheiro dos membros para ser usada na compra de materiais para os rituais e os Senhores dos Quadrantes, que são responsáveis pelas invocações dos Elementos e dos poderes de cada uma das direções nos rituais.

O Círculo de Prática

É preciso fazermos uma breve pausa em nossa análise dos grupos que podem compor uma Tradição para explicar a diferença entre o que se entende por Coven e aquilo que chamamos de Círculo de Prática. Na Wicca dos Estados Unidos, esse tipo de grupo é comumente chamado de *bootstrap Coven*, ou seja, um grupo independente.

Um Círculo de Prática pode se parecer muito com um Coven externamente, mas existem grandes diferenças entre os seus trabalhos. Um Círculo de Prática se forma quando diferentes Bruxos solitários se reúnem para estudar, trocar conhecimentos e eventualmente celebrarem juntos os Sabbats e Esbats, porém, sem a estrutura mágica que é possibilitada pelo sistema iniciático em uma Tradição ou em um Coven específico.

Apesar de externamente um Círculo de Prática poder operar de maneira bastante semelhante com o Coven, e inclusive de manifestar uma mente-grupo, ele não estará conectado à Egrégora específica de uma Tradição, ou seja, ele é apenas metade do que é um Coven, pois boa parte da sua estrutura "invisível" não estará presente.

O Círculo de Prática também costuma ter uma estrutura menos rígida e mais horizontal, uma vez que não há hierarquias e todos são vistos de maneira igualitária. Às vezes, um ou mais membros podem ser eleitos como líderes do grupo ou facilitadores dos estudos e das atividades, mas isso nunca deve ser confundido com um posicionamento autoritário e de liderança – afinal, no Círculo de Prática, todos são iguais. É muito comum que Círculos de Prática tenham uma liderança rotativa ao longo do tempo, fazendo com que todos possam contribuir ativamente com a construção do conhecimento e com as práticas coletivas.

Iniciações e treinamentos formais não fazem parte do escopo de atividades de um Círculo de Prática, uma vez que não é possível transmitir um impulso mágico que você mesmo não tenha recebido por uma Iniciação. Por isso, Círculos de Prática não estabelecem relações do tipo professor-aluno, e muito menos de Sacerdote-Neófito, uma vez que ele não opera dentro de um sistema propriamente estabelecido, e nele, todos são considerados como praticantes da Arte.

Por ter um caráter mais informal e menos rígido, o Círculo de Prática é uma opção para aqueles que desejam celebrar em conjunto com um grupo específico de pessoas sem as obrigações e comprometimentos que um sistema iniciático implica.

Feita essa distinção, continuemos analisando nossa análise de grupos que compõem uma Tradição:

Grove

Um Grove é uma comunidade estendida que normalmente se organiza ao redor de um Iniciador ou Iniciadora em determinada Tradição. Diferentemente do Coven, em que todos os membros têm uma relação mágica entre si, no Grove todos os membros estão unidos por laços mágicos com o Iniciador, responsável pelo treinamento de seus membros, e não necessariamente entre si.

Um Grove tem uma estrutura mais aberta e flexível que um Coven, o que é bem expresso pelo número de pessoas que pode compô-lo – diferentemente do Coven, não há limites de membros para um Grove.

O termo Grove significa bosque, e também pode ser usado para se referir a uma comunidade externa que se reúne ao redor de um Coven, tendo-o como núcleo central. Nesse sentido, o Grove seria a comunidade estendida que participa das cerimônias e das celebrações abertas de determinado grupo, que mantém uma liturgia específica apenas para seus Iniciados. Isso é bastante semelhante com o que chamamos de Círculo Externo, e que veremos a seguir.

O Círculo Externo

Do inglês *outer court*, o Círculo Externo é grupo de estudos vinculado a um Coven ou a um Grove de determinada Tradição. Geralmente, essa é a porta de entrada de Buscadores para novos grupos, pois, com a participação em um Círculo Externo, é possível tanto conhecer alguns dos membros quanto as características específicas do grupo.

Pense no Círculo Externo como uma "aula experimental" que você faz na academia ou em um curso antes de se matricular efetivamente – ele vai lhe dar uma noção geral do que é experimentado pelos membros efetivos do grupo, como uma introdução àquela forma específica de praticar Bruxaria.

Atividades de Círculo Externo envolvem leitura e discussões de textos e de livros que são particularmente relevantes para a Tradição em questão. Envolve também experiências práticas mais básicas e, ocasionalmente – mas não obrigatoriamente – algum tipo de prática ritual, ou ao menos "cerimoniosa". Esse é um ótimo método para que as pessoas possam conhecer diferentes grupos sem a necessidade de estabelecer um vínculo mais sério, avaliando se aquele caminho é apropriado ou não para si. Também é uma forma do grupo avaliar seus potenciais candidatos e checar suas compatibilidades.

Nenhum tipo de material privativo ou secreto é compartilhado com os membros de um Círculo Externo, sendo ele mais um tipo de experiência social direcionada do que um treinamento propriamente dito.

Por isso, se alguma Tradição específica despertou seu interesse, procure verificar se os Covens ou os Groves daquela Tradição têm como costume realizar trabalhos de Círculo Externo ou se oferecem rituais públicos e outras atividades abertas para que você possa se aproximar.

Caso você sinta um chamado para uma Tradição de Bruxaria específica, é interessante que conheça diferentes grupos que fazem parte dessa Tradição para avaliar não só sua estrutura de treinamento e parâmetros de trabalho, como também sua compatibilidade com os integrantes de cada grupo. Não tem a ver apenas com encontrar uma Tradição, mas também com encontrar pessoas que são adequadas a ela.

Também há casos em que o processo de busca acontece de maneira inversa: não partimos da identificação com uma Tradição para então procurarmos Covens que praticam aquele sistema, mas acabamos encontrando um determinado grupo e sentimos um tipo de afinidade com ele, mesmo sem saber direito suas bases e seus parâmetros de trabalho. O processo será inverso – mesmo sabendo que há uma compatibilidade entre você e essas pessoas, é importante entender a qual Tradição elas pertencem e qual a sua forma particular de praticar a Arte, pois grupos mágicos não são grupos sociais, nos quais o que conta é apenas o nosso nível de relação com as pessoas. De nada adianta você ter grandes amigos que praticam um sistema de Bruxaria, mas que não parece fazer muito sentido com a sua busca pessoal. O seu caminho espiritual será frustrado. Por isso, a ponderação é sempre muito importante.

Uma regra fundamental na Wicca é que nada é oferecido, tudo é pedido. Isso significa que ninguém oferecerá a você uma Iniciação, ou vai convidá-lo para um treinamento formal. Se alguém fizer isso, fuja! Corra bastante! Tentar convencer e persuadir alguém a integrar o seu grupo religioso é o que chamamos de proselitismo, e esse é um grande tabu na Bruxaria. Tradições são espaços de sacerdócio, e sacerdócio demanda vocação. Por isso, mesmo que algum grupo lhe informe sobre rituais públicos ou mesmo sobre seu Círculo Externo, você nunca deverá receber um convite de um Sacerdote ou de uma Sacerdotisa para iniciar um treinamento formal. Isso precisará partir de você.

Também pode acontecer de encontrar um grupo com o qual se sinta confortável e os parâmetros gerais da Tradição façam sentido para você, mas que um deles o incomode de alguma maneira. Isso é muito comum quando falamos em vestir-se de céu, por exemplo. O corpo é um tema delicado para a imensa maioria, senão para todas as pessoas hoje em dia. Celebrar em nudez pode significar nos colocar em contato direto com a nossa autoimagem e nos fazer encarar questões que são mais confortáveis de serem evitadas.

Seja esse ou qualquer outro aspecto de uma determinada Tradição que deixe você desconfortável, se houve algum tipo de identificação interior, não descarte esse caminho logo de uma vez. Converse com os Elders e com os Sacerdotes para entender melhor e discutir aquilo que o aflige. A Bruxaria é transgressora, e você invariavelmente vai precisar lidar com algum tipo de desconforto para que possa crescer em seu caminho. Talvez esse desconforto surja antes mesmo do início do seu treinamento, e aí será necessário superar algumas barreiras anteriores para que seja possível dar seu primeiro passo.

Entretanto, você nunca deve se sujeitar a fazer algo com o qual não concorda e que seja agressivo à sua moralidade ou à sua dignidade. E isso nos leva a outro tema muito importante, e bastante delicado, que são os abusos na Arte e que veremos em breve.

Formalizando um pedido de treinamento

Quando sentir segurança tanto em relação à Tradição quanto no que concerne ao grupo, ao Sacerdote ou à Sacerdotisa de quem você deseja receber um treinamento, a próxima etapa é formalizar abertamente essa intenção. Então você receberá informações sobre como deve proceder. Alguns grupos podem exigir do Buscador um período de convívio após a formalização do pedido de treinamento para avaliar a compatibilidade com os membros, outros, podem ter um processo mais rápido. Você pode descobrir que o grupo em questão não está aberto para novos membros no momento, ou ainda pode ser que seu pedido seja recusado.

Existem muitas razões distintas que podem levar um Buscador a ser recusado para treinamento por um Sacerdote ou por uma Sacerdotisa, e isso não significa que você não seja uma pessoa apropriada para a Arte, ou mesmo para outros Covens ou Groves daquela Tradição. Se isso acontecer, você provavelmente receberá um feedback da razão pela qual obteve uma resposta negativa e, acredite, isso acontece com alguma frequência, pois quando um novo membro é inserido no grupo, toda a dinâmica de trabalho é alterada. Aceitar um pedido de treinamento é um ato de responsabilidade não apenas com o Buscador, mas com o próprio grupo. Então, caso isso aconteça, não deixe que lhe desanime. No tempo certo, você vai encontrar o grupo apropriado.

Abusos na Arte

É bastante difícil e delicado definir a linha tênue que configura algum tipo de abuso da relação entre Iniciador e Neófito na Bruxaria. Para isso, precisamos entender melhor o que é e o que se espera desse tipo de relação.

A primeira coisa que precisamos entender, e que é muito importante para todas as ideias que seguirão, é que a relação entre Iniciador e Neófito nunca é horizontal – ela sempre é verticalizada, em maior ou menor grau de acordo com a estrutura da Tradição e com o perfil pessoal de cada Sacerdote ou Sacerdotisa. O Iniciador sempre está, de algum modo, acima e à frente daqueles que são treinados por ele.

Quando escolhemos um Sacerdote ou uma Sacerdotisa para formalizarmos um pedido de treinamento, estamos colocando nas mãos dessa pessoa as nossas expectativas, nosso chamado pessoal e nossa própria ligação com os Deuses. Estamos decidindo compartilhar com aquela pessoa – que julgamos mais experiente, mais sábia e mais apta a nos conduzir por esse caminho – o futuro de nossa vida espiritual. Isso não é uma decisão simples.

Se você um dia deseja se tornar um Iniciador, ou mesmo se já ocupa essa posição, reflita por alguns instantes como isso é sagrado e delicado. Quando recebemos um pedido formal de treinamento de um Buscador que seja verdadeiramente vocacionado e tenha escutado o Chamado da Deusa, estamos sendo confiados com aquilo que há de mais importante para aquela pessoa. Isso é um desafio e uma responsabilidade gigantesca. Qualquer atentado ou violência cometida contra alguém que opta por entregar seu chamado espiritual em nossas mãos é um dos maiores crimes que podemos cometer dentro da Arte. Proteger a integridade de nossos Neófitos não é apenas nosso dever, mas nosso compromisso e nosso serviço oferecido aos Deuses, o verdadeiro propósito do papel de um Alto Sacerdote ou de uma Alta Sacerdotisa.

Como líderes de grupo, a Arte nos ensina a ser humildes e a reconhecer que um Neófito é uma possibilidade de perpetuação da Tradição a qual escolhemos ensinar. Para o Buscador, pode parecer que ele próprio não tem valor algum, e que o Iniciador tem tudo – mas nós, que estamos do outro lado, sabemos que não: é o Neófito, com sua sede de conhecimento e de vontade de aprender e de experimentar o Sagrado conosco que tem o verdadeiro ouro. Sem Buscadores genuinamente vocacionados ao caminho espiritual que ensinamos, nossas Tradições morreriam. Portanto, quando aceitamos um pedido de treinamento, não estamos apenas firmando um compromisso com aquela pessoa, mas, sim, com os Deuses e com a própria linhagem de nossa Tradição.

Ao começar um processo de treinamento, seu Iniciador vai propor uma série de tarefas e de exercícios que vai servir para o seu crescimento e para o seu desenvolvimento espiritual. Mesmo que você não entenda completamente o propósito deles, provavelmente será pedido que você os cumpra. Entretanto, essas tarefas nunca devem ser do tipo que fazem com que se sinta violado ou agredido. Há também certo nível de compartilhamento de informações pessoais com o Iniciador, geralmente com o trabalho do diário mágico que você aprendeu nos capítulos anteriores. Entretanto, nunca deve sentir que tem a sua privacidade violada ou atacada, e nem que esse compartilhamento de informações poderá ser usado contra você no futuro. Muito menos é o papel de um Iniciador determinar as escolhas pessoais da vida de um Neófito ou opinar sobre as suas relações, sua vida profissional, e assim por diante.

E é aqui que tocamos os limites obscuros entre o trabalho de transformação pessoal que um Iniciador pode nos proporcionar e os verdadeiros abusos da Arte. A dificuldade em compartilhar determinadas questões e de abordar certos temas são barreiras que precisam ser vencidas pelo Neófito, ou um abuso da parte do Iniciador? Não há respostas prontas para esse tipo de pergunta e, por isso, é importante que dentro de um treinamento sempre haja espaço para diálogo e esclarecimento. Enquanto Iniciadores, precisamos acolher as dúvidas, as dificuldades e até mesmo limitações daqueles que treinamos, tendo sabedoria para distinguir dificuldades temporárias de verdadeiros limites de agressão e de abuso. E, para isso, é preciso haver diálogo, respeito, empatia e muita sensibilidade.

De modo geral, o que posso dizer a todo Buscador é para que esteja atento aos seguintes tópicos em seu processo de busca por um Iniciador ou por uma Iniciadora, e que também devem continuar a ser observados após o início do processo:

Favores sexuais nunca devem ser exigidos em troca do ensino da Arte

Na verdade, o ideal é que não haja nenhum tipo de envolvimento sexual entre Iniciador e Neófito. Poderíamos argumentar que dois adultos são livres para fazer suas escolhas, mas precisamos lembrar que essa relação sempre é de verticalidade, ou seja, é uma relação de poder, em que as partes não estão em pé de igualdade. Por isso, é melhor que esse tipo de contato seja evitado. Se houver algum tipo de interesse ou de aproximação entre as partes, e elas optarem por vivenciar essa experiência, seja de forma sexual ou romântica, o ideal é que o treinamento dessa pessoa seja transferido para outro Sacerdote ou Sacerdotisa, de modo que os papéis não se confundam. A exceção para isso, é claro, são os casos em que o casal em questão já tem um relacionamento estável e são parceiros na vida cotidiana. Isso acontece quando um Sacerdote ou uma Sacerdotisa traz seu cônjuge para a Arte.

Iniciadores não devem tomar decisões sobre a vida de seus Neófitos

Enquanto outras religiões colocam na figura do Sacerdote toda a sabedoria e fazem dele a ponte entre os fiéis religiosos e a Divindade, a Bruxaria Iniciática é composta exclusivamente de corpo sacerdotal, ou seja, é parte do trabalho do Iniciador colocar seu Neófito em contato direto com a sua sabedoria interior e com o seu sagrado pessoal. Ao longo do treinamento é preciso ensinar às pessoas a confiarem cada vez mais em si mesmas e em sua conexão com a Divindade, e cada vez menos na opinião do Iniciador.

Por isso, é inadmissível que um líder de grupo use de sua posição privilegiada para ditar regras ou tomar decisões que digam respeito à vida privada de outros membros fora do contexto do grupo. Quando o Neófito traz dúvidas sobre o que fazer em sua vida pessoal, o bom Iniciador não é aquele que sabe dar a melhor resposta, mas, sim, o que sabe fazer as melhores perguntas com neutralidade. Iniciadores devem induzir processos de reflexão que levem seus Neófitos a um processo de questionamento interior para encontrar as respostas, e não fazer determinações sobre suas vidas.

Um treinamento iniciático não custa dinheiro

À medida que cursos, palestras e workshops abertos ao público podem ser cobrados, um processo iniciático não tem nada a ver com um curso. Por isso, exigir dinheiro em troca de Iniciações é algo extremamente errado e malvisto pela comunidade pagã de forma geral. Treinamento iniciático é um ato de amor e de serviço, e não uma profissão. Ninguém se torna um Iniciado por meio de cursos presenciais ou online, mesmo que se receba um certificado. Iniciação é um processo místico interior conduzido dentro de grupos sérios e válidos. E assim como recebemos nosso treinamento de maneira gratuita, o passamos à diante da mesma forma. Gastos com materiais para rituais e instrução podem ser compartilhados pelo grupo, entretanto, não se paga especificamente pelo processo iniciático.

Iniciadores não devem reforçar uma posição de "endeusamento" dentro do grupo

Sabemos ser natural um Neófito colocar seu Sacerdote ou sua Sacerdotisa sobre um pedestal, em posição de endeusamento. Esse é um processo quase que inevitável dentro de um grupo, de uma forma ou de outra. Mas este é um lugar muito perigoso para ser ocupado – é bom saber que outras pessoas nos procuram porque nos enxergam como uma referência, mas quando um Neófito nos coloca nesse patamar ilusório, a forma como respondemos a isso é de nossa inteira responsabilidade. Ao falar sobre isso, gostaria de trazer à tona o conceito de TRANSFERÊNCIA, que faz parte da psicanálise Freudiana e acontece em absolutamente todas as relações entre paciente e terapeuta. Hoje em dia, esse mesmo conceito é usado para estudar outros tipos de relações hierárquicas, como médico-paciente e professor-aluno, e então, por que não Iniciador-Neófito?

Pedirei uma licença poética aos psicólogos que podem estar lendo este livro para que possa explicar o conceito da transferência de maneira breve e simplificada. De maneira geral, a transferência é o deslocamento de sentimentos e de ideias do passado do paciente para a figura do terapeuta. Então é como se o paciente projetasse sobre o terapeuta determinadas figuras do seu passado, seja de forma positiva, como os pacientes que enxergam terapeuta como um grande amigo, seja de maneira negativa, como os pacientes que projetam sobre o terapeuta uma imagem hostil ou agressiva.

Isso acontece com todos os pacientes, e cabe ao terapeuta, que está em uma posição privilegiada nessa relação – assim como o Sacerdote ou a Sacerdotisa – reconhecer essas projeções e essas fantasias e usar isso em benefício do processo pelo qual o paciente – ou o Neófito – está passando. No início de sua obra, Freud dizia que a transferência era o pior obstáculo dentro da terapia, mas depois entendeu que ela era na verdade a grande ferramenta do terapeuta, que precisava identificar essas projeções e fantasias, e então escolher como agir a partir delas, de forma consciente, e não simplesmente responsiva.

Essa resposta do terapeuta é chamada de CONTRATRANSFERÊNCIA. Ela é a resposta emocional e comportamental do terapeuta para as projeções do paciente. De forma bastante simplificada, o que o terapeuta faz é lentamente devolver essas projeções para o paciente, deixando claro que essas expectativas e fantasias não são reais. É exatamente o que um bom Iniciador deve fazer – reconhecer esse lugar endeusado que o postulante o coloca, usar isso a favor do processo, mas, lentamente, deixar de ocupar esse lugar, fazendo com que o Neófito passe a confiar em sua própria relação com o sagrado.

Entretanto, nem sempre isso acontece, pois ocupar o pedestal no qual os Neófitos nos colocam é extremamente sedutor. Então, o perigo, tanto para o terapeuta quanto para o Sacerdote ou para a Sacerdotisa, é de aceitar essa posição e passar a alimentar nas outras pessoas essa fantasia, de maneira consciente ou não, criando um vínculo de dependência. Nesse tipo de situação, se qualquer membro do grupo começar a perceber esse jogo psicológico e questionar a falsa posição que o líder alimenta nos outros membros, uma grande confusão pode se instalar. Talvez a figura de liderança ouça e pondere, mas se estiver completamente identificada com a falsa imagem que o grupo projeta sobre ela, poderá cometer verdadeiros abusos de poder para impedir que o pedestal se rompa, talvez até chegando ao ponto de expulsar e difamar esse membro dentro de sua própria comunidade, em uma tentativa de desautorizar seu discurso e manter a falsa imagem que outras pessoas insistem em projetar sobre ela. Tudo isso é reforçado magicamente pela experiência da mente-grupo, que pode provocar nos membros algo muito parecido com uma lavagem cerebral.

Nenhum grupo deverá isolar você da comunidade

É muito comum que durante o treinamento iniciático seja exigido do Neófito que não participe de rituais e práticas com outros grupos pagãos, para que possa viver uma experiência de total imersão no sistema que está sendo aprendido. Entretanto, isso nunca deve significar um isolamento social que impeça o Neófito de participar de atividades coletivas e não ritualísticas dentro da comunidade pagã.

Na verdade, um grupo saudável é aquele que vai recomendar a você que visite e conheça muitos outros grupos antes de tomar a decisão de formalizar seu pedido de treinamento, e não um grupo que tentará lhe dizer que outros sistemas são todos inválidos e que de algum modo eles detêm a "verdadeira Bruxaria". Esteja alerta para qualquer tipo de coerção nesse sentido.

Há ainda os grupos que usam outro tipo de tática: a sedução e a curiosidade. Eles se farão misteriosos, e afastados do cenário geral, darão poucas explicações sobre a sua prática e dirão que muitas de suas dúvidas só podem ser respondidas depois do início de um treinamento formal. Essas são técnicas para despertar a sua curiosidade e criar uma imagem psíquica de superioridade. Há de se ter cuidado – nenhum contato com grupos em potencial pode ser nebuloso ou obscuro.

Por mais que seja difícil ou doloroso, rompa a relação de abuso e peça ajuda. Existem muitas pessoas e muitos grupos em nossa comunidade que estão dispostos a ajudar e dar apoio a situações desse tipo. Não vale a pena nos sujeitarmos a nenhum tipo de violência em nome da Arte, não é esse o propósito da nossa religião. Nenhuma Tradição, Coven ou Iniciador valem o preço de nos sentirmos violados de alguma maneira. Lembre-se: pessoas não precisam de Tradições; são as Tradições que precisam de pessoas.

***

Falar sobre abusos na Arte pode parecer assustador para um Buscador, dando a entender que nossa comunidade é, de algum modo, perigosa. Na verdade, a grande maioria dos grupos são seguros, mas como não há uma autoridade central na Bruxaria, também não há um registro ou um controle de todos os grupos existentes, logo não há como atestar a segurança de todos eles. Não deixe que isso o assuste ou o desanime, porém, mantenha-se sempre alerta e, principalmente, não tenha pressa. Conheça diferentes grupos e diferentes caminhos antes de tomar uma decisão tão importante quanto essa.

Buscar um grupo não deve fazer com que você abdique de suas experiências passadas com os Deuses ou abra mão do seu senso de segurança. Esse deve ser um caminho de crescimento, e não de poda.

Seja solitariamente ou em grupo, que seu caminho seja sempre abençoado em beleza!

Palavras Finais

Chegamos ao fim de uma longa jornada de estudos e de práticas! E, acredite: isso é apenas o começo! Algo de muito belo no caminho da Arte é que o aprendizado nunca tem fim; sempre há mais para explorar e descobrir ao longo dessa jornada, e assim, espero que os trabalhos propostos nessa obra tenham aberto um horizonte de possibilidades para você e para sua busca pessoal.

Quando nos sentimos chamados para a Bruxaria, os Velhos Deuses estão nos fazendo um convite para despertar. Então desperte, veja que há magia ao nosso redor. Desperte e veja que além da superfície há um delicado jogo de energias e de forças operando para criar a realidade o tempo todo. Desperte, e tome de volta para si seu poder pessoal e o verdadeiro controle sobre sua vida.

Ao fim desta obra, compartilho com você aqueles que são meus votos sinceros a todos os praticantes da Arte dos Sábios:

Que você cresça em seu caminho de aprendizado e ganhe conhecimento, mas que nunca deixe de se maravilhar com os encantos da Lua. Que você amadureça enquanto trilha a senda dos mistérios, mas que nunca perca a inocência e a pureza que fazem a magia acontecer.

Que haja força dentro de você para dominar e subjugar o caos interior que tenta nos desviar do caminho da Arte. Que nos momentos difíceis, você saiba calar e saiba ouvir no silêncio a voz dos Antigos. Que o sopro do vento traga a você a presença dos Espíritos da Natureza para que nunca esteja só. Desperte! Há um outro mundo esperando por você!

Bibliografia

ATKINSON, William Walker. *O Caibalion*: edição definitiva comentada. 2. ed. São Paulo: Pensamento, 2018.

BARRET, Francis. *The Magus*. Kobo Editions, 2016.

BETH, Rae. *A Bruxa Solitária*. Rio de Janeiro: Bertrand Brasil, 1997.

____. *A Magia das Bruxas Solitárias*. Rio de Janeiro: Bertrand Brasil, 2006.

BOURNE, Lois, *Autobiografia de uma Feiticeira*. 3. ed. Rio de Janeiro: Bertrand Brasil, 1996.

____. *Conversas com uma Feiticeira*. 2. ed. Rio de Janeiro: Bertrand Brasil, 1995.

____. *Dançando com Feiticeiras*. Rio de Janeiro: Bertrand Brasil, 2000.

BUCKLAND, Raymond. *O Guia da Tradição Wicca para Bruxos Solitários*. São Paulo: Pensamento, 2006.

____. *O Livro Completo de Bruxaria do Buckland*. São Paulo: Gaia, 2003.

____. *Wicca: um estilo de vida, religião e arte*. Rio de Janeiro: Nova Era, 2003.

CABOT, Laurie. *O Amor Mágico*. 3. ed. São Paulo: Campus, 1993.

____. *O Livro dos Feitiços e Encantamentos de Laurie Cabot*. São Paulo: Ardane, 2015.

____. *O Poder da Bruxa*. 4. ed. São Paulo: Campus, 1992.

CAMPBELL, Joseph. *As Máscaras de Deus:* Mitologia primitiva. 10. ed. São Paulo: São Paulo: Palas Athena, 2014.

CROWLEY, Viviane. *Wicca: The Old Religion in The New Age*. The Aquarian Press, 1989.

CROWTHER, Patricia. *Alto Astral: Uma iniciação conhecimento zodiacal*. São Paulo: Gente, 1993.

____. *O Mundo de uma Bruxa*. Rio de Janeiro: Bertrand Brasil, 2000.

CUNNINGHAM, Scott. *A Casa Mágica*. São Paulo: Gaia, 1999.

____. *A Verdade sobre a Bruxaria Moderna*, São Paulo: Gaia, 1998.

____. *Guia Essencial da Bruxa Solitária*, São Paulo: Gaia, 1998.

____. *Magia Natural*, São Paulo: Gaia, 1997.

____. *Spell Crafts*. Woodbury, EUA: Llewellyn, 2001.

____. *The Magical Household*. Woodbury, EUA: Llewellyn Publications, 1996.

____. *Vivendo a Wicca*, São Paulo: Gaia, 2003.

D`ESTE, Sorita; RANKINE, David. *Practical Elemental Magick*. Londres, Reino Unido: Avalonia, 2008.

____. *Wicca: Magickal Beginnings*. 2. ed. Londres, Reino Unido: Avalonia, 2008.

DAVID, Rosalie. *Religião e Magia no Antigo Egito*. Rio de Janeiro: Difel, 2009.

DUNWICH, Gerina. *Os Segredos da Magia do Amor*. Rio de Janeiro: Bertrand Brasil, 1994.

____. *Wicca: a feitiçaria moderna*. 3. ed. Rio de Janeiro: Bertrand Brasil, 2002.

EISLER, Riane. *O Cálice e a Espada: Nosso passado, nosso futuro*. São Paulo: Palas Athena. 2008.

ELIADE, Mircea. *O Sagrado e o Profano: a essência das religiões*. São Paulo: WMF Martins Fontes, 2008.

FARRAR, Janet; FARRAR, Stewart. *A Bíblia das Bruxas*. São Paulo: Alfabeto, 2017.

____. *A Deusa das Bruxas*. São Paulo: Alfabeto, 2018.

____. *O Deus das Bruxas*. São Paulo: Alfabeto, 2018.

FAUR, Mirella. *Anuário da grande Mãe*. São Paulo: Alfabeto, 2016.

____. *O Legado da Deusa*. São Paulo: Alfabeto, 2016.

FORTUNE, Dion. *A Cabala Mística*. São Paulo: Pensamento, 1985.

____. *Autodefesa Psíquica*. São Paulo: Pensamento, 1983.

FRAZER, Sir James George. *O Ramo de Ouro*. São Paulo: Guanabara Koogan, 1982.

GARDNER, Gerald. *A Bruxaria Hoje*. São Paulo: Madras, 2003.

____. *Com o Auxílio da Alta Magia*. São Paulo: Madras, 2009.

____. *O Significado da Bruxaria*. São Paulo: Madras, 2004.

GINZBURG, Carlo. *História Noturna: Decifrando o Sabá*. São Paulo: Companhia das Letras, 1991.

GRAVES, Robert. *A Deusa Branca: uma gramática do mito poético*. Rio de Janeiro: Bertrand Brasil, 2004.

GREEN, Marian. *Magia para a Era de Aquário*. 9. ed. São Paulo: Pensamento, 1993.

_____. *Bruxaria Hereditária*. São Paulo: Gaia, 2003.

_____. *Os Mistérios Wiccanos*. São Paulo: Gaia, 2000.

HALL, Judy. *Conhecimento Prático com Cristais*. São Paulo: Pensamento, 2013.

HARROW, Judy. *Devoted to You*. Canadá: Citadel Press, 2003.

HIGGINBOTHAM, Joyce; HIGGINBOTHAM, River. *Paganismo*: Uma introdução da religião centrada na terra. São Paulo: Madras, 2003.

HUTTON, Ronald. *The Triumph of the Moon*: a history of modern pagan witchcraft. Oxônia, Reino Unido: Oxford, 2001.

JONES, Evan John. *Feitiçaria*: a Tradição Renovada. 2. ed. Rio de Janeiro: Bertrand Brasil, 1994.

KNIGHT, Gareth. *Práticas e Exercícios Ocultos:* Portas para os quatro mundos ocultos. São Paulo: Hemus, 1984.

LASCARIZ, Gilberto de. *Ritos e Mistérios Secretos do Wicca*. São Paulo: Madras, 2010.

LELAND, Charles. *Aradia:* O Evangelho das Bruxas. 2. ed. São Paulo: Madras, 2016.

LEVI, Eliphas. *Dogma e Ritual da Alta Magia*. São Paulo: Pensamento, 2017.

LIPP, Deborah. *Elements of Ritual*. Woodbury, EUA: Llewellyn, 2003.

_____. *O Poder Mágico*. São Paulo: Alfabeto, 2018.

_____. *The Way of Four*. Woodbury, EUA: Llewellyn, 2004.

MAKHOUL, Georges A. *A Dimensão Misteriosa do Homem*. São Paulo: Hemus, 1987.

MARKHAM, Ursula. *Elementos da Visualização*. Rio de Janeiro: Ediouro, 1994.

MORRISON, Dorothy. *A Arte: O livro das sombras de uma bruxa*. 2. ed. Rio de Janeiro: Bertrand Brasil, 2010.

MURRAY, Margaret. *O Culto das Bruxas na Europa Ocidental*. São Paulo: Madras, 2003.

____. *O Deus das Feiticeiras*. São Paulo: Gaia, 2002.

NOWICKI, Dolores Ashcroft. *A Árvore do Êxtase*: Rituais de Magia Sexual. Rio de Janeiro: Bertrand Brasil, 1994.

____. *Manual Prático de Magia Ritual*. São Paulo: Siciliano, 1989.

____. *O Ritual na Magia e no Ocultismo*. São Paulo: Pensamento, 1990.

PAPUS, Gerard Anaclet Vincent Encausse. *Tratado elementar de magia prática*. São Paulo: Pensamento, 1995.

PRIETO, Claudiney. *A Arte da Invocação*. 2. ed. São Paulo: Alfabeto, 2018.

____. *ABC da Bruxaria*. São Paulo: Gaia, 2002.

____. *Coven: criando e organizando seu próprio grupo*. São Paulo: Gaia, 2003.

____. *Ritos de Passagem*: celebrando nascimento, vida e morte na Wicca. São Paulo: Gaia, 2006.

____. *Ritos e Mistérios da Bruxaria Moderna*. São Paulo: Gaia, 2004.

____. *Todas as Deusas do Mundo*. São Paulo: Gaia, 2002.

____. *Wicca para Bruxos Solitários*. Rio de Janeiro: Nova Era, 2005.

____. *Wicca para Todos*. 2. ed. São Paulo: Alfabeto, 2005.

____. *Wicca: A Religião Da Deusa*. São Paulo: Alfabeto, 2012.

REED, Ellen Cannon. *A Cabala das Feiticeiras*: O caminho pagão e a árvore da vida. Rio de Janeiro: Bertrand Brasil, 2001.

REGULA, DeTraci. *Os Mistérios de Ísis*. São Paulo: Madras, 2004.

REICH, Wilhelm. *A Função do Orgasmo*. 9. ed. São Paulo: Brasiliense, 1975.

RENDEL, Peter. *O Chakras*: Estrutura Psicofísica do Homem. São Paulo: Hemus, 1983.

RUSSEL, Jefrey Burton. *A História da Feitiçaria*: feiticeiros, hereges e pagãos, São Paulo: Campus, 1993.

SLATE, Joe H. *A Energia da Aura*. 9. ed. São Paulo: Pensamento, 2005.

STARHAWK. *The Earth Path:* Grounding your spirit in the rhythms of nature. Harper San Francisco, 2004.

____. *The Pagan Book of Living and Dying*. São Francisco, EUA: Harper, 1997.

____. *The Spiral Dance:* A rebirth of the ancient religion of the great goddess. Nova York, EUA: Harper & Row, 1979.

_____. *Truth or Dare:* Encounters with Powers, Authority and Mystery. São Francisco, EUA: Harper, 1988.

TIRET, Colette. *Auras Humanas:* Onde o abstrato se cruza com o concreto. 9. ed. São Paulo: Pensamento, 1993.

VALIENTE, Doreen. *Enciclopédia de Bruxaria.* 2. ed. São Paulo: Madras, 2009.

_____. *Witchcraft for Tomorrow.* Ramsbury Marlborough, Reino Unido: Hale, 1978.

VINCI, Leo. *A Magia das Velas.* 10. ed. São Paulo: Pensamento, 1995.

_____. *Incenso*: Preparo, Uso e Significado Ritual. 4. ed. São Paulo: Hemus, 1984.

WRIGHT, Dudley. *Os Ritos e Mistérios de Elêusis.* São Paulo: Madras, 2004.

Impresso por :

gráfica e editora

Tel.:11 2769-9056